Die Zukunft ist näher, als wir denken. Und sie kann sehr sicher vorausgesagt werden: Dieses Buch beschreibt, wie wir 2030 leben und arbeiten werden. Der Aufstieg von Subsahara-Afrika und Asien, extreme Verstädterung und Klimawandel, Kryptowährungen als Hauptzahlungsmittel … Eins ist klar: Unser Leben wird 2030 ganz anders aussehen. Die globalen Machtzentren werden sich ebenso verschoben haben, wie unsere eigene Gesellschaft eine andere sein wird. Hieraus erwachsen Chancen, aber auch Risiken. Die einzig mögliche Antwort auf diesen Wandel ist der Wandel selbst. Erst wenn wir diese Realität als solche annehmen, können wir die Entscheidungen treffen, die erforderlich sind, um unsere Zukunft zu gestalten.

Mauro F. Guillén, geboren 1964 in Spanien, ist Wirtschaftswissenschaftler und Soziologe und war lange einer der einflussreichsten Professoren an der renommierten Wharton Business School in Philadelphia. 2021 wurde er als Direktor an die Judge Business School der Universität Cambridge berufen. Er ist Experte für die Herausforderungen der Globalisierung.

Mauro F. Guillén

2030

Die Welt von morgen

Aus dem Englischen von
Stephan Pauli

Hoffmann und Campe

Die Originalausgabe erschien 2020 unter dem Titel
*2030: How Today's Biggest Trends Will Collide and
Reshape the Future of Everything* bei St. Martin's Press, New York.

1. Auflage 2022
Taschenbuchausgabe

www.hoffmann-und-campe.de
Umschlaggestaltung: Lisa Busch © Hoffmann und Campe
Satz: Dörlemann Satz, Lemförde
Gesetzt aus der Minion
Druck und Bindung: GGP Media GmbH, Pößneck
Printed in Germany
ISBN 978-3-455-01444-0

HOFFMANN
UND CAMPE

Ein Unternehmen der
GANSKE VERLAGSGRUPPE

INHALT

EINIGE ZAHLEN UND FAKTEN

Geburtsort der nächsten industriellen Revolution: Subsahara-Afrika
Grund: zwei Millionen Quadratkilometer fruchtbares, aber noch nicht kultiviertes Agrarland
Die Größe von Westeuropa: zwei Millionen Quadratkilometer

Anteil von Frauen am Vermögen der Erde im Jahr 2000: 15 Prozent
Anteil von Frauen am Vermögen der Erde im Jahr 2030: 55 Prozent
Wären die Lehman Brothers die Lehman Sisters gewesen: Die globale Finanzkrise hätte vermieden werden können

Anzahl der Menschen, die 2017 hungern mussten: 821 Millionen
Anzahl der Menschen, die 2030 hungern werden: 200 Millionen
Anzahl der Menschen, die 2017 adipös waren: 650 Millionen
Anzahl der Menschen, die 2030 adipös sein werden: 1,1 Milliarden
Prognostizierter Anteil der US-Amerikaner, die 2030 adipös sein werden: 50 Prozent

Anteil der Erdoberfläche, die 2030 von Städten bedeckt sein wird: 1,1 Prozent
Anteil der Weltbevölkerung, die 2030 in Städten leben wird: 60 Prozent
Anteil der Städte am weltweiten CO_2-Ausstoß im Jahr 2030: 87 Prozent
Anteil der Stadtbewohner weltweit, die 2030 von steigenden Meeresspiegeln bedroht sein werden: 80 Prozent

Der größte mittelständische Verbrauchermarkt heute: Vereinigte Staaten und Westeuropa

Der größte mittelständische Verbrauchermarkt 2030: China

Anzahl der Menschen, die 2030 in die Mittelschicht aufsteigen: 1 Milliarde

Anzahl der Menschen, die derzeit in den Vereinigten Staaten der Mittelschicht angehören: 223 Millionen

Anzahl der Menschen, die 2030 in den Vereinigten Staaten der Mittelschicht angehören werden: 209 Millionen

EINLEITUNG

Die Uhr tickt

»Die Leute sehen gewöhnlich das, was sie sehen wollen, und hören das, was sie hören wollen.«

Harper Lee, Wer die Nachtigall stört

Wir schreiben das Jahr 2030.

In Westeuropa ist es von Paris bis Berlin ungewöhnlich heiß. Das Ende der Rekordtemperaturen dieses Sommers ist nicht in Sicht, und die internationale Presse gibt sich zunehmend alarmiert. Rehema ist gerade in ihrer Heimatstadt Nairobi gelandet. Sie kommt aus London, wo sie zwei Wochen bei entfernten Verwandten verbracht hat. Da sie Großbritannien durch die Augen von Einwanderern sehen konnte, erhielt sie einen faszinierenden Einblick in die Vielfalt der Welt, die sie dort umgab. Während sie durch den Flughafen läuft, sinniert sie darüber, wie sehr sich ihre Heimat von jenem Land unterscheidet, das vor noch nicht einmal einem Jahrhundert zu den unangefochtenen Kolonialmächten auf dem Kontinent zählte. Sie war schockiert, als sie sah, dass die Briten immer noch Bargeld benutzen. In Kenia ist das Bezahlen mit Smartphones lange schon die Regel, das Smartphone hat die Brieftasche ersetzt. Auf der Heimfahrt scherzt sie mit dem Taxifahrer über die seltsamen Reaktionen der Briten, wenn sie davon sprach, dass sie seit ihrem sechsten Lebensjahr zusammen mit ihren Nachbarskindern eine Online-Schule »besucht« hatte.

Tausende Kilometer entfernt wartet Angel im John-F.-Kennedy-Flughafen von New York auf ihre Zollabfertigung. In zwei Wochen will sie an der New York University einen zweijährigen naturwissenschaftlichen Magisterstudiengang beginnen. Während sie wartet, liest sie die aktuelle *New York Times*, die mit einem Artikel darüber aufmacht, dass in den Vereinigten Staaten zum ersten Mal in der Geschichte mehr Großeltern als Enkelkinder leben – eine Wirklichkeit, die für Angel in starkem Gegensatz zur Situation zu Hause auf den Philippinen steht. Wie sich herausstellt, vermieten Zehntausende ältere amerikanische Bürger, die sich im Alltag von Robotern unterstützen lassen, einzelne Zimmer in ihren Eigenheimen, um über die Runden zu kommen – vor allem seit die Renten ihnen keine finanzielle Sicherheit mehr garantieren, wie dies so viele Jahre selbstverständlich war. Angel blättert zu einem ziemlich reaktionären Gastkommentar, der sich darüber beklagt, dass amerikanische Frauen mittlerweile einen höheren Anteil am Gesamtvermögen im Land besitzen als Männer, ein Trend, den der Autor des Artikels mit Blick auf die Zukunft der US-Wirtschaft beunruhigend findet. Angel hat viel Zeit. Sie kann fast die ganze Zeitung lesen, da die Schlange für Ausländer lang ist und sich nur langsam bewegt. Gleichzeitig werden US-Bürger und Menschen mit Aufenthaltserlaubnis zügig durch die Kontrollen geschleust. Angel schnappt das Gespräch zweier Männer auf, die sich darüber unterhalten, wie Amerikaner sich bei der Einreise eine ausgeklügelte Blockchain-Technologie zunutze machen. Sie erlaubt es ihnen, die Umsatzsteuer auf Waren, die im Ausland erworben wurden, geltend zu machen und gleichzeitig ein selbstfahrendes Auto zu bestellen, das kurz nach der Gepäckaufnahme bereitsteht.

***

2020: »China wird in allem die Nummer eins sein.«

Diesen Satz hört man heute oft. Ein weiterer lautet, dass die Vereinigten Staaten und China in absehbarer Zukunft um die globale Vorherrschaft streiten werden. In beiden Behauptungen steckt jeweils ein Körnchen Wahrheit, doch sie zeigen kaum das ganze Bild. Im Jahr 2014 verblüffte Indien die Welt, als es erfolgreich eine Raumsonde in die Umlaufbahn des Mars brachte. Dieses Kunststück war noch keinem Land im ersten Anlauf gelungen. Seit Beginn des Weltraumzeitalters war weniger als die Hälfte aller von den Vereinigten Staaten, Russland und Europa gestarteten Missionen erfolgreich, was Indiens Leistung wirklich herausragend erscheinen lässt. Noch dazu erzielte die indische Weltraumforschung diesen Erfolg mit einem Budget von nur 74 Millionen US-Dollar.

Um einige Vergleichszahlen zu bemühen: Eine einzige Space-Shuttle-Mission verbrennt gut und gerne 450 Millionen US-Dollar. Die Produktion des Films *Interstellar* verschlang 165 Millionen US-Dollar, und immerhin 108 Millionen US-Dollar waren nötig, um *Der Marsianer* in ein Kino ganz in Ihrer Nähe zu bringen.

Die Inder bewiesen, dass auch sie über *The Right Stuff* verfügen, um mit einem Buchtitel von Tom Wolfe zu sprechen. Sie zeigten, dass sie eine technologische Macht von Weltformat sind. Die Marsmission war kein Glückstreffer. Tatsächlich war es bereits das zweite Mal, dass Indien an den etablierten Supermächten der Welt vorbeigeprescht war. 2009 erbrachte seine erste Mondmission erstmalig den Beweis, dass es auf dem Erdtrabanten Wasser gibt, »offensichtlich konzentriert auf die Pole und womöglich von Solarwinden gebildet«, wie der *Guardian* berichtete. Die NASA benötigte zehn Jahre, um Indiens Ergebnisse unabhängig zu bestätigen.

Die meisten von uns wuchsen in einer Welt auf, in der die Erforschung des Kosmos ein kostspieliges Unterfangen war, das von Raketenwissenschaftlern entworfen, von den beiden Supermächten, den USA und der UdSSR, mit enormem Aufwand finanziert und von heroischen Astronauten sowie fähigen Spezialisten durchgeführt wurde. Die vergleichsweise komplexe und kostspielige Natur von Raumfahrtmissionen wurde als gegeben hingenommen (wie auch, welche Länder die notwendigen Kapazitäten hatten). Doch diese Wirklichkeit ist heute Geschichte.

Es war einmal eine Zeit, in der die Welt nicht nur fein säuberlich in wohlhabende und rückständige Volkswirtschaften aufgeteilt war, sondern in der es auch viele Kinder gab, in der die Arbeiter die Rentner zahlenmäßig weit übertrafen und Menschen danach strebten, Häuser und Autos zu besitzen. Unternehmen mussten sich nicht mit den Märkten jenseits von Europa oder den Vereinigten Staaten befassen, um erfolgreich zu sein. Gedrucktes Geld war das gesetzliche Zahlungsmittel für alle Schulden, ob öffentlich oder privat. In der Schule hatten wir gelernt, dass es gewisse Spielregeln zu beachten galt. Wir wuchsen in der Annahme auf, dass sich die Regeln dieses Spiels nicht ändern würden, und in diesem Bewusstsein traten wir unsere ersten Jobs an, gründeten Familien, sahen unsere Kinder das Haus verlassen und gingen in Rente.

Diese uns vertraute Welt verschwindet zusehends. Wir sehen uns mit einer verwirrenden neuen Wirklichkeit konfrontiert. Schon bald wird es in den meisten Ländern mehr Großeltern als Enkelkinder geben; in ihrer Summe werden Mittelschichtmärkte in Asien jene in den Vereinigten Staaten und Europa zusammen übertreffen; Frauen werden mehr Vermögen besitzen als Männer; und wir werden feststellen, dass es mehr Industrieroboter als Arbeiter geben wird, mehr Computer als menschliche Gehirne, mehr Sensoren als menschliche Augen und mehr Währungen als Länder.

Das wird die Welt von 2030 sein.

Ich habe in den letzten Jahren darüber geforscht, wie die Welt in einem Jahrzehnt aussehen wird. Als Professor der Wharton School sorge ich mich nicht nur um den künftigen Zustand der Wirtschaft, sondern auch darum, wie Arbeiter und Konsumenten von der Lawine an Veränderungen, die auf uns zurollt, betroffen sein könnten. Ich habe viele Vorträge zu den in diesem Buch vorkommenden Themen gehalten – vor leitenden Angestellten, politischen Entscheidungsträgern und Führungskräften, aber auch vor Studenten und Schülern. Ich habe zudem zu Zehntausenden von Menschen über Social-Media-Kanäle und in Online-Kursen gesprochen. Und immer haben die Menschen mit einer Mischung aus Verwirrung und Angst auf die Zukunftsaussichten reagiert, die ich vor ihnen ausbreitete. Dieses Buch bietet einen Fahrplan, mit dem man gut durch die vor uns liegenden Turbulenzen kommt.

Niemand weiß mit Sicherheit, was die Zukunft bringen wird. Falls Sie es wissen, lassen Sie es mich wissen – wir werden zusammen richtig viel Geld verdienen. Doch wenn Vorhersagen auch nie hundertprozentig exakt sein können, so können wir doch eine Reihe von relativ sicheren Annahmen darüber aufstellen, was im kommenden Jahrzehnt passieren wird. So ist zum Beispiel die Mehrheit der Menschen, die von den Vorhersagen in diesem Buch betroffen sind, bereits geboren. Wir können ganz allgemein beschreiben, was wir von ihnen als Konsumenten in Abhängigkeit von ihrem voraussichtlichen Bildungsabschluss oder den gegenwärtigen Mustern ihrer Social-Media-Aktivitäten erwarten. Wir können auch mit angemessener Genauigkeit berechnen, wie viele Menschen achtzig oder neunzig Jahre alt werden. Und wir können vielleicht sogar mit ausreichender Überzeugung vorhersagen, dass ein bestimmter Prozentsatz an Senioren eine Pflegekraft benötigen wird – ob dies ein Mensch oder ein Roboter sein wird, sei dahingestellt. Was Letzteren anbelangt, so können Sie davon ausgehen, dass er verschiedene Sprachen mit mehreren Akzenten sprechen wird, dass er keine Vorurteile hegen, keinen Urlaub nehmen und seine Patienten weder finanziell noch anderweitig ausnutzen wird.

Die Uhr tickt. Das Jahr 2030 ist nicht irgendein ferner Punkt in einer unvorhersehbaren Zukunft. Es wartet gleich um die Ecke, und wir müssen uns sowohl auf die Möglichkeiten, die es bietet, als auch auf die Herausforderungen, vor die es uns stellt, vorbereiten. Um es in einem Satz zusammenzufassen: Die Welt, wie wir sie heute kennen, wird bis 2030 verschwunden sein.

Für viele von uns ist diese Entwicklung nicht nur verwirrend, sondern zutiefst beunruhigend. Bedeutet sie unseren Niedergang? Oder ist sie der Anfang einer neuen Blütezeit? Dieses Buch will dabei helfen, einen Überblick zu gewinnen über die Fülle an Variablen, die für diese Entwicklung verantwortlich sind. Grundsätzlich gilt: Jedes Ende markiert einen Neuanfang und steckt voller Möglichkeiten zum Besseren. Wir können daher optimistisch in die Zukunft blicken – wenn wir lernen, die Trends zu antizipieren, uns zu engagieren, statt uns abzuwenden, wenn wir es wagen, wirksame Entscheidungen für uns, unsere Kinder, Lebenspartner, künftigen Familien, Firmen und so weiter rechtzeitig zu fällen. Denn die Veränderungen betreffen uns alle.

***

Es ist hilfreich, sich epochale Transformationen als langsame Prozesse vorzustellen, bei denen jede winzige Veränderung uns so lange einem Paradigmenwechsel näherbringt, bis plötzlich alles ganz anders ist. Wir vergessen gerne, dass diese kleinen Veränderungen kumulativ sind. Stellen Sie sich vor, wie ein Gefäß sich tropfenweise füllt und das *tropf-tropf-tropf* ein Gefühl davon vermittelt, wie die Zeit vergeht. Wenn schließlich mit einem Mal das Wasser überfließt, fühlen wir uns überrumpelt.

Man bedenke, dass um 2030 Südasien (Indien, Bangladesch, Pakistan, Bhutan u.a.) und Subsahara-Afrika um den Titel der bevölkerungsreichsten Region der Welt wetteifern werden. In den letzten Jahren des zwanzigsten Jahrhunderts, als Ostasien (China, Südkorea, Japan u.a.) diese Auszeichnung für sich beanspruchte, sah das noch ganz anders aus. Es stimmt, dass mit der Zeit in Ländern wie Kenia und Nigeria weniger Kinder geboren werden, doch kommen sie dort im Vergleich zu anderen Erdteilen immer noch in weitaus größerer Zahl zur Welt. Gleichzeitig erhöht sich die Lebenserwartung der Menschen in diesen Regionen beträchtlich.

Man könnte ins Feld führen, dass die reinen Bevölkerungszahlen nicht viel besagen. Aber multiplizieren wir diese zusätzlichen Menschen einfach mit dem Geld, das diese Menschen in den kommenden Jahren vielleicht in ihren Taschen haben werden, dann zeigt sich, dass um 2030 herum asiatische Märkte – selbst wenn man Japan nicht mitrechnet – so groß sein werden, dass das gesamte Gravitationszentrum des globalen Konsums sich nach Osten verlagern wird. Unternehmen werden also keine andere Wahl haben, als sich an den Markttrends in diesem Teil der Welt zu orientieren. Dabei werden die meisten neuen Produkte und Dienstleistungen die Vorlieben asiatischer Konsumenten widerspiegeln.

Halten wir einen Augenblick inne und denken wir darüber nach. Was wäre, wenn wir diesen Trend an ein paar weitere, miteinander in Verbindung stehende Entwicklungen koppeln. Weniger Kinder in den meisten Teilen der Welt bedeuten, dass wir dort kontinuierlich auf eine schnell alternde Bevölkerung zusteuern. Ein Großteil dieses demographischen Wandels wird von der Tatsache befördert, dass immer mehr Frauen einen Schulabschluss machen, einer geregelten Arbeit (und nicht nur einem einfachen Job) nachgehen – und weniger Kinder bekommen. Es wird schon bald mehr Millionärinnen als Millionäre geben. Zudem wird der Wohlstand urbaner werden: Die Bevölkerung von Städten wächst jede Woche um 1,5 Millionen Bewohner. Obwohl Städte nur 1 Prozent der weltweiten Landfläche bedecken, leben in ihnen 55 Prozent der Weltbevölkerung, die 80 Prozent des weltweiten Energieverbrauchs (und des CO_2-Ausstoßes) verursachen. Deshalb werden Städte an vorderster Front gegen den Klimawandel kämpfen.

Gleichzeitig haben die verschiedenen Generationen sehr verschiedene Sehnsüchte und Erwartungen. Als Hauptvertreter der sogenannten »Sharing Economy« gelten die »Millennials«, also die um die Jahrtausendwende Geborenen, die dem Gedanken von Besitz und Eigentum kritisch gegenüberstehen. Doch die Aufmerksamkeit, die ihnen gewidmet wird, scheint mir unangemessen. Innerhalb eines Jahrzehnts werden die über Sechzigjährigen die zahlenmäßig größte Generation darstellen. Sie besitzen heute schon 80 Prozent des Vermögens in den Vereinigten Staaten. Das wird zum Aufstieg eines »Marktes der Grauhaarigen« führen – der größten Verbrauchergruppe überhaupt. Große wie kleine Unternehmen sollten ihre Aufmerksamkeit auf ältere Bürger richten, wollen sie in den kommenden Jahren nicht an Relevanz verlieren.

Sehen wir uns Abbildung 1 an. Sie zeigt einen Prozess zusammenhängender kleiner Veränderungen. Isoliert betrachtet wird keine von ihnen zu einem Wandel von wahrhaft globalen Ausmaßen führen. Wir werden wahrscheinlich mit jeder einzelnen dieser Veränderungen gut leben können, solange wir sie von den anderen getrennt halten. Menschen verstehen es hervorragend, Dinge

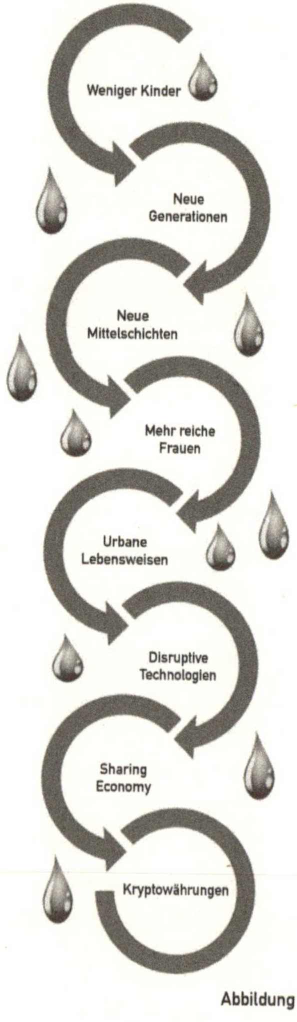

Abbildung 1

mental aufzuspalten. Dies ist ein unbewusster Abwehrmechanismus. Wir benutzen ihn, um kognitive Dissonanzen – das Unwohlsein und die Ängste, die durch sich widerstrebende Trends, Ereignisse, Wahrnehmungen oder Gefühle verursacht werden – zu vermeiden. Die mentale Spaltung hat vor allem den Zweck, die Dinge voneinander getrennt zu halten, damit wir durch ihr Zusammenspiel nicht überfordert werden.

Eine alternde Bevölkerung wird sowohl in Amerika als auch in Westeuropa zum Normalfall. Gleichzeitig treiben jüngere Generationen den Aufstieg der Mittelschicht in den Schwellenländern voran. Diese unterscheidet sich in ihrer Art radikal von allen Konsumentengruppen, wie wir sie bislang gekannt haben. So ist sie zum Beispiel viel mehr auf den sozialen Aufstieg bedacht. Breitet diese Mittelschicht sich aus, häufen immer mehr Frauen Wohlstand an. Männer und Frauen nehmen urbane Lebensweisen an und lösen in Städten auf der ganzen Welt die größten Migrationsströme aus, die die Welt je gesehen hat.

In diesen Städten wird es gleichzeitig immer mehr Erfinder und Unternehmer geben, die an neuen Technologien arbeiten, die traditionelle Technologien »disruptiv« vom Markt verdrängen. Ganz neue Möglichkeiten des Wohnens und Arbeitens, des Produzierens und Konsumierens werden sich eröffnen. Woraus sich wiederum alternative Bezahlkonzepte entwickeln, die dezentraler verwaltet werden und einfacher zu verwenden sind. Einige dieser Trends sind bereits heute zu beobachten, doch werden sie erst um 2030 voll durchschlagen. (Sie alle beschleunigen und verstärken sich jedoch, wenn ein unvorhersehbares Ereignis wie die Covid-19-Pandemie eintritt, auf die ich im Nachwort genauer eingehen werde.)

Nun erhalten wir aus dieser *linearen* Darstellung der Veränderungen, die um uns herum stattfinden, zwar eine ordentliche und praktische Kapitelreihenfolge für dieses Buch – doch so funktioniert die Welt in der Realität natürlich nicht.

Von Anthropologen und Soziologen wissen wir, dass wir die Komplexität der Welt immer und zwangsläufig reduzieren, indem wir sie auf einige wenige Kategorien herunterbrechen. Nur so können wir eine Übersicht gewinnen, um Entscheidungen zu fällen und Strategien zu entwickeln, die letztlich unser Überleben sichern.

Auch Firmen und Organisationen denken so. Sie sortieren die Überfülle an Informationen in eine übersichtliche Anzahl von Kategorien. Sie stecken Kunden in Schubladen wie »Innovatoren«, »Early Adopters« (»Frühe Anwender«) und »Laggards« (»Nachzügler«). Sie klassifizieren Produkte nach ihrem gegenwärtigen Marktanteil und potenziellem Wachstum als »Stars«, »Cash Cows«, »Dogs« oder »Question Marks« (»Fragezeichen«). Und sie betrachten ihre Angestellten als »Team-Player« oder »Karrieristen«, beurteilen sie nach ihren Einstellungen, ihrem Verhalten und ihrem Potential. Doch wer immer und ausschließlich in den ewig gleichen Kategorien denkt, ist blind für neue Möglichkeiten.

Um ein Beispiel zu nennen: Neben der Glühbirne, dem Telefon und dem Automobil war die Erfindung des »Ruhestands« eine der großen Errungenschaften des späten neunzehnten Jahrhunderts – ein Lebensabschnitt, in dem wir uns unseren Hobbys und unserer Familie widmen und die Gelegenheit haben zu ernten, was wir im Leben gesät haben. Aus dieser Epoche stammt unsere Vorstellung vom Leben als einer Folge von unterschiedlichen Stadien – Kindheit, Arbeit, Ruhestand –, die wir hoffentlich alle zu ihrer Zeit genießen werden.

Mit dem Geburtenrückgang und dem neuen Kräftespiel der Generationen muss unsere künftige Gesellschaft sich mit dieser traditionellen Vorstellung neu auseinandersetzen. Auch Senioren sind Konsumenten mit unterschiedlichen Lebensstilen, und sie können neue Technologien mindestens genauso schnell annehmen wie Millennials. Denken wir an die virtuelle Realität, an künstliche Intelligenz oder Roboter und wie diese Technologien unseren Lebensabend revolutionieren werden. Womöglich müssen wir die traditionelle Vorstellung von den Lebensstadien ganz aufgeben. Anders als in der Vergangenheit kann es sein, dass wir vor der Rente noch mehrmals zurück in die Schule gehen und neue Fertigkeiten erwerben müssen. Man denke an die Schlagzeile, mit der 2019 die *New York Times* aufmachte: »Wegen Mangel an Kindern – Südkoreanische Schule nimmt analphabetische Großmütter auf«.

Ich empfehle, dass wir ein lineares, zuweilen »vertikal« genanntes Denken wie in Abbildung 1 vermeiden. Stattdessen sollten wir Veränderungen »lateral« betrachten. Der Erfinder und Berater Edward de Bono entwarf das Konzept des lateralen Denkens, dem es nicht darum geht, »mit bereits existierenden Elementen zu spielen, sondern das versucht, ebendiese Elemente zu verändern«. Im Wesentlichen geht es darum, Fragen in einen neuen Zusammenhang zu stellen und Probleme »seitwärts« anzugehen. Durchbrüche kommen nicht zustande, indem man sich innerhalb der etablierten Paradigmen bewegt, sondern indem man vorgefasste Meinungen aufgibt und Regeln ignoriert – kurz: wenn man kreativ wird. Pablo Picasso und Georges Braque erfanden den Kubismus, indem sie in ihrer Malerei die allgemein anerkannten Regeln der Perspektive und der Anatomie über Bord warfen. Le Corbusier hob die moderne Architektur erst aus der Taufe, als er Mauern wegließ, um riesige offene Räume zu schaffen, Fenster über die volle Länge einer Fassade laufen ließ und Stahl, Glas und Beton in ihrer eigenen Eleganz zur Schau stellte, statt sie hinter Fassaden zu verstecken. »Die wahre Entdeckungsreise besteht nicht darin, dass man nach neuen Landschaften sucht«, schrieb Marcel Proust, »sondern dass man mit neuen Augen sieht.«

Tatsächlich kann laterales Denken durch eine solche »periphere Wahrnehmung« noch erweitert werden – ein Konzept, das meine Kollegen an der Wharton School, George Day und Paul Schoemaker, entwickelt haben. Wie das menschliche Sichtvermögen können auch Firmen und andere Organisationsformen nicht effektiv sein, solange sie die schwächeren Signale aus der Peripherie ihres unmittelbaren Zentrums weder bemerken noch interpretieren.

So machte etwa das 1888 gegründete Unternehmen Kodak im zwanzigsten Jahrhundert mit dem Verkauf von Filmmaterial riesige Gewinne. Zu Beginn der 1990er Jahre erkannten seine Ingenieure die ungeheuren Möglichkeiten der Digitalfotografie, doch die Führungsebene des Unternehmens dachte kurzfristiger und glaubte, die Menschen würden auch in Zukunft gedruckte Bilder bevorzugen. Das Ergebnis? Im Jahr 2012 meldete Kodak Konkurs an. Die Firma fiel einem Phänomen zum Opfer, das Richter Taylor in Harper Lees Roman *Wer die Nachtigall stört* mit den Worten auf den Punkt bringt: »Die Leute sehen gewöhnlich das, was sie sehen wollen, und hören das, was sie hören wollen.« Für das Unerwartete, das Ungewöhnliche sind sie blind.

In Abbildung 2 sehen wir eine alternative graphische Darstellung dessen, was auf der Welt vor sich geht:

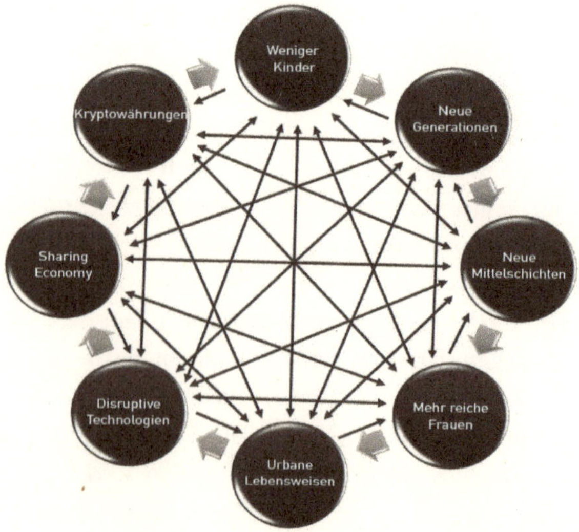

Abbildung 2

Die breiten Pfeile, die im Uhrzeigersinn verlaufen, entsprechen der linearen Darstellung der miteinander verbundenen Trends, repräsentieren also im Wesentlichen das in Abbildung 1 Dargestellte, nur in Kreisform. Es wäre ein Fehler, wenn man sich nur auf diese linearen Verbindungen konzentrieren würde. Denn jeder Trend in den acht »Blasen« beeinflusst die anderen sieben. Ich werde jede dieser lateralen Verbindungen in den folgenden Kapiteln untersuchen und zeigen, wie diese Trends auf der ganzen Welt im Entstehen begriffen sind – und vor allem, wie sie sich bis 2030 vereinen werden.

Hier ein praktisches Beispiel von lateralem Denken: Das Online-Portal Airbnb steht im Wettstreit mit Hotels. Gleichzeitig versucht es, den Banken die Kunden wegzuschnappen. Wie das? Viele Rentner merken irgendwann, dass ihre Ersparnisse für einen sorgenfreien Ruhestand nicht ausreichen werden. Viele von ihnen besitzen allerdings eine wichtige Wertanlage: ihr Eigenheim. Nun gibt es verschiedene Möglichkeiten, das eigene Haus zu Geld zu machen, ohne es zu verkaufen. Der traditionelle Ansatz wäre, eine Hypothek aufzunehmen, was allerdings bedeutet, dass man künftig Schulden hat und zu monatlichen Zahlungen verpflichtet ist. Eine weitere Möglichkeit wäre es, gegen eine Leibrente eine Umkehrhypothek aufzunehmen, doch dann würden die Kinder das Elternhaus nicht mehr erben können.

Hier kommt Airbnb ins Spiel. Eltern erwachsener Kinder können leerstehende Zimmer an Reisende vermieten, die sich für eine bestimmte Zeit in der Region aufhalten. Dieses Arrangement ist für beide Seiten – Eltern wie Kinder – von Vorteil. Die Eltern könnten öfter ihre Kinder besuchen oder auf Reisen gehen und in dieser Zeit das ganze Haus an Urlauber vermieten. So oder so verdienen sie Geld *und* können ihr Haus behalten. Airbnb wäre nicht so erfolgreich, wenn das Unternehmen nicht auf mehrere, sich miteinander verbindende Trends reagieren würde: die abnehmende Geburtenrate, die längere Lebenserwartung, die unsichere Rente, den weltweiten Gebrauch von Smartphones und Apps sowie das wachsende Interesse daran zu teilen, statt zu besitzen. Wir werden alle diese miteinander verwobenen Trends kennenlernen und sehen, wie sie sich bis 2030 entwickeln.

Die Welt von morgen wird eine Welt neuer Möglichkeiten, aber auch neuer, unbekannter Gefahren sein, die uns alle, Individuen, Firmen und Organisationen, vor große Herausforderungen stellt. Im Schlusskapitel werde ich zeigen, dass wir diese Herausforderungen ganz anders angehen müssen, als wir dies in der Vergangenheit getan haben, und ich werde Ihnen, den Leserinnen und Lesern, ganz konkrete Tipps und Ratschläge an die Hand geben, wie Sie mit lateralem Denken die neuen Trends für sich nutzen können.

Und denken Sie daran, dies alles wird in unserer Lebenszeit stattfinden. Die neue Welt wartet bereits an der nächsten Ecke.

VORWORT ZUR DEUTSCHEN AUSGABE

Während wir noch sehr unter den Auswirkungen einer Jahrhundert-Epidemie leiden, zeichnet sich heute bereits ab, dass mit Covid-19 eine Epoche des technologischen Wandels begonnen hat. Selbsternannte Experten verkünden darüber hinaus den Niedergang des Einzelhandels, das Ende des Personennahverkehrs und die Umkehrung der Globalisierung. Zwar glaube auch ich, dass die Narben dieser Krise noch lange spürbar sein werden, doch ist es wichtig, nicht zu übertreiben und mit den Prognosen vorsichtig zu sein, solange wir nicht alle Fakten beisammenhaben. E-Commerce, Homeoffice und antiglobale Tendenzen wie etwa Protektionismus und Ausländerfeindlichkeit sind derzeit in der Tat vorherrschende Trends, doch führen sie nicht unbedingt in jene Richtung, die diese Experten vorhersagen.

Anders als frühere Pandemien wird diese vorrangig bereits existierende Trends beschleunigen, sei es die Übernahme technologischer Neuerungen, die Alterung der Bevölkerung, den Aufstieg von Frauen in bedeutende gesellschaftliche Positionen oder die Transformation von Schwellenländern in die größten Verbrauchermärkte der Welt. Deutschland wird von der Beschleunigung jener Trends, die ich in diesem Buch im Detail beschreibe, sehr wahrscheinlich eher profitieren als darunter leiden. Seine Wirtschaft ist sowohl im europäischen als auch im globalen Kontext konkurrenzfähig, und das Land besitzt eine hochqualifizierte Bevölkerung, ein wichtiger

Faktor in der Transformation der Wissensökonomie. Doch fehlt es nicht an Herausforderungen, denen es sich stellen muss, darunter eine alternde Bevölkerung, Energieabhängigkeit und eine Schlüsselrolle bei der Vermittlung zwischen Ost und West sowie Nord und Süd.

Ich erinnere mich an meine Reisen nach Deutschland Ende der achtziger und in den neunziger Jahren. In meiner Studentenzeit verbrachte ich zwei Sommer als Stipendiat in Gießen und Wuppertal. Es war eine Zeit des Wandels und der Hoffnung mit der deutschen Wiedervereinigung und dem europäischen Integrationsprozess. Die Wirtschaft war nicht unbedingt in bester Verfassung, um es milde auszudrücken. Der Technologie-Sektor wuchs nicht in demselben Maß wie in den Vereinigten Staaten und Japan. Südkorea und zunehmend auch China stellten eine ernstzunehmende Bedrohung für den traditionell starken Produktionsstandort Deutschland dar. Lohnzurückhaltung, Automatisierung und Produktivitätszuwachs standen auf der Tagesordnung. Um die Jahrhundertwende wuchs die Wirtschaft zwar stark, jedoch nur, um sich inmitten einer europäischen Malaise wiederzufinden, die mit den zunehmenden Problemen der südlichen und östlichen Randgebiete ihren Anfang nahm. Trotz dieser Schwierigkeiten erfreute sich die deutsche Wirtschaft weiterhin einer niedrigen Arbeitslosigkeit und eines globalen Wachstums. Heute rühren die Probleme von den rasch wachsenden Volkswirtschaften in den Schwellenländern Asiens mit ihrer neuen Betonung des Inlandsverbrauchs, während Europa als Ganzes stagniert.

Um die Herausforderungen und Chancen zu erkennen, die durch die globalen Transformationen des kommenden Jahrzehnts in großem Stil auf uns zukommen werden, möchte ich auf einige der auffälligsten Trends eingehen, die in diesem Buch beschrieben werden: auf die bereits erwähnte Tatsache, dass wir auf eine Welt zusteuern, in der es mehr Großeltern als Enkelkinder geben wird. In Deutschland wird die Zahl der über Sechzigjährigen von 24 Millionen im Jahr 2020 auf 28,2 Millionen im Jahr 2030 steigen. Diese Bevölkerungsgruppe wird bis 2030 den weltweit größten Verbrauchermarkt stellen. Etwa 60 Prozent des gesamten Vermögenswerts werden Menschen gehören, die über sechzig sind, und der durchschnittliche Sechzigjährige in Europa wird sich einer Lebenserwartung von weiteren vierundzwanzig Jahren erfreuen. Hieraus erwachsen Chancen, die kaum eine Firma oder Marke verstreichen lassen wird.

Zu den Folgen dieser Entwicklung gehört es, dass jenes Stufenmodell (Kindheit – Arbeit – Ruhestand), dem Otto von Bismarck vor 140 Jahren den Weg bahnte, an seine Grenzen stoßen wird. Das Modell erscheint aufgrund zweier Entwicklungen unzeitgemäß: Zum einen leben wir heute länger. Zu Bismarcks Zeiten betrug die Lebenserwartung in Deutschland weniger als fünfzig Jahre, heute liegt sie bei über achtzig Jahren. Zum anderen altert das Wissen, das wir uns in Schule und Studium aneignen, aufgrund des technischen Fortschritts immer schneller. Wir werden künftig nicht nur einmal im Leben die Schule besuchen, sondern mehrmals dorthin zurückkehren müssen. Die Menschen werden sogar mehrere berufliche Laufbahnen einschlagen und immer seltener bei einer bleiben. Staaten wie Unternehmen werden sich auf diese neue Wirklichkeit einstellen und auf völlig neue Weise über Arbeit nachdenken müssen.

Eine weitere demographische Verschiebung, die die Welt verändern wird, hat mit den Frauen zu tun. Ich habe bereits angedeutet, dass der Geburtenrückgang in erster Linie mit dem Zugang von Frauen zur Bildung zusammenhängt, was ihnen wiederum neue Chancen auf dem Arbeitsmarkt eröffnet. Infolgedessen verdienen heute mehr Frauen ihr eigenes Geld, sparen es und legen es gut an. Zudem leben Frauen im Schnitt sechs Jahre länger als Männer. Dies alles führt dazu, dass der Wohlstand in den kommenden Jahren bei Frauen insgesamt schneller wachsen wird als bei den Männern. Meine Prognose lautet, dass bis zum Jahr 2030 mehr als die Hälfte des Weltvermögens in den Händen von Frauen liegen wird. Man bedenke die Folgen für die Wirtschaft (angesichts der Tatsache, dass Männer und Frauen zum Beispiel unterschiedliche Konsummuster aufweisen), für zwischenmenschliche Beziehungen und sogar für die Politik. Das Ende des Patriarchats wurde schon viele Male ausgerufen. Doch jetzt ist es so weit. In 41 Prozent aller amerikanischen Haushalte verdient die Ehefrau heute bereits mehr als ihr Ehemann. Für das Jahr 2030 schätzt die Regierung der Vereinigten Staaten, dass dies in mehr als 50 Prozent aller Haushalte der Fall sein wird. Diese Situation unterscheidet sich radikal von jener, in der ich aufgewachsen bin.

Nirgends ist das Ausmaß dieser Transformation sichtbarer als in der Welt der Technologie. Durch die Pandemie hat der Gebrauch von digitalen Plattformen in Schule, Studium und Arbeit sowie beim Konsum und in der Freizeit rasant zugenommen. Doch dies sind nicht die einzigen Technologien, deren Entwicklung durch Corona beschleunigt wurde. Der Ansporn zur Automatisierung ist größer geworden. Unternehmen haben verstanden, dass auf Roboter in Zeiten von Naturkatastrophen – und dazu zählen auch Notfälle im Gesundheitswesen – mehr Verlass ist als auf Menschen. Im Zeitalter des »Social Distancing« müssen sich auch die Beziehungen zwischen Kunden und Angestellten im Dienstleistungssektor ändern. Die Automatisierung eröffnet hier neue Möglichkeiten. Wir sind also Zeugen einer Trendwende, die dazu führen wird, dass es schon bald mehr Roboter als Angestellte geben wird.

In den folgenden Kapiteln werde ich außerdem zeigen, dass wir schon bald mehr Computer – oder, um genau zu sein, mehr Mikroprozessoren – haben werden als menschliche Gehirne. Das sogenannte »Internet der Dinge«, die »Blockchain-Technologie« und andere revolutionäre digitale Verfahren werden die Wirtschaft verändern, aber auch die Art und Weise, wie Unternehmen und Organisationen intern arbeiten und welche Beziehungen sie zu ihren Zulieferern und zu den Kunden pflegen. Es wird nicht so sehr darum gehen, Menschen durch künstliche Intelligenz und maschinelles Lernen zu ersetzen, sondern darum, durch die Arbeitsteilung zwischen Menschen und digitalen Geräten den Arbeitern und Angestellten höhere Lebensstandards zu ermöglichen. Es ist richtig, dass der Einsatz von Automatisierung und künstlicher Intelligenz oft Arbeitsplätze vernichtet. Technologische Arbeitslosigkeit ist nicht länger eine drohende Zukunftsperspektive, sondern oft bereits harte Realität. Deshalb diskutiere ich in diesem Buch die Vorzüge von Strategien, die Steuern auf Roboter vorschlagen und die Einführung eines bedingungslosen Grundeinkommens fordern.

Und schließlich kommen wir noch zu einem Punkt, der die größten Transformationsbrüche hervorrufen könnte: die Möglichkeit, dass wir statt der wenigen, von Staaten und ihren Zentralbanken ausgegebenen Währungen eine Vielzahl von Kryptowährungen verwenden werden, mit denen wir unsere Rechnungen bezahlen und in denen wir unsere Ersparnisse anlegen.

Geld gehört zu einer sehr kurzen und exklusiven Liste von Erfindungen, die die Welt grundlegend verändert haben. Es steht dort in einer Reihe mit der Beherrschung des Feuers, der Erfindung des Rads, der Druckerpresse und der Dampfmaschine sowie der Entwicklung von Antibiotika. Gleichwohl glaube ich nicht, dass Kryptowährungen sich als solche durchsetzen werden, und zwar aus dem einfachen Grund, weil souveräne Staaten es nie zulassen werden, dass man sie in zu vielen Bereichen einsetzt. Sie können kein Interesse daran haben, die Kontrolle über die Geldpolitik und das Geldvolumen zu verlieren. Man stelle sich vor, wie die Bundesbank und die Europäische Zentralbank darüber denken würden. Ich glaube, Kryptowährungen werden nur dann überdauern, wenn sie mit Coupons, Anreizen, »Smart Contracts« und anderen Komponenten gebündelt werden, die wie »digitale Münzen« fungieren. Das ist die Zukunft, der sich nur wenige Staaten und Zentralbanken entgegenstellen werden, sobald sie erst einmal das gewaltige Potential erkannt haben, das eine weitaus effizientere Wirtschaft zur Folge haben wird.

Diese Transformationen werden Deutschland wie den Rest Europas und die ganze Welt verändern. Die einzelnen Staaten können auf diese Veränderung nur auf eine Weise reagieren: Sie müssen sich noch viel stärker als bisher mit dem Rest der Welt verbinden, um ihre Bevölkerung an den gewaltigen Chancen teilhaben zu lassen, die sich hier auftun. Protektionismus und Populismus – von Ausländerfeindlichkeit ganz zu schweigen – sind auf lange Sicht kontraproduktiv. Die beste Strategie besteht darin, die Gesellschaft und die Wirtschaft mit den globalen Trends in Einklang zu bringen. Davon abgesehen müssen Europa und die Vereinigten Staaten alles daransetzen, den größten politischen Fehler der letzten zwei Jahrzehnte zu korrigieren – nämlich jene zu vergessen, die bislang unter der Globalisierung zu leiden hatten.

Die Herausforderungen, die vor uns liegen, in Angriff zu nehmen, bedeutet zunächst einmal, sie als solche zu erkennen. Die Welt ist in einem grundlegenden Wandel begriffen. Das sind keine Fake News. Die Uhr kann nicht zurückgedreht werden. Die einzig mögliche Antwort auf den Wandel ist der Wandel selbst. Erst wenn wir diese Realität als solche annehmen, können wir die Entscheidungen treffen, die erforderlich sind, um unsere Zukunft zu gestalten. Das ist die Botschaft dieses Buches: Üben Sie sich in Selbsterkenntnis und werden Sie aktiv.

1

FOLGE DEN BABYS

Bevölkerungsrückgang, der afrikanische Babyboom und die nächste industrielle Revolution

»Ein Baby kommt nicht nur mit einem Mund und einem Magen zur Welt, sondern auch mit zwei Händen.«

Edwin Cannan, britischer Wirtschafts- und Bevölkerungswissenschaftler

Es scheint erschreckend, mit welcher Geschwindigkeit die Weltbevölkerung wächst. Im Jahr 1820 gab es eine Milliarde Menschen auf der Erde. Ein Jahrhundert später waren es zwei Milliarden. Nach einem kurzen Stillstand in Folge der Weltwirtschaftskrise und des Zweiten Weltkriegs erreichte die Wachstumsrate eine atemberaubende Geschwindigkeit: drei Milliarden bis 1960, vier Milliarden bis 1975, fünf Milliarden bis 1987, sechs Milliarden im Jahr 2000 und sieben Milliarden im Jahr 2010. »Geburtenkontrolle oder ein Wettlauf in das Vergessen?« lautete der Slogan auf dem Umschlag von Paul und Anne Ehrlichs einflussreichem Buch *Die Bevölkerungsbombe* aus dem Jahr 1968. Seither waren Regierungen auf der ganzen Welt und große Teile der Öffentlichkeit höchst besorgt über etwas, das sie für unausweichlich hielten: Wir werden den Planeten überfluten und uns damit selbst vernichten (und mit uns Millionen von Pflanzen und Tierarten).

Tatsächlich aber werden wir im Jahr 2030 mit einem Mangel an Kindern konfrontiert sein.

In den nächsten Jahrzehnten wird die Weltbevölkerung nicht einmal halb so schnell wachsen, wie sie dies zwischen 1960 und 1990 getan hat. In einigen Ländern wird die Zahl ihrer Bewohner sogar abnehmen (wenn sie keine sehr hohen Zuwanderungsraten zulassen). So bekamen amerikanische Frauen seit den frühen 1970er Jahren im Schnitt weniger als zwei Kinder – eine Quote, die nicht ausreicht, um eine konstante Bevölkerungszahl zu garantieren. Dasselbe gilt für viele andere Länder. Menschen in so unterschiedlichen Ländern wie Brasilien, Kanada, Schweden, China und Japan fragen sich zunehmend, wer für die Ältesten sorgen und wer ihre Rente bezahlen soll.

Da die Geburtenraten in Ostasien, Europa und Nord- wie Südamerika sinken, während sie in Afrika, im Nahen Osten und in Südasien langsamer steigen als bisher, verändert sich das globale Gleichgewicht wirtschaftlicher und geopolitischer Macht. Man bedenke: Für jedes Baby, das heute in einem hochentwickelten Land geboren wird, werden mehr als neun in Schwellen- und Entwicklungsländern geboren. Anders gesagt werden für jedes in den Vereinigten Staaten geborene Baby 4,4 in China, 6,5 in Indien und 10,2 auf dem afrikanischen Kontinent geboren. Hinzu kommt, dass aufgrund einer verbesserten Ernährung und Gesundheitsvorsorge in den ärmsten Teilen der Welt immer mehr Kinder das Erwachsenenalter erreichen und ihrerseits wieder Kinder bekommen. Vor einem halben Jahrhundert starb in afrikanischen Ländern wie Kenia oder Ghana eines von vier Kindern, bevor es vierzehn Jahre alt wurde, heute weniger als eines von zehn. Diese rasanten Veränderungen der relativen Bevölkerungen in verschiedenen Teilen der Welt werden nicht nur davon bestimmt, wer mehr Babys bekommt, sondern auch, wessen Lebenserwartung schneller zunimmt. So ging man zum Beispiel davon aus, dass Menschen, die in den 1950er Jahren in den am wenigsten entwickelten Regionen der Welt geboren wurden, dreißig Jahre kürzer leben als jene aus den fortschrittlichsten Ländern. Heute beträgt dieser Unterschied noch siebzehn Jahre. Zwischen 1950 und 2015 ging die Sterblichkeitsrate in Europa nur um 3 Prozent zurück, in Afrika jedoch um sage und schreibe 65 Prozent. Die Lebenserwartung in ärmeren Ländern nähert sich aufgrund niedrigerer Sterblichkeit derjenigen in den reichen Ländern in allen Altersgruppen an.

Abbildung 3 zeigt den Anteil an der Weltbevölkerung in verschiedenen Regionen zwischen 1950 und 2017 sowie, nach Berechnungen der Vereinten Nationen, die entsprechenden Vorhersagen für das Jahr 2100.

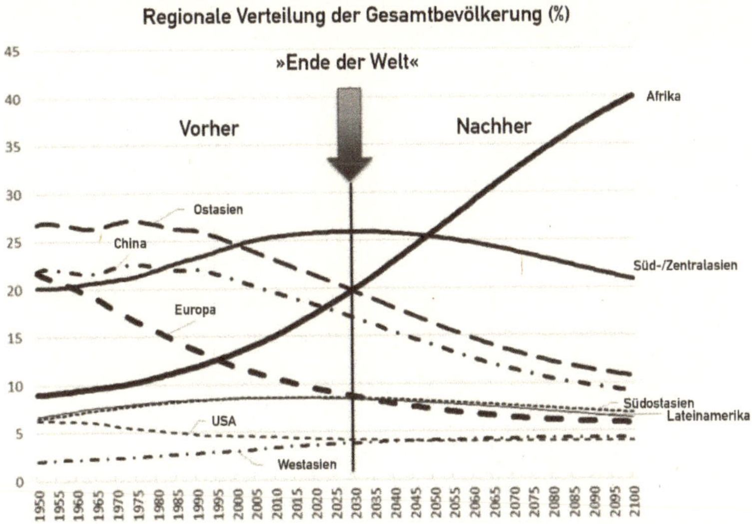

Abbildung 3

Betrachten wir einmal das Jahr 2030. In diesem Jahr wird Südasien (mit Indien) seine Stellung als bevölkerungsreichste Region gefestigt haben. Afrika wird zur zweitgrößten Region aufsteigen, während Ostasien (mit China) auf den dritten Rang zurückfallen wird.

Europa, das 1950 noch den zweiten Platz innehatte, wird hinter Südostasien (wozu unter anderem Kambodscha, Indonesien, die Philippinen und Thailand gehören) und Lateinamerika auf dem sechsten Platz landen.

Internationale Migrationsströme können diese epochalen Veränderungen zum Teil abschwächen, weil Menschen aus Teilen der Welt mit einem Geburtenüberschuss in andere mit niedrigen Geburtenraten abwandern werden. Tatsächlich ist dies in der Geschichte der Menschheit wiederholt geschehen, zum Beispiel, als viele Südeuropäer in den fünfziger und sechziger Jahren nach Nordeuropa einwanderten. Doch diesmal wird die Migration, die aus obiger Grafik ersichtlichen Entwicklungen nicht aufwiegen können. Ich betone das, weil zu viele Regierungen dieser Welt entschlossen zu sein scheinen, neue Mauern zu errichten – ob nun althergebracht mit Zäunen und Stacheldraht oder mithilfe moderner Technologien wie Laser und chemischen Detektoren zur Überwachung von Grenzübergängen, oder mit beidem.

Doch selbst wenn diese Mauern nie gebaut werden oder sich als wirkungslos erweisen sollten, veranschaulicht unsere Grafik, dass die Folgen der Migration keinen größeren Einfluss auf die Bevölkerungstrends haben werden. Ausgehend von gegenwärtigen Migrations- und Bevölkerungsentwicklungen wird Subsahara-Afrika – also jene rund fünfzig afrikanischen Länder, die nicht an das Mittelmeer grenzen – bis zum Jahr 2030 die Weltregion sein, in der die zweitmeisten Menschen leben. Einmal angenommen, das Migrationsvolumen verdoppelt sich in den nächsten zwanzig Jahren, dann werden doppelt so viele Migranten den Eintritt obiger Prognosen nur verzögern. Sie werden die Bevölkerungstrends, die zum Ende der Welt, wie wir sie kannten, führen werden, nicht umkehren, sondern lediglich um etwa drei Jahre auf das Jahr 2033 verschieben.

Frauen und Kinder regieren die Welt

Was also steckt hinter der globalen Verlangsamung des Bevölkerungswachstums? Diese Frage ist nicht so leicht zu beantworten. Schließlich gehört zur Zeugung von Babys eine allseits bekannte Methode, die ebenso einfach zu praktizieren wie überaus beliebt ist. Lassen Sie mich zunächst etwas über meinen eigenen Stammbaum erzählen. Eine meiner Ururgroßmütter in Spanien war einundzwanzig Mal schwanger und brachte neunzehn Kinder zur Welt. Ihr erstes wurde geboren, als sie neunzehn Jahre alt war, und ihr letztes, als sie zweiundvierzig war. Als das Land sich entwickelte und Frauen einen besseren Zugang zu Bildung erlangten, wurden die Familien kleiner, bis hin zu einem oder zwei Kindern pro Frau.

Man muss sich vor Augen führen, dass in einigen Teilen der Welt – und dazu gehören Afrika, der Nahe Osten und Südasien – Millionen von Frauen in ihrem Leben fünf, zehn oder sogar noch mehr Kinder zu Welt bringen. Doch im Durchschnitt sinkt mit der Zeit auch in den Entwicklungsländern die Zahl der Babys pro Frau, und zwar aus denselben Gründen, aus denen sie vor zwei Generationen auch in der hochentwickelten Welt stark zurückging. Frauen stehen heute mehr Möglichkeiten offen, als nur den Haushalt zu führen. Um diese Möglichkeiten auch tatsächlich zu ergreifen, bleiben sie länger in der Schule und entscheiden sich in vielen Fällen für eine Hochschulausbildung. Dies wiederum führt dazu, dass sie erst später Mütter werden. Die veränderte Rolle der Frau in der Wirtschaft – und allgemeiner in der Gesellschaft – ist der wichtigste Faktor, warum die Geburtenraten weltweit sinken. Frauen bestimmen zunehmend, was auf der Welt geschieht.

Betrachten wir etwa den Fall der Vereinigten Staaten, wo die Prioritäten von Frauen sich rapide verschoben haben. In den fünfziger Jahren heirateten amerikanische Frauen im Schnitt mit zwanzig.

Männer heirateten im Schnitt mit zweiundzwanzig. Heute sind sie siebenundzwanzig beziehungsweise neunundzwanzig. Auch das Durchschnittsalter erstgebärender Frauen stieg auf achtundzwanzig. Diese Veränderung ist zum Großteil längeren Ausbildungszeiten geschuldet. Heute machen mehr Frauen ihren Highschool-Abschluss, und viele von ihnen besuchen anschließend eine Universität. In den fünfziger Jahren hatten etwa 7 Prozent der Frauen zwischen fünfundzwanzig und neunundzwanzig Jahren einen Universitätsabschluss, halb so viele wie Männer. Heute liegt der Anteil der Frauen, die einen Universitätsabschluss machen, bei fast 40 Prozent, während nur 32 Prozent der Männer ein Studium beenden.

Unser schwindendes Interesse an Sex

Die menschliche Bevölkerungsentwicklung neigt dazu, chaotisch zu verlaufen. Über Jahrtausende war das Bevölkerungswachstum an den Zugang zu Nahrung, den Ausbruch von Kriegen, die Verbreitung von Krankheiten und die Auswirkungen natürlicher Katastrophen geknüpft. Philosophen, Theologen und Wissenschaftler haben Jahrhunderte mit der Frage gerungen, wie viele Menschen von den Ressourcen der Erde ernährt werden können. Im Jahr 1798 warnte Reverend Thomas Robert Malthus, ein britischer Professor für politische Ökonomie und Ahnherr der modernen Demographie, vor einem exponentiellen Anstieg der Weltbevölkerung. Zu Malthus' Zeit betrug die Weltbevölkerung unter einer Milliarde (heute 7,5 Milliarden). Malthus – wie viele seiner Zeitgenossen – fürchtete, die Gattung Mensch riskiere durch Überbevölkerung die eigene Auslöschung. »Die Bevölkerungszahl«, schrieb er, »übersteigt die Möglichkeiten der Erde, die Lebensgrundlagen der Menschen zu sichern, in einem solche Maße, dass ein vorzeitiger Tod des menschlichen Geschlechts auf die eine oder andere Art die Folge sein wird.«

Im Nachhinein können wir sagen, dass Malthus das Potential von Erfindungen und Innovationen unterschätzt hat, die letztlich zu einer erstaunlichen Erhöhung der Agrarerträge geführt haben. Zudem sah er nicht die enormen Möglichkeiten internationaler Handelsbeziehungen, die dank schnellerer und billigerer überseeischer Transportwege zu einer verbesserten Lebensmittelversorgung führten. Er betonte allerdings zu Recht, dass Bevölkerung und Nahrung zwei Seiten einer Medaille sind.

Was Malthus sich aber wohl nie hätte träumen lassen, ist die Tatsache, wie sehr moderne Technologien unser Bedürfnis nach Sex verringern sollten. Die Verbindung zwischen beiden ist verblüffend einfach. Je mehr alternative Unterhaltungsformen uns zur Verfügung stehen, desto weniger häufig haben wir Sex. Moderne Gesellschaften bieten eine ganze Palette an Unterhaltungsmöglichkeiten, von Radio und Fernsehen bis hin zu Videospielen und Social Media. In einigen entwickelten Ländern wie den Vereinigten Staaten ist die Häufigkeit sexueller Aktivitäten in den letzten Jahrzehnten immer weiter zurückgegangen. Eine in der Fachzeitschrift *Archives of Sexual Behavior* veröffentlichte Studie kam zu dem Ergebnis, dass »amerikanische Erwachsene 2010 etwa neunmal weniger Sex im Jahr hatten als in den späten 1990er Jahren« – ein Rückgang, der sich vor allem unter verheirateten Amerikanern und solchen mit festen Partnern bemerkbar machte. Im entsprechenden Alter hatten »jene, die in den 1930er Jahren geboren wurden (die sogenannte ›stille Generation‹), am häufigsten Sex, jene, die in den 1990ern geboren wurden (die ›Millennials‹ und die sogenannte Generation ›iGen‹), am wenigsten.« Die Studie schloss mit dem Ergebnis, dass »Amerikaner weniger häufig Sex haben aufgrund einer zunehmenden Anzahl an Individuen ohne feste Partner oder Ehepartner und einer rückläufigen Sexualfrequenz unter jenen mit Partnern«.

Ein amüsantes Beispiel, das die Bedeutung alternativer Unterhaltungsformen für unseren Geschlechtstrieb zeigt, hat mit einem

Stromausfall zu tun. Im Jahr 2008 brach auf der ostafrikanischen Insel Sansibar einen ganzen Monat lang die Stromversorgung zusammen. Betroffen war allerdings nur jener Teil der Insel, in dem die Häuser mit dem Stromnetz verbunden waren. Die restliche Bevölkerung verwendete weiter ihre Dieselgeneratoren. Diese Situation verschaffte Forschern ein einzigartiges »natürliches Experiment«, anhand dessen sie die Wirkung des Stromausfalls auf das Zeugungsverhalten der Menschen studieren konnte: Die »Experimentalgruppe« der Stromnetzkunden musste einen Monat ohne Elektrizität auskommen, für die »Kontrollgruppe« mit ihren Dieselgeneratoren änderte sich nichts. Neun Monate später wurden innerhalb der »Experimentalgruppe« 20 Prozent mehr Babys als üblich geboren, während ein vergleichbarer Anstieg in der »Kontrollgruppe« ausblieb.

Geld regiert die Welt

Es überrascht nicht, dass auch Geld bei unseren Kinderwünschen eine große Rolle spielt. Im Jahr 2018 gab die *New York Times* eine Studie in Auftrag, die herausfinden sollte, warum Amerikanerinnen weniger oder überhaupt keine Kinder bekommen. Vier der fünf wichtigsten Gründe hatten mit Geld zu tun. »Die Gehälter steigen nicht so schnell wie die Lebenshaltungskosten. Kommen dann noch Studienkredite dazu, ist es einfach sehr schwer, sich ein solides finanzielles Fundament zu schaffen – selbst wenn man auf dem College war, einen festen Arbeitsplatz hat und über zwei Einkommen verfügt«, bemerkte David Carlson, ein verheirateter, berufstätiger Neunundzwanzigjähriger, dessen Frau wie er arbeitet. Auch junge Menschen aus Familien mit niedrigen Einkommen haben Angst davor, eine Familie zu gründen, wenn dies bedeutet, dass sie dafür auf bestimmte kostspielige Konsumgüter verzichten müssen. Brittany Butler aus Baton Rouge in Louisiana etwa ist die

Erste in ihrer Familie, die eine höhere Schule besucht hat. Mit zweiundzwanzig geht es ihr zunächst darum, einen Hochschulabschluss in Sozialarbeit zu machen, ihren Studienkredit abzubezahlen und in einer sicheren Gegend zu wohnen. Kinder müssen warten.

In den 1960er Jahren schlug der Ökonom Gary Becker von der Universität Chicago einen grundlegend neuen Weg vor, wie man über die Familienplanung nachdenken sollte. Eltern, so Becker, wägen ab zwischen der *Quantität* und der *Qualität* bei der Kinderfrage. Wenn zum Beispiel das Familieneinkommen steigt, kaufen die Menschen womöglich ein zweites oder drittes Auto. Doch würde sich ihre finanzielle Situation bis ins Unendliche verbessern, würden sie sich dennoch kein Dutzend oder noch mehr Autos zulegen. Sie kaufen auch kein Dutzend Kühlschänke oder Waschmaschinen. Becker argumentierte, dass Einkommensverbesserungen Menschen dazu brächten, ihr Augenmerk nicht mehr auf die Quantität, sondern vermehrt auf Qualität zu richten. Sie würden ihre Klapperkisten also durch neue größere oder luxuriösere Limousinen oder SUVs ersetzen. Im Fall von Kindern bedeute dies, dass sie sich für *weniger* Kinder entscheiden, diesen aber eine qualitativ *bessere* Erziehung zuteilwerden lassen. »Die Abwägung zwischen Quantität und Qualität in der Kinderfrage«, schrieb er, »ist der wichtigste Grund, warum die effektiven Ausgaben für Kinder mit dem Einkommen steigen.«

Beckers Forschungen im Bereich des menschlichen Verhaltens brachten ihm 1992 den Nobelpreis für Wirtschaftswissenschaften ein, und obwohl seine Behandlung eines dermaßen komplexen Gegenstands wie der Fertilität die Rolle von Vorlieben und kulturellen Normen und Werten vernachlässigte, brachte er einen gesellschaftlichen Trend genau auf den Punkt: Viele Eltern geben ihr Geld heute lieber für eine kleine Anzahl an Kindern aus – sei es, dass sie ein Sparkonto für ihr Studium anlegen oder ihre außerschulischen Aktivitäten finanzieren. Der Soziologe Philip Cohen von der Universität Maryland erklärt es so: »Wir wollen mehr in jedes einzelne Kind investieren, um ihm die besten Möglichkeiten zu geben, in einer zunehmend von Ungleichheit geprägten Umwelt mitzuhalten.« So gesehen sind die Kinder Investitionsobjekte mit Kapitalwert und Gewinnraten.

Um zu verstehen, wie Eltern entscheiden, wie viele Kinder sie gerne haben würden, lohnt es sich auszurechnen, wie viel sie für jedes einzelne Kind ausgeben. Im Jahr 2015 berechnete die Regierung der Vereinigten Staaten, dass die durchschnittliche amerikanische Familie die atemberaubende Summe von 233 610 Dollar ausgibt, um ein Kind bis zum Alter von siebzehn Jahren großzuziehen. Dieser Betrag kann sich leicht verdoppeln, wenn man die Bezahlung von Hochschulgebühren miteinbezieht. Ich habe auf meinem Laptop eine Tabelle, auf der ich jedes Jahr unser Familieneinkommen und unsere Ausgaben eintrage. Es ist durchaus bemerkenswert, wenn man feststellt, dass meine Frau und ich am Ende die erstaunliche Summe von einer halben Million Dollar für jedes unserer zwei Kinder aufwenden werden, unter der Annahme, dass sie ihren Abschluss an einer teuren Universität machen werden. Ich habe eine zweite Tabelle mit denselben Daten erstellt, nur habe ich darin meine zwei Töchter aus den Berechnungen gestrichen. Am Ende der zweiten Tabelle stehen statt zweier hochgebildeter Töchter ein Lamborghini und ein Ferienhaus an der Atlantikküste von New Jersey.

Können »Big Brother«-Regierungen unseren Kinderwunsch beeinflussen?

Vor wenigen Jahren versuchte die Regierung von Singapur, diese Frage auf die Probe zu stellen. Sie zeigte sich besorgt, dass Paare dieses kleinen, aber wohlhabenden Inselstaats, dessen Bevölkerung zu drei Vierteln aus ethnischen Chinesen besteht, auf Kinder verzichten, um sich die fünf wichtigsten Statussymbole leisten zu können:

Autos, Kreditkarten, Eigentumswohnungen, die Mitgliedschaft im Country Club und immer gut gefüllte Bankkonten. Regierungsbeamte schrieben einen Brief an eine Auswahl kinderloser verheirateter Paare, in dem sie anführten, wie notwendig es für das Land sei, eine junge Bevölkerung zu haben, die das Wachstum seiner expandierenden Wirtschaft sichere. Daneben enthielt das Schreiben noch ein ungewöhnliches Angebot: eine kostenlose Urlaubsreise nach Bali, die den Paaren nach Ansicht der Regierung dabei helfen könne, in die richtige Stimmung zu kommen. Die Paare, die natürlich gerne ein paar Tage an einem Traumstrand verbringen wollten, ergriffen die Gelegenheit beim Schopf. Sie traten ihren Urlaub an, hielten sich jedoch nicht an ihren Teil der Abmachung – es wurden keine Babys gezeugt, zumindest nicht genug, um die Regierungsbeamten zufriedenzustellen. Das Pilotprogramm wurde nach neun Monaten eingestellt.

Auch die Volksrepublik China hat versucht, die Bevölkerungsentwicklung zu beeinflussen, mit seiner drakonischen Ein-Kind-Politik. In den späten 1970er Jahren, als das Land unter einer rückständigen und chaotischen kollektivistischen Wirtschaft litt, kamen Reformer unter Führung von Deng Xiaoping zu dem Schluss, dass das rasante Bevölkerungswachstum des Landes nur zu einer fortgesetzten Armut führen könne. Sie hatten die chinesische Geschichte genau studiert: Zwischen 1500 und 1700 wuchs die Bevölkerung des Landes in etwa derselben Geschwindigkeit wie in Westeuropa, viel schneller jedoch im achtzehnten Jahrhundert, während eines langen Zeitraums des Friedens und Wohlstands, als sich die landwirtschaftlichen Erntemengen in nie dagewesener Form vervielfachten. Während dieser Zeit vergrößerten sich die Erträge von Reis- und Weizenfeldern um das Zwei- oder sogar Dreifache. Neue Pflanzen aus Amerika wie Mais und Süßkartoffeln halfen ebenfalls, die Produktivität zu steigern. So erhöhte sich der Lebensstandard in Teilen Chinas sogar früher als in England, dem Geburtsort der Industriellen Revolution.

Doch zwischen 1800 und 1950 *verlangsamte* sich das Bevölkerungswachstum am unteren Jangtse. Dies hatte mit der Übernutzung der Böden, aber auch mit politischen Unruhen, Bürgerkriegen sowie ausländischen Interventionen und Invasionen zu tun.

Doch dann – und trotz der schrecklichen Hungersnot, die der »Große Sprung nach vorn« der fünfziger Jahre und die Umsiedlungen der Kulturrevolution in den sechziger Jahren des zwanzigsten Jahrhunderts verursachten – wuchs die Bevölkerung der Volksrepublik China in den zwei Jahrzehnten zwischen 1950 und 1970 um jeweils zwischen 120 und 150 Millionen Menschen. China stand damals kurz davor, als erstes Land der Welt mehr als eine Milliarde Einwohner zu zählen. Deng und seine Anhänger nahmen an, das Land werde seinem wirtschaftlichen Ruin entgegensteuern, würde man nichts dagegen unternehmen. Im Jahr 1979 wurde die für alle verbindliche Ein-Kind-Politik eingeführt.

Damit erwiesen sich die politischen Entscheidungsträger als einigermaßen realitätsfremd. Denn auch in China war die Geburtenrate schon seit den sechziger Jahren gefallen, und das aus denselben Gründen, die auch in anderen Teilen der Welt für diese Entwicklung bestimmend waren: Verstädterung, bessere Bildungs- und Arbeitsmarktchancen für Frauen sowie eine zunehmende Präferenz, lieber weniger Kindern bessere Chancen zukommen zu lassen, als möglichst viele von ihnen zu bekommen. Die politischen Entscheidungsträger hatten es versäumt, *lateral* über das Problem nachzudenken.

Vergegenwärtigen wir uns folgende Zahlen: Im Jahr 1965 lag die Geburtenrate im städtischen China noch bei etwa sechs Kindern pro Frau. Als 1979 die Ein-Kind-Politik in Kraft trat, war sie dort bereits auf 1,3 Kinder pro Frau gefallen, weit unter das sogenannte »Ersatzniveau der Fertilität« von mindestens zwei Kindern pro Frau, bei dem die Bevölkerungszahlen konstant bleiben. Gleichzeitig lag Mitte der sechziger Jahre die Geburtenrate im ländlichen China bei zirka sieben Kinder pro Frau und fiel bis 1979 auf drei. Während der Zeit der Ein-Kind-Politik ging die städtische Geburtenrate von 1,3 auf 1,0 zurück, die ländliche von 3 auf 1,5. Die Demographen des *China Journals* sahen dies durchaus: »Der Hauptanteil des chinesischen Geburtenrückgangs kann nicht auf die Ein-Kind-Politik zurückgeführt werden.« Der Rückgang hatte vor allem damit zu tun, dass die Menschen aufgrund sich verändernder Umstände andere Entscheidungen trafen, weniger mit der Staatsbürokratie. »Die Ein-Kind-Kampagne war lediglich politisch motiviert und basierte auf Pseudowissenschaft, demographisch notwendig war sie nicht«, so die Schlussfolgerung der Experten.

Im Jahr 2015 gab China diese Politik ganz auf. Wird das Bevölkerungswachstum in der zweitgrößten Volkswirtschaft der Welt nun wieder anziehen? Der Nobelpreisträger und Wirtschaftswissenschaftler Amartya Sen bemerkt, dass der »Fortschritt der Frauen Chinas Ein-Kind-Politik überflüssig machte«. Chinesische Frauen erhalten weiterhin verstärkt Zugang zu Bildung und haben gute berufliche Aufstiegschancen, weshalb ein Anstieg der Geburtenrate eher unwahrscheinlich ist. Zum Vergleich bewegt sich die Geburtenrate in den Nachbarstaaten Taiwan und Südkorea – wo eine ähnliche Politik nie existierte – auf einem Niveau von etwa 1,1 Kindern pro Frau, weit unter Chinas derzeitigem Niveau von 1,6. Die Losung »Wirtschaftliche Entwicklung ist das beste Verhütungsmittel« bewahrheitet sich letztendlich in China genauso wie überall sonst auf der Welt.

Paradoxerweise wird die chinesische Ein-Kind-Politik vor allem von generationaler Bedeutung sein: Bis 2030 wird China 90 Millionen Menschen *weniger* im Alter von fünfzehn bis fünfunddreißig haben, und 150 Millionen *mehr* im Alter über sechzig. Das Land erlebt den weltweit größten und schnellsten Prozess einer Bevölkerungsalterung. Wir werden die Folgen dieser gewaltigen generationalen Veränderungen in Kapitel 2 analysieren.

Die unerwarteten Nutznießer von Chinas Ein-Kind-Politik

Dieser Tage sind die Zeitungen voll mit Geschichten über Handelsdefizite, erschlichene Technologien und chinesische Spione, die sich als seriöse Geschäftsleute ausgeben. »Eine von fünf Firmen gibt an: China hat geistiges Eigentum gestohlen«, lautet 2019 eine Schlagzeile im Magazin *Fortune*. Vielen Beobachtern mag es so scheinen, als wäre China auf seinem Weg an die Spitze des globalen Marktes nur darauf aus, die Vereinigten Staaten und andere westliche Länder übers Ohr zu hauen. Nur wenigen Politikern oder Journalisten ist es je in den Sinn gekommen, dass Chinas Ein-Kind-Politik für die Verbraucher westlicher Länder ein regelrechter Glücksfall gewesen sein könnte.

In einem faszinierenden Beispiel lateralen Denkens fanden Wirtschaftswissenschaftler eine überraschende Verbindung zwischen Geburtenraten und Ersparnissen. Solange sie Gesetz war, schuf die Ein-Kind-Politik ein Ungleichgewicht von etwa 20 Prozent mehr jungen Männern als Frauen, wobei traditionell Jungen favorisiert wurden. »Deformierte Geschlechterverteilung stiftet bei Eheschließungen in China Chaos« lautete 2017 eine Schlagzeile im *Economist*. Und die *New York Times* titelte: »In China wartet auf Millionen von Männern ein einsamer Valentinstag«. Eltern entschieden, die Sache selbst in die Hand zu nehmen. »Aufgrund eines verschärften Wettbewerbs auf dem Heiratsmarkt erhöhen Haushalte mit einem Sohn ihre Sparrate in der Hoffnung, die Chancen ihres Sohnes, eine Frau zu finden, zu erhöhen« – so die Wirtschaftswissenschaftler Shang-Jin Wie und Xiaobo Zhan, nachdem sie eine Fülle an Daten analysiert hatten. »Die zunehmend ungleiche Geschlechterverteilung von 1990 bis 2007 erklärt etwa 60 Prozent des tatsächlichen Zuwachses privater Ersparnisse im selben Zeitraum.«

Dieses Phänomen war so weit verbreitet, dass China nicht nur eine ganze Bandbreite an Fabrikwaren exportierte, sondern auch seine überschüssigen Ersparnisse. Das unersättliche Konsumverhalten von Amerikanern wurde hauptsächlich durch Familiensparbücher finanziert. Ohne das chinesische Geschlechterungleichgewicht und das damit zusammenhängende hohe Sparniveau hätten Amerikaner in den vergangenen zwei Jahrzehnten höhere Zinsen auf ihre Hypotheken und Verbraucherkredite zahlen müssen. Hätten sich zum Beispiel die Zinsen für eine über dreißig Jahre laufende Hypothek auf 6 Prozent statt auf 5 Prozent belaufen, dann wären die monatlichen Raten um etwa 25 Prozent höher ausgefallen, und es hätte viel weniger Geld für andere Anschaffungen zur Verfügung gestanden. Die Kosten für einen Hauskauf in San Francisco haben also tatsächlich etwas damit zu tun, ob in China der sprichwörtliche Sack Reis umfällt.

Das chinesische Geschlechterungleichgewicht hat auch den Konsum in der neuen Digitalwirtschaft beeinflusst. Man bedenke nur, wie viel Geld Menschen für Online-Dating-Dienste in unterschiedlichster Form ausgeben. Dating-Plattformen haben heute weltweit Hunderte von Millionen Kunden, die dort jährlich etwa 5 Milliarden US-Dollar ausgeben. Die Menschen strömen ihnen auf der Suche nach potenziellen Ehepartnern, romantischen Beziehungen oder One-Night-Stands in Scharen zu. Doch ist es bezeichnend, wenn man die Unterschiede im Kaufverhalten nach Ländern auffächert. In China fallen nur 2 Prozent der Gesamtausgaben an für Partnersuche auf Dating-Apps, die zwanglose Zusammenkünfte vermitteln, während in Europa und den Vereinigten Staaten 21 Prozent an Plattformen wie Ashley Madison, C-Date, First Affair, Victoria Milan und Tinder gehen, die genau dies anbieten. Dagegen teilen sich in China Ehevermittlungsinstitute wie Baihe oder Jiayuan 85 Prozent der Umsätze, im Vergleich zu nur 40 Prozent in Europa und den Vereinigten Staaten. Diese Unterschiede sind leicht erklärt. Für chinesische Männer ist es wichtiger, eine Langzeitpartnerin zu finden (statt eines One-Night-Stands), da das Geschlechterungleichgewicht so etwas wie eine nationale Krise hervorgerufen hat. Es kann auch nicht überraschen, dass chinesische Frauen wählerischer geworden sind. In einem Experiment, für das auf einer der größten chinesischen Dating-Plattformen gefälschte Profile von Männern und Frauen erstellt wurden, besuchten »Männer aller Einkommensklassen unsere weiblichen Profile aus den unterschiedlichen Einkommensklassen zu mehr oder weniger gleichen Anteilen«, so die Autoren der Studie. »Dagegen besuchten Frauen aller Einkommensklassen bevorzugt unsere männlichen Profile aus den höheren Einkommensklassen ... Unsere männlichen Profile aus den höchsten Einkommensklassen wurden zehnmal so oft besucht wie jene aus der untersten Einkommensklasse.«

Interessanterweise bewegt sich das Geschlechterungleichgewicht in anderen Ländern in die entgegengesetzte Richtung. In Russland herrscht ein Defizit an jungen Männern, da, zumeist aufgrund exzessiven Alkoholmissbrauchs, viele von ihnen vorzeitig sterben. Das Problem erscheint so gravierend, dass der Mangel an Männern im heiratsfähigen Alter Frauen in einigen Regionen Sibiriens dazu bewogen hat, die Regierung aufzufordern, Polygamie zu legalisieren. Laut der Anthropologin Caroline Humphrey von der Universität Cambridge sind sibirische Frauen zunehmend davon überzeugt, dass »ein halber Mann besser ist als gar keiner«. Sie argumentieren, so Humphrey, »die Legalisierung der Polygamie wäre ein Gottesgeschenk. Sie würde ihnen das Recht auf finanziellen und körperlichen Beistand des Mannes sichern, ihren Kindern Legitimität verleihen und ihnen das Recht auf Sozialhilfe gewähren.« Wenn man bedenkt, dass in China mehr Männer und in Russland mehr Frauen leben, würde die ideale Lösung zweifellos lauten, dass die beiden Länder eine Art Tauschgeschäft vereinbaren. Leider ist das chinesische Geschlechterungleichgewicht siebenmal so groß wie das russische, da in China so viel mehr Menschen leben. Vermittlungs-Apps werden es richten müssen.

New Kids on the Block: der afrikanische Babyboom

Während die Bevölkerungszahlen in Europa, Nord- und Südamerika und Ostasien nicht einmal auf konstantem Niveau gehalten werden können, nehmen sie in Subsahara-Afrika zu, wenngleich nicht mehr so schnell wie in der Vergangenheit. Dennoch wird prognostiziert, dass seine Bevölkerung von heute 1,3 Milliarden auf zwei Milliarden bis 2038 und auf 3 Milliarden bis 2061 wachsen wird. Einige Forscher sagen voraus, dass ein großer Krieg oder eine verheerende Epidemie Afrikas demographischen Schwung bremsen könnte. Die bewaffnete Auseinandersetzung mit den höchsten Opferzahlen in der Geschichte war der Zweite Weltkrieg, der 50 bis 80 Millionen Menschen das Leben kostete, doch er berührte Afrika nur am Rand. Die globale Aidsepidemie kostete bislang 36 Millionen Menschen das Leben, zwei Drittel davon in Afrika, wobei Südafrika, Nigeria, Tansania, Äthiopien Kenia, Mosambik, Uganda und Simbabwe am härtesten betroffen waren. Und doch sieht man oben in Abbildung 3, dass die Bevölkerungskurve für Afrika in den achtziger und neunziger Jahren, als die Epidemie am schlimmsten wütete, kaum sichtbare Dellen aufweist. Deshalb würde nur ein gewaltiger Krieg oder eine Epidemie, die 100 Millionen Menschen dahinrafft, das im Vergleich mit anderen Weltteilen deutlich höhere Bevölkerungswachstum des Kontinents signifikant beeinflussen.

Die Befürchtung drängt sich auf, dass Afrika seine prognostizierte Bevölkerung unmöglich versorgen könnte. Doch wer so denkt, vergisst, wie groß Afrika *wirklich* ist. Kartografische Darstellungen des Kontinents in unseren Schulbüchern verschleiern seine wahre Größe im Vergleich zur nördlichen Hemisphäre. Abbildung 4 zeigt, dass Afrikas Landmasse etwa so groß ist wie jene von China, Indien, West- und Osteuropa, den Vereinigten Staaten und Japan zusammen.

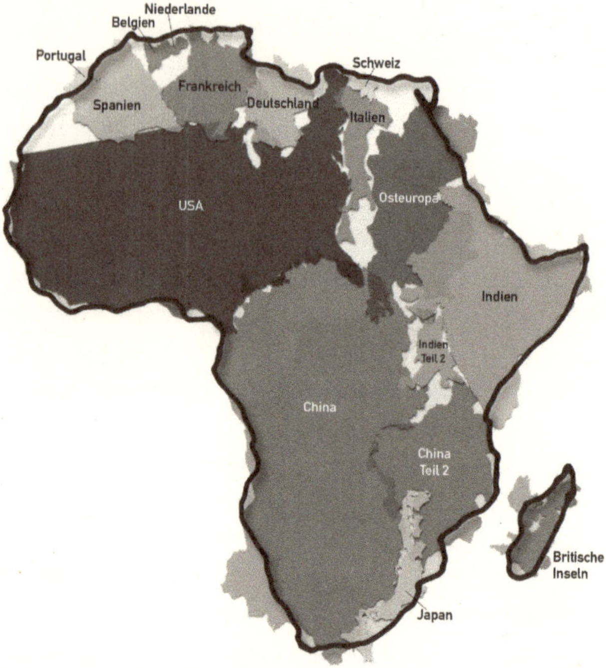

Abbildung 4

Natürlich gibt es in Afrika riesige, zu weiten Teilen unbewohnbare Wüsten. Doch gilt dies genauso für alle anderen Länder auf der Karte (mit Ausnahme von Japan). Sogar in Europa gibt es Wüsten – der Filmklassiker *Lawrence von Arabien* wurde nicht auf der arabischen Halbinsel, sondern vor allem in Südspanien gedreht. Und selbst wenn man die ungeheure Ausdehnung afrikanischer Wüsten berücksichtigt, enthält der Kontinent immer noch den weltweit größten Anteil an brachliegenden, jedoch für die landwirtschaftliche Entwicklung geeigneten Landflächen. Angesichts der Größe Afrikas erscheint eine Überbevölkerung unwahrscheinlich. Auf dem Kontinent leben derzeit 1,3 Milliarden Menschen. In den anderen Ländern auf dieser Karte leben heute bereits 3,5 Milliarden. Gegenwärtig ist die Bevölkerungsdichte in Asien dreimal so hoch wie in Afrika und viermal so hoch wie in Europa.

Keine Frage, Afrikas Bevölkerungswachstum hält verschiedene hartnäckige Probleme bereit. Der Kontinent ist Austragungsort zahlreicher schwerwiegender religiöser und ethnischer Konflikte. Jahrzehntelange, vom Kalten Krieg befeuerte Unruhen fügten der Infrastruktur des Kontinents verheerende Schäden zu. Insbesondere politische und soziale Institutionen – von Regierungsstrukturen über Justizsysteme und Zivilgesellschaften – litten immens oder konnten sich nie richtig entwickeln, was zur weltweit höchsten Konzentration sogenannter »gescheiterter Staaten« führte. Etwa die Hälfte von Afrikas vierundfünfzig souveränen Staaten wird von politischem Chaos, Anarchie und Gesetzlosigkeit heimgesucht. Ein Großteil der Abwanderungsbewegungen von ländlichen Gegenden in die Städte und von dort ins vorwiegend europäische Ausland ist auf Konflikte und Gewalt zurückzuführen, die nicht nur die persönliche Sicherheit, sondern auch die wirtschaftliche Entwicklung der Länder bedrohen.

Afrika ist also nicht frei von Gefahren, doch die möglichen Erträge für die eigene wachsende Bevölkerung sind gewaltig. Aufgrund seiner zunehmend hohen Bevölkerungszahl kann Afrika von den westlichen Industrieländern nicht länger ignoriert werden. Seine Reichtümer werden eine globale Rolle spielen, im Guten wie im Schlechten. Wenn alles gutgeht, wird Afrika zum Wohl der ganzen Welt zu einer Quelle von zukunftsweisenden Innovationen werden. Sollten die Dinge sich zum Schlechten wenden, werden die Konsequenzen weltweit zu spüren sein. Demographie ist nicht »Schicksal«, und doch prägt sie das Leben der Menschen.

Hunger bekämpfen in Afrika als riesige Chance

Die meisten Menschen glauben, dass die größten unternehmerischen Erfolgsaussichten im Dienstleistungssektor lägen und mithilfe technologischer Plattformen oder Apps verwirklicht werden könnten. Lassen Sie uns lateral über Afrikas Bevölkerungswachstum nachdenken. Der Weltbank zufolge wird die afrikanische Landwirtschaft bis 2030 zu einem billionenschweren Sektor aufsteigen. Mit ihr entsteht eine wahre Goldmine, die die gesamte Weltwirtschaft verändern könnte. Die Zukunft der Kinder Afrikas, von denen die meisten in ländlichen Gebieten geboren werden, hängt von der Transformation seiner Landwirtschaft ab. Trotz seiner enormen Landmasse und üppigen Wasserreserven ist der Kontinent derzeit ein Nettoimporteur von Lebensmitteln. Und während Rohstoffindustrien wie Kakao, Bergbau und Öl seit langem von grundlegender Bedeutung für die Nationalökonomien sind, wird in der näheren Zukunft ein Großteil des afrikanischen Wachstums parallel zur Ausweitung seiner Landwirtschaft erfolgen, und zwar im Verbund mit den zugehörigen Produktions- und Dienstleistungsbetrieben zur Versorgung der wachsenden Bevölkerung auf dem Kontinent. Afrika steht vor einer doppelten landwirtschaftlichen Herausforderung: Es muss bis zu zwei Millionen Quadratkilometer Land – etwa die Fläche Westeuropas von Berlin nach Lissabon – kultivieren *und* die eigene Produktivität entscheidend verbessern.

Afrika steht vor einer landwirtschaftlichen wie industriellen Revolution, wie Europa, Nord- und Südamerika und Ostasien sie in früheren Jahrhunderten erlebt haben. Überlegen wir kurz: Wie könnte es gelingen, eine positive Dynamik rund um einen expandierenden landwirtschaftlichen Sektor in Gang zu setzen? Die Bauern benötigen zunächst bessere Produktionsmittel wie Samen und Dünger, um die Erträge zu erhöhen und einen besseren Lebensstandard genießen zu können. Ihr Erfolg wiederum führt in den Dörfern zur Schaffung von Arbeit, wozu auch der Bereich der Reparatur von Traktoren und anderen Maschinen, die im Ackerbau eingesetzt werden, gehört. Aus einer reinen Subsistenzwirtschaft entwickelt sich eine ertragsstarke Landwirtschaft. Überschüsse werden an die wachsenden Städte der näheren Umgebung geliefert, was zu einem Rückgang der Lebensmittelimporte führt. Mit der Verarbeitung von Grundnahrungsmitteln zu Backwaren, Dosenfrüchten oder Fertiggerichten werden sogar noch mehr Arbeitsplätze geschaffen – womöglich mehrere Millionen auf dem ganzen Kontinent –, was sowohl ein erstarkendes produzierendes Gewerbe als auch einen blühenden Dienstleistungssektor entstehen lässt, der die neuen Waren unter die urbane Bevölkerung bringt. Dies ist im Kern die kommende afrikanische landwirtschaftlich-industrielle Revolution.

Um diese Entwicklung anzustoßen, bringen bereits viele Organisationen und Firmen neue Ideen und neue Praktiken in die afrikanische Landwirtschaft ein. So hat die African Agricultural Technololgy Foundation (AATF) Subsistenzbauern in Techniken der Bodentestung und Samenselektion eingeführt. »Einige Farmer haben sich nur kaputtgelacht«, so ein AATF-Außendienstmitarbeiter, »als wir andeuteten, ihre Ernte könne sich um das Zehnfache vermehren, wenn sie ihre Felder entsprechend präparieren, die richtigen Samen benutzen und Dünger verwenden würden.«

Betrachten wir den Fall von Samuel Owiti Awino. Seine Farm in der Region des Victoriasees in Kenia wurde immer wieder von unvorhersehbaren Regenfällen und dem zerstörerischen Unkraut Striga heimgesucht. Verzweifelt versuchte er jedes erdenkliche Mittel, um einen ausreichenden Ertrag zu erwirtschaften, mit dem er seine Familie ernähren und den Rest auf lokalen Märkten verkaufen konnte. »Wann man krank wird und nicht weiß, was für eine Krankheit man hat, greift man zu allen möglichen Mitteln und hofft, dass eines davon womöglich wirkt«, sagt er. »In der Landwirtschaft habe ich genau das immer getan.« Awino war erstaunt, als auf seinem Versuchsfeld doppelt so viel Mais wuchs wie auf seinen bislang besten Feldern.

Entgegen den Annahmen jener Panikmacher, die den Begriff der »Bevölkerungsexplosion« prägten, könnte das demographische Wachstum für Afrika einen entscheidenden Anreiz zur Stärkung des landwirtschaftlichen Sektors bieten, was wiederum Jobs schaffen und verwandte Wirtschaftsfelder voranbringen könnte – und zwar nicht nur in Afrika, sondern auch in anderen Teilen der Welt. Verbesserungen in der Bodenbewirtschaftung, Bewässerung und Verteilung könnten zu riesigen Gewinnen führen.

Auf seinem Weg in die Zukunft wird Afrika aus Subsistenzbauern wie Awino fortschrittliche Landwirte machen. Eine kluge Methode, den afrikanischen Bevölkerungszuwachs in eine Chance zu verwandeln, ist der Anbau, die Ernte und Verarbeitung von Maniokpflanzen. Dieses erstaunliche Wurzelgemüse aus Südamerika trotzt auch extremer Dürre und empfiehlt sich darüber hinaus wegen seiner flexiblen Erntezeit rund ums Jahr. Da Maniok nicht rein maschinell angebaut werden kann, eröffnet er für die Einheimischen eine zusätzliche Einkommensquelle. In den Entwicklungsländern ist Maniok nach Reis und Mais bereits die drittwichtigste Kohlenhydratquelle. Derzeit wird er vor allem verwendet, um Mehl und Bier herzustellen. In Subsahara-Afrika decken etwa 300 Millionen Menschen ihren täglichen Kohlenhydratbedarf mit Maniok. Darüber hinaus ist Maniok glutenfrei und hat einen niedrigeren Zuckergehalt als Weizen, weshalb er eine gesunde Alternative zu Getreide bietet und auch gut für Diabetiker geeignet ist. Sobald der Kontinent seine Maniokerträge erhöht, könnte ein Teil davon auch zu höherwertigen, für den Export bestimmten Produkten verarbeitet werden: Maniok ist ein Bestandteil von Sperrholz, er wird in vielen Arzneimitteln verwendet, darunter Pillen und Cremes, und er kann als Rohstoff für Biotreibstoff verwendet werden.

Will man die vielfältigen Möglichkeiten von Maniok nutzen, benötigt man sowohl Expertenwissen als auch die entsprechende Ausrüstung. Im Kernland von Sambia verbringt Celestina Mumba viele Stunden in der Woche damit, anderen Maniokbauern zu zeigen, wie man durch einfache Techniken wie Samenwahl und richtige Pflanzabstände die Erträge erhöhen kann. Sie ist darin eine Expertin geworden und verbringt heute einen Großteil ihrer Zeit damit, anderen Farmern beim Einsatz der besten verfügbaren Methoden zur Seite zu stehen. Dreitausend Kilometer von ihr entfernt gründete Pastor Felix Afolabi in Nigeria die »Afolabi Agro Divine Ventures«, um junge Maniokbauern zu betreuen und die Pflüge, Eggen, Spritzkanonen, Pflanzer, Erntemaschinen und Planierraupen zu erwerben, die notwendig sind, um die nigerianische Landwirtschaft zu mechanisieren. Landwirtschaftliche Unternehmer wie Mumba und Afolabi sind die Pioniere der agrarisch-industriellen Revolution Afrikas.

Zwar befinden sich bereits viele der menschlichen, technologischen und finanziellen Ressourcen, die zur Weiterentwicklung der Maniokproduktion benötigt werden, vor Ort in Subsahara-Afrika, doch können auch ausländische Firmen und NGOs einen entscheidenden Beitrag leisten: Aufgrund seines hohen Wassergehalts muss Maniok innerhalb von vierundzwanzig bis achtundvierzig Stunden nach der Ernte verarbeitet werden, weshalb die hierfür notwendigen Maschinen in der Nähe der Pflanzstätten verfügbar sein müssen. Die Dutch Agricultural Development and Trading Company (DADTCO), ein gewinnorientiertes Sozialunternehmen, das sich darauf spezialisiert hat, die wirtschaftlichen Bedingungen in armen Gemeinden zu verbessern, bietet kleinen afrikanischen Farmen Verarbeitungs-, Raffinerie- und Trocknungseinheiten in Containern an, die mit Lastwagen von Dorf zu Dorf gebracht werden. Die Ernte kann beginnen, sobald diese mobilen Anlagen aufgebaut sind. Im Handumdrehen könnten Bauern oder andere lokale Unternehmer diese Mittel einsetzen, um Nahrungsmittel selbst zu produzieren.

In der nahen Zukunft könnte eine Ausweitung der Maniokproduktion für die im ländlichen Raum geborenen Babys von heute jene Jobs schaffen, mit denen sie ihren Lebensunterhalt verdienen werden. Und was, wenn Afrika zu einem führenden Standort der globalen Bierindustrie aufsteigen würde? Unter anderem SABMiller und Diageo erwerben heute bereits von Maniokproduzenten das Rohmaterial zum Bierbrauen. So verringern sie die Kosten für ihr Endprodukt und Afrikas weitverbreitete Abhängigkeit von teuren Importen. Sollte sich Maniokbier als kosteneffektiv und nachhaltig erweisen, können wir uns schon heute auf mehrere afrikanische Biere in unserer Stammkneipe freuen, und zwar zu sehr attraktiven Preisen. Also aufgepasst, Budweiser, Heineken, Radeberger!

Die Silicon-Savanne

Abgesehen von der anstehenden agrarisch-industriellen Revolution ist Afrika auf einem Gebiet schneller als alle anderen Regionen ins einundzwanzigste Jahrhundert gestürmt: in der Mobilfunktechnologie. Diese Transformation verändert bereits heute das Leben auf dem ganzen Kontinent. In der *Irish Times* konnte man die Geschichte von Naomi Wanjiru Nganga lesen, die in Korogocho lebt, einem Slum von Nairobi. Sie ist vierunddreißig Jahre alt und bei schlechter Gesundheit. Ihre vier Kinder versorgt sie, indem sie weggeworfene Kartons sammelt und auf dem Markt verkauft. Ihr einziges technisches Gerät ist ein Handy, das sie nicht nur benutzt, um damit zu kommunizieren, sondern auch, um zu bezahlen und bezahlt zu werden, unter anderem von einer irischen Wohltätigkeitsorganisation, die ihr ein monatliches Stipendium gewährt. Sie ist eine direkte Nutznießerin des schnellen Aufbaus von Mobilfunknetzen. Kenia hat die Welt vor einem Jahrzehnt überrascht, als das Land zur weltweit führenden Nation im mobilen Bezahlen aufstieg. Drei Viertel der Bevölkerung bezahlen regelmäßig auf diese Weise. Wenig überraschend nennt man Nairobi heute gerne die »Silicon-Savanne«.

Jeder, der nach einer geeigneten Glaskugel sucht, durch die er ins Jahr 2030 blicken kann, sollte nach Afrika reisen. Die mobilen Technologien haben sich besonders im Gesundheitssektor als hilfreich erwiesen. In Kenia etwa lebt die Mehrheit der ländlichen Bevölkerung mindestens eine Busstunde vom nächsten Arzt oder der nächsten medizinischen Einrichtung entfernt. Um den Zugang zur Krankenversorgung zu vereinfachen, wurden viele mobile Dienstleistungen eingerichtet, wie medizinische Hotlines und Geräte zur Frühdiagnose, Erinnerungshelfer für Medikamente oder Nachuntersuchungen, aber auch allgemeine Bildungsangebote. Heute besitzen 90 Prozent der Bevölkerung ein Handy. Telefondaten sind in Kenia sogar aussagekräftiger als offizielle Zählungen. Staatliche Stellen verwenden eher Handydaten als Gehaltsabrechnungen oder Schulunterlagen, um die Gesundheitspolitik oder Sozialarbeit zu planen.

Wie viele andere Länder auch – reiche wie arme – hat das kenianische Gesundheitssystem mit einem Mangel an qualifiziertem Personal, steigenden Kosten und einer rasch zunehmenden Nachfrage zu kämpfen. Es gibt Hunderte E-Health-Projekte und -Programme, von denen in zunehmendem Maße die Landbevölkerung profitiert. Der Einsatz von Mobilfunktechnologien könnte auch in anderen Ländern eine technische Lösung beim Zugang zum Gesundheitssystem bieten, die sowohl effizient als auch inklusiv ist. Selbst die Vereinigten Staaten, wo das Gesundheitswesen ein andauerndes politisches Streitthema darstellt und die Pflegekosten Jahr für Jahr weiter in die Höhe zu schießen scheinen, könnten von Kenia lernen.

Angst vor und Ärger über Immigration

Im Jahr 2030 wird sich die Weltbevölkerung ganz anders auf dem Planeten verteilen als heute. In Afrika und Südasien werden viel mehr Menschen leben als in anderen Teilen der Welt. Und obwohl sich die Anzahl der Menschen, die von einem Land in ein anderes migrieren werden, verändern wird, werden die Gründe hierfür die gleichen bleiben: Migration tendiert immer genau dann dazu, zu einem vorherrschenden Phänomen zu werden, wenn es in einem Teil der Welt sehr viele Kinder gibt, in einem anderen hingegen eher wenige. Oder wenn sich größere Krisen wie Hungersnöte, Aufstände, Bürgerkriege ankündigen oder es zu Naturkatastrophen kommt. Die internationale Migration wird heute oft als eine »Welle« oder gar als »Flut« bezeichnet, die eingedämmt werden müsse. Spitzenpolitiker fordern, Mauern zu errichten. Länder verlassen Handelsabkommen und politisch-wirtschaftliche Bündnisse wie die Europäische Union. Besorgte Bürger verkünden auf Transparenten, dass Immigranten unerwünscht seien. Doch was, wenn die Angst, Immigranten würden den Einheimischen Jobs wegnehmen und die Staatskassen trockenlegen, völlig falsch und kurzsichtig wäre?

Die gängige Meinung lautet, dass Migranten die angestammten Arbeiter ersetzen und ihnen ihre guten Fabrikjobs wegschnappen. Dabei stehen die meisten Immigranten überhaupt nicht im Wettbewerb mit den Einheimischen. Das zeigen Studien der amerikanischen National Academies of Sciences, Engineering, and Medicine (NAS). Dies liege daran, so die NAS, dass Immigranten entweder sehr geringe oder außergewöhnlich hohe Qualifikationen mitbrächten und aus diesem Grund keine Beschäftigungsaussichten in ihren Heimatländern besäßen. Im Gegensatz dazu hätten ihre Landsleute mit mittleren Qualifikationen – wie etwa Handwerker oder Mechaniker – in ihren Heimatländern sehr viele Arbeitsmöglichkeiten, weshalb diese auch nicht dazu neigten, auszuwandern. In hochentwickelten Industrienationen wie den Vereinigten Staaten, Japan und den europäischen Staaten gibt es immer noch genügend Jobs für Geringqualifizierte, insbesondere in der Landwirtschaft und im Dienstleistungssektor, und gleichzeitig besteht eine hohe Nachfrage nach hochqualifizierten Facharbeitern. Dagegen gehen in denselben Ländern Arbeitsplätze vor allem im Produktionssektor verloren, also unter Arbeitern mit mittleren Qualifikationen. Ihre Arbeiten lassen sich einfacher und wirtschaftlicher automatisieren. In reichen Ländern ist es wirtschaftlich am sinnvollsten, Technologien zur Einsparung von Arbeitskräften dort einzusetzen, wo mittlere Qualifikationen gefordert werden. Denn in diesem Segment sind die Löhne hoch genug, um Automatisierungsanreize zu schaffen, und die entsprechenden Arbeiten sind relativ einfach zu automatisieren (wie wir in Kapitel 6 sehen werden). Also sollten sich die Angst und die Wut, die Arbeitsplatzverluste nach sich ziehen, eher auf den technologischen Wandel richten, nicht auf die Zuwanderung. Tatsächlich hat meine Kollegin an der Wharton School, Britta Glennon, herausgefunden, dass die Beschränkung von Arbeitsvisa für Wissenschaftler und Ingenieure in den Vereinigten Staaten Arbeitsplätze *zerstört*, weil Firmen ihre Forschungs- und Entwicklungsabteilungen ins Ausland verlagern, um von den dortigen Talentschmieden zu profitieren. Und wer sind größten Nutznießer dieses rigorosen Vorgehens gegen Immigration? China, Indien und Kanada – also jene Länder, in die diese Forschungs- und Entwicklungsaktivitäten verlagert wurden.

Wenn wir die Statistiken darüber, wie viele im Ausland geborene Menschen in den Vereinigten Staaten angestellt sind, nach Bildungsniveaus unterteilen, sehen wir, dass Immigranten den Amerikanern eher keine Jobs wegnehmen. Etwa 42 Prozent aller Arbeiter, die die Schule abbrechen, sind Immigranten, und unter allen Inhabern von Doktortiteln sind 29 Prozent im Ausland geboren.

Im Gegensatz dazu sind nur 15 Prozent der Menschen mit Schulabschluss, 10 Prozent jener mit einer Art von Hochschulbildung ohne Abschluss und 14 Prozent der US-Bewohner mit Bachelorabschluss Immigranten. Gleichzeitig berichtet das Statistische Bundesamt der USA, dass die Anzahl der hochqualifizierten Arbeitsplätze im Management- und Technikbereich gewachsen ist, während die Anzahl von einfachen handwerklichen Tätigkeiten und Bürojobs stark zurückgegangen ist – aufgrund von Automatisierungsprozessen.

Wenn wir die Daten noch genauer nach spezifischen Beschäftigungsfeldern untersuchen, finden wir weitere Belege dafür, dass die meisten Immigranten nicht mit den Einheimischen um Arbeitsplätze konkurrieren. Dem Urban Institute in Washington D.C. zufolge sind in den Vereinigten Staaten die wichtigsten Berufsgruppen unter Immigranten ohne Schulabschluss: Hausangestellte, Reinigungskräfte, Köche und Feldarbeiter. Dagegen sind einheimische Arbeiter ohne Schulabschluss zahlreicher unter Kassierern, Fahrern von LKWs und anderen Fahrzeugen sowie Hausmeistern zu finden. Direkte Konkurrenzsituationen zwischen Immigranten und Einheimischen sind eher selten.

Die Migration wird dabei helfen, einige der Schwierigkeiten zu überwinden, die mit alternden Bevölkerungen in Verbindung gebracht werden. Die Vereinten Nationen nennen dies »Replacement Migration« – »Bestandserhaltungsmigration«. Die Daten des Statistischen Bundesamtes der Vereinigten Staaten legen nahe, dass die amerikanische Wirtschaft, sobald die Generation der Babyboomer in Rente geht, größere Zuströme von Immigranten benötigen wird, um den Bedarf in Dutzenden von Berufen zu erfüllen, von Pflegern über Bauarbeiter und Köche bis hin zu Softwareentwicklern. Bis 2030 werden diese und andere Stellen in den Vereinigten Staaten von Arbeitern besetzt sein, die im Ausland geboren wurden.

Eine andere Möglichkeit, um abschätzen zu können, ob Immigranten den wirtschaftlichen Status von Einheimischen gefährden, besteht darin, die Einkünfte Letzterer zu untersuchen. Die Löhne von Einheimischen sollten zurückgehen, wenn sie mit Immigranten um dieselben Jobs konkurrieren. Nach genauer Prüfung der Daten kamen die NAS zu dem Schluss, dass »der Einfluss von Immigration auf das Durchschnittseinkommen von Einheimischen klein oder fast null« sei. Allerdings fand die Untersuchung vor allem »größere negative Auswirkungen für benachteiligte Gruppen [wie etwa ethnische Minderheiten] und für früher Zugewanderte als für Einheimische insgesamt«. Dies mag womöglich das Paradox erklären, warum ein bedeutender Anteil der kürzlich Zugewanderten in Europa und den Vereinigten Staaten Kandidaten wählen, die die Immigration verteufeln. Bezeichnenderweise stellen Schulabbrecher unter Einheimischen die Bevölkerungsgruppe, die von den Folgen der Immigration am stärksten betroffen sind und strengere Zuwanderungskontrollen befürworten – ein Aspekt, der bei den Wahlen dieser Tage eine große Rolle spielt.

Wenngleich also gezeigt werden kann, dass Immigranten nicht mit Einheimischen um Jobs konkurrieren, ist es dennoch möglich, dass Zuwanderung einen Nettoverlust für das Zielland darstellt, nämlich wenn Neuankömmlinge unverhältnismäßig stark von Sozialleistungen profitieren. Tatsächlich gründet ein gehöriger Teil des Volkszorns gegen Immigranten sowohl in Europa als auch in den Vereinigten Staaten auf der Beschuldigung, sie würden den Staatshaushalt belasten, weil sie als Nutznießer des Systems mehr Sozialleistungen in Anspruch nähmen, als dass sie als Arbeiter zu dessen Stabilität beitrügen. Doch auch hier widerlegen die Daten die gängige Meinung. Etwa 72 Prozent aller internationalen Immigranten weltweit sind in einem arbeitsfähigen Alter, verglichen mit 58 Prozent der Gesamtbevölkerung. Einer Studie der Organisation für wirtschaftliche Zusammenarbeit (OECD) zufolge waren Immigranten seit 1990 zu 47 Prozent am Anstieg der Arbeitnehmerschaft in den Vereinigten Staaten beteiligt, in Europa sogar zu

70 Prozent. Sie tragen mehr zu den Steuereinnahmen eines Landes bei, als dass sie von dessen Sozialleistungen profitieren. »In jedem beliebigen Alter«, bemerkte der Bericht der NAS, »steuern erwachsenen Mitglieder der zweiten Generation [von Immigranten] auf allen Ebenen durchschnittlich mehr zu den Staatseinnahmen bei als Erwachsene der ersten und dritten Generation.« Zwischen 1994 und 2013 stieg das Verhältnis zwischen Steuern zu Sozialleistungen »sowohl in der ersten als auch der zweiten Generationengruppe«, was darauf hindeutet, dass Immigranten im Laufe der Zeit durch Lohn- und Einkommenssteuern mehr zum Staatshaushalt beitragen, als sie über Sozialleistungen erhalten. Beachtenswert ist, dass der steuerliche Beitrag von Immigranten in den USA auf Bundesebene – angesichts der Tatsache, dass die meisten von ihnen in einem arbeitsfähigen Alter sind – positiver ist als auf Staats- und lokaler Ebene, wo die Erziehung ihrer Kinder finanziert wird. Die NAS schlossen: »Ein Immigrant und eine im Land geborene Person mit gleichen Kennzeichen [also Alter, Erziehung, Einkommen etc.] werden sehr wahrscheinlich eine in etwa gleiche steuerliche Relevanz haben.«

Immigranten klauen keine Jobs – sie schaffen welche

Google, Intel, eBay, Facebook, LinkedIn und Tesla haben zwei Dinge gemeinsam: Sie alle haben die amerikanische Wirtschaft umgestaltet, und sie alle wurden von Immigranten gegründet oder mitgegründet. Die Weltwirtschaft wäre ohne sie nicht dieselbe. Etwa 23 Prozent aller Hightech-Projekte in den Vereinigten Staaten wurden von Immigranten initiiert, und in gewissen Bundesstaaten ist ihr Anteil noch einmal um einiges höher: laut der Kauffman Foundation und dem Bay Area Council Economic Institute 40 Prozent in Kalifornien, 42 Prozent ins Massachusetts und 45 Prozent in New Jersey. Dem überparteilichem Think Tank der »National

Foundation for American Policy« (NFAP) zufolge gründeten Immigranten bis 2016 44 der 87 amerikanischen »Unicorn«-Unternehmen, die mit mehr als einer Milliarde US-Dollar bewertet werden. 23 der Unternehmer, die diese 44 Unternehmen gründeten, kamen in die Vereinigten Staaten, um einen Bachelor- oder Masterabschluss zu erwerben. Die meisten von ihnen stammten aus Indien, Kanada, dem Vereinigten Königreich, Deutschland und Israel. David Hindawi etwa wurde 1944 in Bagdad als Sohn einer irakisch-jüdischen Familie geboren. Seine Eltern brachten ihn 1951 nach Israel, wo er in der israelischen Luftwaffe seinen Wehrdienst leistete. Im Jahr 1970 kam er in die Vereinigten Staaten, um an der University of California in Berkeley den Doktortitel zu erwerben. Im Jahr 2007 tat David sich mit seinem Sohn Orion zusammen, um Tanium zu gründen, eine Firma für Cybersicherheit, die schließlich so groß wurde, dass sie fünfhundert Menschen anstellen konnte.

Immigranten sind deshalb ein Segen für die Wirtschaft, weil sie dazu neigen, Unternehmer zu werden. Eine Studie der NAS kommt zu dem Schluss, dass »Immigranten innovativer als Einheimische« sind, gemessen zum Beispiel an der Menge der Patentierungen. »Immigranten scheinen mehr zu innovieren, nicht aufgrund einer größeren inhärenten Fähigkeit, sondern aufgrund ihrer Ballung in den Bereichen Naturwissenschaft und Ingenieurswesen.«

»Immigration ist Unternehmergeist in Reinkultur«, schrieb LinkedIn-Mitgründer Reid Hoffman 2013 in einem Gastkommentar in der *Washington Post*. »Man lässt alles Bekannte zurück, um irgendwo neu anzufangen. Um Erfolg zu haben, muss man Bündnisse eingehen. Man muss sich Fertigkeiten aneignen. Man wird gelegentlich improvisieren müssen. Alles in allem handelt es sich um ein kühnes Unterfangen.«

Oder denken wir daran, welchen Beitrag Immigranten neben ihrer Neigung zum Unternehmertum im amerikanischen Gesundheitswesen leisten. Laut einer Studie der George Mason University in Washington D.C. von 2016 stellen Immigranten 13 Prozent der Gesamtbevölkerung in den Vereinigten Staaten, 28 Prozent aller Mediziner und Chirurgen, 22 Prozent aller Pflegehelfer, psychiatrischen Hilfskräfte und häuslichen Pflegekräfte sowie 15 Prozent aller staatlich geprüften Krankenpfleger. Mehr als die Hälfte aller Naturwissenschaftler, die in der medizinischen Biotechnologie arbeiten, sind Immigranten. Der entscheidende Punkt hinter diesen Zahlen ist, dass die meisten dieser Immigranten bereits in ihren jeweiligen Ursprungsländern im Gesundheitssektor ausgebildet wurden. Zwar müssen einige mit Abschlüssen aus anderen Ländern aufgrund höherer Ausbildungsstandards in den Vereinigten Staaten weitere Qualifikationen erwerben, bevor sie dort arbeiten dürfen, dennoch gilt nach wie vor, dass in den Vereinigten Staaten nicht genügend qualifizierte Pflegekräfte ausgebildet werden. Immigranten aus dem Gesundheitssektor konkurrieren also ganz eindeutig nicht mit Amerikanern um Jobs.

Ein weiterer nützlicher Indikator sind Nobelpreisträger in den Wissenschaften. Unter den 85 amerikanischen Bürgern, die seit dem Jahr 2000 die Nobelpreise für Chemie, Physik und Physiologie oder Medizin gewonnen haben, wurden fast 40 Prozent im Ausland geboren. Wollen die USA ihre Stellung als innovativstes Land der Welt behalten, wird Immigration eine Rolle spielen müssen, insbesondere, da die Wissenswirtschaft weiterhin wächst.

Die NAS waren schon 1997 zu dem Schluss gekommen, dass die Auswirkungen von Immigration auf die amerikanische Wirtschaft im Endeffekt positiv sind. In ihrem Bericht von 2017 stellten sie fest, ohne Immigration in die Vereinigten Staaten »wäre das BIP viel kleiner, womöglich auch das Pro-Kopf-Einkommen – nicht zuletzt deshalb, weil die Vereinigten Staaten dann eine ältere Bevölkerung mit einem beträchtlich niedrigeren Anteil an Menschen hätten, die auf dem Arbeitsmarkt aktiv sind«. Der Bericht konstatierte angesichts der Bedeutung des Immobilienmarktes für die US-Wirtschaft auch, dass ankommende Immigranten und ihre Nachkommen die Nachfrage nach Wohnungen noch erhöhten. Außerdem sei es schwer vorstellbar, wie amerikanische Familien der Mittelschicht mit zwei arbeitenden Elternteilen überhaupt zurechtkommen sollen, würden ihnen nicht Immigranten bei der Betreuung ihrer Kinder helfen. Bis 2030 wird die US-Wirtschaft sogar noch mehr von der kreativen Dynamik der Immigration beeinflusst werden als heute – es sei denn, die Befürworter von Mauern und Stacheldrahtzäunen setzen sich durch.

Unsere kognitiven Vorurteile gegen Immigration

Immigration wird so kontrovers diskutiert, weil wir dazu neigen, eher die Nachteile als die Vorteile in den Blick zu nehmen. Die Psychologen Amos Tversky und Daniel Kahneman vertreten die Ansicht, dass wir in vielen Lebensbereichen schlechte Entscheidungen treffen, weil unser Denken von einem »Hang zur Verlustvermeidung« verdunkelt wird. Nach vielen Experimenten kamen sie zu dem Schluss, dass Menschen dazu tendieren, Verlusten aus dem Weg zu gehen, statt ebenso große Gewinne anzupeilen. So überraschend es auch klingen mag, die meisten Menschen finden es attraktiver, ihre zehn Dollar nicht zu verlieren, als zehn Dollar dazuzugewinnen.

Für ihre Masterarbeit an der Universität Bergen führte die norwegische Verhaltensökonomin Thea Wiig ein Experiment durch, bei dem sie einigen Menschen die Statistiken zur Beschäftigung von Immigranten (in denen die möglichen Vorteile der Migration für die Gesellschaft zum Ausdruck kommen) und zur Auswirkung von Immigration auf Sozialhilfeprogramme (mögliche Verluste) präsentierte. Sie fand heraus, dass im Denken der Menschen »Verluste eine größere Rolle spielen«, was zu einer negativen Einstellung gegenüber Immigration beitrage. »Menschen sind anfällig für ein negatives Framing, das die Kosten der Immigration betont«, schrieb sie. Speziell brächten »Informationen über die Beschäftigungsquote von Immigranten in Norwegen, die 60 Prozent beträgt, Individuen dazu, im Zusammenhang mit der Einwanderungspolitik strengere Maßstäbe anzulegen«. Die Schlussfolgerung aus dieser Untersuchung ist, dass Einstellungen zur Einwanderung, und damit die Reichweite möglicher Politik, geformt und sogar manipuliert werden können, sobald wir bemerken, dass »Menschen eher auf die Vorteile von Immigration verzichten, als ihre Kosten zu tragen«. Während wir uns 2030 nähern, ist es wichtig zu erkennen, wie erfolgreich – und einflussreich – negatives Framing im Zusammenhang mit Einwanderung gewesen ist, und wie effektiv es jene außer Gefecht gesetzt hat, die ihre Vorteile betonen. Im *New Yorker* argumentiert James Surowiecki, dass die Rhetorik des »Wir verlieren unser Land« deshalb so überzeugend sei, weil sie an unsere Neigung zur Verlustvermeidung appelliere – was jenen Politikern Wahlvorteile verschafft hat, die sich gegen Immigration stellen.

Andere Forschungen, die unsere Neigung zur Verlustvermeidung untersuchen, geben Aufschluss über das Verhalten der Einwanderer selbst. Eine Untersuchung der Verhaltensunterschiede zwischen Einheimischen und im Ausland Geborenen, die sich entscheiden, einzuwandern, sowie Menschen, die in ihren Heimatländern bleiben, hat herausgefunden, dass unter diesen drei Gruppen die Migranten die höchste Risikotoleranz aufweisen. Dies mag erklären, warum so viele Einwanderer Unternehmer werden. Doch genauso bemerkenswert ist, dass mögliche Einwanderer wie alle anderen auch stärker auf schlechte als auf gute Nachrichten über zukünftige wirtschaftliche Bedingungen reagieren. Darüber hinaus werde die Migration eher von den wirtschaftlichen Schwierigkeiten im Ursprungsland angetrieben als von den Möglichkeiten im Zielland, wie Mathias Czaika von der Donau-Universität Krems in einer weiteren Studie bemerkt. Dieses Ergebnis zeigt, dass die meisten Einwanderer nicht einfach nur versuchen, den Lebensstandard, den sie in ihren Heimatländern hatten, zu verbessern, sondern sie fliehen vielmehr vor widrigen, oft sogar katastrophalen wirtschaftlichen Bedingungen.

Auch Eigentum (oder das Fehlen von solchem) ist ein wesentlicher Faktor der Immigration, da es die Einstellung zum Risiko beeinflusst. In der FAS-Fachzeitschrift *Proceedings of the National Academy of Sciences* veröffentlichten William Clark und William Lisowski eine Studie, in der sie das Für und Wider schilderten, das in der Entscheidungsfindung vor einer Migration eine Rolle spielt. Menschen, die ein Haus oder andere Formen von Eigentum besäßen, zögen weniger oft um, sowohl im eigenen Land als auch von einem Land in ein anderes. Deshalb würde eine Umverteilung von Land in armen Ländern die Migrationsraten effektiver reduzieren als Grenzmauern.

Tatsächlich gibt es eine Vielzahl von Gründen, warum man sich auf die positiven Aspekte der Einwanderung konzentrieren sollte. Ein Bericht der Treuhänder der US-Sozialversicherungsbehörde warnte 2018, dass bis 2030 das Mindestniveau für eine »kurzfristige finanzielle Angemessenheit« des Treuhänderfonds nicht erreicht werden könne, weil die Regierung es verwende, um Leistungen auszuzahlen, statt in die langfristige Funktionsfähigkeit des Systems zu investieren. *USA Today* reagierte auf den Bericht mit der Schlagzeile »Sozial- und Krankenversicherungen sterben langsam, und in Washington rührt niemand auch nur einen Finger«.

Es stellt sich heraus, dass Immigration keine Bedrohung, sondern eine laterale Chance darstellt, um die künftige Funktionsfähigkeit des Rentensystems zu garantieren. Immigranten zahlen jährlich Milliarden US-Dollar in die Sozialversicherung, selbst wenn sie keine Papiere besitzen und gefälschte Sozialversicherungsnummern benutzen. Der Think Tank »New American Economy« schätzt, dass 8 Millionen illegale Arbeiter 2016 zwar etwa 13 Milliarden US-Dollar Lohnsteuer gezahlt haben, aber im Allgemeinen keine Sozialleistungen in Anspruch nehmen konnten. Und tatsächlich tragen Immigranten aus dem Niedriglohnsektor am meisten zu den Steuereinnahmen bei, da die 6,2 Prozent Sozialversicherungssteuer nur auf die ersten 128 400 US-Dollar des Einkommens bezahlt werden müssen. »Illegale Immigranten abzuschieben hätte sowohl kurzfristige als auch langfristige negative Folgen auf die Sozialversicherungsfonds, die direkt mit dem Bevölkerungswachstum zusammenhängen«, sagt Monique Morrissey, eine Wirtschaftswissenschaftlerin des Think Tank »Economic Policy Institute«. In ihrem Bericht formulierten die Treuhänder der US-Sozialversicherungsbehörde, warum ein Zuwachs an Einwanderung potenziell von Vorteil ist: »Der Kostensatz nimmt mit einer erhöhte Einwanderungsrate ab, weil Immigration in einem relativ jungen Alter geschieht und so die Anzahl sozialversicherter Arbeiter schneller steigt als die Anzahl der Rentenempfänger.«

Insgesamt kann gesagt werden, dass das Framing von Bedeutung ist. Denkt man lateral, kann man ein Problem in eine große Chance verwandeln. Je mehr wir uns an Chancen ausrichten, desto größer die Wahrscheinlichkeit, dass wir die Herausforderungen von 2030 erfolgreich meistern werden.

Ist Brain-Drain ein Mythos?

Selbst die erbittertsten Gegner der Einwanderung geben zu, dass in den USA hochqualifizierte Ausländer benötigt werden, um die Lücken der Wirtschaft zu füllen. Doch heißt dies, dass wir ärmere Länder übervorteilen, da sie einige ihrer qualifiziertesten Arbeiter an uns verlieren? In den fünfziger Jahren wurde in England der Begriff »Brain-Drain« geprägt, um den Verlust von Humankapital an die Vereinigten Staaten und Kanada zu beklagen, wo Ärzte, Ingenieure und andere Fachkräfte besser bezahlte Arbeit fanden als in ihrer Heimat. In den letzten drei Jahrzehnten hat ein ähnlicher Prozess Entwicklungsländer wie Bangladesch, Nigeria und die Philippinen um einen Teil ihrer am besten ausgebildeten Bürger gebracht. Laut AnnaLee Saxenian, Geographin und Politologin an der University of California in Berkeley, kann der Zyklus der Verarmung, der durch Brain-Drain verursacht wurde, in einen positiven Kreislauf der »Brain-Zirkulation« verwandelt werden, von dem sowohl die Ursprungs- als auch die Zielländer profitieren.

Miin Wu zum Beispiel kam aus seinem Heimatland Taiwan in die Vereinigten Staaten, um an der Stanford University einen Doktortitel in Elektrotechnik zu erwerben. Nachdem er seinen Abschluss 1976 gemacht hatte, begann er für Firmen wie Siliconix und Intel zu arbeiten. Zehn Jahre später war er Mitbegründer von »VLSI Technology«, einer Firma, die sich der Entwicklung und Herstellung integrierter Schaltkreise widmete. Als Taiwan Ende der achtziger Jahre zu einem weltweiten Zentrum der Chipherstellung wurde, beschloss er, seine Verbindungen nach Amerika zu nutzen, um Macronix zu gründen, eine der ersten Firmen im Land, die Halbleiter herstellten, und die erste taiwanesische Firma, die im Nasdaq gelistet wurde. Von nun an überquerte Wu regelmäßig den Pazifik. Sein Unternehmergeist profitiert sowohl von seinem Geburtsland als auch von seiner Wahlheimat. Sein Erfolg kommt beiden Ländern zugute.

Joo-Jin Kim verließ in den sechziger Jahren Südkorea, um in den Vereinigten Staaten zu studieren. Als er an der Wharton School ankam, waren »beide Teile der koreanischen Halbinsel vom Krieg versehrt, und man kann sich nicht vorstellen, wie düster die Aussichten für alle Koreaner damals waren. Wir waren unglaublich arm, und unser Land glich einem Trümmerhaufen«, so Kim. Nachdem er seinen Doktortitel erworben und als Hochschulprofessor gearbeitet hatte, gründete er 1969 Amkor Technology, ein Unternehmen, das sich auf Gehäuse für Halbleiter und Testequipment spezialisierte und 2018 Umsätze in Höhe von 4,2 Milliarden US-Dollar meldete. Darüber hinaus beschäftigt Amkor fast dreißigtausend Fabrikarbeiter in ganz Ostasien und Portugal sowie in mehreren Werken in den Vereinigten Staaten. Der Name der Firma sagt alles – er ist ein Koffer aus »Amerika« und »Korea«. Amkor hat Südkorea dabei geholfen, die technologische Macht zu werden, die das Land heute ist. »Wir haben überlebt, wir haben durchgehalten, und dann sind wir gut vorangekommen«, sagt Kim.

Visionäre Unternehmer wie Wu und Kim beweisen, dass die Kraft der Immigration einen positiven Einfluss auf mehrere Länder haben kann. Aufgrund niedrigerer Transportkosten und einfacherer Kommunikation über digitale Medien kann ein Unternehmer heute ein Geschäft führen, das zwei weit voneinander entfernte Länder wie Indien und die Vereinigten Staaten oder China und die Vereinigten Staaten verbindet und dabei die sich ergänzenden Ressourcen beider Länder ausschöpft. Heute können einfache wie komplexe Aufgaben in Echtzeit und über Kontinente hinweg erledigt werden. Dadurch werden Arbeitsplätze sowohl im Ursprungsland der Migranten als auch in ihren Zielländern geschaffen. Bis vor kurzem war der Markt für eine solche Zusammenarbeit vorrangig in den Vereinigten Staaten zu finden, künftig wird vor allem das Wachstum der chinesischen und indischen Verbrauchermärkte Möglichkeiten für diese Art von transnationalem Unternehmertum schaffen.

Die Vorzüge der von AnnaLee Saxenian beschriebenen »Brain-Zirkulation« sind mannigfach. Sie führt einer Wirtschaftsnation wie den Vereinigten Staaten, die regelmäßig mit einem Arbeitskräftemangel konfrontiert ist, hochqualifizierte Immigranten zu und schafft in einigen Zukunftsbranchen Arbeitsplätze für Amerikaner. Doch vor allem schafft sie eine Brücke zwischen den Vereinigten Staaten und einigen der größten Schwellenmärkte der Welt, was mit großer Wahrscheinlichkeit bald schon riesige Gewinne abwirft, da das Gravitationszentrum der wirtschaftlichen Aktivitäten und des Konsums sich vom Nordatlantik in Richtung Asien und schließlich in Richtung Afrika verlagern wird.

Die Weltbank versucht, das gewaltige Ausmaß internationaler Zusammenarbeit durch sogenannte »Diasporanetzwerke« von Unternehmern und Ingenieuren abzuschätzen, die zum Studieren in die Vereinigten Staaten gekommen sind: Abhängig vom Ursprungsland kehrten zwischen der Hälfte und drei Vierteln von ihnen in ihre Heimat zurück, wo viele dann Start-ups gründeten. Von jenen, die in den Vereinigten Staaten blieben, reiste die Hälfte wenigstens einmal im Jahr dienstlich in ihre Heimat zurück. Die positiven Effekte von Diasporanetzwerken hochqualifizierter Migranten waren in Israel, Taiwan und Indien am auffälligsten. Und die Informationstechnologie ist der Wirtschaftszweig, der sich für diese Form der transnationalen Entwicklung am besten eignet, womöglich aufgrund ihres geringen Kapitalbedarfs.

So groß die Chancen der Immigration auch sind, besteht doch immer die Gefahr, dass Einheimische den Eindruck gewinnen, sie würden dabei den Kürzeren ziehen. Es braucht eine ruhige Debatte über die besten Strategien, um den Umfang, das Timing und die Zusammensetzung von Migrationsströmen festzulegen. Nur so sind die Chancen sowohl für die Ursprungs- als auch für die Zielländer zu maximieren, nur so lässt die Globalisierung nicht Millionen von Menschen ohne Jobs und in darbenden Gemeinden zurück. Forschungsergebnisse zeigen, dass quotenbasierte Systeme nicht die beste Alternative zu sein scheinen, um dieses Ziel zu erreichen. Auswahlkriterien, die auf der Nachfrage nach Arbeitskräften und Qualifikationen beruhen, haben bessere Erfolgsaussichten. Kanada ist ein hervorragendes Beispiel: Das Land hat mit Erfolg hochqualifizierte Einwanderer angezogen, indem es ausländischen Studenten eine Arbeitserlaubnis in Aussicht stellte, wenn sie ihren Abschluss in Kanada machten. Das »Conference Board of Canada«, ein Arbeitgeberverband, hat 2018 ermittelt, dass die wirtschaftliche Wachstumsrate in den nächsten zwei Jahrzehnten um ein Drittel sinken werde, wenn man die Einwanderungsquoten senkt: »Würde Kanada die Einwanderung stoppen, hätte das Land mit einer schrumpfenden Arbeiterschaft, einem schwachen Wirtschaftswachstum und größeren Schwierigkeiten bei der Finanzierung von Sozialeinrichtungen wie dem Gesundheitswesen zu kämpfen.« Die erfolgreichsten Volkswirtschaften werden 2030 jene sein, die es schaffen, aus den dynamischen Beiträgen ihrer Immigranten Vorteile zu ziehen und sich gleichzeitig um jene zu kümmern, die sich von der andauernden Transformation der Wirtschaft benachteiligt fühlen.

Babys, Migration und Chancen

Um der Frage nachzugehen, wie 2030 aussehen könnte, standen in diesem Kapitel die Babys im Mittelpunkt. Die jungen Verbraucher der nahen Zukunft sind bereits geboren, und ein gewisses Maß an Migration wird in einigen Teilen der Welt das Problem einer schnell alternden Bevölkerung abfedern. Gleichzeitig werden Befürchtungen und sogar die Wut größer, wenn der Anpassungsdruck an die neue Wirklichkeit für jene steigt, die ohnehin schon zurückbleiben. Wie dieser Konflikt gelöst wird, hängt davon ab, ob wir den Blick starr auf die Ängste der Gegenwart richten oder aber auf die Chancen der Zukunft.

Für viele Länder der Erde, darunter auch die Vereinigten Staaten, wird die Lösung darin bestehen, die Bedürfnisse und Hoffnungen verschiedener Generationen im Gleichgewicht zu halten. Jüngere und ältere Menschen betrachten die vor uns liegenden Herausforderungen erwartungsgemäß auf ganz unterschiedliche Weise. Wo die einen Gewinne vermuten, neigen die anderen dazu, Verluste zu sehen. Kapitel 2 zeigt, wie man die Chancen nutzen kann, die der demographische Wandel bietet.

2

SIEBZIG IST DAS NEUE FÜNFZIG

Technikaffine Senioren, vertagter Ruhestand und das Überdenken von »alt« und »jung«

»Als meine Generation sich zwischen Religion und existenzieller Verzweiflung entscheiden sollte, wählte sie Marihuana. Jetzt stecken wir in unserer Cabernet-Phase.«

Peggy Noonan, Journalistin und Autorin

Heute stehen die 2,3 Milliarden »Millennials« – also die zwischen 1980 und 2000 Geborenen – im Mittelpunkt der Weltaufmerksamkeit. Politiker, Marktforscher, Firmen, sie alle buhlen um sie, um ihre Gedanken, ihr Geld, ihre Stimmen. Morgan Stanley zufolge sind Millennials derzeit »die wichtigste Altersgruppe für die Konjunktur«, weil sie Familien gründen, Babys bekommen und Geld ausgeben, um etwas aufzubauen.

Diese Vorstellung ist falsch.

Zunächst einmal sind Millennials genauso heterogen wie vorhergehende Generationen. Einige sind hochgebildet, andere nicht. Einige sind reich, andere müssen sich anstrengen, um auch nur über die Runden zu kommen. Einige sind konsumsüchtig, andere hassen jede Form von Kommerz. Die Medien lieben es, ihre Einstellungen oder ihr Verhalten, oft auf sensationslüsterne Weise, zu verallgemeinern:

»Millennials sind die Totengräber romantischer Dinner.«
»Millennials haben offiziell den Brunch ruiniert.«
»Millennials vernichten in ihrem Rosé-Wahn die Bierindustrie.«
»Millennials vernichten die Serviettenindustrie.«
»Millennials vernichten die Filmindustrie.«
»Wird es mit den Millennials keinen Besitz mehr geben?«
»Warum haben Millennials keinen Sex?«

Doch gibt es noch einen anderen, viel gewichtigeren Grund dafür, dass der Wirbel um die Millennials überzogen ist: Entgegen der gängigen Meinung sind Millennials *nicht* das am schnellsten wachsende Marktsegment der Welt. Die tatsächlich am schnellsten wachsende Bevölkerungsgruppe wurde von der Industrie lange vernachlässigt, von der Politik jedoch hofiert (weil sie die treuesten Wähler stellt), und sie besitzt nun einmal mindestens die Hälfte des weltweiten Reinvermögens – in den Vereinigten Staaten etwa 80 Prozent. Gemeint ist die Bevölkerungsgruppe der über Sechzigjährigen, von denen es bis 2030 etwa 400 Millionen mehr geben wird, vor allem in Europa, Nordamerika und China. In den Vereinigten Staaten gehören zu dieser Altersgruppe sowohl die Babyboomer als auch die sogenannte »stille Generation«, Menschen also, die während der Weltwirtschaftskrise aufwuchsen, im Zweiten Weltkrieg kämpften oder ihn zumindest noch erlebten.

Der amerikanische Historiker Neil Howe, der für *Forbes* schreibt, konstatiert: »Der relative Wohlstand der heute Älteren ist historisch ohne Beispiel.« Zahlen der US-Notenbank belegen, dass die Mitglieder »der stillen Generation ungefähr 1,3-mal so viel wie die Babyboomer besitzen, mehr als doppelt so viel wie die ›Generation X‹ und 23-mal so viel wie die Millennials.« Howe zufolge werden »Marketingmanager von der neu entdeckten Kaufkraft der Babyboomer angezogen und geben Millionen von Werbedollars aus, um ältere Konsumenten in ihren Sechzigern oder Siebzigern zu gewinnen«. Das älteste Magazin der Werbeindustrie, *Advertising Age*, »machte auf eine ganze Reihe von Werbekampagnen globaler Marken wie Nike oder Poland Spring aufmerksam, in denen Achtzigjährige mitwirken«.

Im Übrigen ist es ein Mythos, dass die Kosten im Gesundheitswesen in den Vereinigten Staaten mit einer älter werdenden Bevölkerung ansteigen. Tatsächlich standen die meisten Ausgabenerhöhungen im Gesundheitsbereich seit 2002 im Zusammenhang mit der Bevölkerung, die zwischen achtzehn und vierundsechzig Jahre alt war.

Wie man über Generationen denken sollte

Wir stehen an einer nie dagewesenen Wegmarke der Geschichte: Mehrere Generationen von relativ gleicher Größe teilen sich die Bühne und kämpfen um Einfluss. Generationen sind wichtig, weil sie sich auf eine bestimmte Weise verhalten, sowohl im Hinblick auf die Zeit, als sie erwachsen wurden, als auch im Hinblick auf ihre gegenwärtige Situation. »Die Herausbildung einer Weltsicht ist nicht die Arbeit eines Einzelnen, sondern die einer Generation«, schrieb der Schriftsteller John Dos Passos. »Doch jeder von uns trägt seinen Ziegelstein zum Gebäude bei.«

Dieser Tage sehen sich Unternehmen mit einem zweistufigen Problem konfrontiert: Sie sind vom Konsumverhalten der Millennials verwirrt *und* unsicher, wie man eine ältere Generation anspricht, die länger lebt und konsumiert als je zuvor (die Vorstellung, wonach man sich mit fünfundsechzig aus dem aktiven Leben zurückzieht, ist womöglich nicht mehr zeitgemäß). Und um dieses Problem noch weiter zu verkomplizieren, stellt sich die Frage, ob es zwischen diesen Generationengruppen eine gemeinsame Basis gibt. »Babyboomer schlechtzumachen ist *in*«, schrieb Linda Bernstein 2016 in einem Artikel für *Forbes*. Viele Junge seien wütend auf die

Babyboomer und machten sie für alles verantwortlich – von der Finanzkrise über den Klimawandel bis hin zu einer unberechenbaren Wirtschaft. Auch politisch gebe es ein Zerwürfnis zwischen beiden Gruppen. Während junge Leute eher progressiv denken, sehen sie unter ihren Eltern und Großeltern eine breite Unterstützung für populistische Politiker, neue Formen von Nationalismus und den Bau von Mauern, die unerwünschte Personen draußen halten. Des Weiteren brachte die Finanzkrise von 2008 die alte Vorstellung ins Wanken, wonach es jeder nachfolgenden Generation finanziell besser gehen werde als der vorherigen. Doch gehen die Schuldzuweisungen in beide Richtungen, beide Generationen werfen sich gegenseitig vor, selbstbezogen und narzisstisch zu sein.

Fundamental neu an diesem Kräftemessen zwischen den Generationen ist, dass mit dem Näherrücken des Jahres 2030 alle herkömmlichen Definitionen von »jung« und »alt« überholt erscheinen. Wir können nicht länger voraussetzen, dass »Dynamik« ein Synonym für Jugend ist und »Stillstand« ausschließlich mit dem Alter verknüpft wird. Neue technische Entwicklungen werden unsere Sicht auf Ruhestand und Altenpflege von Grund auf verändern. Halten wir einen Augenblick inne und malen uns eine Welt aus, in der unsere Eltern und Großeltern zu den produktivsten und aktivsten Menschen auf dem Planeten zählen. Denken wir an die Millennials, die in einer Hightech-Welt großgeworden sind und Unternehmen gründen, die einer Bevölkerungsschicht der über Sechzigjährigen zugutekommen. Stellen wir uns eine Welt vor, in der das Alter bei der Anstellung neuer Mitarbeiter kaum eine Rolle spielt – wo die Neuanstellung etwa einer Siebzigjährigen nichts Ungewöhnliches ist. Wie wird sich die Kaufkraft dieser Gruppe der über Sechzigjährigen, die nach Schätzungen jährlich 15 Billionen US-Dollar betragen wird, äußern?

Ist Siebzig das neue Fünfzig?

Der deutsche Soziologe Karl Mannheim war der Erste, der auf

die Bedeutung von »Generationen« hinwies. In seinen vor einem Jahrhundert entstandenen Schriften definierte er sie als Gruppen von Leuten, die durch Zeit und Raum vereint sind und einzigartige Verhaltensweisen annehmen, die über ihre gesamte Lebenszeit anhalten und eine Art von kollektiver Bedeutung formen, die an bestimmte herausragende Erlebnisse geknüpft ist: etwa an die Weltwirtschaftskrise, den Zweiten Weltkrieg, die Bürgerrechtsbewegung, das Internet oder Social Media. Eine solche Generation ist etwas anderes als eine »Alterskohorte«, die lediglich angibt, in welchem zufälligen Zeitraum, zum Beispiel einem Jahrzehnt, jemand geboren wurde, und die kein vereinigendes Merkmal prägt.

Mitglieder einer bestimmten Generation entwickeln trotz Unterschieden, etwa bezüglich ihres sozioökonomischen Status oder ihrer kulturellen Werte, ein gemeinsames Bewusstsein. Mannheim nannte solche Untergruppen »Generationseinheiten«. Man denke zum Beispiel an die Unterschiede innerhalb der amerikanischen »Bürgerrechtsgeneration«, was ihre Ansichten über die Gesellschaft, ihren unmittelbaren Einsatz für die Sache und den Grad ihres politischen Engagements betrifft.

Doch enthält der Generationenbegriff noch einen anderen Aspekt, den zuerst der französische Anthropologe und Soziologe Pierre Bourdieu formulierte. Statt ein historisches Ereignis auszumachen, das die Generation vereint, konzentrierte sich Bourdieu auf sogenannte Prädispositionen. Seiner Ansicht nach erlebt jede Generation »natürliche und vernünftige Praktiken oder Bestrebungen als selbstverständlich und sinnvoll, die andere [Generationen] als undenkbar oder skandalös ablehnen«. Mit anderen Worten: Jede Generation hebt sich durch bestimmte Formen des Auftretens und Verhaltens (die Bourdieu »Habitus« nennt) und durch die Sozialisation von den anderen ab.

Dieses Identitätselement ist wesentlich, um den Einfluss von Generationen auf die Wirtschaft zu verstehen, insbesondere wenn es um Sparen und Ausgeben geht. Man denke an die Folgen, wenn verschiedene Generationen darum wetteifern, ihre eigenen wirtschaftlichen und politischen Ziele voranzubringen. Und man bedenke außerdem, dass es innerhalb dieser Generationen verschiedene Untergruppen gibt, die ihre eigenen Sorgen und Nöte haben.

Wir müssen aber auch der Frage nachgehen, wie das Älterwerden innerhalb einer spezifischen Generation mit der Zeit die Einstellungen oder Verhaltensweisen beeinflusst. Egal, was die Menschen bei ihrer Geburt unterschied – kann es sein, dass sie sich im Laufe eines Lebensalters auf ein Wertesystem einigen?

Verschwenden Sie Ihr Marktgeschrei nicht an ergrauende Konsumenten

»Ich rechne damit, dass die Midlife-Crisis schon bald zuschlägt, dass die Haare grau werden und der körperliche Niedergang beginnt«, schreibt der britische Journalist und Zeitungsmacher Stefano Hatfield. »Und dann erwarte ich, dass die Werber anfangen, mich zu umgarnen, mit einem Blick auf mich einreden, der mir zeigt, wie sehr sie mich wollen.« Umfrageergebnisse zeigen, dass sich satte 96 Prozent der Briten über fünfzig von der Werbung vernachlässigt fühlen. »Die Babyboomer haben das Geld, doch die Werbung scheint das nicht zu interessieren«, heißt es in einem neueren Artikel der Verbandszeitschrift der »American Association of Retired Persons« (AARP). Und wenn schon die über Fünfzigjährigen so denken, kann man sich gut vorstellen, wie sich die Über-Sechzig- oder Siebzigjährigen fühlen müssen. Während das Bevölkerungswachstum bei Jungen sowohl ab- als auch zunimmt, wächst auf der ganzen Welt die Bevölkerung der über Sechzigjährigen.

Halten wir uns an die Zahlen.

In China feiern *täglich* etwa 54000 Menschen ihren sechzigsten Geburtstag. In den Vereinigten Staaten beläuft sich diese Zahl auf etwa 12 000. Auf der ganzen Welt sind es erstaunliche 210 000. Solchen Zahlen können nur wenige Unternehmer und Firmen widerstehen. Bis 2030 wird die Zahl der Menschen in dieser Altersgruppe weltweit etwa 1,4 Milliarden betragen – in den Vereinigten Staaten werden 14 Millionen mehr von ihnen leben (und damit insgesamt 90 Millionen), in Mexiko 6 Millionen, im Vereinigten Königreich 3 Millionen, in Indien 50 Millionen und in China sage und schreibe 113 Millionen mehr. Selbst unterentwickelte Länder werden hohe Zuwächse in dieser Bevölkerungsgruppe erleben, insbesondere wenn man sie relativ betrachtet. Die Zahl der über Sechzigjährigen wird in Bangladesch etwa von 13 auf 21 Millionen Menschen steigen.

Die entscheidende Maßzahl für jene, die die gesellschaftlichen Folgen dieses demographischen Wandels analysieren, ist der Anteil an der Gesamtbevölkerung, den diese Gruppe besitzt. Bis 2030 wird er in Japan 38 Prozent erreicht haben, in Deutschland 34 Prozent, im Vereinigten Königreich 28 Prozent, in den Vereinigten Staaten 26 Prozent und in China 25 Prozent.

Werden unsere Renten- und Gesundheitssysteme damit zurechtkommen?

Dies ist eine berechtigte Frage. Doch wir sollten diese Zahlen lateral betrachten und sehen, welche Möglichkeiten sich bieten. Im Jahr 2018 bezeichnete *Forbes* eine alternde Bevölkerung als »Segen für Unternehmen«. Der *Economist* argumentierte kürzlich seinerseits: »Ältere Konsumenten werden die Unternehmenslandschaft neu formen«. Wir alle stehen vor dem Anbruch eines »Marktes der Grauhaarigen«, eines Marktes, dessen Kaufkraft insbesondere in den Schwellenländern steigen wird. Und doch schätzt die Boston Consulting Group, dass nur eines von sieben Unternehmen darauf vorbereitet ist. Es ist kein Geheimnis, dass in den Technologie-, Marketing- und Verkaufsabteilungen sowohl etablierter Firmen als auch von Start-ups zumeist junge Leute sitzen, denen es, wenig überraschend, schwerfällt, die Gewinnchancen in einem grauen Markt zu erkennen. Doch das ist ein Fehler. Nicht nur ist der »Markt der Grauhaarigen« gesünder, als er es in der Vergangenheit war, einige schätzen die Kaufkraft älterer Konsumenten im Jahr 2030 gar auf 20 Billionen US-Dollar.

Die Bedürfnisse und Wünsche ergrauender Konsumenten anzusprechen ist nicht leicht. So betont Maria Henke, stellvertretende Dekanin der School of Gerontology an der University of Southern California: »Senioren sind eine schwierige Gruppe. Jede Marktschreierei ist an ihnen verschwendet. Wenn es um Werbung geht, haben sie alles schon gesehen.« Schließlich sind sie als Babyboomer zwischen 1944 und 1964 geboren und haben alle Revolutionen in der Werbung, von Radio-Jingles bis zum viralen Marketing, hautnah miterlebt. Da bleiben Abnutzungserscheinungen und eine gewisse Skepsis nicht aus: »Brauche ich das wirklich?«

Doch geht es um viel mehr, als einfach nur die richtigen Kommunikations- und Werbestrategien zu finden. Einige Menschen altern schneller als andere. Ihre Bedürfnisse und Vorlieben entwickeln sich unterschiedlich. Sie fühlen sich nicht alt oder denken nicht so von sich. So bemerkt etwa Stefano Hatfield: »Die meisten Werbetreibenden und vor allem die Medien haben nicht verstanden, dass das Fünfzig von heute nicht mehr das Fünfzig unserer Eltern ist.« Doch Menschen lassen sich nicht so einfach in fein säuberlich getrennte, durch das Alter definierte Kategorien einteilen. Coco Chanel hat den berühmten Satz gesagt: »Über vierzig ist niemand mehr jung, und doch kann man in jedem Alter unwiderstehlich sein.« Aber, wie Jeff Beer im Magazin *Fast Company* bemerkt: »Werbung, die sich an ältere Konsumenten richtet, neigt dazu, im besten Fall herablassend, schlimmstenfalls beleidigend zu sein.« Sarah Rabia, Global Director für kulturelle Strategien der Werbeagentur TBWA, bringt das Problem auf den Punkt: »Entweder man entscheidet sich für eine inklusive Strategie, definiert nicht nach Alter, sondern betrachtet die Werte und Ähnlichkeiten der Zielgruppe, weil es genügend Dinge gibt, die Babyboomer und Millennials gemeinsam haben, oder man fokussiert sich ganz eng auf das ältere Publikum, allerdings in einem Ton, der zugleich optimistisch, modern und progressiv ist.«

»Die große Mehrheit von Menschen sagt, gut zu altern bedeute, Zeit mit Leuten zu verbringen, die sowohl älter als auch jünger sind als man selbst«, heißt es in einer Studie der global agierenden Werbeagentur McGann. Nadia Tuma, Vizepräsidentin der Forschungsabteilung von McGann, fügt an: »Es geht um intergenerationale Verbindungen, etwas, das viel stärker ist, als einfach nur eine gute Feuchtigkeitscreme zu finden.« Das ist der entscheidende Punkt: Die Kategorien der Vergangenheit werden 2030 niemandem mehr nützen. »Es ist fast so, als wären die Demographien, die wir entwickelt haben, nur hinderlich, wenn es darum geht, Menschen besser zu verstehen«, schreibt Tuma.

Ich will ein weiteres Beispiel anführen, um zu zeigen, warum es schwierig ist, den ergrauenden Konsumenten zu »kategorisieren«. Langlebige Gebrauchsgüter – wie Elektrogeräte, Werkzeuge, Autos – stellen eine enorme Herausforderung dar. Sie werden entwickelt und hergestellt, um idealerweise fünf, zehn oder sogar zwanzig Jahre zu halten. Während dieser Zeit könnten sich die Bedürfnisse und Fähigkeiten alternder Verbraucher auf eine Weise verändern, die das Produkt *für diesen Verbraucher* tatsächlich unbrauchbar machen. Man darf nicht vergessen, dass ergrauende Konsumenten es vorziehen, langlebige Güter weniger häufig zu ersetzen als jüngere Leute, insbesondere wenn sie sicherstellen wollen, dass ihre Ersparnisse für den Ruhestand ausreichen. Wie könnte also die ideale Waschmaschine für Sechzigjährige aussehen? Noch werden Frontlader einfach zu bedienen sein, und sie verbrauchen weniger Energie als andere Waschmaschinentypen. Doch womöglich empfindet eine Person im Alter von siebzig oder achtzig einen Toplader angenehmer (wenngleich die Stromrechnung ein wenig höher ausfallen wird). Die Knöpfe sollten leichter zu drücken, Symbole und Textanzeigen besser zu erkennen sein. »Ein einfach zu erreichender Türgriff einer Toplader-Waschmaschine ist die optimale Lösung für Menschen, die Probleme mit den Händen haben«, heißt es in einem Artikel über altersgerechte Waschmaschinen. »Und je tiefer und breiter der Griff ist, desto einfacher ist er für Menschen mit Sehschwierigkeiten zu finden.«

Es gibt zwei mögliche Wege, Senioren davon zu überzeugen, dass Produkte nach ihren Bedürfnissen entwickelt wurden. Der erste Ansatz ist es, Leasingangebote zu machen, die es Konsumenten erlauben, alle paar Jahre auf neue Produkte umzusteigen. Für Menschen, die befürchten, das Produkt nicht zu überleben, ist dies attraktiver als ein Kaufangebot. Ein zweiter Weg wäre, Produkte zu entwerfen, die das Nachlassen der Gesundheit, der körperlichen Kräfte und kognitiven Fähigkeiten der Konsumenten, berücksichtigen. Im Fall der Waschmaschine wäre es durchaus möglich, einige generationenbedingte Präferenzen zu integrieren, indem man etwa die Geräte mit veränderbaren digitalen Displays und Bedienungselementen ausstattet.

Graue Prioritäten

Die Möglichkeiten, neue Produkte und Dienstleistungen für den »Markt der Grauhaarigen« zu entwickeln, sind ungeheuer groß. Doch muss man vor allem verstehen, wie ältere Menschen ihr Geld ausgeben werden. Dabei genießt der Aspekt der Lebensqualität, wenig überraschend, eine hohe Priorität. Der AARP zufolge sehen die meisten Senioren ihre Lebensqualität im Großen und Ganzen optimistisch. Sie sind finanziell gut gestellt, erfreuen sich geistiger und körperlicher Gesundheit und wollen sich jetzt vor allem erholen und ihre Freizeit im Kreis der Familie verbringen. Fast drei von vier erwarten, dass sich ihre Lebensqualität verbessert oder gleichbleibt (wobei diese Form des Optimismus nach Erreichen des siebzigsten Lebensjahres nachlässt). Zunehmend wird sie auch als Unabhängigkeit, Autonomie, Mobilität und Konnektivität definiert. Und es geht nicht nur darum, mit dem Verlust körperlicher und kognitiver Fähigkeiten umzugehen, auch der Kampf gegen Einsamkeit und eine anhaltende Lebensfreude sind von Bedeutung. Der schwedische Regisseur Ingmar Bergman hat diese ganz spezielle Gemütslage in *Wilde Erdbeeren* beeindruckend eingefangen. In diesem Film von 1957 bricht ein mürrischer siebenundachtzigjähriger Arzt zu einer sechshundert Kilometer langen Autofahrt auf, um einen Preis für sein Lebenswerk entgegenzunehmen. Auf dem Weg trifft er auf Personen, die ihn an beunruhigende Ereignisse und an Enttäuschungen aus seinem Leben erinnern. Einige schließen sich ihm auf seiner Reise an. Es ist eine Odyssee, die das ganze Ausmaß seiner Einsamkeit offenlegt.

Weil der Markt der Grauhaarigen wächst, werden Gesundheitsfürsorge, häusliche Pflege, betreutes Wohnen und andere Dienstleistungsbranchen boomen. Auch wird man Freizeit und Unterhaltung großschreiben. Doch die größten Möglichkeiten liegen womöglich innerhalb des Bereichs der Lebensqualität, der von kreativen und innovativen Lösungen profitieren wird.

Nehmen wir Schuhe. Was Design, Qualität und Preis angeht, gibt es unendlich viele Möglichkeiten. In der Schuhbranche gibt es Tausende von Firmen und Marken, und außer Nike hat keine von ihnen einen wesentlichen Marktanteil. Ziehen wir jetzt noch die Bedürfnisse der Senioren in Betracht: Schuhe, die Knie- und Hüftschmerzen lindern, sind heute schon stark gefragt. Wichtig wird es sein, Schuhe zu entwerfen, die sowohl geschmackvoll aussehen als auch leicht zu tragen sind. Verbraucher, die heute körperlich gesund und fit sind, denken womöglich nicht daran, aber es existiert ein Interesse für Schuhe, bei denen der linke unabhängig vom rechten je nach Bedürfnis modifiziert werden könnte. Mit derartigen verbraucherorientierten Details kann eine Firma Millionen von möglichen Kunden gewinnen – wenn sie bereit ist, anstehende demographische Veränderungen in ihre Markenstrategie zu integrieren.

Wie sieht es mit dem Einkaufserlebnis aus? Was können Einzelhändler tun? Nun, sie könnten ihre Geschäfte früher öffnen, da Senioren eher früh aufstehen. Sie könnten den ersten Kunden des Tages Rabatte gewähren. Sie könnten Treueprogramme anbieten, sicherstellen, dass es genügend Sitzmöglichkeiten gibt, und Mitarbeiter anstellen, die darauf geschult sind, die Bedürfnisse und Sorgen der Älteren zu verstehen.

Viele Möglichkeiten bieten sich selbstverständlich im Gesundheits- und Fitnesssektor. Fitness- und Yogastudios haben sich vor allem an Standorten niedergelassen, wo viele (junge) Leute arbeiten. Eine einfache Internetsuche auf der Website des »International Council on Active Aging« (ICAA) ergibt, dass es in der US-Postleitregion 77494 von Katy, in Texas, wo etwa 105 000 Anwohner leben, nur fünf seniorenfreundliche Fitnessstudios gibt – also Einrichtungen, die für aktive, jedoch alternde Kunden in allen Bereichen zugänglich sind. Nur zwei liegen innerhalb meiner Postleitregion in Downtown Philadelphia, wo 20 000 Menschen leben, und nur eines in Lexington, in Virginia, wo das Durchschnittsalter der Bevölkerung zu den niedrigsten in den Vereinigten Staaten zählt. In Sumter County in Florida, wo das mittlere Alter der Bevölkerung höher ist als irgendwo sonst im Land, gibt es nur sieben seniorenfreundliche Fitnessstudios für 125 000 Bewohner. Jetzt ist die Zeit, darüber nachzudenken, ob man nicht ein paar mehr in Gegenden eröffnen sollte, in denen Senioren leben (oder gerne leben würden).

Und wie sieht es beim Online-Shopping aus? Die Geister scheiden sich an der Frage, ob Senioren E-Commerce-Websites als die bessere, weil bequemere Einkaufsmöglichkeit akzeptieren werden. Dem Marktforschungsunternehmen eMarketer zufolge liegen Amerikaner, die sechzig Jahre und älter sind, nur wenige Prozentpunkte hinter anderen Altersschichten, wenn es darum geht, Amazon Prime zu nutzen, Online-Informationen über Produkte einzuholen, bevor man sie in Läden oder auch direkt auf Online-Plattformen kauft. Jedoch ist die Wahrscheinlichkeit, dass sie ein Smartphone verwenden, um einen Kauf durchzuführen, oder dass sie über Social-Media-Plattformen von einem Produkt gehört haben, geringer. Obwohl sie ganz und gar keine »digitalen Nachzügler« sind, zeigen ergrauende Konsumenten eine gewisse Vorliebe für Einkäufe in der Nachbarschaft. Sie gehen lieber in kleinere Geschäfte, wo sie persönlich beraten werden. Daten des Beratungsunternehmens Nielsen zeigen, dass Senioren sehr viele verschiedene Geschäfte aufsuchen, öfter als andere Altersgruppen, insbesondere Lebensmittelläden. Doch das eine schließt das andere nicht aus. Tatsächlich könnten E-Commerce und konventionelle Einkaufsformen komplementär aufgefasst werden, wobei wir nicht vergessen sollten, dass ein großer Anteil der Senioren stärker auf Preise achtet, um sicherzustellen, dass die Ersparnisse im Alter ausreichen.

Auch im Bereich der Ermessensausgaben – also Ausgaben für andere Dinge als Wohnen, Lebensmittel, Wohnnebenkosten, Krankenversicherung, Transport und Erziehung – offenbart der Markt der Grauhaarigen Steigerungspotential. In den Vereinigten Staaten erreichen Ermessensausgaben bei Menschen zwischen Mitte dreißig bis Mitte fünfzig etwa 40 Prozent der Gesamtausgaben. Senioren reduzieren ihre nicht notwendigen Ausgaben jedoch schrittweise aufgrund der abnehmenden Mobilität und des höheren Bedarfs an Pflegediensten. Für die über Fünfundsiebzigjährigen sinkt der Anteil auf weniger als 33 Prozent.

Wenn man global über Ermessensausgaben nachdenken will, gibt es jedoch einen Haken. In Europa, Kanada und Japan ist der Anteil an Ermessensausgaben aufgrund eines niedrigeren Eigenanteils an den Gesundheitskosten bis zu 12 Prozent höher als in den Vereinigten Staaten. Mit anderen Worten: Die Krankenversicherung hat Einfluss auf die Höhe der nicht notwendigen Ausgaben. So gibt etwa ein fünfundsechzigjähriger US-Bürger im Schnitt 14 Prozent seiner Einnahmen für die Krankenversicherung aus, während es im Vereinigten Königreich weniger als 3 Prozent sind. Dies ermöglicht es britischen Senioren, proportional doppelt so viel für Dinge wie Kleidung, Restaurants und Reisen auszugeben.

Was den Freizeitbereich angeht, herrscht oft die falsche Vorstellung, dass Senioren mehr als andere Altersgruppen ausgeben, weil sie hierfür mehr Zeit haben. Tatsächlich geben ergrauende Konsumenten nicht unbedingt mehr Geld für Reisen und Unterhaltung aus als andere Altersgruppen, und je länger sie sich gesund und fit fühlen, desto mehr gehen sie auch anderen Beschäftigungen nach: Sie gehen weiterarbeiten (zumindest in Teilzeit), versuchen sich auf Online-Plattformen als Freiberufler oder übernehmen ein Ehrenamt. Darüber hinaus ist die Kategorie »Freizeit« so heterogen, dass sie tatsächlich gewisse wichtige Trends unterschlägt. Senioren verbringen einen größeren Teil ihrer Freizeit mit Fernsehen, Lesen, Entspannen oder Nachdenken als etwa Vierzig- oder Fünfzigjährige. Wenn es um kostenpflichtige Freizeitangebote geht, sind Senioren von heute eher bereit, Geld für Reisen auszugeben als frühere Generationen, weil sie gesünder und in besserer körperlicher Verfassung sind. Die Gesamtausgaben von Senioren für touristische Ziele sind in Europa, China und Japan höher als in den Vereinigten Staaten, was bedeutet, dass die Chancen für ein künftiges Wachstum dort größer sind als anderswo – vorausgesetzt, die Kosten für die Gesundheitsvorsorge steigen nicht. Und angesichts der Tatsache, dass Ältere eher kürzere Entfernungen bevorzugen, werden mit einer steigenden Nachfrage im Bereich des Seniorentourismus vor allem Jobs innerhalb des eigenen Landes geschaffen.

Vermögen im oberen Bereich der Alterspyramide

Viele Firmen haben ihr Erfolgsrezept darin gefunden, dass sie sich auf den Markt der Grauhaarigen spezialisiert haben. Man denke an Philips, eines der ältesten und renommiertesten multinationalen Unternehmen der Welt. Gerard Philips gründete 1891 in den Niederlanden mit seinem Vater Frederick eine Fabrik zur Produktion von Glühbirnen. Keine vier Jahre später stand das Unternehmen knapp vor dem Bankrott. In dieser Situation holte Gerard seinen Bruder Anton, der ein Ingenieursdiplom hatte, in die Firma. Gemeinsam schärften sie das Profil des Unternehmens. Eine auf wissenschaftlichem Niveau arbeitende Forschungsabteilung wurde ins Leben gerufen und das Produktdesign modernisisiert. Der Fortschrittsgeist der Zeit stand auf ihrer Seite. Es folgte eine Reihe bahnbrechender Erfindungen und Entwicklungen: der elektrische Rasierapparat (1939), die Audiokassette (1963), der Videorekorder (1972), die CD (1983), das GSM-System für mobile Telekommunikation (ebenfalls 1983) und der DVD-Player (1998), um nur einige zu nennen.

Dennoch geriet Philips noch in den achtziger und neunziger Jahren unter dem Druck kostengünstigerer japanischer, südkoreanischer und chinesischer Wettbewerber in Schwierigkeiten. Die Firma wurde von einem immer größer werdenden milliardenschweren Schuldenberg erdrückt. Die Führungsspitze versuchte alles Mögliche, um eine Rückkehr zur Wirtschaftlichkeit zu erreichen. Man beauftragte einige der besten Beratungsfirmen. Fabriken wurden neu strukturiert, die weltumspannende Unternehmenslogistik angepasst. Das Management polierte das Firmenmarketing auf. Es organisierte das ganze Unternehmen neu, indem es eine doppelte Berichterstattung und funktionsübergreifende Teams einführte, in denen Ingenieure und Marketingexperten zusammenarbeiteten, um genau jene Art von Produkten anzubieten, die der Kunde wirklich wollte. Doch nichts schien zu helfen.

Philips verbrauchte sechs CEOs in drei Jahrzehnten (in den ersten hundert Jahren der Firmengeschichte waren sie mit fünf ausgekommen). Dann wurde 2011 Frans van Houten zum Geschäftsführer ernannt. Er kam aus dem eigenen Stall und hatte sein ganzes Leben lang bei Philips gearbeitet, schon sein Vater war im Verwaltungsrat des Unternehmens. Doch er wiederholte die Fehler seiner Vorgänger nicht. Statt weiter gegen die wechselnden Strömungen der Weltwirtschaft und der demographischen Entwicklungen anzuschwimmen, beschloss er, dass Philips sich an ihnen orientieren müsse. Der Verkauf von Glühbirnen und Fernsehern – das Kerngeschäft des Unternehmens – wurde mit jedem Jahr weniger profitabel. Was sollte eine Weltmarke wie Philips tun?

Van Houten schlug eine neue Richtung vor. Er legte den Fokus auf elektronische Geräte im Bereich des Gesundheitswesens, Produkte, die sehr viel Forschung benötigen und an Kundenbedürfnisse angepasst werden müssen, wie CT-Scanner und bildgebende Geräte, deren Nachfrage auch deshalb stieg, weil die Menschen weltweit älter wurden. Heute zeichnet Philips' Medizinabteilung für drei Viertel des Unternehmensumsatzes verantwortlich, und die Gewinne sind sprunghaft gestiegen.

Die Neuerfindung des Alters

»Meine kürzlich pensionierte Mutter ist eine ziemlich technikbegeisterte Rentnerin«, schreibt die US-Journalistin Jennifer Jolly in einem Beitrag für *USA Today*. »Sie ist eine begeisterte Words-with-Friends-Spielerin, sie weiß, wie man auf Facebook Fotos postet, und macht hin und wieder ganz brauchbare Selfies«, erklärt sie. »Nun, wie es aussieht, sind diese kleinen harmlosen digitalen Spielereien genau das, was Ärzte älteren Menschen eines Tages verschreiben werden.« Eine im *Journal of Gerontology* veröffentlichte Studie unter der Leitung von Shelia Cotten, Professorin an der Michigan State University, kam zu dem Ergebnis, dass Senioren, die im Internet unterwegs sind, weniger häufig unter Depressionen leiden. Rentner sind über die Ergebnisse der Studie nicht sonderlich überrascht. Mit siebzig erholte sich Annena McCleskey von einer Hüftoperation. »Mir graute davor, von meinen Freunden und allem anderen ausgeschlossen zu sein«, sagte sie. Das Internet hat »meine Familie zu mir gebracht, meine Freunde und auch meine Spiele«.

Die Digitalisierung hat unser Leben grundlegend verändert, und das gilt in zunehmendem Maß auch für das Leben der Senioren.

Entgegen der gängigen Meinung, wonach aufkommende Felder wie künstliche Intelligenz, virtuelle Realität und Nanotechnologie, um nur einige zu nennen, von den Wünschen und Anliegen junger Leute vorangetrieben werden, entspringen die aufregendsten Durchbrüche und Entwicklungen unserer Tage den Bedürfnissen der über Sechzigjährigen.

Betrachten wir zum Beispiel Rendever, ein Start-up, das sich auf die Entwicklung von virtueller Realität (VR) spezialisiert hat, um Rentnern dabei zu helfen, ihr Gefühl von Isolation zu überwinden. »Rendever entwickelt VR-Erlebnisse vor allem für Bewohner von Altenheimen, denen es nicht länger möglich ist, hinauszugehen und die Welt selbst zu erkunden«, sagt CEO und Mitgründer Kyle Rand. »Mithilfe von VR setzt man sich einfach ein Headset auf und kann sich auf der Welt bewegen. Man spielt Bingo, man bastelt etwas – und plötzlich befindet man sich auf dem Eiffelturm.«

Isolation kann den kognitiven Verfall alter Menschen beschleunigen. Viele Senioren in Pflegeheimen lehnen den Einsatz von digitalen Technologien ab, weil sie fürchten, diese könnten das Gefühl der Einsamkeit noch verstärken. Doch der Trick besteht darin, VR so zu nutzen, dass daraus eine soziale Interaktion, ein Spiel entsteht. »In Seniorenwohngruppen gibt es sechs Bewohner, die alle ein Headset tragen und dieselben Erlebnisse zur selben Zeit haben«, sagt Rand. »Netzwerktechnologien erlauben es ihnen, diese Gruppenerlebnisse zu teilen.« Rendever setzt auch »Reminiszenz-Therapie« ein, um Stress abzubauen. Die Rückkehr »an einen Ort, der im Leben eines Menschen bedeutsam war«, kann eine tröstende Erfahrung sein.

Eine weitere faszinierende Möglichkeit, die Lebensqualität älterer Menschen zu verbessern, ist die Entwicklung von sogenannten Exoskeletten, also am Körper tragbare Roboter, die den Träger stützen und/oder seine Bewegungen verstärken und die an ganz spezifische Bedürfnisse angepasst werden – wie Treppensteigen, das Tragen von Einkaufstaschen, Bettenmachen oder die Reha nach einer Hüftoperation. Das japanische Start-up Innophys hat bereits Tausende Sets seines »Muscle-Suit« verkauft, einer Art Rückenstütze, die Menschen dabei hilft, schwere Gegenstände wie Einkaufstaschen oder Koffer zu tragen. Die günstigsten Modelle kosten etwa 6000 US-Dollar. »Das Wichtigste bei den Exoskeletten ist die Steuerung: Das Gerät muss genau verstehen, wann es eine Bewegung einleiten soll«, sagt CEO Takashi Fujimoto. Andere Firmen entwickeln Sensoren, die elektrische Signale des Nervensystems wahrnehmen, um Muskelbewegungen zu erkennen.

Japan ist in der Robotertechnik für Ältere weltmarktführend. In Japan ist es fast unmöglich geworden, bezahlbare Pflegekräfte zu finden. Das Problem wird durch fehlende Zuwanderung noch verschärft. (In den meisten Ländern, darunter auch in den Vereinigten Staaten, werden etwa 90 Prozent der bezahlten privaten Pflege von Immigranten geleistet.) Bis 2025 wird Japan zusätzlich eine Million Betreuer und Betreuerinnen benötigen, über die das Land derzeit nicht verfügt. Wird Japan mit dieser Knappheit umzugehen versuchen, indem es sich auf Roboter konzentriert? Firmen wie Toyota haben Prototypen von »Human Support Robots« entwickelt, die über Sprachbefehle Medizin verabreichen, ein Glas Wasser anbieten oder die Vorhänge zuziehen können. Ein anderes Beispiel ist Paro, eine kleine weiße Roboterrobbe, die einen beruhigenden Einfluss auf Patienten ausüben soll. Die Erfolge sind erstaunlich: Patienten berichten von einem Rückgang ihrer Ängste und Depressionen. Demente Personen, die die Tendenz hatten, wegzulaufen, werden durch die Interaktion mit der Roboterrobbe davon abgehalten. Paro wird derzeit in mehr als dreißig Ländern benutzt. Dänemark hat die Robbe in 80 Prozent seiner staatlichen Pflegeheime eingeführt.

Aber warum ausgerechnet eine Robbe? Warum hat man nicht einen Hund oder eine Katze entworfen? Hund und Katze waren in der Tat die erste Wahl, doch der Erfinder Takanori Shibata stellte fest, dass die Patienten sie mit echten Tieren verglichen und »ihre Erwartungen zu hoch« waren. Hinzu kam, dass »Hundeliebhaber keine Katzenroboter und Katzenliebhaber keine Hunderoboter mochten«. Die Robbe läuft da einfach außer Konkurrenz.

Zwar hinken die Vereinigten Staaten in Sachen Robotik für die ältere Generation Japan hinterher, doch auch hier bemüht man sich um technische Innovationen. »Brookdale Senior Living«, das größte Netzwerk von Wohngemeinschaften für Senioren mit über 100 000 Bewohnern, investiert viel in sprachgesteuerte digitale Assistenten, die sich insbesondere bei Patienten mit Arthritis oder altersbedingter Makula-Degeneration (einer Erkrankung der Netzhaut) als nützlich erwiesen haben. »ElliQ« – Brookdales Roboter – animiert Senioren dazu, mit Online-Spiele, Videochats, TED-Talks und anderen sozialen Unternehmungen aktiv zu bleiben. Senioren, die mit Robotern interagieren, sind seltener niedergeschlagen und häufig engagierter. Brookdales Slogan für die Initiative lautet: »Roboter mit offenen Armen«.

Japan arbeitet auch an Anwendungen von Roboter-Technologien für andere Altersgruppen. Der Roboter »Nao Evolution VS« interagiert mit Kindern, die für längere Zeit im Krankenhaus liegen. Er bringt Diabetikern bei, ihren Blutzuckerspiegel zu kontrollieren. Er leitet Physiotherapiestunden und gibt Studenten in unterschiedlichen Fächern Nachhilfeunterricht. Anscheinend genießen vor allem Kinder den Umgang mit dem Roboter, womöglich sogar mehr als mit menschlichen Betreuern.

Eine Zukunft, in der sich Roboter um ältere Bürger und Kinder kümmern, ist für viele Menschen heute eine Schreckensvorstellung. Doch ehrlich gesagt haben wir keine Alternative, und das aus den bereits erwähnten Gründen: Es werden heutzutage nicht annähernd genügend Kinder geboren, um alle Pflegeaufgaben, die erforderlich sein werden, erfüllen zu können. Außerdem wird mit Unterstützung vieler Regierungen weltweit versucht, Migrationsbewegungen zum Erliegen zu bringen, die, wie ich gezeigt habe, diese Aufgaben in der Vergangenheit üblicherweise erledigt haben.

Bedenken wir auch, dass immer mehr Senioren noch einmal ein Studium anfangen oder eine Firma gründen. »Im Jahr 1997 stellten die Fünfundfünfzig- bis Vierundsechzigjährigen nur 15 Prozent der aufstrebenden Unternehmer«, heißt es in einem Artikel des Magazins *Entrepreneur*. »Im Jahr 2016 kam diese Altersgruppe laut Kauffman-Index bereits auf 24 Prozent.« Angesichts des künftig noch größeren Bevölkerungsanteil an Älteren und ihrer höheren Lebenserwartung könnte 2030 bereits die Hälfte aller Unternehmer aus dieser Altersgruppe stammen.

Die graue Brieftasche

Neben Gesundheitswesen, Einzelhandel und Robotik wird als Folge einer alternden Bevölkerung die Finanzwirtschaft zu den sich am schnellsten verändernden Branchen der Weltwirtschaft gehören. Mit dem Alter verändern sich auch in Geldangelegenheiten die Bedürfnisse, Vorlieben und Einstellungen. Eine neuere Studie zweier Wirtschaftswissenschaftler von der Federal Reserve Bank of San Francisco verdeutlicht diese Dynamik. Sie beobachteten auf dem US-Aktienmarkt einen sehr engen Zusammenhang zwischen dem Kurs-Gewinn-Verhältnis – der *Price-to-Earnings-* oder *PE-Ratio* – für börsennotierten Aktien und dem Altern der Bevölkerung. PE-Ratios berechnen sich aus dem Preis einer Aktie geteilt durch den Gewinn pro Aktie. Hohe PE-Ratios zeigen an, dass Investoren bereit sind, gutes Geld zu bezahlen, um einen Anteil an den Profiten zu erhalten, die eine Firma erzielt. Mit anderen Worten sind sie optimistisch, dass der Wert der Aktie steigt, weil sie glauben, dass die Firma sich in der Zukunft gut entwickeln wird. Die Wissenschaftler fanden heraus, dass zwischen den fünfziger Jahren des vergangenen Jahrhunderts und den zehner Jahren dieses Jahrhunderts die PE-Ratios aller börsennotierten Unternehmen in den Vereinigten Staaten einem Muster folgten: Sie fielen, wenn die Bevölkerung älter, und stiegen, wenn sie jünger wurde.

Wie war das möglich? In welchem Verhältnis stehen Altern und Aktienkurse zueinander?

Es gibt zwei Gründe für diesen anhaltenden Zusammenhang: Aus dem Blickwinkel der Investoren scheuen Menschen mit zunehmendem Alter das Risiko. Junge Leute neigen dazu, ihre Ersparnisse in Anlagekategorien zu investieren, die hohe Wertzugewinne bieten und damit ein höheres Risiko bergen. Zu dieser Anlagekategorie zählen auch Aktien. Wenn die Anleger nun fünfzig oder sechzig Jahre alt werden, beginnen sie, ihre Portfolios neu zu gewichten und zunehmend Anleihen zu kaufen, die weniger riskant sind. Schließlich, nachdem sie das Rentenalter erreicht haben, beginnen sie, sich auszahlen zu lassen, oder erwerben eine Annuität (eine festgelegte Geldsumme, die in Intervallen ausbezahlt wird).

Es gibt auch eine Verbindung zwischen Alter und Konsum: Menschen ändern mit dem Alter ihr Kaufverhalten. Sie ersetzen nicht länger ihre Autos oder Haushaltsgeräte und kaufen eher keine Eigentumswohnungen mehr. Wenn überhaupt, dann verkleinern sie sich. Wenn man bedenkt, wie sich das Investitions- und Kaufverhalten im Laufe eines Lebens verändert, überrascht es nicht, dass Börsenbewertungen demographische Trends widerspiegeln. In Bezug auf 2030 scheint eines wahrscheinlich: Mit dem weltweiten Altern der Bevölkerung werden die Aktienpreise im Verhältnis zu Firmenprofiten nicht so hoch ausfallen, wie dies traditionell der Fall war. Kommt es jedoch zwischen heute und 2030 zu einer Transformation unserer Denkweise über das Altern und nutzen wir die damit verbundenen Chancen, könnte eine Verflechtung zwischen Börse und Altern gewinnbringend sein.

In Bezug auf Bankendienstleistungen werden die Folgen des Alterns ziemlich umfassend sein. Zunächst ist es sehr wahrscheinlich, dass die Nachfrage nach Hypotheken und Verbraucherkrediten zurückgehen, gleichzeitig aber ein größerer Bedarf an Finanzprodukten entstehen wird, die es den Menschen erlauben, ihr Investitionsrisiko so zu minimieren, dass ihre Ersparnisse bis ins hohe Alter ausreichen. Hinzu kommt ein wachsendes Interesse unter Senioren, mit den Häusern, in denen sie leben, Einkommen zu generieren. Wie wir in Kapitel 7 sehen werden, ermöglicht eine Plattform wie Airbnb genau das. In vielen Regionen weltweit bieten Banken umgekehrte Hypotheken an oder Arrangements, in denen Hausbesitzer ihr Eigentum zum Todeszeitpunkt an die Bank übergeben und im Gegenzug ab Vertragsbeginn einen Pauschalbetrag oder eine Reihe monatlicher Zahlungen erhalten. Der Eigentümer darf weiter zu Hause wohnen und erhält auf seinen Besitz eine Art von Einkommen.

Traditionelle Bankhäuser stehen dieser Tage unter großem Druck, Vertrauen wiederzuerlangen, neue Technologien zu integrieren und innovative Produkte anzubieten. Das Altern erzeugt allerdings noch eine andere Herausforderung: einen Rückgang der Sparquote, da Menschen ab einem bestimmten Alter eher mehr ausgeben als sparen. Es ist einfach so, dass die Einlagen ihrer Kunden traditionell die günstigsten Einnahmequellen von Banken waren. In der Folge müssen Konsumenten womöglich künftig höhere Zinsen zahlen, wenn sie sich Geld leihen wollen.

Andererseits wird die Alterung der Bevölkerung die Nachfrage nach Beratungsdiensten, Vermögensverwaltungen, Immobilienverrentung und anderen Produkten fördern. Das Problem ist, dass nicht nur Banken diese Art von margenstarken Produkten anbieten. Alle möglichen Zwischenhändler und Start-ups aus dem Bereich der Finanztechnologie (FinTech) konkurrieren heute auf dem Markt der Grauhaarigen. Die FinTech-Industrie muss sich »davon lösen, nur technische Lösungen für Achtzehn- bis Fünfunddreißigjährige zu entwickeln. Sie muss sich auf Lösungen fokussieren, die den Bedürfnissen von uns allen, die wir ja alle älter werden, entgegenkommt«, sagt Theodora Lau, Gründerin von »Unconventional Ventures« und ehemalige Leiterin der Abteilung Marktinnovation bei AARP. FinTech bietet eine großartige Möglichkeit, Dienstleistungen über verschiedene Generationen hinweg anzubieten. »Entscheidend für diese Strategie ist es, eine Infrastruktur zu fördern, die es älteren Menschen und ihren Pflegekräften leichter macht«, gibt sie zu bedenken.

Eine drängende Frage, die von der Fachzeitschrift *American Banker* aufgeworfen wurde und die die FinTech beantworten kann, lautet, was zu tun ist, wenn der Ehepartner, der für die Familienfinanzen verantwortlich zeichnet, arbeitsunfähig wird oder stirbt. Was sollen die 40 Millionen amerikanischen Witwen und Witwer, die keine Ahnung von Finanzen haben, tun, wenn ihre Partner nicht mehr da sind, um sich um ihr Geld zu kümmern? Brad Kotansky musste sich diesem Problem stellen, als sein Vater starb. »Es hat mich drei Jahre gekostet, um alle Teile dieses Puzzles zusammenzufügen. Es hatte sich in achtzig Jahren einfach unglaublich viel angesammelt. Der erste Schritt bestand für mich darin, mit meiner Mutter zu sprechen«, die ihrem Mann die Familiengeschäfte überlassen hatte. Kotansky beschloss 2017, die Firma Onist zu gründen und eine gleichnamige App zu entwickeln, die Familienmitgliedern und anderen Anspruchsberechtigten dabei hilft, Finanzdaten und Dokumente wie Testamente, Vollmachten und Eigentumsansprüche zu teilen, damit sie nach dem Tod eines Angehörigen die Familienfinanzen in Ordnung bringen können. Die Firma verkauft ihre Software an Banken und andere Finanzinstitute.

Oder denken wir an folgende allzu häufige Situation: Ein älterer Mensch verliert seinen Arbeitsplatz und ist finanziell nicht auf einen Vorruhestand vorbereitet. Allein den Überblick über all die Möglichkeiten zu behalten, die Sozial- und Krankenversicherungen anbieten, kann zu einer beängstigenden Aufgabe werden, und ein tragfähiges Finanzkonzept zu erstellen, kann sich in einer Zwangslage als schwierig erweisen. All das wird womöglich noch erschwert dadurch, dass der Verlust des Arbeitsplatzes, nicht gerade das Selbstbewusstsein stärkt. Ramya Joseph gründete die Firma Pefin, nachdem sein Vater seine Arbeit verloren hatte. Von jedem der 5000 Klienten des Unternehmens wird mithilfe künstlicher Intelligenz und Big Data ein individuelles Profil gezeichnet, um ihm automatisch erstellte Finanzplanungen, Beratungen und Anlageoptionen zur Verfügung zu stellen. »Auch wenn Geld das notwendige Mittel hierfür ist, geht es letzten Endes doch darum, dass Menschen genau das im Leben erreichen, was ihnen am wichtigsten ist. Dann erst folgen Coaching und Ratschläge«, sagt CEO Catherine Flax. »Was mache ich mit meinen Extraeinnahmen? Sollte ich sie sparen, sollte ich meine Schulden abbezahlen oder meine private Altersvorsorge optimieren?« Das Unternehmen verkauft seine Software an große Pensionsfonds.

Womöglich einer der wichtigsten Aspekte, die man in Zukunft im Auge behalten sollte, ist die finanzielle Ausbeutung – ein wachsendes Problem, das Senioren überproportional zu treffen scheint. Beunruhigenderweise sind es Verwandte, Freunde, Nachbarn, Pflegekräfte, Anwälte, Bankangestellte und Vertreter der örtlichen Kirche, die diese Form des Verbrechens am häufigsten verüben. Räuberische Kreditvergaben und Identitätsbetrug grassieren ebenso. Der Hilfsorganisation »National Adult Protective Services Association« zufolge berichtet einer von zwanzig Senioren darüber, finanziell übervorteilt worden zu sein, doch nur einer von vierundvierzig Fällen wird zur Anzeige gebracht. Die »National Coalition on Aging« schätzt, dass finanzielle Ausbeutung und Betrug allein in den Vereinigten Staaten jährlich einen Schaden von mindestens 3 Milliarden, womöglich sogar 36 Milliarden US-Dollar verursachen. Dass die Schätzungen so weit auseinandergehen, zeigt, wie wenig man über diese sich ausbreitende Form der Kriminalität weiß. AARP berichtet, dass der Verlust die Opfer im Schnitt 120 000 US-Dollar kostet. Wie üblich könnte man mithilfe technologischer Neuerungen, etwa durch spezielle Apps, alle Altersstufen dabei unterstützen, ihre Einkünfte, Ausgaben, Ersparnisse und Vermögenswerte genau nachzuverfolgen. Man könnte das Problem dadurch aber auch verschärfen.

Cyber-Kriminalität ist schwer einzudämmen, was immerhin ein sicheres Zeichen dafür ist, dass gute Lösungen dieses Problems hervorragend vergütet würden.

FinTech kann auch ahnungslose Senioren vor Verlusten durch betrügerische Pläne bewahren. »Meine Mutter war Buchhalterin. Es war nicht so, dass sie von Finanzdingen keine Ahnung gehabt hätte«, sagt Howard Tischler, Mitgründer und CEO von EverSafe. Weil seine Mutter blind war, »holte sie eine Person dazu, die ihr beim Bezahlen ihrer Rechnungen half – und sich jede Woche selbst einen Scheck ausstellte. Am Ende hatte meine Mutter ihr gesamtes Erspartes verloren. Irgendwann stellte sich heraus, dass meine Mutter bereits seit längerem an Alzheimer litt. Bis dahin hatte ich keine Ahnung, dass sie ausgenutzt wurde.« Die Mitgründerin von EverSafe ist Liz Loewy, die davor die »Elder Abuse Unit« des Staatsanwaltsbüros von Manhattan leitete. Neben anderen prominenten Fällen verfolgte sie auch Anthony D. Marshall, den einzigen Sohn der Millionenerbin und »letzten Lady von New York«, Brooke Astor. Er musste zwei Monate ins Gefängnis, weil er seine Mutter um einen Großteil ihres Vermögens gebracht hatte. Warum? Er hatte erfahren, dass sein Erbe um die Hälfte, auf 14,5 Millionen Dollar, gekürzt werden sollte. Seine Mutter konnte sich nicht mehr wehren, denn auch sie litt an Alzheimer.

EverSave verwendet auch maschinelles Lernen, um ungewöhnliche Veränderungen im Finanzgebaren aufzuspüren, die womöglich auf den Missbrauch durch Dritte zurückzuführen sind. »Die Grundidee bestand darin, den Konsumenten und ihren nächsten Angehörigen einen Bericht über verdächtige Aktivitäten auszuhändigen, damit sie gewarnt werden können, dass hier etwas vor sich geht – und zwar, bevor es zur Krise kommt«, erklärt Tischler. »Wir berücksichtigten die Muster, die Liz in ihren Strafverfahren gegen die finanzielle Ausbeutung von Senioren erkannte, reicherten sie mit Algorithmen des maschinellen Lernens an und machten auf Dinge wie fehlende Einlagen aufmerksam – etwa Sozialversicherungen oder Renten –, aber auch auf Veränderungen im Ausgabeverhalten, ungewöhnliche Investitionstätigkeiten und nicht autorisierte Kontoeröffnungen, um nur einige Beispiele zu nennen.«

Arbeitsmarkt der Grauhaarigen

In dem Film *The Intern – Man lernt nie aus* von 2015 fragt der siebzigjährige Witwer Ben Whittaker (gespielt von Robert De Niro): »Was soll ich nur mit dem Rest meiner Tage anfangen? Such es dir aus! Golf. Bücher. Filme. Doppelkopf. Ich hab's mit Yoga probiert, kochen gelernt, Pflanzen gekauft, Mandarinkurse besucht. Glaub mir, ich hab alles ausprobiert.« Schließlich fängt er als Praktikant bei einem Online-Mode-Start-up an, das im Rahmen eines Gemeindeprojektes ältere Menschen mit speziellen Talenten an sich bindet und das von der Gründerin und Geschäftsführerin Jules

Ostin (Anne Hathaway) geleitet wird. Nach mehreren Drehungen und Wendungen wird Ben Jules' wichtigster Berater und Vertrauter.

Man bedenke, wie viel Talent wir vergeuden, weil wir das Know-How und die Erfahrung der ergrauenden Generation nicht voll ausschöpfen, während sie doch zahlenmäßig immer größer wird. Halten wir einen Augenblick inne und versuchen uns eine Welt vorzustellen, in der unsere Großeltern zu den aktivsten und produktivsten Mitgliedern der Gesellschaft gehören.

Als der preußische Staatsmann Otto von Bismarck die erste staatliche Altersversicherung einführte, versuchte er, die Arbeiterklasse im Zaum zu halten, indem er ihr etwas bot, auf das sie sich freuen konnte. Die Altersversicherung war eine der größten Erfindungen des späten achtzehnten Jahrhunderts, die – ähnlich wie das Telefon, der Verbrennungsmotor oder künstliche Fasern – die moderne Welt revolutionieren sollte. In Verbindung mit der allgemeinen Schulpflicht, einer weiteren Erfindung des neunzehnten Jahrhunderts, führten Rentenprogramme zu der klaren Unterteilung des menschlichen Lebens in drei unterschiedliche Phasen: Schule, Arbeit, Ruhestand. Man hatte keine andere Wahl. Der Staat bestimmte in Abhängigkeit vom Alter, was man zu tun hatte, und soziale Normen verstärkten dieses reglementierende Lebensmodell.

Man kann nur staunen, wenn man begreift, dass der Staat, das Gesetz und sogar die Mainstreamkultur uns für eine ganze Weile eingeredet haben, dass Menschen ab einem gewissen Alter keine echten Beiträge mehr für die Gesellschaft und die Wirtschaft leisten können. Menschen über fünfundsechzig (oder eine andere zufällige Zahl) wurden als Teil der »passiven« Bevölkerung gesehen, die weder Geber noch Nehmer sind.

Doch angesichts einer höheren Lebenserwartung – bis 2030 kann ein Sechzigjähriger im Schnitt damit rechnen, weitere 22 Jahre zu leben, in der hochentwickelten Welt steigt diese Zahl sogar auf 25 Jahre – wird es Zeit, dieses starre Schema zu hinterfragen. »Der

Wunsch zu arbeiten ist zum Teil finanziell motiviert«, sagt Catherine Collinson, CEO des Transamerica Center for Retirement Studies, »doch verweist er darüber hinaus auf das Bedürfnis, weiter mit der Welt in Kontakt zu sein.« Genauso erleben auch Unternehmen einen schmerzlichen Verlust, wenn ein erfahrener Mitarbeiter in Ruhestand geht. »Wenn die Babyboomer in Rente gehen, geht ihr Wissen mit ihnen«, sagt Susan Weinstock, Vizepräsidentin der AARP. »Ältere Mitarbeiter sind für Angestellte von großem Wert.« In diesem Sinne haben Boeing, Michelin und UPS damit angefangen, in den Hochphasen ihrer Produkte und Dienstleistungen pensionierte Mitarbeiter zurückzuholen.

Doch versprechen erfahrene Mitarbeiter noch weitere potenzielle Vorteile. Untersuchungen zeigen, dass Geschlechter- und ethnische Diversität den Gruppenzusammenhalt und die Arbeitsleistung tendenziell senken, gleichzeitig jedoch die Kreativität erhöhen und für bessere Lösungen bei außergewöhnlichen Problemen sorgen. Obwohl die Bedeutung des Alters mit Dauer der Betriebszugehörigkeit verschwimmt, gibt es einige Forschungsberichte, wonach auch Gruppen aus unterschiedlichen Geburtsjahrgängen kreativer sein können. So fand etwa BMW heraus, dass generationsübergreifende Teams besser zusammenarbeiten, wenn es darum geht, Ideen zu entwickeln und Probleme zu lösen. »Ein generationsübergreifendes Team bietet eine breit gefächerte Sichtweise auf Projekte oder Probleme«, erklärt Helen Dennis, eine Spezialistin zu diesem Thema. »Je mehr Gedanken einfließen, desto größere Vorteile verschafft man sich auf dem Weg, seine Ziele zu erreichen.« Der Film *The Intern* zeigt auf hervorragende Weise, wie das Zusammenspiel von Generationen am Arbeitsplatz zu Win-Win-Situation führen kann – und für so manche Lacher sorgt. Doch wie sieht es mit den nicht beabsichtigten Folgen aus?

Eine weitgehend unvorhergesehene Konsequenz der Arbeit jenseits des Renteneinstiegsalters ist die zunehmende Weigerung der

Regierungen in Europa und in den Vereinigten Staaten, sich um die Wohlfahrt der Menschen jenseits eines bestimmten Alters zu kümmern. Diskussionen um »Ermessensausgaben« und die Rede von »Siebzig ist das neue Fünfzig« haben Politiker davon überzeugt, dass Senioren auch ohne Staatshilfen gut zurechtkommen. Weite Kreisen in Politik und Wirtschaft vertreten angesichts fallender Steuereinnahmen und anhaltend hoher Kaufkraft die Ansicht, dass staatliche Renten nicht die Lösung sein können und es vor allem nicht sein sollten. Viele Politiker glauben, Ältere sollten ihr Schicksal in weit größerem Umfang als in den vergangenen Jahrzehnten selbst in die Hand nehmen – etwa, indem sie (wie wir in Kapitel 7 sehen werden) Privatzimmer vermieten oder für Uber fahren. Da die demographische Gruppe der über Sechzigjährigen weltweit wächst, wird dies sicher Thema erhitzter Debatten, insbesondere wenn die kleineren und jüngeren Jahrgänge der Steuerzahler – die Millennials und die »Gen Z« – politisch an Einfluss gewinnen.

Und Millennials werden auch älter

Schon 2040 werden die ersten Millennials in Rente gehen. Die ursprünglich »Generation Y« genannte Gruppe wird oft mit den Geburtsjahrgängen zwischen 1980 und 2000 verbunden (manchmal nur mit den zwischen den frühen achtziger und den späten neunziger Jahren des vergangenen Jahrhunderts Geborenen). Sie sind weit mehr als eine zufällige »Alterskohorte«, insofern sie in einer Zeit geboren wurden, als Informations- und Kommunikationstechnologien einen Quantensprung vollzogen, der, wie bekannt, die Welt grundlegend veränderte. Doch sind nicht alle Millennials zugleich »Digital Natives«, denn nur die Hälfte dieser Generation wurde in das vernetzte digitale Zeitalter hineingeboren, wie wir es heute kennen. Vielleicht kann man sagen, Millennials sind, wenn schon nicht »digital geboren«, so doch »digital aufgewachsen«.

Nur wenige Millennials haben je eine CD gekauft, von Musikkassetten oder Videobändern ganz zu schweigen. Wenige haben Tipp-Ex benutzt, um Tippfehler zu beseitigen, haben andere nach dem Weg gefragt, ganz einfach nur ferngesehen, ein Fax abgeschickt oder ein Telefon mit Wählscheibe benutzt. Sie können sich kaum vorstellen, wie ein Leben vor 4G aussah, geschweige denn vor 1G. Unter solchen Bedingungen sind Jugendfreundschaften nicht auf den Wohnort beschränkt, und auch intime Beziehungen haben sich durch den Einfluss von Social Media oder Dating-Apps verändert. Die Welt von 2030 und darüber hinaus wird zum Teil von den Einstellungen und dem Verhalten der Millennials geprägt werden. Deshalb müssen wir versuchen, diese zentrale Generation zu verstehen, wenn wir vorhersagen wollen, wie die Welt in einem Jahrzehnt aussehen wird.

Einige frühe Untersuchungen zu Millennials waren umstritten und haben für ziemlichen Wirbel gesorgt. So vertrat etwa Jean Twenge in ihrem Buch *Generation Me: Why Today's Young Americans Are More Confident, Assertive, Entitled – and More Miserable Than Ever Before* (2006) die Auffassung, dass Millennials die am stärksten Ich-bezogene Generation aller Zeiten sei und dass die Schuld daran bei den Eltern liege. »Wir tun unseren Kindern keinen Gefallen, wenn wir ihnen einreden, dass sie, nur weil sie für uns (ihre Eltern) etwas Besonderes sind, auch draußen in der Welt etwas Besonderes sind«, schrieb sie. »Die beste Vorbereitung auf das Leben, die sie erhalten können, hat nichts mit Narzissmus oder auch nur Selbstachtung zu tun, sondern mit Liebe und Unterstützung – und mit Ihrer Botschaft an sie, dass harte Arbeit und Durchhaltevermögen für Erfolge wichtiger sind als der Glaube an sich selbst.« Andere Autoren hoben andere Merkmale hervor, etwa das Bedürfnis der Millennials, sich in der Gesellschaft einzubringen, neue Erfahrungen zu machen oder Jobs zu favorisieren, die ihren Interessen entsprechen und nicht allein finanzielle Sicherheiten bieten. Zwar kam eine Studie aus dem Jahr 2016 zu dem Ergebnis, dass Millennials bei Tests zur narzisstischen Persönlichkeitsstruktur höhere Ergebnisse erzielten als ihre Eltern, doch ist dieser Vergleich nicht besonders fair, insbesondere wenn wir berücksichtigen, dass sich die Einstellungen von Menschen im Lauf eines Lebens ändern.

Tatsächlich argumentieren die Demographen und Historiker William Strauss und Neil Howe – die zu erfolgreichen Beratern von Firmen, Regierungen und Universitäten avancierten, nachdem sie die erste Analyse über Millennials verfasst hatten –, dass diese Generation genauso auf andere Rücksicht nimmt wie die sogenannte »stille Generation«. Sie beschreiben amerikanische Millennials als behütet, selbstbewusst, teamorientiert, konventionell, belastbar und leistungsorientiert. Andere wie David Burstein denken, Millennials würden von einer Art »pragmatischem Idealismus« angetrieben, was sie dazu bringe, praktische Werkzeuge einzusetzen, um die Welt zu verändern, ohne dabei gleich radikalen oder revolutionären Ansätzen zu einem gesellschaftlichen Wandel anheimzufallen. Dies erklärt womöglich, warum die Occupy-Wall-Street-Bewegung relativ klein und kurzlebig war.

Das Problem bei diesen Beschreibungen von Millennials – seien sie nun wohlwollend oder nicht – besteht darin, dass sie primär auf »weiße, wohlhabende Teenager und junge Erwachsene zuzutreffen scheinen, die bereits Großes erreicht haben, während sie noch in den Vorstädten aufwachsen«, wie der Journalist Eric Hoover argumentiert. Dies sind junge Menschen, »die ihren Ängsten entgegentreten, wenn sie sich für Elitehochschulen bewerben, und die mit Leichtigkeit mehrere Aufgaben auf einmal erledigen, während ihre Helikoptere-Eltern wie Schutzengel über ihnen schweben«. Millennials mit einem weniger privilegierten sozioökonomischen Hintergrund legen ganz sicher ganz andere Einstellungen und Verhaltensweisen an den Tag. Insgesamt sind amerikanische »Millennials die erste Generation, die nur eine fünfzigprozentige Chance hat, dass es ihr besser geht als ihren Eltern«, bemerkt Jia Tolentino im *New Yorker*. Ihr künftiger Wohlstand ist in einer untereinander zunehmend konkurrierenden Weltwirtschaft nicht garantiert. Ihrem Ego zu schmeicheln, wozu viele Marketingexperten entschlossen zu sein scheinen, könnte ihre wirtschaftlichen Aussichten tatsächlich noch verschlimmern.

Statistiken zufolge, die der Wirtschaftsrat des Weißen Hauses unter der Präsidentschaft Barack Obamas zusammengestellt hat, interessieren sich amerikanische Millennials im Schnitt weniger für den Besitz von Häusern oder Autos, leben bis weit in ihre Zwanziger, zuweilen sogar bis in ihre Dreißiger bei ihren Eltern und heiraten spät oder gar nicht. Einem von vieren ist es nicht so wichtig, den Führerschein zu machen. (Wir sehen uns diese Verhaltensmuster in Kapitel 7 genauer an.)

Ein sich hartnäckig haltendes Stereotyp lautet, dass Millennials extrem häufig ihren Job wechseln. Die Wahrheit ist, dass Millennials tendenziell länger an einem Arbeitsplatz bleiben als Angehörige der Generation X, obwohl sie es vorziehen, sinnvolle Arbeit zu leisten, statt schnellstmöglich die Karriereleiter zu erklimmen. Einige Forschungsergebnisse weisen darauf hin, dass ihre Vorliebe für teamorientierte Arbeit von ihrer intensiven Nutzung digitaler Netzwerke herrührt, weshalb ihnen auch viel an einem Austausch mit ihren Vorgesetzten und einem gesunden Gleichgewicht zwischen Arbeit und Freizeit gelegen ist.

Eine große Rolle bei ihren beruflichen Vorlieben spielt die Tatsache, dass ihre frühen Erfahrungen auf dem Arbeitsmarkt von der Finanzkrise 2008 und der nachfolgenden Rezession getrübt wurden. Allerdings waren die Auswirkungen in der Welt sehr unterschiedlich. In vielen Schwellenländern war dies die Zeit eines nachhaltigen Wirtschaftswachstums. Daher gibt es innerhalb der Millennials weltweit zwei sehr verschiedene Gruppen: die Gruppe der Millennials, die in reichen Ländern aufgewachsen sind, wo die Einkommen der Mittelschicht seit zwei bis drei Jahrzehnten stagnieren, und die Gruppe jener, die in Schwellen- oder Entwicklungsländern aufgewachsen sind, für die die wirtschaftlichen Möglichkeiten um ein Vielfaches besser sind als für ihre Eltern und Großeltern. Und innerhalb der europäischen und amerikanischen Millennials existieren zwei Untergruppen, von denen die eine in wohlhabenden Haushalten aufgewachsen ist, während die andere aus Familien stammt, die eher wenig verdienen oder deren Mittelschichtjobs womöglich im Zuge der Globalisierung und des technologischen Wandels verschwunden sind. Dementsprechend sollten Firmen und Unternehmer jede Verallgemeinerung des Konsumverhaltens von Millennials und die entsprechenden Folgen auf die Zukunft mit Vorsicht genießen.

Genauso problematisch sind Rückschlüsse, die aus Umfragen zu bestimmten Einstellungen gezogen werden. Die »World Values Survey« – die wichtigste internationale Untersuchung zu Fragen menschlicher Werte – fand heraus, dass Millennials der Selbstverwirklichung einen höheren Wert beimessen als die meisten anderen Generationen, sowohl weltweit als auch innerhalb jeder einzelnen Region in der Welt. Dieser Unterschied hat seinen Ursprung in den im Vergleich zu früheren Generationen besseren materiellen Möglichkeiten, größeren intellektuellen Fähigkeiten und breiteren gesellschaftlichen Beziehungen. Dies wiederum ermöglicht unabhängigere Verhaltensweisen, größere Wahlmöglichkeiten und größere Spielräume, um persönliche Potentiale zur Entfaltung zu bringen.

Werte sind natürlich wichtig, vor allem dann, wenn wirtschaft liche Entscheidungen gefällt werden sollen. Doch wurde das wirtschaftliche Verhalten von Millennials zu einem Großteil von steigenden Wohn- und Ausbildungskosten gelenkt. Gleichzeitig gehört der größte Anteil an Vermögen – und das Einkommen, das hieraus abgeschöpft werden kann – den Eltern und Großeltern der Millennials. Die Soziologin Kathleen Shaputis macht diese wirtschaftlichen Umstände dafür verantwortlich, dass Millennials die üblichen »Übergangsriten« wie Heiraten oder Kinderkriegen hinauszögern. In ihrem Buch *The Crowded Nest Syndrome* schreibt Shaputis über die Generation »Peter Pan« beziehungsweise die »Bumerang«-Generation, die sich weder im Teenager- noch im Erwachsenenalter befindet, sondern in einer davon verschiedenen Lebensphase, die sie als *emerging adulthood* bezeichnet, als eine Phase an der Schwelle zum Erwachsensein.

Unter diesen Umständen sollte es nicht überraschen, dass die Gesamtsparquote unter Millennials eine der niedrigsten der jüngeren Geschichte ist. Und nichts gewährt einen besseren Blick in die Zukunft, als zu ermitteln, wie viel Menschen heute sparen. Die Ratingagentur Moody's schlug 2014 Alarm mit der Nachricht, dass amerikanische Erwachsene unter fünfunddreißig eine *negative* Sparquote von minus 1,8 Prozent aufwiesen, was bedeutet, dass sie sich Geld leihen, um ihr Konsumverhalten beibehalten zu können, statt in die Zukunft zu investieren. Natürlich wird sich die Lage verbessern, je weiter wir uns von der Finanzkrise von 2008 entfernen. Einer von der Bank of America 2018 durchgeführten Umfrage zufolge besitzt einer von sechs Millennials im Alter zwischen dreiundzwanzig und achtundzwanzig Jahren Ersparnisse, die den Wert von 100 000 US-Dollar überschreiten. Das ist ziemlich beeindruckend. Doch andere Umfragen kamen zu dem Ergebnis, dass nur 13 Prozent der Achtzehn- bis Vierundzwanzigjährigen mehr als 10 000 US-Dollar angespart haben, eine Quote, die sich im Alter zwischen fünfundzwanzig und vierunddreißig nur geringfügig auf 20 Prozent erhöht. 75 Prozent glauben, dass ihre Generation im Vergleich zu anderen Generationen zu viel Geld ausgibt, und 20 Prozent geben an, dass sie sich kein Eigenheim leisten können. Angesichts von Kreditkartenschulden und Studienkrediten auf historischem Höchststand verwundert es nicht, dass es den meisten jungen Millennials schwerfällt, etwas zu sparen. US-Amerikaner unter fünfunddreißig Jahren schultern Ausbildungskredite, die fast doppelt so hoch ausfallen wie die für dieselbe Altersgruppe im Jahr 2001. Gleichzeitig ist das mittlere Eigenkapital junger US-Amerikaner von 15 000 auf 10 400 Dollar gefallen.

Doch all diese Zahlen sind mit Vorsicht zu genießen. Wie gesagt, die Altersgruppe der Millennials ist in der Welt und innerhalb bestimmter Länder wie den Vereinigten Staaten alles andere als homogen. Unternehmen, die darauf setzen, Millennials als Kunden zu gewinnen, müssen sich diese entscheidende Tatsache vor Augen halten. Die Welt von 2030 wird nicht von einer monolithischen Generation geformt, sondern von einem Zusammenspiel der verschiedenen generationalen Untergruppen von Millennials, die durch Erziehung, Einkommen und Ethnie bestimmt sind.

Was kommt nach den Millennials?

Ich weise immer gerne auf folgende interessante Statistik hin: In einigen Ländern wird die Zahl der Menschen zwischen fünfzehn und vierunddreißig Jahren mit der Zeit zurückgehen, vor allem in China, Japan und Europa. In anderen Regionen wird sie dagegen mindestens noch eine oder zwei Generationen lang zunehmen, so etwa in Südasien, im Nahen Osten und in Afrika. Diese Trends ergeben sich ganz einfach aus der Anzahl an Babys, die heute geboren werden. Auf die Vereinigten Staaten hingegen trifft keines der beiden Szenarien zu. Seit dem Jahr 2017 zählen etwa 90,4 Millionen zu dieser Altersgruppe, und bis 2030 rechnet man mit 89,5 Millionen. Das ist in etwa dieselbe Größenordnung, doch die Zusammensetzung dieser jungen Menschen wird eine ganz andere sein. Lassen Sie mich erklären, warum.

Meiner Meinung nach können wir eine Vorhersage über die Zukunft nur dann treffen, wenn wir zu einer richtigen Einschätzung der Auswirkungen der Zuwanderung gelangen. Waren 1980 etwa

78 Prozent jener Fünfzehn- bis Vierunddreißigjährigen in den Vereinigten Staaten nicht-hispanische Weiße, wird es 2030 weniger als die Hälfte sein. Die junge Altersgruppe in den Vereinigten Staaten und Europa wird ethnisch und linguistisch diverser werden. Da Familien von Immigranten im Schnitt dazu neigen, mehr Kinder zu haben, wird sich die Zusammensetzung unserer Jugend sehr schnell verändern, viel schneller als innerhalb der Gesamtbevölkerung. Was wir heute noch »Minderheiten« nennen, wird in zehn Jahren die Mehrheit stellen.

Dieser Trend wird wichtige Verhaltensveränderungen mit sich bringen. Es ist nun einmal so, dass der Wunsch, zu heiraten und ein Eigenheim sowie ein Auto zu besitzen, unter den Kindern von Immigranten größer ist als unter ihren einheimischen Altersgenossen. Diese Statussymbole sind Teil des amerikanischen Traums. Deshalb scheinen die Kinder von Immigranten eine eigene generationale Einheit zu bilden. Wenn sich die Kinder von Millennial-Immigranten nicht viel schneller dem Mainstream anpassen als frühere Generationen von Immigranten, werden sich junge Amerikaner im Jahr 2030 signifikant anders verhalten als junge Menschen heute.

Lassen Sie uns einen Augenblick über die Folgen einer sich verändernden ethno-linguistischen Bevölkerungszusammensetzung für die »Sharing Economy«, eine der aufregendsten neuen Entwicklungen weltweit, nachdenken. Umfragen deuten darauf hin, dass Amerikaner hispanischer, afrikanischer und asiatischer Abstammung eher Apps von Fahrdiensten und Home-Sharing-Dienste nutzen werden als ihre angloamerikanischen Landsleute. Dies ergibt Sinn, wenn man ihre unterschiedliche Kaufkraft berücksichtigt.

Ein weiterer wichtiger Trend hat mit der Unternehmerschaft zu tun. Latinos sind mit einer größeren Wahrscheinlichkeit als jede andere Gruppe – weiß oder nicht-weiß – selbständig oder besitzen ihr eigenes Geschäft. Außerdem beherrschen Unternehmer hispanischer Abstammung eher als Latinos im Allgemeinen Englisch oder bevorzugen es, Englisch zu sprechen. Zwar ist der Anteil an Latinos in Hightech-Unternehmen noch gering, doch auch das ändert sich wahrscheinlich, je mehr von ihnen Hochschulen besuchen und Aufbaustudiengänge belegen.

Zwar lassen sich Größe und Diversität der »Generation Z«, der Generation nach den Millennials, recht einfach vorausberechnen, doch wie steht es um ihre Identität und ihre Verhaltensweisen? In ihrer globalen Studie zum Thema argumentiert die Londoner Varkey Foundation, die Identität dieser Generation werde bestimmt durch Ungleichheiten in allen ihren Ausprägungen: was die Bildungschancen angeht, was Gender und Ethnie betrifft sowie in puncto Migrationshintergrund und Einkommen. Sie wird zudem die Generation sein, die die Auswirkungen der Rentenkrise mit voller Wucht zu spüren bekommt: Man wird von ihnen wahrscheinlich höhere Steuern verlangen, damit ihre Eltern und Großeltern die Leistungen erhalten können, die man ihnen versprochen hat. Uff!

Und es wird die erste Generation sein, die als Ganze im Zeitalter digitaler Netzwerke geboren sein wird. Menschen der Generation Z sind, so die Varkey Foundation, »mit den unendlichen Möglichkeiten aufgewachsen, die mittels Computernetzwerken geschaffen wurden. Es ist wahrscheinlicher, dass sie Grenzen überschreiten und Freunde haben werden, die auf der anderen Seite der Welt leben. Und sie werden Menschen kennen, die einen anderen Glauben und eine andere Kultur haben als ihre Eltern und Großeltern. In ihrem Leben ändern sich Einstellungen und Gesetze zu gesellschaftlichen Aspekten wie der gleichgeschlechtlichen Ehe oder Rechten für Transgender-Menschen in Lichtgeschwindigkeit. Gleichzeitig scheinen Gender und Ethnie ebenso polarisierend und umstritten wie je.«

Doch werden diese Perspektiven von allen Mitgliedern der Generation Z weltweit geteilt? Im Jahr 2006 befragte die Varkey

Foundation 20 000 Menschen im Alter zwischen fünfzehn und einundzwanzig aus zwanzig Ländern. (Dabei ist zu bedenken, dass alle Befragten an einem globalen Online-Panel teilgenommen haben, weshalb in der Studie eine urbane Jugend mit relativ hohen Bildungsstandards dominiert.) Die Befragung kam zu dem Ergebnis, dass unter den Menschen dieser Gruppe globale Werte im Gegensatz zu regionalen oder »parochialen« Werten vorherrschen, wobei Befragte aus Ländern mit unterschiedlichen wirtschaftlichen Entwicklungsniveaus dennoch ähnliche Ansichten teilen. Sie haben in der Regel tolerante Einstellungen gegenüber so umstrittenen Themen wie Immigration und gleichgeschlechtliche Ehe sowie fortschrittliche Ansichten zu Ungleichheit, Klimawandel und Meinungsfreiheit. Die Studie kommt zu dem Ergebnis, dass diese Generation womöglich von der Idee eines »Weltbürgertums« getragen wird, die dem Geist des Nationalismus und des »Nativismus«, der dieser Tage auf der ganzen Welt sein Unwesen treibt, diametral entgegensteht.

Chinas verblüffende Generationen

Nirgends auf der Welt ist das Wechselspiel der Generationen so komplex wie in China. Aber nicht deswegen ist dieses riesige und diverse Land ein so faszinierendes Forschungsobjekt, sondern auch, weil China in gerade einmal dreißig Jahren das erreicht hat, wofür Europa und die Vereinigten Staaten drei Jahrhunderte benötigt haben. Im Jahr 1712 entwarf der englische Erfinder Thomas Newcomen die erste Dampfmaschine. (Sie wurde später von dem Schotten James Watt perfektioniert. Er hat auch die Maßeinheit der Pferdestärke für die Leistung von Maschinen eingeführt, die später durch eine andere Einheit ersetzt wurde und seither als Watt bezeichnet wird.) Die Dampfmaschine war der Startschuss der Industriellen Revolution. Großbritannien benötigte in der Folge dreihundert Jahre, um zu der Dienstleistungsgesellschaft zu werden, die das Land heute ist. Die Vereinigten Staaten brauchten hierfür immerhin noch die Hälfte der Zeit. China dagegen schaffte den Wandel von einer Agrarökonomie zu einer technologischen und dienstleistungsorientierten Wirtschaftsordnung in weniger als zwei Generationen.

Als Folge von Chinas rasantem wirtschaftlichem und demographischem Wandel wird das Land bis 2030 etwa 60 Millionen *weniger* Menschen zwischen fünfzehn und fünfunddreißig Jahren haben als noch 2020 und fast 114 Millionen *mehr* Menschen über sechzig. »Wenn man sagt, dass die hochentwickelten westlichen Länder dem Phänomen einer alternden Bevölkerung entgegengehen«, sagt Yuan Xin, Demograph an der Nankai-Universität von Tianjin, »dann ist China ebendorthin im Sprint unterwegs.«

Chinesische Senioren sehen einer Zukunft entgegen, die nicht nur deshalb ungewisser scheint als jene ihrer amerikanischen Altersgenossen, weil sie schnell zahlenmäßig zunehmen, sondern auch, weil so viele junge Menschen die ländlichen Regionen verlassen haben. Zhang Fumin und Liu Xiuying sind ein Ehepaar, beide sind in ihren Siebzigern. Sie leben in Longwangtou, einem kleinen Dorf etwa 1250 Kilometer südlich von Peking. Ihre beiden Söhne zogen nach ihrem Hochschulabschluss in die Landeshauptstadt. Demographen nennen alternde Eltern wie Zhang und Liu »die zurückgelassenen Älteren«. Im Jahr 2017 wurde ihr erstes Enkelkind geboren, und sie beschlossen, für eine Weile zu ihrem jüngeren Sohn zu ziehen, um bei der Erziehung des Kindes mitzuhelfen, obwohl sie ursprünglich nur einen kurzen Besuch geplant hatten. Behörden glauben, dass im Jahr 2015 von Chinas 215 Millionen Menschen über sechzig etwa 50 Millionen weit weg von ihren Kindern gelebt haben. Diese Zahl könnte sich bis 2030 fast verdoppeln. »Eine großflächige Migrationsbewegung jüngerer Arbeiter vom ländlichen ins urbane China hat viele erwachsene Kinder von ihren Eltern getrennt und die traditionellen Muster innerfamiliärer Unterstützung vor signifikante Herausforderungen gestellt«, erläutert die Ethnographin Jieyu Liu in einer neueren Studie. »Diese Herausforderungen werden noch durch die Tatsache verstärkt, dass den Älteren im ländlichen China Renten und andere soziale Absicherungen verwehrt bleiben, die der städtischen Bevölkerung zustehen.«

Die Migration in die Städte verschlechtert auch die Zukunftsaussichten der Millennials in Chinas ländlichen Räumen. Während in den Vereinigten Staaten die wichtigste Trennlinie zwischen Millennials mit ihrem sozioökonomischen Hintergrund zu tun hat, hat China mit einem Stadt-Land-Gefälle zu kämpfen. Ein Großteil der städtischen Jugend gehört der Mittelschicht an oder ist wohlhabend bis reich, die meisten jungen Menschen auf dem Land dagegen sind arm. Ein weiterer entscheidender Unterschied besteht darin, dass urbane chinesische Millennials in Bezug auf ihre digitale Aktivität amerikanische Millennials überflügelt und selbst in puncto Kaufkraft mit ihnen gleichgezogen haben. Sie sind viel stärker digital vernetzt, kaufen eifriger online ein, nutzen für alles Mögliche elektronische Zahlungsmittel und scheinen sich nicht groß darum zu kümmern, wie ihre personenbezogenen Daten missbraucht werden könnten. Wir haben nur sehr wenige systematische Datenerhebungen zu den Werten und Einstellungen chinesischer urbaner Millennials, doch man kann gewiss konstatieren, dass ihnen die verschiedenen Aspekte von Selbstverwirklichung – gesellschaftliche Akzeptanz, Zufriedenheit, Teilnahme am öffentlichen Leben, freie Wahlmöglichkeiten – wichtig sind und dass sie nicht dazu neigen, Modernisierungen, Wohlstand und Fortschritt als »westlich« anzusehen. Sie sparen dreimal so viel wie ihre amerikanischen Altersgenossen, wobei dies für andere Altersgruppen in China genauso gilt. Keine schlechte Idee, wenn man bedenkt, wie sehr die Alterspyramide zunehmend ihre Form verliert und dass 25 Prozent der Bevölkerung im Jahr 2030 über sechzig Jahre alt sein werden.

Ein kreativer Ansatz, um neue Möglichkeiten einer Zusammenarbeit der Generationen zu schaffen, ist die laterale Idee des »Alters-/Studentenwohnheims« – eine dauerhafte Pflegeeinrichtung für ältere Bürger, in der Studenten gegen eine bestimmte wöchentliche Arbeitszeit ein kostenfreies Zimmer erhalten. In den Niederlanden, wo die ersten Versuche mit solchen Einrichtungen stattfanden, wird es immer schwieriger, Pflegekräfte zu finden. »Ich habe überlegt, welche andere Gruppe auch nicht viel Geld hat – und so kam ich auf Studenten«, sagt Gea Sijpkes. Die Studierenden betreuen Ältere bei einigen ihrer täglichen Aufgaben und helfen ihnen auch, ihre digitalen Grundkenntnisse zu verbessern. Senioren könnten sich für diese Einrichtungsform vor allem deshalb interessieren, weil sie es ihnen ermöglicht, das Gefühl von Einsamkeit und Isolation zu reduzieren, das die Forscher mit einem beschleunigten Abbau geistiger Fähigkeiten, einem verschlechterten Gesundheitszustand und einer höheren Sterblichkeit in Verbindung bringen.

Die Analyse von Generationen birgt eine Gefahr. Arthur E. Levine, der ehemalige Vorsitzende des Lehrerseminars an der Columbia University und der Woodrow Wilson Foundation, stellte einmal fest: »Generationale Bilder sind immer Stereotype.« Seiner Meinung nach macht unsere ständige Suche nach Unterschieden uns blind für Gemeinsamkeiten. »Es gibt ein paar Unterschiede, die herausstechen«, sagt er, »aber es gibt viel mehr Gemeinsamkeiten zwischen den Studenten von gestern und heute. Doch wenn man ein Buch mit dieser Botschaft schreiben würde, wen würde es interessieren?«

Jede Generation in der Geschichte bestand aus einer unübersehbaren Vielfalt an Individuen. In Generationen, generationalen Einheiten und deren Untergruppen zu denken, gewährleistet eine gewisse analytische Strenge. Doch die Kernaussage dieses Kapitels geht darüber hinaus. Die Millennials von heute zu verstehen, gewährleistet nicht, dass wir sie in der Zukunft besser verstehen werden, denn ihr Verhalten wird sich mit Sicherheit noch verändern. Denn während die Mitglieder einer Generation durch viele Lebensphasen gehen, passen sie ihre Einstellungen und ihr Verhalten an. Die Gruppe der Menschen, die heute über sechzig Jahre alt sind, wird sich zum Teil gewaltig von derselben Altersgruppe in der Zukunft unterscheiden. Doch ein Grund hierfür hat weniger mit der Generation zu tun, die wir betrachten, sondern mehr mit sich verändernden Auffassungen darüber, was hohes Alter wirklich bedeutet.

Die Computerzeitschrift *Wired* und der Pharmakonzern Pfizer haben ihre Kräfte gebündelt, um herauszufinden, was es in Zukunft bedeutet, zu altern. »Während auch heute noch viele Unsicherheiten am Altershorizont aufscheinen«, sagt Pfizers Leiter der Abteilung Medizinische Strategie, Pol Vandenbroucke, »können doch viele von uns heute schon etwas dafür tun, dass ein hohes Alter nicht nur heißt, lange, sondern vor allem gut zu leben.« Wir können darauf zählen, dass Medizin und Technik uns länger gesund erhalten. Doch auch unser eigenes Verhalten wird eine entscheidende Rolle dabei spielen, körperlich und geistig fit zu bleiben. Vandenbroucke macht in diesem Zusammenhang eine interessante Vorhersage: »Die Generation der Millennials unterscheidet sich sehr von ihren Babyboomer- und Generation-X-Vorläufern. Abgesehen von gewissen Stereotypen repräsentieren sie einen wichtigen kulturellen Wendepunkt: Sie sind die erste Generation, die schon die gesamte Kindheit dem Internet ausgesetzt war. Ihre Neigung zu andauernder Verbindung und ihr unmittelbarer Zugang zu Informationen definieren Eigenschaften, die sie womöglich heute bereits auf ihren Erfolg im hohen Alter einstimmen.« Die Millennials könnten durchaus jene Generation sein, die erkennt, dass Langlebigkeit eine lebenslange Bereitschaft erfordert, gesund und aktiv zu bleiben. Ihre ausgeprägte Neigung zur Hyperkonnektivität könnte ihnen dabei helfen, eine mit dem Älterwerden verbundene Isolation zu überwinden. Wie Stephen Ewell, geschäftsführender Direktor der Consumer Technology Association Foundation anführt: »Millennials sind wirklich daran interessiert, sich auf ein längeres gesundes Leben vorzubereiten. Wir wollen ihre Ideen nicht nur aufgreifen, wir wollen sie verinnerlichen, damit sie Teil unseres Ökosystems werden, mit dessen Hilfe wir Gemeinschaften stärken wollen.«

Da Millennials länger leben werden als die vorhergehenden Generationen, wird die Definition eines Lebensstils der Reife immer dringlicher. Dem »Sightlines Project« am Zentrum für Langlebigkeit der Stanford University zufolge lautet die gute Nachricht, dass »der Anteil der Raucher markant abnimmt, während immer mehr Menschen Sport treiben. Mehr als die jungen Menschen in der Vergangenheit haben Millennials Freunde, auf die sie sich in schwierigen Zeiten verlassen können. Millennials haben öfter Hochschulabschlüsse als vorhergehende Generationen, und Bildung ist der beste Prädikator dafür, dass man noch im hohen Alter gut funktioniert.« Doch gibt es, insbesondere unter dem Gesichtspunkt der finanziellen Sicherheit, auch schlechte Nachrichten. Vielen Millennials wird es zur Zeit ihres Ruhestands gut gehen, doch genauso viele, wenn nicht mehr, werden sich den größeren Teil ihres Erwachsenenlebens in einer finanziellen Notlage befinden. Global sehen wir eine ähnliche Zweiteilung, wenn es um die Vermögen unterschiedlicher Gruppen geht, und genau diesem Aspekt widmen wir uns im nächsten Kapitel.

3

MITHALTEN MIT DEN SINGHS UND DEN WANGS

Die alte Mittelschicht, die neue Mittelschicht und der Kampf um Aufmerksamkeit

»Der Mittelschicht anzugehören ist ein Gefühl und ein Einkommensniveau zugleich.«

Margaret Halsey, amerikanische Schriftstellerin

Im Jahr 2009 boomte die indische Wirtschaft. Zehn Millionen Menschen ließen in diesem Jahr die Armut hinter sich. Für jeden sichtbar entstand eine neue junge Mittelschicht. Das 1945 gegründete Unternehmen Tata Motors war führender Autohersteller im Land und hatte auch vor, weiterhin führend zu bleiben. Aus diesem Grund stellte Ratan Tata, der Urenkel des Firmengründers, ein neues Modell vor – den Tata Nano. Zum Preis von umgerechnet 2000 US-Dollar bekam man ein Billigauto ohne Klimaanlage, das von einem winzigen 6,4-Liter-Motor angetrieben wurde. »Die heutige Geschichte begann vor ein paar Jahren, als ich Familien beobachtete, die auf Zweirädern unterwegs waren. Der Vater fuhr einen Roller, sein kleines Kind stand vor ihm, und hinter ihm saß seine Frau mit einem Baby im Arm«, berichtete Tata den Journalisten. »Ich habe mich gefragt, ob man für so eine Familie nicht ein sicheres, bezahlbares und für jedes Wetter geeignetes Transportmittel entwerfen könnte.« Angetrieben von dieser Vision, investierte das

Unternehmen in eine Fabrik, in der 250 000 Einheiten im Jahr hergestellt werden konnten. Ratan Tata lieferte die ersten drei Nanos persönlich aus. Wie die indische Zeitung *Economic Times* damals berichtete, erhielt Ashok Raghunath Vichare, ein fünfzigjähriger Zollbeamter aus Mumbai, das erste Exemplar und war »sehr glücklich«, als er das Auto »zu einem nahegelegenen Hindutempel fuhr, um es dort segnen zu lassen«. Den zweiten Nano kaufte Ashish Balakrishnan, ein neunundzwanzigjähriger Bankangestellter, der es nicht erwarten konnte, eine »Spritztour über den Rajiv-Gandhi-Sea-Link« – eine 5,6 Kilometer lange Brücke in Mumbai – zu unternehmen. »Das ist mein erstes Auto«, sagte er. »Der Preis spielte eine große Rolle.« Die Firma hoffte, die entstehende indische Mittelschicht würde schon bald ihre alten Fahr- und Motorräder ersetzen und wie der zweiundachtzigjährige ehemalige Polizeibeamte aus Mumbai ihre Scooter gegen einen Nano tauschen.

Doch dies war nicht der Fall. Stattdessen kauften Verbraucher lieber Suzukis, Hyundais, Toyotas oder andere ausländische Marken. Als sie die Werbeplakate sahen, die den Nano als »billigstes Auto der Welt« anpriesen, assoziierten sie den Wagen mit den Armen. Die Verkaufszahlen entsprachen nicht annähernd den Erwartungen des Unternehmens. »Er wurde von der Öffentlichkeit und leider auch von uns als billigstes Auto bezeichnet«, gab Tata zu. »Ich denke, das war eine unglückliche Entscheidung.«

Der Nano wird als einer der größten Misserfolge in die Firmengeschichte eingehen. »Ich mag nicht, was die Leute im Nano sehen, und es geht doch in erster Linie um das Aussehen«, sagt der zweiundzwanzigjährige Shushank Sharma. »Ich fahre mit dem Motorrad zur Arbeit. Wenn ich mit meinen Freunden etwas mache oder zu einer Hochzeit eingeladen bin, komme ich lieber mit dem Auto. Aber eher würde ich zu Hause bleiben, als mit einem Nano aufzutauchen.« Die neue Mittelschicht in Schwellenmärkten wie Indien ist grundsätzlich am sozialen Aufstieg interessiert. Doch indem Tata

Motors rückwärts statt vorwärts dachte, schuf das Unternehmen etwas, das mit dem neuen Klassenbewusstsein dieser Bevölkerungsgruppe nicht zusammenpasste, und ließ sich dementsprechend eine wichtige Marktchance entgehen. Man hatte nicht verstanden, dass die Singhs getreu ihrer neu erworbenen Zugehörigkeit zur Mittelschicht danach strebten, mit den amerikanischen Jones' und Smiths mitzuhalten.

Man beachte im Gegensatz dazu den Erfolg, den der amerikanische Grillhersteller Weber-Stephen Products LLC auf dem indischen Markt verzeichnen konnte. Man beachte zudem die Herausforderung: Wie verkauft man Barbecue-Grills in einem Land, in dem die Menschen weder Rind noch Schwein essen und Männer traditionell nicht kochen?

Weber-Stephen war 1893 als »Weber Brothers Metal Works« gegründet worden. In den frühen fünfziger Jahren des vergangenen Jahrhunderts suchte George Stephen, Miteigentümer einer Firma für Blechverarbeitung in Chicago, nach einer Möglichkeit, die Eigenschaften der Kohlenpfanne zu verbessern, die er draußen zum Braten verwendete. Er stellte sich vor, einen praktischeren Grill zu bauen, der aus zwei Metallhalbkugeln bestehen sollte: die untere als Behälter für die brennende Holzkohle, die obere als Deckel. Dies fand großen Anklang. Um das Produkt weiterzuentwickeln, tat sich Stephen mit Weber Brothers zusammen. Ihr gemeinsam entwickelter Kugelgrill wurde zu einem Klassiker. Die Firma hatte einen großen Anteil an der Popularisierung des klassischen Barbecues, das bis heute ein wichtiger Teil der amerikanischen Kultur ist. »Die kulinarische Tradition, Fleisch bei geringer, indirekter Hitze zu garen, wurde über die Jahre so vorherrschend«, schreibt Natasha Geiling auf Smithsonia.com, »dass BBQ selbst eine Art von Popkultur darstellt, die sich in Fernsehserien, nostalgischen Roadtrips und selbst in Fusion-Gerichten wie BBQ-Tacos widerspiegelt.«

Im Jahr 2010, zwei Jahre nach der unglücklichen Markteinführung des Tata Nano, beschloss Weber-Stephen, sich am indischen Mittelschichtsmarkt zu versuchen. Das Unternehmen engagierte Sivakumar Kandaswamy, der die Produkteinführung leiten sollte. Kandaswamy begriff, welche Schwierigkeiten vor ihm lagen. Er stellte daher ein Team zusammen, das die kulturellen Unterschiede zwischen Indien und den Vereinigten Staaten sehr gut kannte. Kandaswamy und seine Mitarbeiter machten sich schlau. Sie wollten wissen, wie die neue indische Mittelschicht über Essen und Kochen dachte. Gleichzeitig hatten sie im Hinterkopf, dass traditionelle Einstellungen und Gewohnheiten sich womöglich ändern könnten, da immer mehr Menschen die sozioökonomische Leiter hochstiegen und anfingen, ausländische Filme und Fernsehserien zu schauen.

Innerhalb weniger Jahre hat sich in Indien »eine Garten-Grill-Kultur etabliert«, stellte Dave Sutton fest, ein Berater von TopRight Partners, einer führenden Werbeagentur in Atlanta. »Die Lizenz zum Grillen: Indien findet Gefallen am Barbecue«, lautete die Überschrift eines Artikels in der *Times of India* von 2011. »Da dachte man, Barbecues seien zu amerikanisch, um auf Inder großen Eindruck zu machen, die, vielen Dank auch, ihr Tandoori lieben«, hieß es weiter in dem Artikel. »Tatsächlich ist es jedoch so, dass immer mehr städtische Inder sich zum Grillen bekennen, vor allem in den Zentren mit einer hohen Anzahl an heimkehrenden indischen Staatsbürgern mit Wohnsitz im Ausland, wie Bangalore, Pune, Gurugram und in bestimmten Stadtteilen Mumbais. Weber-Stephen wusste, dass sie die indischen Konsumenten dazu bringen mussten, wirklich *Spaß* zu haben am Grillen. Wie aus ihrer Eigendarstellung ersichtlich, »hilft das Unternehmen, einen zusätzlichen funktionalen und emotionalen Mehrwert zu erzielen, indem es die Konsumenten mit Tipps, Werkzeugen und an die Region angepassten Rezepten versorgt«. Schon bald versammelten sich indische Mittelschichtsfamilien um den Grill, um alles von Tandoori

Chicken bis hin zu Bananenkebabs zu braten. Dies wurde möglich, weil Weber-Stephen den Schwierigkeiten auf dem indischen Markt nicht ausgewichen ist. Die Firma hat vielmehr die Gelegenheit beim Schopfe gepackt.

***

Der griechische Philosoph Aristoteles sagte einmal, dass das vollkommenste Gemeinwesen jenes sei, in dem die »Mittleren« herrschten, die den beiden anderen Klassen zahlenmäßig überlegen seien. Die Mittelschicht ist in der Tat das Rückgrat moderner Gesellschaften und Ökonomien. Louis Brandeis, der berühmte amerikanische Reformer aus dem frühen zwanzigsten Jahrhundert, prophezeite: »Wir können in diesem Land eine Demokratie haben oder aber großen Reichtum, der sich auf wenige konzentriert. Aber beides können wir nicht haben.« Lange Zeit gelang es den Vereinigten Staaten und Westeuropa, ein fragiles Gleichgewicht aufrecht zuerhalten, wodurch das riesige Vermögen, das durch die Weltwirtschaft geschaffen worden war, in großen Teilen an die amerikanische und europäische Mittelschicht fiel.

Dies ist heute nicht mehr der Fall.

Zwar ist die amerikanische und europäische Mittelschicht immer noch die reichste der Welt, doch ihr wirtschaftliches Vermögen stagniert, und ihre Stellung schwindet. Im Gegensatz dazu steigen jedes Jahr über 100 Millionen Menschen aus den Schwellenländern in die Mittelschicht auf, und jene, die bereits dazugehören, sehen, wie ihr Einkommen schnell wächst. Sie sind Teil des Aufschwungs, während wir in der Flaute stecken.

Abbildung 5 zeigt die Verteilung der Kaufkraft der Mittelschicht in verschiedenen Regionen der Welt. Auf einer globalen Skala gehören zur Mittelschicht Individuen, die ein Einkommen zwischen 10 und 100 US-Dollar am Tag haben. Bei einer Familie von vier

Anteil an der Kaufkraft der Mittelschicht (%)

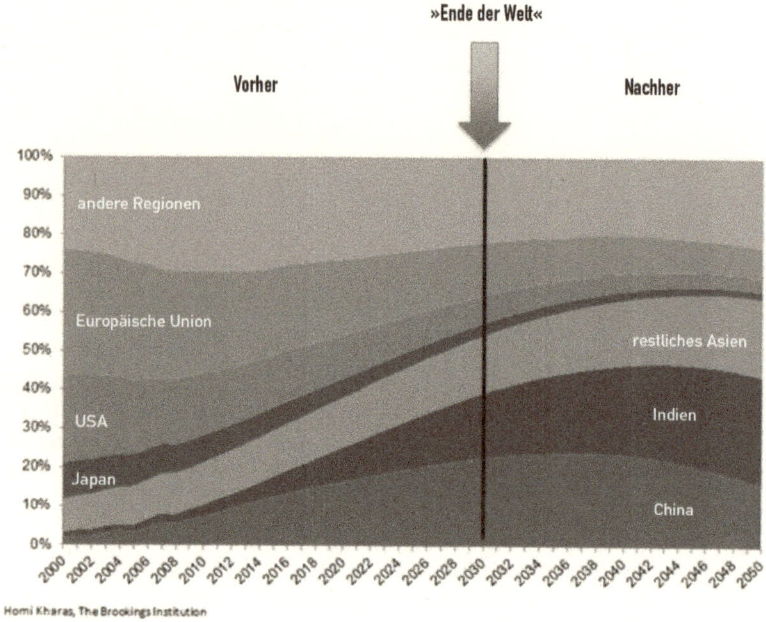

Abbildung 5

entspräche dies einem Jahreseinkommen von 15 000 bis 150 000 US-Dollar.

In den Vereinigten Staaten und Europa leben heute die meisten Angehörigen der Mittelschicht, doch bis 2030 werden China, Indien und das restliche Asien (ohne Japan) mehr als der Hälfte der weltweiten Kaufkraft von privaten Haushalten (inflationsbereinigt) für sich beanspruchen. Dies bedeutet eine grundlegende Veränderung im Vergleich zu den zwanziger Jahren des vergangenen Jahrhunderts, als Unternehmen wie General Motors und Sears zu Wirtschaftsgiganten aufstiegen, indem sie die Bedürfnisse der amerikanischen Mittelschicht bedienten und zugleich deren Ausweitung vorantrieben, und dem zweiten Jahrzehnt des neuen Jahrtausends, als Firmen wie Alphabet und Amazon begannen, ihre Monopole zu errichten.

Wir müssen auch nicht bis 2030 warten, bis gewisse Konsumsegmente sich in Richtung Asien verlagern. Denken wir an die chinesische Dominanz im Online-Shopping.

Am »Singles Day« – dem chinesischen Tag für Alleinstehende, der vor allem online gefeiert wird – wurden 2017 satte 25 Milliarden US-Dollar umgesetzt, was die 7 Milliarden des US-amerikanischen Cyber Monday deutlich in den Schatten stellt. Oder denken wir an das Glücksspiel: In der Spieleindustrie erwirtschaftet das südchinesische Macau jährlich Bruttoeinnahmen von 33 Milliarden US-Dollar, verglichen mit 7 Milliarden in Las Vegas.

Doch deuten die Trends darauf hin, dass der chinesische Mittelschichtsmarkt in Sachen Kaufkraft nur ein, höchstens zwei Jahrzehnte der weltweit größte sein wird. Indiens junge und zunehmend gut ausgebildete Bevölkerung wird bis zum Jahr 2030 aufgrund ihres Wachstumspotentials zum attraktivsten Zukunftsmarkt aufsteigen.

Von *Madame Bovary* zu den *Simpsons*

Unternehmer und Politiker in Europa und den Vereinigten Staaten wussten einmal, was es mit der Mittelschicht auf sich hatte. Sie leisteten einen aktiven Beitrag, um eine breite Bevölkerungsgruppe zu schaffen, die weder reich noch arm war. Sie bedienten ihre Bedürfnisse, indem sie ihnen günstige Waren, eine niedrige Inflation und politische Stabilität garantierten. Die Mittelschicht wurde zum Motor der Marktwirtschaft. Weil ein Großteil der wirtschaftlichen Aktivität von der Verteilung und dem Verkauf von Konsumgütern abhängt, konnte kein technisch hochentwickeltes Land auf sie verzichten. Daher die Popularität von Begriffen wie »Konsumklima«, »Konsumentenpreisindex« und »Verbraucherkredit«: Wenn die

Verbraucher nichts ausgeben, stürzt die gesamte Wirtschaft ab – und Wahlen werden verloren.

Unser modernes Verständnis der Mittelschicht geht auf einen britischen Regierungsbericht von 1913 zurück, in dem die Mittelschicht als die Gesamtheit jener Menschen definiert wurde, die weder zur Oberschicht zählten noch der traditionellen Arbeiterklasse angehörten. In der neueren Geschichte des Westens ging es vor allem darum, diese Mitte zu stärken. Mit der zunehmenden Ungleichverteilung dies- und jenseits des Atlantiks beginnt diese riesige Gruppe jedoch zu schrumpfen.

Ein anderer, etwas älterer Blick auf die Mittelschicht deutete sie als eine Phase des Übergangs. Charles Dickens, der das Leben im England des neunzehnten Jahrhunderts besser als die meisten durchschaute, behauptete: »Obwohl wir uns ständig [unserer Mittelschicht] als unserer Sicherheit rühmen, ist sie doch nichts als der armselige Saum auf dem Mantel der Oberschicht.« Um das Jahr 1937 schrieb George Orwell, ein weiterer scharfsinniger Beobachter der britischen Gesellschaft, in *Der Weg nach Wigan Pier*: »[…] wir vom sinkenden Mittelstand – der Privatlehrer, der halbverhungerte freischaffende Journalist, […] die Büroangestellten, die Staatsangestellten, die Handlungsreisenden und die dreifach bankrotten Tuchhändler in den Landstädtchen – können ohne weitere Anstrengungen in die Arbeiterklasse sinken, wo wir hingehören, und wahrscheinlich wird es dort gar nicht so schrecklich sein, wie wir befürchtet haben: denn am Ende haben wir nichts zu verlieren […].« Unter wirtschaftlichen Gesichtspunkten verspricht die Mittelschicht eine angenehme Existenz. »Mit den Mittelschichten kam auch die Behaglichkeit auf«, schrieb der britische Kunstkritiker Clive Bell. Wirtschaftswissenschaftler definieren die Zugehörigkeit zur Mittelschicht als den Zugang zu einem frei verfügbaren Einkommen, das mehr abdeckt als nur die Lebensgrundlagen wie Nahrung, Obdach und Bildung. Mittelschichtkonsumenten nehmen

Hypotheken auf, um Häuser zu kaufen, erwerben eine Vielzahl von praktischen Geräten, fahren in Urlaub, schicken ihre Kinder auf gute Schulen, und planen ihren Ruhestand. Mit anderen Worten bedeutet die Zugehörigkeit zur Mittelschicht eine sichere wirtschaftliche Position, jenseits eines Lebens von einer Lohntüte zur nächsten – oder wenigstens war dies einmal so.

Die Mittelschicht nach Einkommen zu definieren, mag sinnvoll sein, kann aber auch die Unterschiede, zum Beispiel zwischen einer Krankenschwester und einem Klempner oder einem kleinen Geschäftsinhaber und einem Buchhalter verwischen, die alle der Mittelschicht angehören können, obwohl sie womöglich ganz verschiedene Bildungsniveaus und Berufslaufbahnen hinter sich haben. Einer weit verbreiteten Ansicht nach kommt ein Hochschulabschluss einer Eintrittskarte in die Mittelschicht gleich. Und doch haben viele ihrer Mitglieder keine Hochschulausbildung.

In Wahrheit ist »Mittelschicht« mehr als ein bloß wirtschaftliches oder Bildungsziel. »Der Mittelschicht anzugehören ist ein Gefühl und ein Einkommensniveau zugleich«, sagt die scharfsinnige amerikanische Schriftstellerin Margaret Halsey. Der Mittelschichtsstatus ist ebenso sehr eine sozialpsychologische Geistesverfassung, wie er an ein bestimmtes Gehalt geknüpft ist. Der französische Schriftsteller Gustave Flaubert protokollierte mit analytischer Schärfe die Denkweise der Mittelschicht in *Madame Bovary* (1856), dem Roman über eine Frau, die sich in der Mittelschicht eingeengt und gefangen fühlt. »Die Mittelschicht ist wirklich amüsant«, sagt die Schriftstellerin J. K. Rowling. »Es ist die Schicht, die ich am besten kenne, und es ist die Schicht, in der man am häufigsten auf Ehrgeiz trifft, und genau das macht sie ja so amüsant.« Doch herrscht in der Mittelschicht nicht nur der Ehrgeiz, sondern auch die Prahlerei. Es ist das Thema der berühmten Comic-Strips *Keeping Up with the Joneses* von Pop Momand, die zwischen 1913 und 1938 täglich erschienen, also in einer Zeit, da die amerikanische Mittelschicht nach einer ersten Hochzeit in ihre schlimmste Phase während der Weltwirtschaftskrise abglitt. Kämpfe um die soziale Rangordnung sind so alt wie soziale Ordnungen selbst, doch sicher erreichten sie eine neue Dimension, als die Mittelschicht im Verlauf des zwanzigsten Jahrhunderts so stark anwuchs. »Die Smiths mögen das neue Stück. Die Jones' besuchen es und wiederholen das Urteil der Smiths«, schrieb Mark Twain 1901 in seinem Essay »Corne-Pone Opinions«.

Zeitsprung zu den *Simpsons*. In dieser Zeichentrickserie besitzt die Familie Simpson ein Haus in einer Nachbarschaft mit vielen Kleinunternehmern und Facharbeitern. Der Vater versucht sich an mehreren Bürojobs, die Mutter ist Hausfrau. Sie machen Urlaub, sie sparen für die Hochschulausbildung ihrer Kinder, sie haben Haustiere und so weiter. Doch erst in der 23. Folge der sechsten Staffel gibt Vater Homer zu, dass er der Mittelschicht angehört. Tatsächlich zeigt er eine Lohnabrechnung, wonach er auf 2016 hochgerechnet ein Jahreseinkommen von 37 000 US-Dollar verdient hat, das die Simpsons stabil innerhalb der mittleren Einkommensgruppe verortet.

Wenn man bedenkt, wie groß die Mittelschicht ist, überrascht es nicht, dass innerhalb dieser Gruppe kaum Einigkeit darüber besteht, welche Werte sie vertritt. Historisch gesehen kommen einem einige Zuschreibungen wie Anstand, Ehrlichkeit, Zuverlässigkeit und Ähnliches in den Sinn. Die amerikanische Schriftstellerin Gertrude Stein bringt es auf den Punkt: »Ich behaupte nur, dass das Ideal der Mittelschicht – das des freundlichen, höflichen, ehrlichen, genügsamen, ausgewogenen Menschen – ein Ideal ist, das mir gefällt. Es ist das Ideal eines liebevollen Familienlebens und ehrbarer Geschäftsmethoden.«

Es besteht außerdem die Tendenz, die Mittelschicht mit Angepasstheit zu verbinden, und tatsächlich legen Forschungsergebnisse nahe, dass Individuen aus der Mittelschicht eher an Statusangst leiden als jene aus der Ober- oder Unterschicht. Wie Damon J. Phillips von der Columbia Business School und Ezra W. Zuckerman vom MIT erklären: »Der Konformitätsdruck steigt, wenn Akteure ihre Mitgliedschaft in einer Gruppe wertschätzen, sie sich jedoch in diesem Umfeld unsicher fühlen.« Während sich Individuen mit hohem Ansehen gewöhnlich in ihrer gesellschaftlichen Stellung sicher fühlten und deshalb nur wenige Gründe hätten, sich anzupassen, ließen es sich Angehörige der Unterschicht nicht verbieten, »akzeptierte Gepflogenheiten abzulehnen, da sie unabhängig von ihren Handlungen ohnehin ausgeschlossen werden«. Es sind jene in der Mitte, die den Druck spüren, sich anzupassen, zum einen, um auf der Erfolgsleiter weiter aufzusteigen, zum anderen aus Angst, dass sie abstürzen könnten.

Gleichwohl ist es aufschlussreich, dass das Verhalten der Mittelschicht nicht immer so »tugendhaft« ist, wie viele denken. Ein wichtiges Unterscheidungsmerkmal zwischen den Werten der Mittelschicht und denen der Arbeiterklasse ist der Individualismus Ersterer und der Kommunitarismus Letzterer. Eine Erziehung in der Mittelschicht legt Wert auf individuelle Entscheidungen und Unabhängigkeit, während sich nach dem klassischen Ethos der Arbeiterklasse alles um Solidarität und »Interdependenz« dreht. Es zeigt sich, dass unethisches Verhalten unter Mitgliedern der Mittelschicht weiter verbreitet ist, während prosoziale und altruistische Verhaltensmuster eher in der Arbeiterschicht zu finden sind. Eine in den *Proceedings of the National Academy of Sciences* veröffentlichte Studie ergab, »dass Individuen aus der Oberschicht im Vergleich zu Individuen der Unterschicht eher die Verkehrsordnung übertreten … eine Neigung zu unethischen Entscheidungen zeigen … Wertgegenstände entwenden … in Verhandlungen lügen … betrügen, um ihre Chancen zu verbessern, einen Preis zu gewinnen … und unethisches Verhalten am Arbeitsplatz gutheißen«.

Im Augenblick gibt uns die Mittelschicht in den Vereinigten

Staaten und in Europa ein gewaltiges Rätsel auf. Während sie mit Begriffen wie Anstand, Ehrlichkeit und Zuverlässigkeit beschrieben werden, sind sie aufgrund ihres individualistischen Ethos, ihres Ehrgeizes und ihres Anpassungsdrucks auch anfällig für unethisches Verhalten. Hinzu kommt eine zusätzliche Schicht aus Frust und Wut über den Statusverlust infolge globaler und regionaler wirtschaftlicher Stagnation.

Wir sind nicht allein im Universum

Zhou Yuanyan wurde in der Inneren Mongolei geboren. Sie zog in eine Siedlung an der sechsten Ringstraße von Peking und pendelte eineinhalb Stunden täglich zu ihrem Arbeitsplatz im Zentrum, wo sie erst als Kellnerin und dann als Immobilienmaklerin arbeitete. Als sich ihre finanzielle Lage besserte, zog ihre Mutter zu ihr, und zusammen genießen sie die Behaglichkeit, die ihre neue Arbeit, ihr Einkommen und ihr Status mit sich bringen. »Ich habe meine Provisionserträge deutlich erhöht, weshalb wir zweimal umziehen konnten«, erzählte Zhou der *Financial Times*. In China werden bis 2030 weitere 400 Millionen Menschen wie sie in die Mittelschicht aufsteigen.

Tausende Kilometer entfernt nimmt in einigen Ländern und Städten Afrikas eine andere Mittelschicht langsam Gestalt an. »Ich bin sehr aufgeregt«, verkündete der Gasturbinenbetreiber John Monday, als ihn ein Freund vor einem Supermarkt in einem Einkaufszentrum in Warri, einer Boomtown in Nigerias Erdölregion, fotografierte. Der *New York Times* zufolge reiste Monday über 300 Kilometer, um das neue Einkaufszentrum in Warri zu besuchen. »Eine Person aus der Mittelschicht kann hierherkommen und sich zugehörig fühlen«, sagte Monday. Der fünftgrößte Finanzkonzern des Landes, die Access Bank, deren Zweigstellenleiter meinen Ausführungen zum Jahr 2030 lauschte, schätzt, dass über

10 Prozent der 200 Millionen Einwohner Nigerias heute schon der Mittelschicht angehören – und dass jedes Jahr satte 1,5 Millionen dazukommen.

Wenngleich im Vergleich zu chinesischen oder indischen Standards noch recht klein, wächst der afrikanische Mittelschichtsverbrauchermarkt nichtsdestoweniger weiter. Einer neueren Studie des Wirtschaftsprüfungsunternehmens Deloitte zufolge ist dies hauptsächlich auf Bevölkerungswachstum, zunehmender Kaufkraft, Urbanisierung und den Einsatz von Technologien zurückzuführen. Laut Umfragen spürt ein Viertel bis die Hälfte der Verbraucher in Afrikas größten Volkswirtschaften – Nigeria, Südafrika, Ägypten und Kenia – eine materielle Verbesserung ihrer Lebenssituation im Vergleich zu vor fünf Jahren. Sie verfügen über ihr Einkommen, kaufen am liebsten bekannte Markenartikel, und sparen, um den Anschluss an die neuesten Moden oder Trends nicht zu verlieren. Qualität ist ihnen wichtiger als ein günstiger Preis, und sie bevorzugen internationale Marken. Während der Markt im Augenblick reif für amerikanische und europäische Marken ist, wird es nicht mehr lange dauern, bis ansässige Firmen und Unternehmer sich um die besten Plätze drängeln werden.

Der Non-Profit-Organisation »Brand Africa« zufolge stammen die hundert beliebtesten Marken auf dem Kontinent aus achtundzwanzig Ländern, darunter auch acht afrikanischen. Neben vierundzwanzig amerikanischen Marken sind heute bereits siebzehn afrikanische unter den Top 100 zu finden. Und mit der Entwicklung der Verbrauchermärkte auf dem Kontinent werden noch weitere afrikanische Marken dazukommen.

Um das Wesen der neuen Mittelschicht in Schwellenländern wie China oder Nigeria zu erfassen, gilt es zu erkennen, inwiefern sie sich von den alten Mittelschichten der Vereinigten Staaten, Europas oder Japans unterscheidet. Zunächst einmal hat sich die »alte« Mittelschicht seit einigen Generationen nicht groß verändert. Im Gegensatz dazu gründet die entstehende Mittelschicht auf sogenanntem »neuem Geld«. Zwar ist das durchschnittliche Pro-Kopf-Einkommen von Personen der Mittelschicht in den Vereinigten Staaten, Europa und Japan etwa dreimal so hoch wie jenes der Mittelschicht in China, Indien oder anderen Schwellenländern, es stagniert jedoch. Die Generations- und Einkommensunterschiede zwischen der alten und neuen Mittelschicht machen ihre Konsumenten in den Schwellenländern um ein Vielfaches ehrgeiziger als Verbraucher aus der Mittelschicht entwickelter Länder.

Abbildung 6

Warum das iPhone wie ein iPhone aussieht

Das iPhone ist für die Mittelschicht *die* Ikone unter den Verbraucherprodukten des frühen einundzwanzigsten Jahrhunderts geworden. Es ist nicht nur ein Telefon – es ist auch ein Kalender, ein Browser, eine Kamera, ein Taschenrechner, eine Taschenlampe, ein Musik- und Videoabspielgerät, ein E-Book-Reader und unzählige andere Dinge, die alle in ein extrem kompaktes und einfach zu bedienendes Gerät passen, das eine höhere Rechenkraft vorzuweisen hat als der Computer der Apollo-Mission oder der fiktive sprechende Computer HAL aus *2001: Odyssee im Weltraum*.

Der Touchscreen meines iPhones ist einfach phantastisch. Doch sehen wir uns einmal die Schachtel genauer an, in der mein Telefon geliefert wurde (Abbildung 6).

Die Abkürzung »FCC« zeigt an, dass das Produkt die technischen und Sicherheitsstandards der »Federal Communication Commission«, einer US-Regierungsstelle, erfüllt, und »CE« weist darauf hin, dass es ähnliche Standards für Produkte erfüllt, die innerhalb der Grenzen der Europäischen Union verkauft werden. Doch warum sollte man nur auf die Vereinigten Staaten und Europa hinweisen und nicht auf andere Länder oder Wirtschaftszusammenschlüsse?

Die Antwortet lautet: weil es sich bei den beiden um die aktuell größten Märkte weltweit handelt. In den achtziger Jahren des vergangenen Jahrhunderts, bevor sich Europa zu jenem gemeinsamen (und zweitgrößten) Markt zusammenschloss, der es heute ist, erschien auf elektronischen Produkten nur das FCC-Logo. Mit anderen Worten: Die größten Märkte bestimmen die Spielregeln – einfach, weil sie so groß sind und den entsprechenden Einfluss haben. Firmen, die ein Stück vom Kuchen abhaben wollen, haben keine andere Wahl, als die Produktverordnungen zu befolgen, die diese Regierungen beschließen.

Doch bis 2030 werden China und Indien zu den größten Verbrauchermärkten aufsteigen. Ich wette alle meine Rentenfonds darauf, dass unsere Smartphones bis dahin neben den FCC- und CE-Logos einen chinesischen, vielleicht auch einen indischen Genehmigungsstempel erhalten werden!

Es gibt noch weitere Möglichkeiten, wie wachsende Mittelschichtsmärkte die bisherigen Formen des technischen Wettbewerbs weltweit verändern können. Denken wir zum Beispiel an Patente.

In Artikel 1 befugt die US-Verfassung den Kongress damit, »den Fortschritt der Wissenschaft und nützlichen Künste dadurch zu fördern, dass den Autoren und Erfindern für beschränkte Zeit das ausschließliche Recht an ihren Schriftwerken und Entdeckungen gesichert wird«. Für Erfinder wird dieses ausschließliche Recht durch Patente garantiert, die etwa auf neue Arzneimittel, mechanische Geräte oder Verbundwerkstoffe angewandt werden können. In den Vereinigten Staaten verleiht ein Patent dem Patentinhaber ein exklusives Nutzungsrecht für zwanzig Jahre. Über Jahrzehnte war das »U.S. Patent and Trademark Office« die wichtigste Institution der Welt, um Erfindungen zu schützen, und es ist sehr wahrscheinlich, dass dies noch eine Weile so bleibt. Doch während 2016 in den Vereinigten Staaten dreimal so viele Patente angemeldet wurden wie noch 1995, waren es in Indien im selben Zeitraum siebenmal so viele, in China sage und schreibe zweiundsiebzigmal so viele. Je mehr Einfluss China und Indien weltweit gewinnen, desto größer wird auch ihr Anteil an der Patentierung neuer Produkte und Erfindungen.

Ein Kampf der Mittelschichten?

Die »Hooker Furniture Corporation« bietet alles von Bettgestellen und Anrichten bis hin zu Sofas und Lehnsesseln. Im Jahr 1925 zog der vierjährige Clyde Hooker junior die Schnur der Dampfpfeife, um das Signal für den ersten Arbeitstag der Firma zu geben. Sie war ein Jahr zuvor in Martinsville, Virginia, gegründet worden, keine fünfzehn Kilometer von North Carolina entfernt, dem neuen Zentrum der amerikanischen Möbelherstellung. Nach Jahrzehnten des Wachstums begannen in den neunziger Jahren billige Importe aus Mexiko und anderen Ländern, die Hersteller aus der Region zu schwächen. »Unsere Kunden waren immer weniger gewillt, inländisch produzierte Möbel zu kaufen«, sagte Paul Toms, CEO von Hooker. Die Firma sah sich gezwungen, fünf Werke zu schließen und die Belegschaft auf zweihundert Mitarbeiter zu verkleinern, ein Rückgang um 90 Prozent. North Carolinas Möbelindustrie verlor insgesamt etwa 60 Prozent ihrer Arbeitsplätze. »Das waren gute, hart arbeitende Leute, die alles taten, was wir von ihnen verlangten, und sie hatten nichts Falsches getan. Doch wir hatten keine Wahl. Wir verkauften unsere Möbel zu einem Preis, der unterhalb der Herstellungskosten lag.« Gleichzeitig blüht die chinesische Möbelindustrie auf, und zwar nicht so sehr aufgrund von Exporten, sondern vor allem dank einer wachsenden Nachfrage innerhalb der schnell wachsenden Mittelschicht im Inland.

Die unterschiedlichen Schicksale der Mittelschichten in der hochentwickelten Welt und den Schwellenländern werden 2030 und darüber hinaus eine prägende wirtschaftliche und politische Realität sein. Die Jones' werden tatsächlich in vielerlei Hinsicht Mühe haben, mit den Singhs und den Wangs mitzuhalten. »Je nachdem, wen und wo man fragt, wächst die Mittelschicht entweder oder schrumpft, ist sie optimistisch oder verängstigt, wird sie reicher oder ärmer, engagiert sie sich politisch oder klinkt sich aus«, beschreibt der Kolumnist Clive Crook die Situation. Wetteifern die Mittelschichten auf der Welt miteinander um Arbeit und Wohlstand? Falls dem so ist und ein unfairer Wettbewerb entsteht, dann werden außergewöhnliche Maßnahmen – wie Protektionismus – unter der Wählerschaft an Attraktivität gewinnen.

Im Jahr 2015 meldete das Pew Research Center, dass die Gesamtanzahl aller armen und reichen Haushalte in den Vereinigten Staaten zum ersten Mal seit zwei Generationen jene der Mittelschichtshaushalte übertraf. Im Jahr 1971 gab es 80 Millionen Mittelschichtshaushalte (verglichen mit 52 Millionen Haushalten, die entweder zur Ober- oder Unterschicht gehörten). Im Jahr 2015 gehörten 120,8 Millionen Haushalte zur Mittelschicht, 121,3 Millionen zu den anderen beiden Gruppen. Aristoteles hätte sich im Grab umgedreht. Die Stagnation der amerikanischen Mittelschicht spiegelt sich auch in Homer Simpson wider, der sich in beinahe 200 Jobs versucht hat, seit vor drei Jahrzehnten die erste Folge ausgestrahlt wurde – ohne dass er in beruflicher Hinsicht irgendwelche Fortschritte gemacht hätte. Nach sechshundert Folgen hatte sich seine wirtschaftliche Lage keinen Deut gebessert.

Politiker und sogenannte Experten gaben der Immigration, einem unfairen Wettbewerb in Schwellenländern und dem Desinteresse der Eliten an den Schattenseiten der Globalisierung die Schuld an den stagnierenden, wenn nicht rückläufigen Lebensstandards der amerikanischen und europäischen Mittelschicht. Die Ergebnisse waren der Brexit und der Wahlsieg Donald Trumps. Die Weltwirtschaft und die geopolitische Ordnung, die nach dem Zweiten Weltkrieg entstanden war, werden von beiden Rändern des politischen Spektrums unter Beschuss genommen.

Dieser Kampf wird auch zwischen Unternehmen geführt. Jene aus den Schwellenländern werden täglich größer, während die Unternehmen in Europa und den Vereinigten Staaten sich gesundschrumpfen müssen – von einigen bemerkenswerten Ausnahmen, etwa bei Hightech-Produkten, einmal abgesehen. Doch selbst im Hightech-Sektor gewinnen chinesische und indische Unternehmen nicht nur aufgrund ihrer hohen Bevölkerungszahlen an Einfluss, sondern auch, weil mehr Menschen online sind und digitale Dienste in Anspruch nehmen. Die Wahrheit lautet, dass in China und Indien mehr Menschen Breitbandanschlüsse haben, Social-Media-Kanäle nutzen und mobil bezahlen als in den Vereinigten Staaten. Und der Abstand wird immer noch größer.

Wie wird es europäischen und amerikanischen Unternehmen ergehen, wenn sich der Schwerpunkt des weltweiten Mittelschichtskonsums in Richtung Asien verschiebt? Können sie ihren Marktanteil gegenüber den neuen Kontrahenten behaupten? Alibaba ist ein größeres Unternehmen als Amazon, Didi hat gerade erst Ubers chinesische Geschäfte übernommen, und Indien rühmt sich einer größeren Zahl an Technikern und Ingenieuren im IT-Sektor als die Vereinigten Staaten. Starke Unternehmen sind für die Mittelschicht deshalb so wichtig, weil sie gutbezahlte Stellen schaffen und einen beruflichen Aufstieg ermöglichen. Die postglobale Wirtschaft ist für alle hart umkämpftes Terrain. Doch dies wird besonders die alte Mittelschicht zu spüren bekommen, weil Firmen wie General Motors und Sears auf dem absteigenden Ast sind.

Denken wir an neue Unternehmen wie Spotify oder Airbnb. Diese beiden bewunderten Vorreiter der Hightech-Economy sind »Unicorns« – also Unternehmen in privater Hand, deren Wert auf über eine Milliarde US-Dollar geschätzt wird. Jahrelang waren sie die Lieblinge von »Unternehmensengeln« und Risikokapitalgebern. Und doch stammt die große Mehrheit ihrer Kunden und Einnahmen aus Europa und Nord- und Südamerika. Airbnb hat versucht zu expandieren. Spotify berichtet nicht darüber, wie viele Kunden das Unternehmen in China oder Indien hat. Bemerkenswerterweise werden diese beiden Länder firmenintern der Kategorie »Rest der Welt« zugeordnet. Etwas stimmt nicht, wenn ein Unternehmen wie Spotify es nicht schafft, zwei nationale Märkte einzeln zu betrachten, die kurz davor stehen, die größten der Welt zu werden.

Sogar Netflix – ein US-Unternehmen, das in über 190 Ländern agiert, höhere internationale als nationale Abonnentenzahlen und Erlöse hat und für 20 Prozent des weltweiten Datenverkehrs verantwortlich zeichnet – hat den Eintritt in den chinesischen Markt bislang verschoben. Es produziert zwar Inhalte auf Mandarin, jedoch für Chinesen, die in der Diaspora leben. In Indien trifft Netflix auf kleinere Hürden, wurde jedoch gezwungen, die Abonnementspreise zu senken, um sein langsames Wachstum anzukurbeln. »Obwohl das Unternehmen bereits mit globalen Giganten wie Walt Disney Co. und Amazon.com zu kämpfen hat«, berichtete die *Times of India* 2019, »nimmt es Netflix nun auch gegen Fernsehsender und führende Bollywood-Unternehmen auf, die von milliardenschweren Mobilfunkanbietern unterstützt werden und Nutzer mit Gratisangeboten oder Kampfpreisen von 40 Cent im Monat locken. Dieser erbitterte Wettbewerb könnte das Ziel von Firmenboss

Reed Hastings, hundert Millionen Kunden in Indien zu gewinnen, durchkreuzen.« Als dieser Artikel geschrieben wurde, hatte Netflix gerade einmal 4 Millionen Kunden auf einem Streaming-Markt, der doppelt so groß ist wie der amerikanische. Begehen US-Firmen gerade einen sehr dummen Fehler?

Anders gesagt hat ein Unternehmen, das in der alten Mittelschicht erfolgreich war, noch lange keine Garantie, dass es in der neuen Mittelschicht ähnlich einschlägt. Es gibt zahlreiche Horrorgeschichten von amerikanischen Firmen, die die Vorlieben und Gewohnheiten der Konsumenten aus Schwellenländern völlig missverstehen. Dabei sollte es doch klar sein, dass die neue Mittelschicht nicht unbedingt dieselben Produkte liebt wie die amerikanische Mittelschicht. So hat zum Beispiel eBay in China durchweg schlechter abgeschnitten als TaoBao, weil das Unternehmen nicht erkannte, dass chinesische Verbraucher am liebsten direkt mit den Anbietern verhandeln und wenig auf ein Bewertungssystem geben. Walmart versuchte es mit Skiern in Brasilien – einem Land ohne schneebedeckte Berge, von Skipisten ganz zu schweigen! – und in Südkorea, wo Verbraucher lieber kleinere Mengen kaufen, mit Großhandelsgebinden. Das Unternehmen ignorierte auch das unterschiedliche Prestigedenken der Verbraucher: Indische und chinesische Konsumenten verbinden mit großen Geschäften teure Produkte, amerikanische Verbraucher hingegen billige.

Und dann gibt es noch ein weiteres Phänomen mit gehöriger Sprengkraft, das mit der Zunahme des Mittelschichtskonsums in Schwellenländern wie China zusammenhängt: Die jüngere Verbrauchergeneration spart nicht mehr so viel wie noch ihre Eltern und Großeltern. »Für die Generation meiner Eltern galt: Man war zufrieden, wenn man einen guten, sicheren Job hatte – um dann Geld zu sparen, ein Haus zu kaufen und Kinder großzuziehen«, bemerkt Liu Biting, eine Millennial, die in Shanghai im Marketing arbeitet. »Für uns dagegen ist Geld etwas, das man ausgibt.«

Immer mehr chinesische Millennials nehmen Kurzzeitkredite von verschiedenen Kreditplattformen auf, um andere Kredite zu bedienen, die sie davor aufgenommen haben, um ihre Rechnungen bezahlen zu können. Yu Runting arbeitet ebenfalls in Shanghai im Marketingbereich, doch ihr Monatseinkommen von etwa 1300 US-Dollar reicht gerade so, um die Miete zu bezahlen und ihre Grundbedürfnisse zu befriedigen. Dennoch hat sie, wie die *Jing Daily* berichtete, eine »Celine-Umhängetasche (Ladenpreis 4400 US-Dollar), Chanels ›Gabrielle‹-Hobo-Tasche (4500 US-Dollar), Bulgaris ›Serpenti Forever‹-Umhängetasche (2100 US-Dollar) und ›Balance Eclipse‹-Goldohrringe von Tasaki gekauft – indem sie vier Kreditkarten ausreizte und mit einem Kredit aufstockte, den ihr das Alipays-Online-Leihsystem Huabei zur Verfügung gestellt hatte«. Yu behauptete: »Alle, die in meiner Firma arbeiten, ob Rezeptionisten oder Managerinnen, besitzen mindestens zwei Luxushandtaschen, und ich weiß, dass sich die meisten meiner Kolleginnen in meiner Gehaltsstufe Geld leihen.« May Yee Chen, die der Innovation Group der Werbeagentur J. Walter Thompson Intelligence im asiatisch-pazifischen Raum vorsteht, beobachtet, dass »viele der Luxuskonsumenten unter den Millennials und der Generation Z Einzelkinder sind, die weder den praktischen noch kulturellen Beschränkungen ihrer Elterngeneration unterliegen, denen man beigebracht hatte zu sparen, sparen, sparen.«

Ganz eindeutig beginnen junge chinesische Konsumenten sich zu verhalten wie Amerikaner – eine Entwicklung, die jenem praktischen Arrangement entgegenläuft, wonach Chinesen Geld sparen und Amerikaner es ausgeben. Im Jahr 2020 bewegte sich das Verhältnis von chinesischen Haushaltsschulden zum BIP um die 50 Prozent, verglichen mit 76 Prozent in den Vereinigten Staaten. Bis 2030 sollten beide Länder ähnliche Werte aufweisen. US-Amerikaner werden ihre Gürtel enger schnallen müssen, wenn Chinas jüngere Generation nicht länger für sie spart.

Kann der Planet mehrere Mittelschichten vertragen?

Satish und Arlene Palshikar aus Portland in Oregon trennen gewissenhaft ihren Müll. Im Jahr 2017 fuhren sie mit ihrem Toyota Prius Hybrid zu einer Verwertungsanlage, um ihren Müll abzuliefern. Dort teilte ihnen ein Mitarbeiter mit, dass China kein Plastik aus den USA mehr recyceln werde. Die chinesische Regierung hatte kurz zuvor die Welthandelsorganisation darüber informiert, dass sie gewisse Arten von festen Abfällen nicht länger annehmen werde, »um Chinas Umweltinteressen und die Gesundheit der Menschen zu schützen«. Das Problem der Müllverwertung ist zu einem der Hauptschlachtfelder im eskalierenden Handelskrieg zwischen der Trump-Administration und China geworden. In der Vergangenheit hatte China Fertigprodukte in die Vereinigten Staaten geliefert, und Amerika hatte im Gegenzug seine Abfall- und Reststoffe nach China transportiert. Das war ein für beide Seiten gewinnbringendes Arrangement. Amerikanische Mittelschichtskonsumenten produzieren weltweit die größten Mengen an Müll. Ein Drittel aller wiederverwertbaren Stoffe wird exportiert, und China erhält fast die Hälfte davon. Bisher hatte China jedes Jahr ungefähr 47 Millionen metrische Tonnen allein an ausgemustertem Plastik angenommen, die das Land anschließend wiederverwertete.

Doch heute müssen sich China, Indien und eine Reihe anderer Schwellenländer um ihre eigenen Mittelschichten kümmern – und auch mit dem eigenen Müll fertigwerden. Ohne Chinas Kapazitäten, die Feststoffabfälle der Welt aufzunehmen, ist es unklar, wo dieser Müll landen soll. »Da die Produktion und der Gebrauch von Plastik weiter zunehmen und Unternehmen wie Länder sich zur Kreislaufwirtschaft und zu höheren Plastik-Recycling-Raten verpflichtet haben, wird die Menge an Plastikmüll, die ein neues

›Zuhause‹ benötigt, in der näheren Zukunft weiter steigen«, schloss eine Studie der Universität Georgia. »Wohin wird der Plastikmüll jetzt geschickt? Ohne mutige neue Ideen und Managementstrategien werden die gegenwärtigen Recycling-Raten nicht länger erfüllt werden können, und ehrgeizige Ziele und Zeitpläne für künftig höhere Recyclingmengen werden unerreichbar bleiben.« Tatsächlich hat der erneut ausgerufene Krieg gegen Plastikmüll in Europa und den Vereinigten Staaten mehr mit Chinas Weigerung zu tun, unseren Müll weiter aufzunehmen als mit einem ausgeprägteren Umweltbewusstsein.

Das Wachstum der Mittelklasse weltweit bedeutet, dass die Zahl der Menschen, die unterhalb der Armutsgrenze leben, weiter sinken wird. Diese Entwicklung ist sehr willkommen, wirft jedoch auch jene mahnende Frage zu unserer Zukunft auf, die von der *New York Times* im Jahr 2001 auf den Punkt gebracht wurde: »Kann der Planet mehrere Amerikas ertragen?« Können Sie sich eine Welt vorstellen, in der zwei Milliarden Menschen aus den Schwellenländern so viel konsumieren wie der Durchschnittsamerikaner? Der Gesamtkonsum der weltweiten Mittelschicht wird zwischen 2020 und 2030 um etwa 55 Prozent steigen. Steigt zum Beispiel das Einkommen der Menschen, beginnen sie mehr Proteine zu essen und entwickeln schnell eine Vorliebe für Rind statt Schwein oder Huhn. Nun benötigt man im Schnitt 15 000 Liter Wasser, um ein Kilogramm Rindfleisch zu produzieren. Oder man denke an die Rohstoffe, die benötigt werden, um ein Auto oder eine Waschmaschine zu produzieren, und an das Benzin oder die Strommenge, die erforderlich ist, um diese Produkte zu betreiben. Wir werden uns kreative Lösungen einfallen lassen müssen, um Konflikte um den Zugang zu knappen Rohstoffen – unter anderem Wasser, Mineralien und Energie – zu vermeiden. Wir werden Arbeiter, Ingenieure und Unternehmer benötigen, die bessere Systeme entwerfen und herstellen, um die knappen Ressourcen, die uns zur Verfügung stehen, zu verwalten. Und womöglich werden wir unsere verschwenderischen Gewohnheiten ändern müssen, wie wir in Kapitel 7 sehen werden.

Millennials und ihr steiniger Weg in die Mittelschicht

»Ich arbeite im Moment in Zeitarbeit für eine Rückversicherungsgesellschaft als Schadensgutachter«, heißt es in einem Post auf Reddit. »Die Stelle war ursprünglich auf sechs Monate beschränkt. Man hat mir gesagt, man würde sich meine Unterlagen im Hinblick auf eine Festanstellung ansehen. Das ist jetzt zehn Monate her, und ich habe immer noch nichts Neues gehört. Ich hätte einfach gerne eine fest bezahlte Stelle und nicht diesen Schwachsinn mit Stundenlohn. Ich habe Marketing studiert, und jetzt stecke ich irgendwie in diesem Job im Finanzrisikomanagement fest. Was mache ich nur falsch?« Ein anderer User beschwerte sich nach einem abgeschlossenen vierjährigen Wirtschaftsstudium: »Ich habe das Gefühl, ich hätte auch gleich nach der Schule mit dem Arbeiten anfangen können. Ich würde heute mit jährlichen Lohnerhöhungen das gleiche Geld verdienen, nur dass ich dafür nicht über 40 000 Dollar hätte ausgeben müssen.« Und ein dritter User beteuerte: »Es wird nicht einfach alles gut, nur weil man einen Abschluss hat, egal was Mommy und Daddy einem erzählt haben. Wenn du keine relevanten Erfahrungen hast, solltest du dich besser gleich auf ein geringes Gehalt einstellen, und auch das nur, wenn du charmant genug bist, dass sie dich überhaupt nehmen.«

Geschichten wie diese folgen einem Muster: Die Mittelschicht in Europa und den Vereinigten Staaten schrumpft nicht nur, weil die Menschen gutbezahlte Jobs an globale Mitbewerber oder Automatisierungsprozesse verlieren, sondern auch, weil junge Menschen erst gar keinen Zugang zu sicheren Arbeitsplätzen finden. Es sind einfach weniger von ihnen zu vergeben. »Es ist für die jüngeren

Generationen schwieriger geworden, in die Mittelschicht aufzusteigen«, schloss eine Studie der OECD, die Daten mehrerer europäischer Länder sowie von Mexiko und den Vereinigten Staaten ausgewertet hatte. »Dies liegt daran, dass ältere Generationen oft besser vor Veränderungen auf dem Arbeitsmarkt und schlechter Bezahlung geschützt werden als jüngere. Seit den Babyboomern ist die Gruppe der mittleren Einkommen mit jeder nachfolgenden Generation kleiner geworden.« Während zum Beispiel nur 60 Prozent der Millennials in ihren Dreißigern zur Mittelschicht gehören, gehörten fast 70 Prozent der Babyboomer dazu, als sie sich in ähnlichen Lebensphasen befanden.

Wirklich alarmierend ist der Umstand, dass Kinder zu haben eine Erschwernis darstellt für junge Angehörige der unteren Schichten, wenn sie in die Mittelschicht aufsteigen wollen – was wiederum dazu führt, dass die Geburtenrate weiter sinkt. »Mittelschichtseltern wurden gezwungen, mehr Geld in ihre Kinder zu investieren, gleichzeitig gewährten ihnen Arbeitgeber und Staat weniger Garantien«, schreibt der Journalist Patrick A. Coleman im Online-Magazin *Fatherly*. »Der Anteil an Haushalten mit Kindern in der mittleren Einkommensklasse ist auch gesunken [in Europa und den Vereinigten Staaten] – von 72 auf 68 Prozent für Paare mit Kindern, und von 55 auf 44 Prozent bei alleinerziehenden Eltern.« Bis 2030 wird in Europa und den Vereinigten Staaten nicht nur die Mittelschicht kleiner werden, auch die Gesellschaft wird sich polarisieren: Ein größerer Anteil an Kindern wird entweder in reichen oder armen Familien aufwachsen, und weniger von ihnen werden in den Genuss der traditionellen Annehmlichkeiten der Mittelschicht kommen.

Ein anderer wichtiger Trend geht dahin, dass Menschen über sechzig in den Vereinigten Staaten und Europa heute einen größeren Anteil der Mittelschicht stellen als je zuvor in der Geschichte, weil viele von ihnen gutbezahlte Jobs haben, ihre Kinder bereits ausgezogen sind und es ihnen gelungen ist, etwas Geld gewinnbringend anzulegen. »Der Aufbau der mittleren Einkommensklasse hat sich grundlegend verändert«, schließt die OECD-Studie. »Sie ist in den letzten drei Jahrzehnten schneller älter geworden als die Gesamtbevölkerung. Die Chancen, ein mittleres Einkommen zu erzielen, sind seit der Generation der Babyboomer mit jeder nachfolgenden Generation gesunken.«

Ist es möglich zurückzukommen?

Buffalo im Bundesstaat New York gehörte einmal zu den reichsten Ballungsräumen des Landes, voller florierender Unternehmen, großer wie kleiner, und mit einer dynamischen Mittelschicht. Hier entstanden architektonische Wunder, die Genies wie Louis Sullivan und Frank Lloyd Wright entworfen hatten. Frederick Law Olmsted – nach dessen Entwurf der New Yorker Central Park entstand – nannte Buffalo »die am besten geplante Stadt Amerikas, wenn nicht der Welt«. Er beschrieb sie als »demokratische und egalitäre Stadt«. Der Stadtplan von 1804 zeigt ein kreisförmig angelegtes Straßensystem, über das wie in der Hauptstadt Washington ein Raster gelegt wurde. Mit seiner Lage am Eriesee bot Buffalo laut der Architekturkritikerin Ada Louise Huxtable »die großartigste Stadtansicht in Amerika«. Die Stadt kann sich des ersten Museums für Moderne Kunst in Amerika rühmen, der »Albright-Knox Art Gallery«, die 1862 eröffnet wurde. Auch war Buffalo die erste Stadt in den Vereinigten Staaten, die elektrische Straßenlaternen aufstellte. Doch seit den fünfziger Jahren des vergangenen Jahrhunderts wird die ruhmreiche Vergangenheit der Stadt durch den Niedergang des verarbeitenden Gewerbes und die hieraus resultierenden massiven Belastungen für die Mittelschicht getrübt. Getreidesilos, Fabriken, Verkehrswege und baufällige Bürogebäude stehen seit Jahrzehnten leer oder verwahrlosen.

Neben den in Kapitel 1 diskutierten Vorteilen, der Zuwanderung können Immigranten auch die städtische Erneuerung voranbringen. Ursprünglich von europäischen Einwanderern erbaut, wurden Teile Buffalos von neuen Migrationsbewegungen wiederbelebt – diesmal kamen die Neuankömmlinge unter anderem aus Äthiopien, Somalia, Laos, Myanmar und Serbien. David Stebbins zufolge, der sich in mehreren Studien mit der Wiederbelebung von Städten in der Region der Großen Seen beschäftigt hat, »bringen diese eine Arbeitsethik und einen Unternehmergeist mit, der dazu beiträgt, kippende Stadtviertel zu stabilisieren sowie neue Unternehmen zu gründen, die wiederum leere Ladenzeilen füllen«. Andere Untersuchungen bestätigen dies. »Eine Vielfalt an Migranten scheint vielschichtige Vorteile für die gesamte Arbeiterschaft zu bieten«, heißt es in einer Analyse des überparteilichen Think Tanks »New American Economy«, die auf den Ergebnissen einer bundesweiten Befragung von 33,5 Millionen Arbeitern beruht. »Wenn Immigranten mit vielfältigen Ideen und neuen Fertigkeiten ins Land kommen, können Arbeitgeber Stellen besetzen, die andernfalls leer geblieben wären. Sie können bessere Problemlösungen anstoßen und in neue Geschäftsfelder vordringen.« Der Analyse zufolge steigen sowohl die Löhne der besser als auch der schlechter Verdienenden im Schnitt um 6 Prozent, nachdem sich Immigranten in Ballungsräumen angesiedelt haben.

Buffalo hat andere Städte der Region, darunter Rochester und Syracuse, wirtschaftlich überholt. Schwarzmaler argumentieren, dass jede Stadt dieser Größe zurückgekommen wäre, hätte man ihr eine Finanzspritze von einer Milliarde Dollar an staatlichen Hilfen und Fördergeldern verpasst. »Cuomos ›Buffalo Billion‹: Bekommt New York etwas für sein Geld?« lautete die Schlagzeile der *New York Times* als Antwort auf Gouverneur Andrew Cuomos Erklärung von 2012: »Wir glauben an Buffalo. Lasst unseren Worten Taten folgen. Das ist ein großes ›B‹ – es steht für Buffalo und für Billions.« [»Billion« entspricht im Deutschen einer Milliarde; Anm. d. Übers.] Bis 2018 wurden fast 1,5 Milliarden US-Dollar investiert, davon ein großer Anteil in Projekte, die kritisiert wurden, weil sie nur wenige dauerhafte Arbeitsplätze schufen, wie etwa die 750 Millionen Dollar schwere, hochautomatisierte Solarfabrik von Tesla. Geld in verfallende Städte zu pumpen, kann helfen, wenn die Mittel sinnvoll ausgegeben werden, was nicht immer geschieht. Doch erreicht man im Allgemeinen und auf lange Sicht mehr, wenn man daraufsetzt, motivierte und hart arbeitende Menschen anzuziehen.

Es besteht kein Zweifel, dass die Wirtschaft im Jahr 2030 für jeden ein extrem umkämpftes Feld sein wird, vor allem für Menschen in Städten wie Buffalo. Doch es gibt Licht am Horizont. In einer Studie der »Brookings Institution« haben Alan Berube und Cecile Murray die Entwicklung von 185 urbanen Regionen mit einer bedeutenden Vergangenheit als Fabrikstandort nachgezeichnet. Diese Regionen stellten 2016 etwa 12 Prozent der US-amerikanischen Bevölkerung. Viele lagen im Mittleren Westen oder im Nordosten. Die Forscher fanden, dass sich zwar mehr als die Hälfte von der Krise erholen konnten, jedoch 70 Prozent nicht in der Lage waren, aus dem Aufkommen der neuen Technologie- und Dienstleistungssektoren zwischen 1970 und 2016 Kapital zu schlagen. Zu den Städten mit den besten Ergebnissen zählen Brooklyn, Queens und Buffalo im Bundesstaat New York, Philadelphia, St. Louis und mehrere Städte rund um Boston. Andere bleiben weiter hinter den Erwartungen zurück, wie etwa Albany (New York), Dayton (Ohio) sowie Detroit und Flint (Michigan). Dabei sind es nur wenige Faktoren, die den Unterschied ausmachen: die Nähe zu wichtigen Forschungsuniversitäten, lokalpolitische Unterstützung von Initiativen zur Verbesserung der Lebensqualität, die ein breites Spektrum an Fachkräften anziehen, und Offenheit für Immigration. Demnach unterscheidet sich das Schicksal der amerikanischen Mittelschicht je nach Stadt und Lage, wobei einige Ballungsgebiete

Wachstum verzeichnen, während andere auf der Stelle treten. Es stellt sich daher die Frage: Gibt es Möglichkeiten, den Wohlstand der Mittelschicht für eine Mehrheit der Bevölkerung wiederherzustellen?

Ford, Amazon und die Idee eines bedingungslosen Grundeinkommens

»Bis zum 4. Januar 1914 war der ehemalige Maschinist Henry Ford in erster Linie ein wohlhabender Unternehmer innerhalb der expandierenden Detroiter Automobilindustrie«, schrieb mein Kollege in Wharton, Daniel Raff. »Seine Autos waren sehr beliebt, doch verband man mit seinem Namen in erster Linie jenen anderen, unter dem sein erfolgreichstes Modell verkauft wurde: *Model T.*« Am 5. Januar 1918 herrschte in Detroit die ortsübliche Kälte. Henry Ford und sein Stellvertreter James Couzens würden an diesem Tag eine beispiellose Ankündigung machen: Die Ford Motor Company würde den Lohn ihrer Arbeiter auf 5 Dollar am Tag erhöhen. Heute wären dies 136 Dollar oder ein Stundenlohn von 14 Dollar an einem Neun-Stunden-Tag. Fast doppelt so viel wie der landesweite Mindestlohn von 7,25 Dollar die Stunde. »Fords Fünf-Dollar-Angebot eröffnet Goldrausch« titelte Detroits *Times-Star*. »Tausende von Männern suchen nach einer Anstellung in der Detroiter Fabrik. Es werden 10 000 000 Dollar an halbmonatlichen Bonuszahlungen verteilt. Kein Angestellter erhält weniger als 5 Dollar am Tag.«

»Ein Cartoon im *New York Globe and Commercial Advertiser*«, so Raff in seiner Arbeit über Ford, »gibt auf satirische Weise eine typische Reaktion auf diese Nachricht wieder. Man sieht eine Reihe wohlgenährter Männer, in Zylindern und Mänteln mit Pelzkragen, die Zigarren rauchend an einem Schalterfenster Schlange stehen. Ein weiterer Gentleman sitzt auf dem Rücksitz eines Autos mit Chauffeur. ›Hawkins‹, sagt er, ›würden Sie bitte an den Schalter treten und meinen Lohn abholen? Ich habe die Angelegenheit letzte Woche doch tatsächlich versäumt.‹«

Der Fünf-Dollar-Tag machte den Mann Henry Ford weltweit berühmt. »Das amerikanische System – motorisierter Wohlstand, der von oben herabträufelt«, schrieb John Dos Passos in seinem Roman *Die Hochfinanz* von 1933. »Aber diese fünf Dollar pro Tag, die der brave, anständige amerikanische Arbeiter verdiente, sofern er nicht trank, nicht rauchte, nicht las und auch nicht nachdachte, machten nebenbei Henry Ford, den Automobilisten, den Bewunderer Edisons, den Vogelliebhaber, zu dem großen Amerikaner seiner Zeit.«

Fords Ingenieure hatten den Fließbandprozess optimiert und standardisiert. Sie hatten es fertiggebracht, die Zeit, die es benötigte, ein Model T zu bauen, von zwölf Stunden auf lediglich dreiundneunzig Minuten zu verkürzen. Eine derartige Effizienz bedeutete, dass ein Arbeitstag extrem eintönig verlief. Dies führte dazu, dass die Fluktuation von Arbeitern auf 370 Prozent hochschoss. Die Firma musste also in einem Jahr auf jeder Position fast vier verschiedene Arbeiter anstellen, um alle Arbeitsplätze am Fließband zu besetzen. »Ford überlegte, dass ein höherer Gehaltscheck die Monotonie in der Fabrik erträglicher machen könnte«, schrieb *The Henry Ford Magazine*, das Henry Fords Beiträge zur Erneuerung Amerikas würdigt. In seiner Forschungsarbeit fand Raff »keinerlei Belege dafür, dass die Firma Schwierigkeiten gehabt hätte, die offenen Stellen zu besetzen«. Darüber hinaus war Fords Angebot mehr als nur eine einfache Lohnerhöhung. Es war vielmehr ein Gewinnbeteiligungsplan, demzufolge ein junger Arbeiter Bonuszahlungen erhalten konnte, wenn er bestimmte Vorgaben erfüllte und sogenannte Meilensteine erreichte. Die Firma schuf das berüchtigte »Sociological Department«, um, so das *Henry Ford Magazine*, die »Gewohnheiten seiner Angestellten auch außerhalb ihres Arbeitsplatzes« zu überwachen. Um Ansprüche auf den Fünf-Dollar-Tag zu erheben, mussten die »Arbeiter sich des Alkohols enthalten«, sie durften »ihre Familien nicht körperlich misshandeln, keine Untermieter aufnehmen«, mussten »ihre Wohnungen sauber halten und regelmäßig Geld auf ein Sparkonto einzahlen«. Ein paternalistischer Ansatz wie dieser war im Personalwesen der Zeit recht verbreitet. »Kontrolleure der Ford Motor Company besuchten die Arbeiter zu Hause, stellten sehr persönliche Fragen und inspizierten die allgemeinen Lebensbedingungen.« Die kulturelle und wirtschaftliche Entwicklung der jungen amerikanischen Mittelschicht schuldet vieles der Vision von Henry Ford. Er trug zur Herausbildung einer riesigen Verbraucherklasse bei, die darauf versessen war, Massenprodukte wie das seine zu erwerben.

Springen wir hundert Jahre weiter, zum 2. Oktober 2018 – dem Tag, an dem Amazon verkündete, all seinen US-Angestellten – ob in Vollzeit oder Teilzeit, Saison- oder Zeitarbeitskräfte – mindestens 15 Dollar die Stunde zu bezahlen, mehr als das Doppelte des landesweiten Mindestlohns. Das Unternehmen, das über das Jahr eine Viertelmillion Menschen beschäftigt (und zusätzlich 100 000 in der Vorweihnachtszeit), war öffentlich für seine Arbeitsbedingungen kritisiert worden. Mit der Lohnerhöhung »hörte das Unternehmen auf seine Kritiker«, so Konzernchef Jeff Bezos, »und entschied, dass wir vorangehen wollen«. Wie Henry Ford wählte der reichste Mann seiner Zeit wegen der Symbolkraft eine runde Zahl. Selbst Senator Bernie Sanders, der den »Stop Bezos Act« in den Kongress eingebracht hatte, lobte diese Entscheidung: »Heute möchte ich Anerkennung zollen, wem Anerkennung gebührt. Und ich möchte Herrn Bezos dafür beglückwünschen, genau das Richtige zu tun.«

Man beachte die Unterschiede und Ähnlichkeiten zwischen den Welten, in denen Ford und Bezos lebten, als sie ihre jeweiligen Entschlüsse fassten. Zwar lag die Arbeitslosenquote 1914 bei etwa 14 Prozent im Gegensatz zu 4 Prozent im Jahr 2018, doch war der Kontext insofern ein ähnlicher, als Arbeiter und Unternehmen sich mit dramatischen technologischen Veränderungen konfrontiert sahen. Weder Ford noch Bezos verloren das Wachstum ihrer Unternehmen aus den Augen, doch beide waren bereit, Zugeständnisse zu machen, um die Gefahr einer organisierten Arbeiterschaft abzuwenden. Und beide wollten die Fluktuation der Belegschaft verringern. Fords Schachzug machte in der gesamten Automobilindustrie Schule, und der Aufstieg der US-amerikanischen Mittelschicht hat sehr viel mit der Idee zu tun, dass Arbeiter gleichzeitig auch Konsumenten sind. Kurioserweise entspricht Fords Fünf-Dollar-Tag von 1914 – inflationsbereinigt und einen Acht-Stunden-Tag vorausgesetzt – 15,69 Dollar die Stunde im Jahr 2018. Ford zahlte also umgerechnet 69 Cent mehr in der Stunde als Amazon. Auf jeden Fall sind nur sehr wenige Firmen je bereit, die Löhne von sich aus zu erhöhen.

Während heute Teile der alten Mittelschicht unter Verarmung leiden, wächst auf beiden Seiten des Atlantiks der Zuspruch zu einem vom Staat gezahlten bedingungslosen Grundeinkommen. Die Idee hat in Europa und Kanada viele Anhänger. In den Vereinigten Staaten hingegen empfindet sie die Hälfte der Bevölkerung als geradezu ketzerisch, als eine Form von Sozialismus. Nathan Heller zufolge, einem Autor des *New Yorker*, hat ein Regierungsprogramm, das jede Familie mit einem minimalen Einkommen ausstattet, nicht nur unter Akademikern, sondern auch unter Gewerkschaftsführern an Boden gewonnen. Sogar Libertäre unterstützen sie. Denn anders als die derzeitige Vielfalt an staatlichen Förderprogrammen, bei denen Regierungsbeamte entscheiden müssen, wer die Leistungen erhält und wer nicht, würde die Allgemeingültigkeit eines solchen Programms Bürokratie vermeiden und Kosten sparen. Es ist auch eine »harte Budgetlinie« in dem Sinn, dass man die Kosten des gesamten Programms kennen würde, sobald man sich auf die Höhe der Ausgaben pro Person oder Familie festgelegt hat. Schon 1962 schlug der libertäre Ökonom Milton Friedman in seinem Buch *Ka-*

pitalismus und Freiheit eine »negative Einkommenssteuer« vor (also eine vom Staat finanzierte zusätzliche Bezahlung für Menschen unter einem bestimmten Einkommensniveau). Die Regierung unter Präsident Lyndon B. Johnson war von der Idee so begeistert, dass sie sich zu einem Pilotprogramm in New Jersey entschloss, dessen Ergebnisse allerdings mehr Fragen aufwarfen, als Antworten zu geben. Andere Experten sympathisieren mit dem bedingungslosen Grundeinkommen, weil es die negativen Folgen einer durch Technologie bedingten Arbeitslosigkeit – ein Trend, der sich bis 2030 noch verstärken wird – für die konsumorientierte Wirtschaft abfedern könnte. »Die Chancen, dass wir am Ende ein bedingungsloses Grundeinkommen oder etwas Ähnliches bekommen werden, sind aufgrund der Automatisierung ziemlich groß«, sagte Elon Musk 2016. »Ich weiß nicht, was man sonst tun sollte.«

Einer Gallup-Umfrage vom Februar 2018 zufolge halten sich die Befürworter und Gegner eines bedingungslosen Grundeinkommens in Amerika die Waage. Seine Kritiker befürchten, es könnte die Motivation, produktiv zu arbeiten, verringern sowie den Stolz und die Zufriedenheit untergraben, die Menschen aus ihrer Arbeit ziehen. »Ich denke, aus Arbeit entsteht eine gewisse Würde«, argumentiert der Wirtschaftswissenschaftler und Nobelpreisträger Joseph Stiglitz, der gerne progressive Standpunkte vertritt. Zudem wird bezweifelt, ob das Grundeinkommen der Wirtschaft wirklich helfen würde. Das »Roosevelt Institute«, ein linksgerichteter Think Tank, behauptet, dass ein durch Steuereinnahmen finanziertes bedingungsloses Grundeinkommen nicht zu einem Wirtschaftswachstum beitragen würde. Doch gibt es andere mögliche Vorteile. Ein Pilotprogramm in Ontario für Singles, die weniger als 26 000 Dollar, und Paare, die weniger als 36 000 Dollar verdienen, hat gezeigt, dass die Empfänger sich gestärkt fühlten, sie waren weniger ängstlich und sozial stärker eingebunden, was dazu führte, dass sie sich besser auf ihre Ausbildung und die Arbeitssuche konzentrieren konnten.

Vielleicht kann Alaska die ultimative Überprüfung der Vor- und Nachteile eines bedingungslosen Grundeinkommens leisten. Seit 1982 erhalten seine Einwohner eine jährliche Dividende vom »Alaska Permanent Fund«, die über die Einkommen des Staates für Erdöl finanziert wird. Im Jahr 2018 betrug die Auszahlung 1600 Dollar. Eine umfassende Studie des National Bureau for Economic Research fand keine Belege dafür, dass diese Dividende ein negativer Anreiz für die Arbeit gewesen sein könnte: »Ein bedingungsloser und dauerhafter Geldtransfer verringert die Gesamtzahl der Beschäftigten nicht signifikant.« Mouhcine Guettabi, Wirtschaftswissenschaftler an der University of Alaska in Anchorage, bestätigt diese Ergebnisse. Ferner schließt er aus weiteren Studien, dass die Einwohner Alaskas in den Monaten, in denen sie die Zahlungen erhalten, mehr für Konsumgüter und Dienstleistungen ausgeben. In den vier Wochen nach Verteilung der Gelder steigen zwar Vorfälle, die mit Drogenmissbrauch in Zusammenhang stehen, um 10 Prozent, doch gehen Eigentumsdelikte um 8 Prozent zurück. Zu den weiteren positiven Effekten gehörten eine Zunahme des durchschnittlichen Geburtsgewichts bei Babys von geringverdienenden Müttern und ein Rückgang von Adipositas bei unter Dreijährigen. Verblüffenderweise verringern die Zahlungen Armut, erhöhen aber gleichzeitig die Ungleichheit, höchstwahrscheinlich, weil wohlhabendere Haushalte ihre Dividende anlegen, während ärmere sie ausgeben. Unabhängig vom Kosten-Nutzen-Vergleich ruht der gesamte Plan auf der Annahme stabiler Einnahmen durch Erdöl, die jedoch von Preisschwankungen und dem Raubbau an existierenden Erdölfeldern gefährdet werden. Diese Unsicherheit sorgt für erbitterte politische Debatten darüber, wie man Steuereinnahmen auf verschiedene Regierungsprogramme verteilt.

Hilary Hoynes und Jesse Rothstein von der wirtschaftswissenschaftlichen Fakultät der University of California in Berkeley bescheinigen Plänen zu künftigen bedingungslosen Grundeinkommen trübe Aussichten. Nach der Analyse von Pilotprogrammen und Maßnahmenkatalogen in Kanada, Finnland, der Schweiz und den Vereinigten Staaten kommen sie zu folgendem Schluss: »Bereits existierende Programme zur Bekämpfung von Armut durch bedingungslose Grundeinkommen zu ersetzen, wäre solange ein Rückschritt, solange keine zusätzlichen substanziellen Mittel zu ihrer Finanzierung zur Verfügung gestellt werden.«

Unsicherheiten der Mittelschicht

Im Jahr 2030 werden Konsumenten aus der Mittelschicht in Schwellenländern jenen in den Vereinigten Staaten, Europa und Japan zahlenmäßig im Verhältnis fünf zu eins überlegen sein, was im Vergleich zum Jahr 2020 einer Verdoppelung gleichkommt. Statt die *Simpsons* werden wir womöglich die Abenteuer der Singhs, der Wangs oder der Mwangis verfolgen. Das Ganze wird sich nicht wie bei den Simpsons in einer Vorstadtsiedlung von Springfield, Oregon, abspielen, sondern in Mumbai, Shanghai oder Nairobi. Die weltweit führenden Marken werden nicht länger die Vorlieben amerikanischer Konsumenten widerspiegeln. Sie werden sich vielmehr nach den Bedürfnissen der aufstrebenden Mittelschicht aus den Schwellenländern orientieren.

Doch ist die Mittelschicht heute nicht der einzige Transformationstreiber. Wie wir im nächsten Kapitel sehen werden, ist der Aufstieg von Frauen als Verdienende und Besitzende der andere kräftige Motor des Wandels.

④

NIE WIEDER DAS ANDERE GESCHLECHT?

Die neuen Millionärinnen, Unternehmerinnen und Führerinnen

»Frauen mit Geld und Frauen an der Macht sind für viele in unserer Gesellschaft unangenehme Vorstellungen.«

Candace Bushnell, Autorin von *Sex and the City*

Ein theokratisches Regime kontrolliert Teile der USA, die unter einer umfassenden Umwelt- und Fertilitätskrise leiden, und setzt grausame Mittel ein, um diese zu überwinden und Aufständische zu bekämpfen. Die Schulen sind leer, weil die Kinder fehlen. Scrabble und andere unproduktive Spiele sind verboten. Eine »Compubank« hat alles in Umlauf befindliche Geld ersetzt. Frauen dürfen weder für Geld arbeiten noch etwas besitzen. Luxusgüter wie Kosmetika, Schmuck und Magazine betrachtet man als vulgär und meidet sie. Ältere Frauen verschwinden unter mysteriösen Umständen. Die herrschenden Patriarchen und ihre Frauen unterjochen die niedrigeren Frauenkasten. Einige von ihnen dienen als wandelnde Gebärmütter, um den großen Plan, das Land wieder zu bevölkern, zu erfüllen. Die Unglücklichen, die keine Kinder mehr bekommen können, müssen chemische Schadstoffe und radioaktiven Müll entsorgen. Männern wie Frauen, die sich die kleinsten erotischen Ausrutscher erlauben, drohen als Strafe Amputationen.

Dies ist die dystopische Rahmenhandlung von *Der Report der Magd*, einem Roman von Margaret Atwood aus dem Jahr 1985, der inzwischen sehr erfolgreich als Fernsehserie adaptiert wurde.

»Im Augenblick ist gleichzeitig die beste und die schlimmste Zeit für Frauen«, sagte Atwood 2018. »Einige Frauen kämpfen für die Rechte, die sie nie hatten, und andere kämpfen gegen die Gefahr, dass ihnen solche Rechte wieder genommen werden.«

Überall finden sich Anzeichen, dass wir in der besten aller Zeiten leben. Frauen machen in den Vereinigten Staaten die Mehrheit der Bachelor- und Masterabschlüsse, und mehr als 40 Prozent der verheirateten amerikanischen Mütter verdienen mehr als ihre Ehemänner. Frauen werden schneller wohlhabend als Männer – so viel schneller, dass bis 2030 mehr als die Hälfte des weltweiten Gesamtvermögens im Besitz von Frauen sein wird.

Doch es ist in der Tat auch die schlechteste aller Zeiten. Eine von der Gates Foundation finanzierte Studie zum Thema schloss: »Noch immer leben fast 40 Prozent aller Mädchen und Frauen weltweit – 1,5 Milliarden – in Ländern, in denen keine Geschlechtergerechtigkeit herrscht.« Der Vorsprung von Frauen, was die Lebenserwartung relativ zu Männern angeht, schrumpft in den Vereinigten Staaten und anderen hochentwickelten Ländern. Darüber hinaus hängen die Lebensstandards von Frauen von mehreren Faktoren ab: ob sie Kinder haben, ob sie als Single oder in einer stabilen Beziehung leben und ob sie verheiratet oder geschieden sind. So entstanden innerhalb der Gruppe der Frauen selbst Ungleichheiten.

Diese Trends deuten auf folgenschwere Veränderungen hin, nicht nur für die Gesellschaft, sondern auch für Kapitalmärkte – weil Frauen ihr Geld anders anlegen als Männer –, für Unternehmen – weil Frauen einem Arbeitsplatz neue Perspektiven verleihen – und für Innovationen – weil Frauen immer häufiger selbst Unternehmerinnen werden. Noch befinden sich Frauen nicht auf Augenhöhe mit Männern, doch aufgrund ihrer neuen Rollen in Wirtschaft und Gesellschaft findet gerade ein tiefgreifender Wandel statt.

Hollywood hat dies schon früh gespürt. In dem Film *Schlaflos in Seattle* von 1993 sagt ein Arbeitskollege zu Annie (gespielt von Meg Ryan), »es ist wahrscheinlicher, von einem Terroristen getötet zu werden, als mit über vierzig nochmal zu heiraten«. Entsetzt bricht es aus Annie hervor: »Das ist nicht wahr, diese Statistik ist nicht wahr.« Becky versucht, sie zu beruhigen: »Das stimmt«, sagt sie, »aber man hat das Gefühl.« Diese Filmszene verarbeitet ganz konkret die Ergebnisse einer Studie, die drei der weltweit renommiertesten Demographen Mitte der achtziger Jahre erstellt hatten. Neil Bennett, David Bloom und Patricia Craig untersuchten damals die Unterschiede in den Eheschließungsraten zwischen Weißen und Schwarzen. Bloom war Wirtschaftswissenschaftler in Harvard, wo er immer noch lehrt, Bennett war Soziologe in Yale und Craig seine Doktorandin. (Ich war etwas später, 1989, als Bennetts wissenschaftlicher Mitarbeiter an diesem Projekt beteiligt.)

Im Jahr 1986 suchte ein Reporter des *Advocate*, einer kleinen Zeitung aus Stamford, Connecticut, nach einer guten Geschichte, die er am Valentinstag veröffentlichen wollte. Er rief Bennett an, der unter anderem erwähnte, dass die geschätzte Wahrscheinlichkeit zu heiraten bei einer dreißigjährigen alleinstehenden Doktorandin 20 Prozent betrage, bei Vierzigjährigen jedoch irgendwo im unteren einstelligen Bereich liegen werde. Die Geschichte erschien auf der Titelseite des *Advocate* und wurde von einem Journalisten der Associated Press aufgegriffen, der seine Depesche über den landesweiten Kanal der Presseagentur mit der Schlagzeile »*Women who tarry may never marry*« versah – »Frauen, die heute noch zaudern, heiraten später oft gar nicht mehr«. Im darauffolgenden Juni widmete sich eine Ausgabe der *Newsweek* dem Thema »Die Hochzeitskrise: So hoch sind Ihre Chancen zu heiraten, wenn Sie eine alleinstehende Frau sind«. Die Grafik auf dem Cover zeigte eine mit dem

Alter der Frau immer steiler nach unten weisende Wahrscheinlichkeitskurve. Im Magazin fand sich ein Artikel mit der Überschrift »Zu spät für den Märchenprinzen?« Ein Satz daraus provozierte einen Aufschrei in der Öffentlichkeit: »Eher wird eine Vierzigjährige von einem Terroristen getötet: Ihre Chancen, doch noch den Bund fürs Leben zu schließen, liegen bei winzigen 2,6 Prozent.« Wie Candace Bushnell, die später als Autorin von *Sex and the City* berühmt wurde, im *New York Observer* bemerkte: »Dieses *Newsweek*-Cover erschreckte alleinstehende Frauen auf der ganzen Welt zu Tode.«

Die »Harvard-Yale-Studie«, wie die Forschungsarbeit international genannt wurde, hatte Journalisten zu einer der publikumswirksamsten Geschichten des Jahrzehnts angeregt. Die Berichterstattung – die oft die Schlussfolgerungen der Studie fehlinterpretierte – fand vor allem bei gebildeten Frauen Widerhall, die versuchten, ihre beruflichen Ziele mit ihrem Privatleben in Einklang zu bringen. Tatsächlich erfuhren wir, dass weniger als 10 Prozent aller amerikanischen Frauen in ihren Fünfzigern und Sechzigern nie verheiratet waren. Und heute leben in den Vereinigten Staaten mehr unverheiratete als verheiratete Paare, die ihre Kinder großziehen. Eine wachsende Zahl Paare sind gleichgeschlechtlich.

Die neue sozioökonomische Stellung der Frau hat weitreichende Folgen. Wie wir in Kapitel 1 über Bevölkerungsentwicklungen gesehen haben, sind diese transformatorischen Prozesse das Ergebnis mehrerer miteinander verflochtener Faktoren: Frauen kümmern sich zunehmend um ihre Ausbildung, arbeiten außer Haus und bekommen weniger Kinder.

Darüber hinaus ist es von Bedeutung, dass Frauen länger leben als Männer – zumindest bislang. Ich kann es keiner Frau, die dies liest, garantieren, doch im Schnitt werden sie vier bis sieben Jahre länger leben als Männer, abhängig von dem Ort, an dem sie wohnen. Ein langes Leben ist von Bedeutung, weil sich die Zeitspanne, in der gearbeitet werden kann, ebenso verlängert wie die Zeit, während der sich angelegte Ersparnisse zu einem größeren Vermögen addieren. Es ist außerdem wahrscheinlicher, dass Frauen von ihren Ehemännern oder männlichen Partnern erben werden als andersherum.

Ich habe also einige sehr gute Nachrichten für die Frauen dieser Welt. Vereinfacht gesagt: Sie werden reich, bevor die Welt, wie wir sie kannten, im Jahr 2030 endet. Genauer gesagt ist die Wahrscheinlichkeit, dass eine Frau heute genug Wohlstand anhäufen wird, um ein gutes Leben zu führen, viel größer, als dies für ihre Mutter oder Großmutter der Fall war.

Umgekehrt fürchte ich, dass ich ziemlich schlechte Nachrichten für Männer habe, mich selbst eingeschlossen. Es ist nicht nur so, dass Männer ärmer sein werden oder mitansehen müssen, dass ihr Wohlstand langsamer wächst. Im Schnitt – und es geht hier immer um den Durchschnitt – werden im Vergleich zu den Frauen desselben Alters mehr Männer tot sein. Und wenn sie sterben, wer wird wohl ihr Vermögen erben?

»Frauen versuchen ihr Glück, Männer riskieren ihres«

Wird sich die verbesserte wirtschaftliche Stellung von Frauen auf die Zukunft von Märkten um 2030 auswirken? Ja, wenn man daran glaubt, dass Frauen von der Venus stammen und Männer vom Mars – wenn man also glaubt, dass sie sich in ihrem Konsum-, Spar- und Investitionsverhalten von Männern unterscheiden.

Wer gibt mehr Geld für Luxusgüter aus, Männer oder Frauen? Wenn ich diese Frage im Unterricht stelle, sind die Antworten aus der Hörerschaft fast immer geteilt. Die einen sagen Frauen, die anderen Männer. Doch die richtige Antwort auf praktisch jede Frage, das Verhalten von Männern und Frauen betreffend, lautet: »Kommt drauf an!« Tatsächlich scheint dies sogar die beste Antwort auf fast alle Fragen unserer Tage zu sein.

Bei den Luxusgütern zum Beispiel zeigen die Statistiken der meisten Länder, dass Frauen ihr Geld bevorzugt für Mode, Schmuck und Accessoires ausgeben, während Männer eher zu teurem Spielzeug wie Sportwagen neigen. Zählt man Sportwagen zu den Luxusgütern, geben Männer mehr dafür aus als Frauen. Schließt man sie aus, geben Frauen mehr für Luxusgüter aus als Männer, insbesondere für Mode, Schmuck und Accessoires. Also besteht der größte Verhaltensunterschied zwischen Männern und Frauen darin, dass Letztere ihre Luxuseinkäufe auf eine größere Zahl an Gegenständen verteilen.

Frauen verhalten sich auch anders, wenn es um Ausgaben für teure, aber doch notwendige Dienstleistungen wie Erziehung, Gesundheitsvorsorge und Versicherungen geht. Sie sind eher bereit, in Bildung zu investieren, und zwar nicht nur für sich, sondern auch für ihre Kinder und Enkel. Sie geben mehr für ihre eigene Gesundheit aus und sind eher geneigt, ihren Eltern, Kindern und Enkeln die Vorsorge zukommen zu lassen, die sie benötigen. Sie bevorzugen eine niedrigere Selbstbeteiligung bei Sach- und Unfallversicherungen sowie Arbeitsunfähigkeits- und Lebensversicherungen mit höherer Auszahlung. Insgesamt weisen Untersuchungen darauf hin, dass Frauen dem Aspekt der Sicherheit größeres Gewicht geben.

Führt also der schnelle Anstieg der Vermögen von Frauen zu einer großen Transformation der Wirtschaft? Unbedingt! Man bedenke, dass etwa 30 Prozent der amerikanischen Wirtschaft auf die Ausgaben für Erziehung, Gesundheit und Versicherungen entfallen. Wenn nun also Frauen im kommenden Jahrzehnt größere Vermögen anhäufen, werden genau diese Wirtschaftsbereiche von höheren Ausgaben profitieren.

Auch was das Sparen betrifft, kann man nur schwer behaupten, Frauen sparten im Allgemeinen mehr als Männer oder umgekehrt. Bei den Singles ohne Heiratspläne legen Frauen eher mehr zur Seite als Männer. Untersuchungen zeigen, dass die Gründe hierfür erneut im Wunsch von Frauen nach Sicherheit und Unabhängigkeit zu finden sind. Sie wissen auch, dass sie (im Schnitt) länger leben als Männer und deshalb mehr Geld für die Zukunft beiseitelegen müssen. Doch von dem Augenblick an, da Männer entscheiden zu heiraten, fangen sie an, mehr zu sparen, vor allem aufgrund einer kulturellen Erwartungshaltung und weil sie es mit der Angst zu tun bekommen: dass sie nicht genug gespart haben und kurz davorstehen, große Verantwortung für eine Familie zu übernehmen. Bevor sie Kinder bekommen, neigen verheiratete Frauen dazu, weniger Geld auszugeben als Männer mit vergleichbarem Hintergrund, doch sobald sie ihr erstes Baby bekommen haben, schlägt das Pendel in die andere Richtung aus. Mütter sparen im Durchschnitt weniger als Väter, weil sie mehr Zeit mit den Kindern verbringen und deshalb mehr mit unvorhergesehenen Extraausgaben konfrontiert werden, sei es ein Snack hier, eine neue Hose dort, ein neues Schulbuch oder eine anstehende Klassenfahrt. Diese Beispiele zeigen, dass das Sparverhalten einer Person von ihrer Lebensphase und anderen Umständen abhängt.

Wird die schnellere Zunahme weiblicher Vermögen die Spielregeln von Konsum und Sparen verändern? Dies hat wichtige laterale Folgen für die Zukunft. Wie die feministische Schriftstellerin Gloria Steinem einst sagte: »Wir wissen, was wir wert sind, wenn wir uns die Quittungen in unserem Scheckbuch anschauen.« (Übersetzung für Millennials: Schaut euch die Transaktions-History eures Venmo-Accounts an.)

Im Fall von Investitionen stammen Frauen und Männer ganz bestimmt von unterschiedlichen Planeten. Die meisten Menschen glauben, Frauen seien konservativer oder scheuten das Risiko, wenn es um die Auswahl ihrer Geldanlagen geht. Forschungsergebnisse bestätigen dies. Oder wie es Lord Henry in Oscar Wildes *Das Bildnis des Dorian Gray* ausdrückte: »Frauen versuchen ihr Glück, Männer riskieren ihres.« Einstellungen zum Risiko formen die meisten Entscheidungen in unserem Leben, einschließlich Konsum und Sparen. Und sie bedingen auch, welche Art von Investitionen wir als geeignet erachten, um unsere finanziellen Ziele zu erreichen. Es ist kaum übertrieben zu behaupten, dass die Krise von 2008 hätte vermieden werden können, hätten wir statt der Lehman Brothers die Lehman *Sisters* gehabt.

Eine nicht veröffentlichte Studie verglich Männer und Frauen, die für eine New Yorker Investitionsbank Handel trieben. Sie hatten eine ähnliche Ausbildung durchlaufen und entsprechende Erfahrungen gesammelt. Die Wissenschaftler fanden heraus, dass Männer öfter handelten und höhere Risiken eingingen als Frauen, dass aber Frauen auf lange Sicht etwas höhere Erträge herausholten.

Die Ära, in der ein Großteil der Vermögen von Männern erwirtschaftet, besessen und verwaltet wurde, ist so gut wie vorüber. Und Finanzmärkte stehen vor riesigen Veränderungen. Warum wohl bevorzugen heute mehr Menschen Aktienfonds, die an einen Aktienindex gebunden sind, statt gemanagter Investmentfonds mit einer höheren Gewinnvariabilität? Man ahnt vielleicht die Antwort: Weil heute der Anteil an Frauen unter diesen Menschen größer ist. Unterm Strich bedeutet dies, dass sich für Unternehmen durch ein besseres Verständnis von Frauen als Konsumentinnen, Sparerinnen und Investorinnen wichtige neue Marktchancen eröffnen. Tatsächlich wird kein Unternehmen erfolgreich sein können, dem es nicht gelingt, die Vorlieben und Entscheidungen von Frauen zu verstehen, die aufsteigen und den größten Anteil des Weltvermögens in ihren Besitz bringen werden.

Nicht alle Frauen (oder Männer) sind gleich

Sadie Marie Groff aus Missoula in Montana bekam das erste ihrer drei Kinder, als sie zwanzig Jahre alt war. Sie hat keinen Universitätsabschluss und ist auch nie um die Welt gereist. Sie passt tagsüber auf ihre Kinder auf, am Abend arbeitet sie als Pflegehelferin. Sie träumt davon, eine Ausbildung zur Radiologieassistentin zu machen. Ellen Scanlon dagegen lebt in San Francisco. Ihr erstes und einziges Kind bekam sie kurz nach ihrem vierzigsten Geburtstag, dank künstlicher Befruchtung. Nach dem College besuchte sie eine Business School, arbeitete im Finanzsektor und gründete eine Firma für Strategieberatung. Sie lernte ihren Mann zehn Jahre vor der Geburt ihres Kindes kennen. »Wir haben einfach das Leben genossen«, sagt sie, wenn man sie auf ihre späte Mutterschaft anspricht.

Sadie und Ellen sind beide amerikanische Frauen, die im einundzwanzigsten Jahrhundert leben, doch sie leben in zwei völlig unterschiedlichen Welten, die sich durch Wohnort und Bildung definieren. Wenn es darum geht, Trends aufzuspüren, die zu epochalen Transformationen führen, nimmt man fälschlicherweise gerne an, dass jede Person innerhalb einer gegebenen sozialen Gruppe davon auf ähnliche Weise betroffen ist. Während es gewiss der Wahrheit entspricht, dass die Erfahrungen von Frauen sich verändern, ist es ebenso richtig zu sagen, dass wir eine klare Zweiteilung erleben zwischen jenen Frauen (und Männern), die sich von den Rollenmustern ihrer Eltern befreit haben, und jenen, für die diese traditionellen Muster weiterhin Gültigkeit haben. Dieses Auseinanderdriften erklärt, warum die wirtschaftliche Zukunft und das politische Verhalten von Frauen und Männern in verschiedenen Weltregionen derart auseinanderklafft. Vereinfacht gesagt, scheinen im Laufe der Zeit die Möglichkeiten, die unterschiedlichen Personengruppen offenstehen, und damit auch ihre politischen Einstellungen immer weiter voneinander abzuweichen.

Zwar werden Frauen im Allgemeinen ihr Vermögen steigern und bis 2030 im Schnitt wohlhabender als Männer sein, doch existieren unter ihnen zwei besonders vulnerable Gruppen: alleinerziehende Mütter und geschiedene Frauen. In vielen Fällen überschneiden sie sich. »Als ich verheiratet war, lief es auf jeden Fall besser«, sagte eine zweiundvierzigjährige geschiedene Mutter von drei Grundschulkindern in einem Interview für den privaten Finanz-Blog *The Billford*. »Wir waren ziemlich stabile Mittelschicht. Wir hatten unsere finanziellen Probleme, aber es ging uns eigentlich ganz gut. Ich hatte damals ein Sparbuch und eine kleine Altersvorsorge, doch während der Scheidung musste ich mir dieses Geld auszahlen lassen und davon leben.« Sie arbeitet in der Verwaltung einer kleinen Non-Profit-Organisation in einem Vorort von Washington und verdient 40 000 Dollar im Jahr. Ihr Ex-Mann, mit dem sie sich das Sorgerecht für die Kinder teilt, leistet einen Beitrag von 1500 Dollar zu den monatlichen Ausgaben. Zu allem Überfluss hatte sie den Studienkredit ihres Mannes übernommen, da ihr Kredit über das Bildungsministerium günstigere Bedingungen aufwies. Jetzt gibt sie 1480 Dollar im Monat für die Miete aus, 1386 Dollar für die Kinderbetreuung und 400 Dollar für Lebensmittel. Sie kann den Studienkredit nicht abbezahlen. »Ich habe ausgerechnet, wie viel ich zahlen muss, damit man mir nicht Strom und Gas abstellt.«

Die Medien sind voll mit Geschichten über Scheidungsvereinbarungen, bei denen Frauen Milliarden erhalten, wie dies bei den Trennungen von Jeff Bezos und MacKenzie Scott, Alec Wildenstein und Jocelyn Wildenstein, Rupert Murdoch und Anna Torv, Bernie Ecclestone und Slavica Radić oder Steve Wynn und Elaine Wynn der Fall war. Doch entgegen der öffentlichen Meinung kommen Frauen bei einer Scheidung finanziell oft viel schlechter weg. Tatsächlich kam eine Studie zu dem Ergebnis, dass es für Frauen in finanzieller Hinsicht fast immer besser ist, verheiratet zu bleiben, als sich scheiden zu lassen. Selbst die Rückkehr in den Arbeitsmarkt brachte Frauen nicht wieder in die wirtschaftliche Lage, die sie während ihrer Ehe eingenommen hatten, und sie verschlechterte sich noch weiter, wenn sie wieder heirateten. Im Allgemeinen trägt eine hohe Scheidungsrate unter Paaren mit Kindern stark zur zuvor beschriebenen Stagnation der Mittelschicht in Europa und den Vereinigten Staaten bei.

Die Chancen, im Leben voranzukommen, sind auch für jugendliche alleinerziehende Mütter eingeschränkt. In den Vereinigten Staaten wird jedes Jahr fast eine Viertelmillion Babys von Müttern geboren, die zwischen fünfzehn und neunzehn Jahre alt sind. Der Anteil jugendlicher Mütter in Amerikas ist unter Schwarzen, Latinos und Indigenen mehr als doppelt so hoch wie unter Weißen und viermal höher als unter asiatischen Amerikanern. Zwar sinkt der Anteil von Teenagerschwangerschaften jährlich um 6 bis 7 Prozent, doch sind es meistens Frauen mit niedrigem Einkommen und geringerem Bildungsniveau, die als Teenager Mütter werden. Die Mutterschaft Minderjähriger ist mit hohen Kosten sowohl für die Jugendlichen als auch ihre Eltern verbunden und führt oft dazu, dass junge Mütter ohne Abschluss die Schule verlassen und verarmen.

Mit Blick auf 2030 wird vielleicht nichts so sehr zu einer Verbesserung des wirtschaftlichen Wohlergehens von Frauen beitragen wie die Vermeidung von Schulabbrüchen – insbesondere, wenn zu den Gründen hierfür eine Schwangerschaft zählt. »In der zehnten Klasse wurde für mich alles anders«, schreibt Jamie Rush über ihre Schwangerschaft mit fünfzehn. »Meine Beziehung mit dem Vater endete mehr oder weniger in dem Augenblick, als ich ihm erzählte, dass ich das Baby bekommen will.« Ihre Eltern unterstützten sie und ihr Baby, doch leider ist Jamies Fall nicht repräsentativ, denn mehr als 60 Prozent der jungen unverheirateten Mütter in Amerika leben in Armut. Umgekehrt erhöht Armut das Risiko, als Jugendliche schwanger zu werden.

Lauren lebt im Südosten von Massachusetts. Als sie zwölf Jahre alt war, starb ihre Mutter an Krebs. Ihr Vater ließ sich fast nie blicken. Lauren wurde kurz vor ihrem Highschool-Abschluss schwanger. Heute ist sie obdachlos.

Creionnas Mutter starb, als sie zwei Jahre alt war. Ihr Vater zog sie auf, bis sie sieben war, dann musste er wegen Drogenvergehen ins Gefängnis. Mehrere Verwandte übernahmen die Erziehung. In ihre wechselnden Wohnungen kamen regelmäßig Drogensüchtige. Creionna wurde mit sechzehn schwanger. Sowohl ihr Freund als auch ihr Vater wollten, dass sie abtreibt, doch sie entschied sich dagegen. Nachdem das Baby geboren worden war, zog sie mit dem Kind in ein Obdachlosenheim. »Trotz allem war sie vielen ihrer Altersgenossinnen gegenüber im Vorteil«, heißt es in einem Artikel über sie im Magazin *The Atlantic*. »Sie hatte die elfte Klasse beendet. Sie hatte sich nicht in die Prostitution geflüchtet. Sie war nicht vorbestraft. Sie hatte keine psychische Erkrankung und nahm keine Drogen.« Sie hielt durch, machte ihren Schulabschluss, ging aufs College und fand einen Arbeitsplatz in einer Gesundheitsklinik. Sie zog mit ihrem Kleinkind in eine bescheidene Wohnung.

Zwar nehmen die Chancen, die sich Frauen bieten, zu, doch immer noch sind jedes Jahr Millionen von Frauen in den Industrieländern von Diskriminierung am Arbeitsplatz, Scheidung und frühen Schwangerschaften betroffen. Während wenige von ihnen es wie Creionna schaffen, ihre Probleme zu lösen, sind andere von dauernder Armut und Obdachlosigkeit bedroht. Der US-Bundesregierung zufolge leben etwa 45 Millionen Amerikaner unterhalb der Armutsgrenze. 16 Prozent der Frauen sind arm, verglichen mit 14 Prozent der Männer. Unter den Frauen, die ihre Kinder allein erziehen, schnellt die Armutsrate auf 27 Prozent hoch.

Und dann gibt es noch das immer häufiger auftretende Phänomen der kinderlosen Frauen (und Männer). Mitte der siebziger Jahre hatten etwa 10 Prozent der amerikanischen Frauen zwischen fünfunddreißig und neununddreißig noch keine Kinder. Im Jahr 2016 hatte sich diese Quote beinahe verdoppelt. Von den Menschen in den Vierzigern sind 16 Prozent der Frauen kinderlos, verglichen mit 24 Prozent der Männer. Der Unterschied hat vor allem damit zu tun, dass einige Mütter Singles bleiben. Mit sinkenden Geburtenraten werden Frauen und Männer ohne Kinder in allen Teilen der

Welt zahlreicher. Bis 2030 werden ein Drittel aller amerikanischen Männer und fast genauso viele Frauen kinderlos in Rente gehen.

Die meisten amerikanischen Frauen, die sich dazu entschlossen haben, keine Kinder zu bekommen, sind mit ihrer Entscheidung im Reinen. »Ich bin Rentnerin, sechsundsechzig und hatte nie Kinder. Ich bin aufgrund der ›G. I. Bill‹ [ein Bundesgesetz zur Wiedereingliederung der US-Soldaten] auf die Uni gegangen und habe immer in Büros gearbeitet. Frauen wie mich empfand man als Kuriosität, als ich in den Dreißigern und Vierzigern war«, bemerkt eine von ihnen. Andere gehen durch Höhen und Tiefen: »Im Verlauf meiner zweiundsechzig Lebensjahre war ich erst untröstlich, dann erleichtert und irgendwann stolz, dass ich nie Kinder hatte!« – »Zu unterstellen, dass Frauen, die keine Kinder haben, zur Einsamkeit verdammt sind, ist dumm. Es gibt doch mehr als genug Rentner, deren erwachsene Kinder nichts mit ihnen zu tun haben wollen oder die nur dann mit ihnen reden, wenn sie Geld von ihnen wollen«, meint eine andere. »Es ist möglich, ein glückliches, erfülltes Leben zu führen, ohne Kinder zu haben. Oder einen Ehemann«, schloss eine weitere.

Paul Dolan, Professor an der Londoner School of Economics, der Daten zum Thema »Glück« ausgewertet hat, geht sogar noch einen Schritt weiter: »Wir haben jede Menge hervorragende Paneldaten aus Langzeitstudien, aber wenn ich unsere Ergebnisse einmal runterbrechen soll, würde ich sagen: Wenn Sie ein Mann sind, heiraten Sie! Wenn Sie eine Frau sind, lassen Sie es sein!« Der Unterschied liege darin, dass Ehe und Kinder die Lebenserwartung von Frauen und Männern unterschiedlich veränderten: »Der Mann riskiert weniger, verdient mehr Geld und lebt etwas länger. Die Frau hingegen muss sich mit diesen Fakten abfinden und stirbt früher, als wenn sie nicht geheiratet hätte«, so Dolan. »Die gesündeste und glücklichste Bevölkerungsuntergruppe besteht aus Frauen, die nie geheiratet oder Kinder bekommen haben.«

Interessanterweise ist das »Glücksgefälle« zwischen kinderlosen Erwachsenen und Eltern in den Vereinigten Staaten größer als irgendwo sonst in den Industrienationen. Forschungsarbeiten unter der Leitung der Soziologin Jennifer Glass unterstreichen: »Mit Kindern sind Erwachsene stärker einer Vielzahl von Stressfaktoren ausgesetzt.« In anderen Ländern als den USA sind Eltern allerdings durchaus glücklicher als kinderlose Erwachsene, womöglich aufgrund längerer Elternzeiten und umfangreicher Betreuungsangebote für Kinder, so etwa in Frankreich, Finnland, Schweden, Norwegen, Spanien, Portugal, Ungarn und Russland. Die staatliche Unterstützung für Familien mit Kindern macht den entscheidenden Unterschied aus. Und während Familienförderprogramme das Glücksniveau von Vätern, nicht aber kinderlosen Männern heben, erhöhen sie das Glück aller Frauen, ob sie Kinder haben oder nicht. Politiker, die neue Familienprogramme vorschlagen, können davon ausgehen, dass sie sich damit bei Frauen beliebter machen als bei Männern.

Bis 2030 werden die Trends zu besserer Bildung und niedrigeren Geburtenraten dazu führen, dass sich die Unterschiede zwischen den vier Kategorien von Frauen verfestigen: zwischen kinderlosen Frauen, alleinerziehenden Müttern, verheirateten Frauen und geschiedenen Frauen. In jeder dieser Gruppen werden einige finanziell abgesichert sein, während andere kämpfen müssen.

»Mein Mann hat mich großgezogen«

Ähnliche Unterschiede bei den Erfahrungen von Frauen gibt es auch in Entwicklungsländern, wobei dort der Trend dahin geht, dass es sehr vielen Frauen mit der Zeit aufgrund einer größer werdenden Mittelschicht besser gehen wird. Armut wird auch in Zukunft mehr als der Hälfte der Frauen in den städtischen wie ländlichen Regionen in ganz Subsahara-Afrika, Teilen Lateinamerikas, Südasiens, Südostasiens und des Mittleren Ostens zusetzen. Zu den schlechten wirtschaftlichen Voraussetzungen hinzu kommen Praktiken wie die Verstümmelung weiblicher Genitalien – ein Verstoß gegen die Menschenrechte, von dem weltweit mindestens 200 Millionen der heute lebenden Frauen betroffen sind. Auch arrangierte Ehen mit minderjährigen Mädchen bleiben ein großes Problem. Der Interessenverband »Girls Not Brides« schätzt, dass eins von fünf Mädchen vor seinem achtzehnten Geburtstag heiratet und mehr als 650 Millionen Frauen als Minderjährige verheiratet wurden – eine Praxis, die in Afrika, Südasien und Lateinamerika am weitesten verbreitet ist. Eine Frau aus dem Südsudan mit Namen Helen wurde mit fünfzehn gezwungen, einen fünfzigjährigen Mann zu heiraten, was bedeutete, dass sie gegen ihren Willen die Schule verlassen musste. Fünfzehnjährige Mädchen sterben fünfmal so häufig bei der Entbindung wie Frauen zwischen zwanzig und dreißig. »Ich wurde meinem Mann geschenkt, als ich ein kleines Mädchen war, und ich erinnere mich nicht einmal daran, wann das war, weil ich so klein war«, sagt Kanas aus Äthiopien. »Mein Mann hat mich großgezogen.« Selbst in einem Land wie der Schweiz schätzt die Regierung, dass etwa 1400 minderjährige Frauen jedes Jahr zur Ehe gezwungen werden.

Trotz anhaltender Schwierigkeiten stehen vielen Frauen aus Entwicklungsregionen heute Möglichkeiten offen, an die vor einer Generation noch nicht zu denken war. In Tansania können sich Frauen, die ein Geschäft eröffnen wollen, denen aber das Geld für die nötigen Gerätschaften fehlt – Kühlschränke, Gefriertruhen, Nähmaschinen, Backöfen, Kiesanlagen, Traktoren, Lastwagen –, dieses über eine von Victoria Kisyombe gegründete Firma leihen. Die Tierärztin Kisyombe, die im Vereinigten Königreich zur Schule ging, beschloss nach dem Tod ihres Mannes Unternehmerin zu werden und startete »Sero Lease and Finance Limited«, kurz »Selfina«, heute Tansanias größte Leasing-Gesellschaft mit über 22 000 Leasingverträgen.

Selbst hochgebildete Frauen wie Kisyombe müssen sich gegen

viele Hindernisse wie die noch immer übliche Diskriminierung von Frauen zur Wehr setzen. Ein Bericht der Weltbank, der Daten aus 128 Entwicklungs- und Industrieländern auswertet, fand ein beträchtliches Maß an Diskriminierung von Frauen in Regionen, die eine weibliche Unternehmerschaft verhindern wollen. So hatten etwa noch im Jahr 2009 Frauen in fünfundvierzig Ländern nicht dieselbe Rechtsfähigkeit wie Männer, um wirtschaftliche Transaktionen durchzuführen oder sich an ihnen zu beteiligen. In neunundvierzig Ländern werden Frauen daran gehindert, in bestimmten Branchen zu arbeiten, und in zweiunddreißig haben sie nicht die gleichen Erbrechte. Bei gleichen Rechten für alle, so der Bericht, entsteht ein größerer Prozentsatz an Unternehmen, die im Besitz von Frauen sind oder von ihnen geleitet werden.

Allgemein lässt sich sagen, dass Unternehmerinnen lange von den politischen Entscheidungsträgern vernachlässigt wurden – zumindest bis 1970, als die dänische Wirtschaftswissenschaftlerin Ester Boserup, die für die Vereinten Nationen arbeitete, ein einflussreiches Buch veröffentlichte: *Woman's Role in Economic Development*, das detailreiche Analysen sowohl darüber zur Verfügung stellte, wie Frauen zur wirtschaftlichen Entwicklung beitragen, als auch darüber, wie sie von dieser Entwicklung beeinflusst werden. Boserup vertrat die Ansicht, dass Frauen hierbei aufgrund ihrer Tätigkeiten im und außerhalb des eigenen Haushalts eine entscheidende Rolle spielen. Ihre Arbeit regte die Initiative der sogenannten »UN-Dekade der Frau« an (sie galt von 1975 bis 1985) und schuf die Grundlage für zahlreiche neue Programme, die die Rolle von Frauen in der Wirtschaft als eine Möglichkeit sahen, die wirtschaftliche Entwicklung zu beschleunigen. Der neue Ansatz zielte nicht nur darauf ab, die Geschlechtergerechtigkeit als solche voranzubringen, sondern wollte auch Wege erforschen, wie die wirtschaftliche Aktivität von Frauen zu Wachstum und Entwicklung führen könnte.

Endlich verstanden politische Entscheidungsträger, dass Länder ohne Unternehmerinnen die Hälfte ihres Talent-Pools ungenutzt ließen oder zu wenig ausschöpften. Wie Helen Clark, Leiterin des Entwicklungsprogramms der Vereinten Nationen (UNDP), es 2009 ausdrückte: »Indem wir das großartige Potential von Unternehmerinnen freisetzen und die Hindernisse ausräumen, mit denen sie zu kämpfen haben – etwa Zugang zu Krediten und Finanzierung, oder das Problem, dass sie nicht erben können, keinen Grund besitzen und nicht von Regierungsgeldern profitieren –, können wir die Ungleichheit eindämmen und wirtschaftliches Wachstum anregen.« Ähnlich argumentiert Sibongile Sambo, Gründerin der Fluglinie SRS Aviation: »Historisch erhielten Frauen, und insbesondere schwarze Frauen, in Südafrika keine Gelegenheit, ihre eigenen Firmen zu gründen und zu führen und einen gleichwertigen Beitrag zu unserer Wirtschaft zu leisten. Bei SRS Aviation nutzen wir die neuen politischen Freiheiten, um uns auch wirtschaftliche Freiheit zu erkämpfen. Das ist eine Gelegenheit, wie sie meine Mutter und Tante nie hatten. Doch ich habe sie, und ich will sie beim Schopf packen.«

Für Frauen kann eine unternehmerische Initiative befreiend sein und zu wirtschaftlichem Wohlstand führen. Sie kann aber auch aufgrund von Barrieren, die oft einzig für Frauen existieren, frustrierende Erfahrungen zur Folge haben. Wie Azza Fahmy, die ägyptische Gründerin eines berühmten Schmuckunternehmens mit 165 Angestellten, sagte: »Die Erfahrungen, die ich als junge Frau gemacht habe, waren etwas ganz Neues für eine normale junge Ägypterin in einem traditionellen Umfeld, doch ich war fest entschlossen, meinen Weg zu gehen.« Oder nehmen wir das Beispiel von Wu Huanshu, deren Unternehmen Bekleidungszubehör herstellt und die als Chinas erste Firmengründerin gilt: »Ich erinnere mich noch an einen Beamten von der Bezirksstelle in Dongcheng, der meinte, ich solle mir eine Erlaubnis für mein Unternehmen einholen, damit es legal ist.« Fahmy und Wu mussten unzählige Hindernisse überwinden, bis sie ihre Träume verwirklichen konnten.

Männer und Frauen unterscheiden sich auf ihrem Weg zum Unternehmertum. Frauen gehen eher in Branchen, die mit ihren bisherigen Erfahrungen zu tun haben, etwa personenbezogene Dienstleistungen, Einzelhandel, Kunsthandwerk und traditionelle Arbeitsgebiete. Hinzu kommt, dass Unternehmen, die von Frauen gegründet und / oder geleitet werden, eher langsamer wachsen, was zumeist auf strukturelle Einschränkungen in vielerlei Hinsicht zurückzuführen ist. Eine davon ist das fehlende Wissen und die damit einhergehende fehlende Geschäftserfahrung. So sagt etwa Aissa Dionne, eine Innenarchitektin aus dem Senegal: »Am Anfang wusste ich nicht einmal, wie man eine Rechnung schreibt. Ich musste Freunde um Rat fragen.«

Forscher konnten keine tragfähigen Belege für Geschlechterunterschiede finden, wenn es um die Motivation ging, ein Unternehmen zu gründen. Ebenso wenig fanden sie zwischen Gründern und Gründerinnen unterschiedliche Einstellungen zum Unternehmertum oder nach Geschlecht verschiedene soziale oder psychologische Merkmale. Auch Gründungsprozesse, Management- und Führungsstile oder sogar Zugang zu Geldern ähnelten sich – wenngleich Frauen diskriminiert werden, wenn sie sich für Start-up-Zuschüsse bewerben. »Ich habe in Santiago angefangen, für eine Textilfirma zu arbeiten«, sagt Isabel Roa, eine chilenische Unternehmerin. »Dann habe ich selbst zu stricken begonnen und meine Artikel von Haus zu Haus verkauft. Mein größtes Problem bestand darin, dass ich zu Beginn kein Kapital hatte. Ich habe es gelöst, indem ich gespart und Kredite aufgenommen habe.«

Ein wichtiger Grund, warum Frauen auf ihrem Weg zur Firmengründung und Firmenerweiterung auf Hindernisse stoßen, liegt vielleicht darin, dass sie eher als Männer aus der Not heraus zu Unternehmerinnen werden. Nareen Kasur, die in Pakistan eine

Schule gegründet hat, sagt: »Ich habe gesehen, dass es nur eine sehr kleine Auswahl an Schulen gab, und dass die Situation sich seit meiner eigenen Schulzeit nicht verbessert hatte. Ich begriff, dass meine Kinder nicht das Glück haben würden, von einer ähnlichen Lehrqualität zu profitieren wie ich damals. Die einzige Möglichkeit, daran etwas zu ändern, bestand für mich darin, selbst eine Schule zu gründen, die meinen und anderen Kindern eine erstklassige Ausbildung zukommen ließ.« Tatsächlich geht aus dem »Global Entrepreneurship Monitor«, einer jährlich durchgeführten Umfrage zu unternehmerischen Aktivitäten weltweit, hervor, dass die meisten Frauen Unternehmerinnen werden, weil sie keine Alternativen haben, Geld zu verdienen.

Während wir uns dem Jahr 2030 nähern, ist eine wichtige Debatte darüber entbrannt, ob Unternehmerinnen andere Vorstellungen davon haben, wie sie ihre Projekte planen, organisieren und leiten, und wie Erfolg definiert werden sollte: an der Verwirklichung eines ausgewogenen Verhältnisses zwischen Arbeit und Familie zum Beispiel oder weiterhin an Wachstum, Profit und Ruhm. So ist etwa die Kunsthandwerkerin Janet Nkubana aus Ruanda stolz auf die Errungenschaften ihres Unternehmens für Frauen in schwierigen Verhältnissen. »Für mich arbeiten Überlebende und Witwen, Frauen, deren Männer im Gefängnis sitzen. Wenn ich sehe, wie sie unter einem Dach sitzen, weben und vereint etwas erwirtschaften, dann ist das eine großartige Leistung«, sagt sie. »Diese Frauen sind jetzt zusammen und verdienen sich ihr Geld. Das ist phantastisch.« Annette Zamora, Angehörige des Volks der Rapa Nui, die sich als soziale Unternehmerin für die Bewahrung der alten Kultur ihrer abgeschiedenen, in Europa als »Osterinsel« bekannten Vulkaninsel einsetzt: »Ich weiß nicht, ob ich erfolgreich war. Ich habe Anerkennung bekommen, weiß aber nicht, ob ich eine klare Vorstellung davon habe, was ›erfolgreich‹ überhaupt bedeuten soll.«

Familie und Beruf unter einen Hut bekommen

Im Jahr 2030 wird fast die Hälfte aller Unternehmen von Frauen gegründet werden. Betrachten wir den Fall von Anuradha Acharya. Nachdem sie in den Vereinigten Staaten ihren Doktortitel erworben hatte, beschloss sie, nach Indien zurückzukehren – dem Muster der »Brain-Zirkulation« folgend, wie wir es in Kapitel 1 kennengelernt haben –, um Ocimum Biosolutions, eine Dienstleistungsfirma für genetische Forschungen, zu gründen. Nach fünfzehnjähriger Tätigkeit und drei Übernahmen in Europa und den Vereinigten Staaten zählt ihre Firma zu den weltweit führenden biomedizinischen Dienstleistern. Als Mutter von zwei Kindern, die kurz vor dem Teenageralter stehen, musste Anuradha sehr harte Entscheidungen fällen, um ein Gleichgewicht zwischen Arbeit und Familie aufrechtzuerhalten: »Meine Kinder wissen mittlerweile ganz gut, dass ich die Hälfte der Zeit nicht da bin.« Die Familie wohnt bei Anuradhas Schwiegereltern, die bei der Erziehung der Kinder mithelfen. Ihre Firma bietet ihren Angestellten drei Monate bezahlten Mutterschutzurlaub. »Ocimum ist ein sehr guter Arbeitgeber, vor allem für Frauen. Wir haben flexible Bürozeiten«, sagt Jaishree Ravi, stellvertretende Leiterin für Qualitätsmanagementsysteme und eine von Ocimums ersten Angestellten. »Müssen wir zu einem Elternabend, kann ich jederzeit die Firma verlassen. Hauptsache, ich kann am Ende des Tages neun Stunden in mein Zeitkonto eintragen.«

Nicht nur Anuradha und Jaishree spüren den Druck, Mutterschaft und Lohnarbeit miteinander zu verbinden. »Im Jahr 2007 habe ich eine schwierige Scheidung durchgemacht«, sagt Melissa, die bald fünfzig wird. Sie hat einen Sohn, der studiert, und Zwillingstöchter im Teenager-Alter. Als Lehrerin nahm sie eine Auszeit, bis die Kinder in die Schule kamen, und arbeitete danach in Teilzeit, um möglichst viel Zeit für die Kinder zu haben. »Seit ich wieder arbeiten gehe und Job und Familie unter einen Hut bringen muss, habe ich unter anderem gelernt, dass ich es mir nicht nehmen lassen will, meine Kinder jeden Morgen zur Schule zu bringen.« Wie so viele andere gebildete Frauen ihrer Generation musste Melissa schwierige Kompromisse schließen, mit denen viele Männer gar nicht erst konfrontiert werden.

Etwa 70 Prozent der amerikanischen Mütter gehen einer Vollzeitbeschäftigung nach. Mehr als der Hälfte von ihnen bleibt keine andere Wahl. Sie können es sich gar nicht leisten, zu Hause zu bleiben oder nur in Teilzeit zu arbeiten. Helen Bechtol ist eine dreiundzwanzigjährige Mutter von zwei Kindern im Alter von fünf und vier Jahren. Sie hofft, in North Carolina eine Berufsfachschule besuchen zu können. »Im Moment arbeite ich unter der Woche von mittags bis 18 Uhr in einer kleinen Bar«, erklärt sie. »Und am Wochenende arbeite ich in Teilzeit als Fotografin.« Sie lebt bei ihren Eltern, die ihr, so gut es geht, helfen. »Ich gebe etwa 650 bis 700 Dollar monatlich für die Kinderbetreuung aus. Ich bekomme Lebensmittelmarken. Von ihrem Vater bekomme ich etwa 300 Dollar Unterhalt im Monat.«

»Ich will nicht, dass mein Sohn denkt, es sei in Ordnung, als Verkäuferin für 8,50 Dollar die Stunde zu arbeiten«, sagt Wileidy Ortiz, eine Schulabbrecherin, die in einem Ladengeschäft im Bostoner Prudential-Einkaufszentrum arbeitet. Sie wurde mit neunzehn schwanger. Als sie drei war, wurde ihr Vater in ihrem Geburtsland Puerto Rico erschossen. Ihre Mutter starb an Krebs, als sie nach Boston zurückgezogen waren, wo sie Verwandte hatten. Der Vater ihres Kindes zahlt keinen Unterhalt. Sie erhält Lebensmittelmarken und Benzingutscheine. Wie Bechtol ist es auch Ortiz unmöglich, ihr Kind den ganzen Tag zu betreuen.

Für Frauen, die es sich leisten können, nicht zu arbeiten, ist die Entscheidung auch nicht einfach. Hausfrauen haftet ein gesellschaftliches Stigma an, und sie leben in ständiger Sorge, dass eine spätere Rückkehr in die Arbeitswelt schwierig oder unmöglich sein könnte. »Ich kann mir gar nicht vorstellen, wie groß der Schmerz sein muss, das eigene Baby bei jemand anderem zu lassen«, erklärt Terry Spraitz Ciszek, eine ausgebildete Krankenschwester. Ihre Kinder sind mittlerweile über dreißig. Zu Hause zu bleiben »nagte an meinem Selbstbewusstsein, da ich viele Frauen gesehen habe, die etwas aus ihrem Leben und ihrer Karriere gemacht haben. Mein Selbstwertgefühl litt darunter, und das Thema war ständig in den Nachrichten. In den siebziger Jahren hieß es immer, dass Frauen alles erreichen können. Ich muss immer noch an die Werbespots für Virginia-Slims-Zigaretten denken …« Terrys Ehemann ist Arzt, das heißt, sie genießen den Luxus der oberen Mittelschicht, mit nur einem Einkommen gut zurechtkommen zu können.

Wenn Frauen ihre Berufslaufbahn unterbrechen, leidet ihr Einkommen. Eine Studie von MBA-Studenten an der Universität Chicago fand heraus, dass Frauen, die die Arbeitswelt für drei oder mehr Jahre verlassen, einen Ausgleichsnachteil erleiden, der sich im Vergleich zu Männern der gleichen Einkommensstufe auf 40 Prozent beläuft.

Karriereberater wie Joanne Cleaver behaupten: »Von der Karriereleiter zu steigen kommt einem beruflichen Selbstmord gleich. Tun Sie es nicht!« Überraschenderweise bietet der Rückgang der Geburtenrate Müttern, die ihre Berufslaufbahn fortsetzen wollen, eine einmalige Gelegenheit. Dies hat mit der alternden Gesellschaft zu tun, wodurch der Pool an qualifizierten Arbeitskräften kleiner wird. Über Jahrzehnte haben hochgebildete japanische Frauen ihre Stellungen gekündigt, sobald sie verheiratet waren. Jetzt kehren sie in Scharen in die Arbeitswelt zurück, da Firmen verzweifelt nach Fachkräften suchen. Im Jahr 2018 arbeiteten innerhalb jeder Altersgruppe prozentual mehr japanische Frauen außerhalb des eigenen Haushalts als amerikanische Frauen, mit Ausnahme jener unter vierundzwanzig. Etwa 71 Prozent der japanischen Frauen im arbeitsfähigen Alter sind heute erwerbstätig. Das ist der höchste Anteil in Jahrzehnten und einer der höchsten weltweit. Nimmt man die Entwicklung der letzten zehn Jahre zum Maßstab, könnten japanische Frauen im Jahr 2030 eine ähnlich hohe Erwerbsbeteiligung haben wie Männer, bei denen sie bei etwa 86 Prozent liegt. Allerdings ist die Lohndiskriminierung derzeit noch groß, und Mütter tragen immer noch die Hauptlast bei der Bewältigung des Haushalts und der Kindererziehung. »Das Bewusstsein der Männer für das Problem ist immer noch gering«, klagt eine Grafikdesignerin mit zwei Kindern. »Für meinen Mann ist die Gleichstellung der Geschlechter einfach kein Thema.«

In vielen Ländern der Welt hat es die Vereinbarkeit von Familie und Beruf als Thema auf die Tagesordnung geschafft, insbesondere in solchen mit einer alternden Bevölkerung, in denen unklar ist, wie das künftige Wohlfahrtssystem funktionieren soll. Im Jahr 1996 berichteten die Vereinten Nationen, dass nur 35 Prozent der Regierungen in Staaten mit niedriger Geburtenrate – insgesamt etwa siebzig – Strategien entwickelt hatten, um dieses Problem anzugehen. Bis 2015 war dieser Anteil allerdings auf 59 Prozent angewachsen. Die beliebtesten Maßnahmen sind bezahlter Mutterschutzurlaub (in allen Ländern außer einem), öffentliche Kinderbetreuung (88 Prozent), Kinder- oder Familiengeld (85 Prozent) und bezahlte Elternzeit für Väter (64 Prozent). Interessanterweise schätzen die Vereinten Nationen, dass Frauen im Schnitt vier Stunden am Tag mit unbezahlter Hausarbeit verbringen und dabei unter anderem ihre Kinder versorgen. Bei Männern beträgt dieser Wert lediglich 1,7 Stunden.

Die Vereinbarkeit von Familie und Beruf als Konzept und Strategie ist Thema vieler Kontroversen. Die wichtigste Frage lautet vielleicht, ob die Menschen eher dazu tendieren, das Berufs- in das Familienleben zu integrieren, oder ob sie diese beiden Bereiche lieber getrennt halten würden. Meine Kollegin an der Wharton Business School, Nancy Rothbard, befragte zusammen mit Katherine Phillips und Tracy Dumas rund 500 Angestellte in den Vereinigten Staaten zu ihren Präferenzen. Sie fanden heraus, dass Menschen, die Beruf und Familie lieber auseinanderhalten, weniger zufrieden sind und sich ihrer Firma weniger verpflichtet fühlen, wenn man ihnen ergänzende Programme wie Kinderbetreuung am Arbeitsplatz anbietet. Sie sind jedoch zufriedener und engagierter, wenn die Firma ihnen Programme wie flexible Arbeitszeiten anbietet, die es ihnen erlauben, den Beginn und das Ende ihres Arbeitstages selbst zu bestimmen.

Zu bedenken ist auch, welcher Nutzen für die Wirtschaft sich ergibt, sobald Frauen einen größeren Anteil an der Erwerbsbevölkerung stellen. Wie der dänische Soziologe Gøsta Esping-Andersen feststellte, löst die Einbeziehung von Frauen in die Erwerbsbevölkerung bei all jenen marktorientierten Dienstleistungsaktivitäten einen Wachstumsschub aus, die Frauen schon immer und ohne Bezahlung zu Hause verrichtet haben. Wenn bis 2030 mehr Frauen aus den Entwicklungsländern erwerbstätig sein werden, werden die Volkswirtschaften Afrikas, des Nahen Ostens und Südasiens eine Phase beschleunigten Wachstums erleben, das – wie in Kapitel 3 gezeigt – zu einer schnelleren Vergrößerung der Mittelschicht führen wird.

Erhöht Arbeit die Sterblichkeitsrate von Frauen?

Seitdem mehr und mehr Frauen die Möglichkeiten auf dem Arbeitsmarkt ergreifen und einen Ausgleich zwischen Berufs- und Familienleben anstreben, schrumpft der Unterschied in der Lebenserwartung zwischen Männern und Frauen. Im Jahr 1995 wurden Frauen im Durchschnitt 7,8 Jahre älter als Männer. Bis 2018 hatte sich der Abstand bereits auf 6,8 Jahre verkleinert, und die Vereinten

Nationen schätzen, dass er bis 2030 auf 6,3 Jahre gefallen sein wird. Wie Abbildung 7 zeigt, ist dieses Phänomen nur in den fortschrittlichsten Ländern und auch erst seit den späten neunziger Jahren erkennbar, also ab einem Zeitpunkt, als immer mehr Frauen begannen, einen Beruf auszuüben und Karriere zu machen.

In den Vereinigten Staaten, einem Land, in dem Frauen auf dem Arbeitsmarkt besonders große Fortschritte gemacht haben, hat sich dieser Geschlechterunterschied stark verringert: Erreichte die höhere Lebenserwartung von Frauen gegenüber Männern in den frühen siebziger Jahren ihren Höhepunkt mit 7,7 Jahren, so lag sie 2019 bei etwa 5 Jahren und wird bis 2030 auf 4,3 Jahre fallen.

Was genau ist für diesen Rückgang verantwortlich? Um diese Frage zu beantworten, müssen wir zunächst verstehen, warum Frauen überhaupt länger leben als Männer. Männer haben in jedem Alter eine höhere Sterblichkeitsrate als Frauen. »Weibliche Hormone und die Rolle der Frau bei der Reproduktion wurden mit einem längeren Leben in Verbindung gebracht«, ist im *Scientific American* zu lesen. »Östrogen zum Beispiel fördert den Abbau von schlechtem Cholesterin und könnte einen gewissen Schutz vor Herzkrankheiten bieten. Testosteron wiederum wurde mit Gewalt und Risikobereitschaft in Verbindung gebracht.« Und als ob dies nicht genug wäre: »Der weibliche Körper muss Reserven anlegen, um den Erfordernissen der Schwangerschaft und des Stillens gerecht zu werden. Dies wurde mit einer größeren Fähigkeit in Verbindung gebracht, mit Überernährung fertigzuwerden und übermäßiges Essen abzubauen.«

Historisch gibt es einen weiteren Grund, warum Frauen länger als Männer gelebt haben. Er hat damit zu tun, dass Frauen weniger sogenannten »menschengemachten Krankheiten« ausgesetzt sind, darunter »die Gefährdung durch Industriearbeitsplätze, Alkoholismus, Rauchen und Verkehrsunfälle, die im Verlauf des zwanzigsten Jahrhunderts tatsächlich beträchtlich gestiegen ist«. Doch sind

Vorsprung der Frauen bei der Lebenserwartung

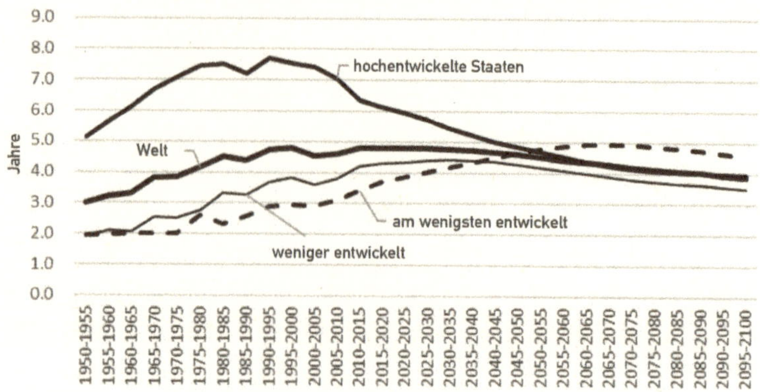

Quelle: Vereinte Nationen, World Population Prospects, 2019 Revision

Abbildung 7

Frauen heute zunehmend denselben Bedingungen ausgesetzt, vor allem in den am weitesten entwickelten Ländern.

Wie Lisa Berkman, Leiterin des Center for Population and Development Studies in Harvard, bemerkt, hat die neue Rolle der Frau in der US-Wirtschaft einen »wahren Sturm« entfacht: Sie sind den Belastungen am Arbeitsplatz, in der Ehe und in manchen Fällen ihrer Rolle als alleinerziehende Mütter stärker ausgesetzt. »Chronischer Stress kann einen früheren Ausbruch chronischer Krankheiten bewirken«, sagte die Psychiatrieprofessorin Elissa Epel von der University of California in San Francisco. Sie hat sich mit der Entdeckung einen Namen gemacht, wonach Stress dazu führen kann, dass sich Telomere schneller abnutzen. Telomere sind die schützenden Enden der Chromosomen, von denen man glaubt, dass sie mit einem langen Leben in Zusammenhang stehen. Zu allem Überfluss ist die Wahrscheinlichkeit bei Frauen größer als bei Männern, dass sie sich mit Essen trösten und, um Beruf und Familienleben in Einklang zu bringen, weniger Zeit mit Sport verbringen.

Um einige Frauen steht es sogar noch schlechter. Die Entwicklung der weiblichen Lebenserwartung offenbart in den Vereinigten Staaten eine zunehmende Zweiteilung nach Bildungsstand und Wohnort, wobei jene, die in den städtischen Ballungsgebieten leben, weitaus besser abschneiden als der Rest. Zwischen 2009 und 2016 hat die »hinzugewonnene Lebenserwartung bei weißen Männern die hinzugewonnene Lebenserwartung bei weißen Frauen« in vierzig amerikanischen Regionen übertroffen, so Irma Elo von der Universität Pennsylvania, die zusammen mit ihrem Demographen-Team Daten von nichthispanischen weißen Frauen ausgewertet hat. Schlimmer noch: Frauen in acht dieser vierzig Regionen sahen sich mit einer Abnahme der Lebenserwartung – nicht nur einer Abnahme ihres Vorsprungs – konfrontiert. Frauen aus ländlichen Gebieten in Alabama, Arkansas, Kentucky, Louisiana, Missouri, Oklahoma, Tennessee und Texas »verloren fast ein Jahr an Lebenserwartung« zwischen 1990 und 2016. Die Schuldigen? Nikotin, psychische und nervliche Erkrankungen sowie Medikamentenmissbrauch.

Auch Schulabbrecherinnen sind von den veränderten Frauenrollen betroffen. Arun Hendi von der Duke University in Nordkalifornien fand heraus, dass die »Lebenserwartung seit 1990 bei Mitgliedern aller Bildungs-, ethnischen und Geschlechtergruppen stieg oder wenigstens stagnierte, nur nicht bei nichthispanischen weißen Frauen mit weniger als einer Highschool-Bildung«. Bei Letzteren wurde ein drastischer Rückgang der Lebenserwartung von 2,5 Jahren in zwei Jahrzehnten festgestellt. Crystal Wilson aus Cave City in Arkansas, wo die meisten Einwohner weiß sind, starb mit achtunddreißig. Als Hausfrau und Mutter litt sie an Adipositas und Diabetes. »Sie verließ die Schule in der zehnten Klasse, weil sie geheiratet hatte«, schreibt Monica Potts in der Zeitschrift *American Prospect*. »Das war damals so üblich.« Julie Johnson, technische Koordinatorin im lokalen Schulbezirk, sagt: »Wenn man eine Frau ist, und eine Frau ohne Bildung noch dazu, hat man so gut wie keine Chance.

Man heiratet und bekommt Kinder. Dann ist man bessergestellt, wenn man nicht arbeitet. Es ist ein Teufelskreis.« Was für diese Situation der Schulabbrecherinnen verantwortlich ist? Johnson: »Die Verzweiflung unserer Zeit. Ich bin überhaupt keine Expertin, aber meiner Meinung nach ist es die Verzweiflung, die sie tötet.«

Insgesamt steigt die Sterblichkeit unter Amerikanerinnen zwischen fünfundzwanzig und vierundvierzig weiter rapide. »Junge Menschen von heute hatten während der globalen Finanzkrise ab 2008 mit Schwierigkeiten beim Erwachsenwerden zu kämpfen, was sich durch einen verzögerten Eintritt ins Erwachsenenalter, einen Rückgang der Eheschließungen und vermehrtes Zusammenleben mit den Eltern bemerkbar machte«, schreiben Elo und ihre Co-Autorinnen. »Erwachsene dieser Altersgruppe fallen vermehrt durch Drogen- und Alkoholmissbrauch auf und müssen womöglich in den kommenden Jahrzehnten mit einer erhöhten Erkrankungs- und Sterblichkeitsrate rechnen, die mit diesen Verhaltensweisen in Zusammenhang stehen.« Dieses Schicksal erwartet eine beträchtliche Zahl von weiblichen und männlichen Millennials, die nicht von den Trends profitieren, die wir zuvor diskutiert hatten.

Eine gläserne Decke

»So etwas wie eine gläserne Decke für Frauen gibt es nicht«, sagt die Autorin Laura Liswood. »Höchstens eine dicke Schicht aus Männern.« Selbst wenn Frauen ihr gesamtes Leben ihrer beruflichen Laufbahn widmen, müssen sie feststellen, dass ihr Vorankommen unaufhörlich von unzähligen Hindernissen gebremst wird. Im Jahr 2015 veröffentlichte die *New York Times* einen Artikel mit dem Titel »Es leiten weniger Frauen große Firmen als Männer, die John heißen«. In der von der Rating-Agentur Standard & Poor's herausgegebenen Liste der 1500 größten Firmen finden sich »für jede Frau vier Männer, die John, Robert, William oder James heißen«.

Zwar haben Frauen heute viel bessere Bildungs- und Jobchancen als früher, dennoch stehen weltweit nur wenige am Ruder großer Unternehmen. Im Fortune-500-Ranking der umsatzstärksten Unternehmen Amerikas sind weniger als 5 Prozent der Vorstandsvorsitzenden Frauen.

Die Lage ist auch anderswo kaum besser. Unter den größten öffentlich gelisteten Firmen der reichen Länder, die Mitglieder der OECD sind, stellen Frauen nur einen sehr kleinen Anteil der Vorstandsvorsitzenden: 4 Prozent im Vereinigten Königreich, Indien und Südafrika, 3 Prozent in Australien und Mexiko, durchschnittlich weniger als 3 Prozent in der EU, durchschnittlich weniger als 2 Prozent in ganz Südamerika und genau *null* Prozent in Frankreich und Deutschland, den zwei wichtigsten Volkswirtschaften der EU. Nur in China liegt der Anteil der weiblichen Vorstandsvorsitzenden über 5 Prozent – bei 5,6. Was das Geschlechtergleichgewicht in Firmenvorständen betrifft, so gibt es nur ein einziges Land, Norwegen, das – mit 42 Prozent Frauen – immerhin in die Nähe einer Gleichstellung kommt, und nur fünfzehn Länder haben einen Anteil, der 10 Prozent übersteigt (die Vereinigten Staaten liegen bei 17 Prozent). In mehreren asiatischen Ländern weist die Hälfte der öffentlich gelisteten Firmen nur rein männliche Firmenvorstände auf.

Die Internationale Arbeitsorganisation der Vereinten Nationen hat herausgefunden, dass es nur drei Länder gibt, in denen Frauen mehr als die Hälfte der mittleren und höheren Führungspositionen einnehmen: in den Karibikstaaten Jamaika, Kolumbien und St. Lucia. In den Vereinigten Staaten lag der Anteil in den späten zehner Jahren diese Jahrhunderts bei 43 Prozent. In 20 Prozent der untersuchten Länder lag der Anteil bei weniger als 20 Prozent. In vielen muslimischen Ländern fällt er unter 10 Prozent. Das heißt, während Frauen in immer größerer Zahl arbeiten und auch schneller als Männer Wohlstand anhäufen, werden die oberen Ränge in Unternehmen weiterhin von Männern dominiert.

In der Politik sind die Daten ähnlich entmutigend. Gegen Ende des Jahres 2017 waren die beiden weltweit einzigen Länder, in denen mehr Frauen als Männer in der Legislative vertreten waren, Ruanda (64 Prozent) und Bolivien (53 Prozent). Am anderen Ende des Spektrums gibt es Länder, in denen keine einzige Frau im Parlament sitzt: Tonga, Mikronesien und Vanuatu im Südpazifik sowie Katar und der Jemen im Nahen Osten. In sechsundzwanzig Ländern saßen weniger als 10 Prozent Frauen in den Parlamenten und in vierundsechzig Ländern weniger als 20 Prozent. Der durchschnittliche Wert ist weltweit von 10 Prozent 1990 auf 21 Prozent im Jahr 2017 gestiegen. Die Vereinigten Staaten liegen mit 19 Prozent leicht über dem globalen Schnitt. Völlig überraschend hat Saudi-Arabien mit 20 Prozent einen höheren Anteil. Mehr als die Hälfte ihrer Ministerposten besetzen Frauen nur in Bereichen wie Gesundheit, Kultur, Arbeit, Handel, Erziehung, Frauenangelegenheiten, Umwelt und Energie, Familie und Kinder sowie Soziales, also Gebieten, in denen Frauen auch in Wirtschaft und Gesellschaft präsenter sind.

Nur im gehobenen öffentlichen Dienst sind Frauen gut repräsentiert. Hier stellen sie 50 Prozent oder mehr in Ungarn, Russland, Litauen und Estland sowie mehr als 40 Prozent in Kanada, Schweden, Slowenien und Kasachstan – alles Länder mit einer sozialistischen Vergangenheit oder einer ausgeprägten Sozialpolitik. Offensichtlich schlagen sich Frauen gut, wenn einer Anstellung Eignungsprüfungen vorangehen. Bis 2030 werden die meisten leitenden Positionen in den Staatsbürokratien von Frauen mit Hochschulabschluss besetzt sein.

Doch einmal angestellt, verdienen Frauen deutlich weniger als Männer. Die Einkommenslücke zwischen den Geschlechtern beträgt selbst in hochentwickelten Ländern mit schon lange gültigen Gesetzen gegen Diskriminierung wie Australien, im Vereinten Königreich, in Südkorea und Neuseeland geschätzte 30 Prozent.

In Japan oder anderen europäischen Ländern beträgt dieser auch Gender-Pay-Gap genannte Abstand mindestens 20 Prozent. In den Vereinigten Staaten beträgt er etwa 22 Prozent quer durch alle Berufe, 19 Prozent bei Managerpositionen und sage und schreibe 33 Prozent bei Spitzenkräften.

Je näher 2030 rückt, desto mehr Frauen werden in leitenden Positionen tätig sein, wenngleich sie weiterhin eine Minderheit bilden werden. Im Privatsektor werden sie extrem unterrepräsentiert sein, im öffentlichen Dienst hingegen könnten sie mit Männern fast gleichziehen. Wenn man jedoch bedenkt, wie hartnäckig sich die eklatante Einkommenslücke während der letzten zwei, drei Jahrzehnte gehalten hat, erscheint es eher unwahrscheinlich, dass sie in naher Zukunft geschlossen wird. Doch wird sich überhaupt etwas ändern, wenn mehr Frauen das Sagen haben?

Sind weibliche Führungskräfte »bossy«?

Die verstorbene britische Premierministerin Margaret Thatcher und die langjährige deutsche Kanzlerin Angela Merkel haben einiges gemeinsam. Sie beide führten eine konservative Partei zum Wahlerfolg und erklommen in ihren jeweiligen Ländern die höchsten Stufen der Macht. Beide waren ausgebildete Naturwissenschaftlerinnen. Nach ihrem Abschluss in Oxford arbeitete Thatcher kurze Zeit für den Lebensmittelkonzern J. Lyons & Company, wo sie einem Team angehörte, das ein Verfahren entwickelte, mit dem man, zur Freude aller Kinder, aus Eiscreme Softeis herstellt. Sie wurde vom *Atlantic* »die Eiserne Lady des Softeises« getauft, in Anlehnung an ihren bekannten Spitznamen. Thatcher hatte während ihrer politischen Karriere noch andere Spitznamen: »Grocer's Daughter« (weil ihr Vater einen Lebensmittelladen betrieb), »Milk Snatcher« (»Milchdiebin«, weil sie in ihrer Zeit als Erziehungsministerin die kostenlose Schulmilch abschaffte) und *last, but not least*: »Attila, die Henne«. Der verstorbene französische Präsident François Mitterand nannte sie in einem erstaunlichen Anfall von Machismo »die Frau mit den Augen Caligulas und den Lippen Marilyn Monroes«.

Auch Merkels Karriere, so verschieden sie auch von der Thatchers ist, provozierte sexistische Kommentare. Sie erlangte ihren Doktortitel mit einer Arbeit zur Quantenchemie und arbeitete mehrere Jahre in der Forschung. Als die Mauer fiel, entschloss sie sich, in die Politik zu gehen. Innerhalb eines Jahres wurde sie in den Bundestag gewählt. Man nannte sie die »mächtigste Frau der Welt«, aber auch »Mutti« (wegen ihres wenig charismatischen, bedächtigen Politikstils) oder »Frau Nein« (weil sie während der Eurokrise an einer Austeritätspolitik festhielt).

Die entscheidende Gemeinsamkeit zwischen Thatcher und Merkel ist, dass sie beide Frauen an der Macht waren. Leider werden mächtige Frauen unabhängig von ihrer tatsächlichen Persönlichkeit zunächst und vor allem als Frauen und oft auch als »bossy«, also autoritär und unbeweglich, gesehen. Die Website banbossy.com argumentiert: »Wenn ein kleiner Junge sich durchsetzt, wird er ›Anführer‹ genannt. Wenn aber ein kleines Mädchen dasselbe tut, riskiert sie, als ›bossy‹ gebrandmarkt zu werden.« Diese unterschiedliche Behandlung ist insofern problematisch, als »Worte wie ›bossy‹ eine Botschaft vermitteln: Fall nicht auf! Mach den Mund nicht auf! Schon in der Mittelstufe sind Mädchen weniger als Jungen daran interessiert zu führen – dieser Trend verstärkt sich noch bis ins Erwachsenenalter.« Wie die Co-Geschäftsführerin von Facebook und Bestseller-Autorin Sheryl Sandberg einmal sagte: »Dieses kleine Mädchen ist nicht bossy. Dieses kleine Mädchen hat Führungsqualitäten.«

Doch offenbaren die Karrieren der wenigen Frauen, die es wie Thatcher und Merkel an die Spitze schaffen, einen noch wichtigeren Aspekt. Als Rosabeth Moss Kanter in den siebziger Jahren an der Yale University lehrte, fand sie heraus, dass Frauen sich anders verhielten und wahrgenommen wurden, sobald sie in einer Umgebung arbeiten, in der sie in der Minderheit sind – in der sie *tokens* sind, Quotenfrauen. In diesen numerisch verzerrten Situationen sind Token- oder Quotenfrauen sichtbarer und werden von der Mehrheit gerne karikiert. Sie sind einem höheren Leistungsdruck ausgesetzt, und man erwartet von ihnen, dass sie sich nach streng vorgegebenen Genderrollen verhalten. Angesichts der strukturellen Kräfte, die in Situationen des »Tokenismus« wirken, ist es nicht verwunderlich, dass viele Frauen aufgeben, bevor sie in leitende Positionen aufsteigen. Falls sie es doch ins Kanzleramt oder in die Chefetagen schaffen, werden ihr Verhalten und ihre Leistungen immer in einem anderen Licht betrachtet, als wenn sie Männer wären.

Kanter, die ihre Arbeit schrieb, bevor Thatcher und Merkel an die Macht kamen, machte vier »Rollenfallen« für Frauen in Organisationen aus: das »Schoßhündchen«, die »Verführerin«, der »Drachen« und die »Mutter«. Das »Schoßhündchen« erscheint als »hübsch, niedlich oder mädchenhaft« und wird nur selten ernstgenommen. Die »Verführerin« ist »eine Zicke, Hexe oder Kuh, ein Vamp oder eine Männerfresserin«, die von Männern und Frauen gleichermaßen abgelehnt wird. »Die größte Schande ist für Frauen reserviert, die in die Rollenfalle des ›Drachen‹ tappen«, erklärt Judith Baxter, Professorin an der britischen Aston University. »Historisch steht sie in der Tradition von Lady Macbeth oder, in jüngerer Zeit, Margaret Thatcher. Sie wird als angsteinflößend, unerbittlich, gemein, bossy oder einfach nur als Mann karikiert.« Auf Merkel passt das letzte der vier Stereotype, das der Mutter. Sie wird »üblicherweise als altbacken, bossy oder muttihaft beschrieben«.

Je näher wir dem Jahr 2030 kommen, desto mehr und desto schneller scheinen sich einige der Einstellungen gegenüber Frauen zu verändern. »Zum ersten Mal, seit Gallup aufzeichnet, welches Geschlecht Amerikaner als ihre Chefs bevorzugen«, berichtete das berühmte Umfrageinstitut 2017, »sagt eine Mehrheit von 55 Prozent, dass für sie das Geschlecht der Vorgesetzten keinen Unterschied ausmacht.« 23 Prozent der Befragten sagten, sie würden einen männlichen Chef bevorzugen, wenn sie die Wahl hätten, während 21 Prozent eine Frau vorzogen – ein Unterschied, der deutlich unter der Fehlertoleranz von plus/minus 4 Prozent liegt. Gallup stellt diese Frage seit 1953. Damals waren es 66 Prozent, die einen Mann, und nur 5 Prozent, die eine Frau bevorzugten, und 25 Prozent der Befragten hatten keine Präferenz. Interessanterweise hatten 2017 nur 44 Prozent der Frauen keine Präferenz, im Vergleich zu 68 Prozent der Männer – ein Hinweis auf die Richtigkeit der oben diskutierten These, wonach sich Frauen in ihren Einstellungen und Verhaltensweisen je nach Alter, Bildung und Wohnort massiv unterscheiden.

Zwar wurde die Umfrage durchgeführt, nachdem einen Monat zuvor der Skandal um Harvey Weinstein öffentlich geworden war, dennoch gibt es Gründe, die dafürsprechen, dass Frauen beginnen, den Fluch des Tokenismus – die Tyrannei der Unterzahl – zu überwinden. Weil Frauen in einer Fülle von Arbeitsfeldern zahlreicher werden und immer häufiger höchste Posten besetzen, verändern sich auch ihre Rollen und ihr Auftreten erheblich. Bis 2030 wird ein signifikanter Anteil von Frauen politische, soziale und wirtschaftliche Führungsrollen übernehmen und damit einer der eklatantesten Formen von Diskriminierung ein für alle Mal die Grundlage entziehen.

Kanters Theorie hilft auch, die Dynamik auf dem Heiratsmarkt zu erklären. In den vierziger Jahren des vorigen Jahrhunderts wurde amerikanischen Frauen gesagt, sie sollen bei ihren Berufswünschen nicht zu viel Ehrgeiz an den Tag legen. »Aufgepasst! Versuchen Sie nicht, klüger zu erscheinen als Ihr Mann«, empfahl ein Selbsthilfebuch. »Fast genauso klug zu sein, ist das eine, doch klüger zu erscheinen oder zu sein, ist tabu.« Diese Art von Ratschlägen wurde erteilt, als die Vereinigten Staaten aufgrund von Kriegstoten mit Männerknappheit zu kämpfen hatten. Man war allgemein der Ansicht, dass Frauen, die sich mit ihren Geistesgaben hervortaten, von Männern gemieden würden. Männer bevorzugten Frauen, die nach den Konventionen der Zeit »weiblicher« waren.

Stellen wir uns nun Folgendes vor: Nicht die Männer wären knapp, sondern, wie in China, die Frauen. Dort werden Frauen mit Doktortitel oft als *di san xing*, als das »dritte Geschlecht« bezeichnet – Frauen, die bei Männern keine Chance haben. Chinesische Magazine betonen immer wieder: »Für die kompetente Karrierefrau ist *sajiao* [die Kunst, schüchtern, niedlich und zärtlich zu sein] ein unentbehrliches Werkzeug, um dem eigenen Freund gegenüber weder zu unabhängig noch zu dominant zu erscheinen.« Einer Frau wird suggeriert, dass »*sajiao* ihr erlaubt, weich und feminin zu erscheinen statt hart und mächtig – Charakterzüge, die mit traditionellen Vorstellungen von Weiblichkeit unvereinbar sind.« Doch damit nicht genug: »Indem sie sich beim männlichen Ego einschmeichelt, erreicht sie das nahezu Unmögliche: Der Mann fühlt sich wie ein Mann.«

Sehen wir uns einmal näher an, was mit Geschlechterstereotypen passiert, wenn Frauen plötzlich ganz andere Möglichkeiten und Freiheiten erhalten. Saudischen Frauen ist es erst seit 2018 erlaubt, Auto zu fahren, und ihr Verhalten beim Autokauf hat alle überrascht. »Die Showrooms des Königreichs füllten sich mit Autos, von denen man annahm, dass saudische Frauen von ihnen angezogen würden, wie etwa farbenfrohe Mini-SUVs«, berichtete das *Wall Street Journal*. »Doch stattdessen entschieden sie sich für laute und schnelle Modelle.« Nach herkömmlicher Auffassung interessieren sich Männer für Kraft und Beschleunigung, während Frauen an Komfort und Sicherheit interessiert sind. »Wir hatten erwartet, dass Frauen erst einmal kleinere Autos fahren würden«, sagte eine Audi-Verkäuferin. Doch die vierundsechzigjährige Sahar Nasief, sechzehnfache Großmutter und Aktivistin, die sich für das Recht von Frauen, Auto zu fahren, einsetzt, wollte ein Mustang Cabriolet: »Das war schon immer mein Traumauto.« Als die Ford Motor Company von ihrer Vorliebe erfuhr, bot die Firma ihr ein Modell an. Sie suchte sich eines in Gelb und Schwarz aus, den Farben ihres Lieblingsvereins. »Ich liebe dieses Auto – den Klang des Motors«, sagte Nasief.

Kanters Theorie kann auch bei der Erklärung dieses Verhaltens helfen. Es gibt immer noch wenige Frauen, die auf Saudi-Arabiens Straßen fahren. Doch als »Early Adopters« legen diese saudischen Frauen Verhaltensweisen an den Tag, durch die sie mit Stereotypen aufräumen und versuchen, Männern auf Augenhöhe zu begegnen.

Werden Frauen im Jahr 2030 die Welt regieren?

Der hart erarbeitete gesellschaftliche Status von Frauen kann zu einer Transformation von Machtstrukturen führen – und womöglich dazu, dass es zu weniger Skandalen, Fällen von Korruption und Gewalt kommt, so das Ergebnis mehrerer aktueller Studien. Der neue Status der Frauen führt eventuell auch zu einer Teilung: in erfolgreiche Frauen, die von den Veränderungen profitieren, und den Rest der Frauen, die an die Ränder gedrängt werden, was eher zu größeren gesellschaftlichen Konflikten führen würde. Unabhängig von ihrem Einfluss auf Leitungs- oder Regierungsebene werden Frauen jedoch einen größeren Anteil der Vermögen kontrollieren und diese womöglich in Bereiche lenken, die ihnen selbst wichtig sind, wie Erziehung und Gesundheit.

Wenn nun die Zahl einflussreicher Frauen größer wird, wird es dadurch automatisch auch normal, als weibliche Führungspersönlichkeit akzeptiert zu werden? Wahrscheinlich ist es 2030 noch zu früh für das utopische Ideal vollständiger Geschlechtergleichheit, insbesondere wenn man bedenkt, wie langsam die gegenwärtigen

Trends sich entwickeln und wie viele Frauen immer noch diskriminiert oder entmutigt werden.

Der unwägbarste Faktor hat allerdings wenig mit dem Machtgleichgewicht zwischen den Geschlechtern zu tun. In den immer größer werdenden Städten erhalten Frauen immer leichter Zugang zu neuen Möglichkeiten. Doch wie wir in Kapitel 5 sehen werden, geht mit der Urbanisierung auch die globale Erwärmung einher. Und unter dem Klimawandel werden eher Frauen und Kinder leiden.

5

DIE STÄDTE GEHEN ZUERST UNTER

Erderwärmung, Kreativwirtschaft und die Alltäglichkeit des Überlebenskampfs

»Jede Stadt, wie klein sie auch sei, ist tatsächlich zweigeteilt, in eine Stadt der Reichen und eine Stadt der Armen.«

Platon

Je näher das Jahr 2030 rückt, desto stärker rücken die Städte in unseren Fokus. Jeder der Trends, die wir in den vorherigen Kapiteln diskutiert haben, schreitet in Städten schneller voran als in den ländlichen Gebieten: Die Geburtenraten fallen hier früher und rascher. Die Verhaltensmuster von Millennials sind im Wesentlichen städtisch. Die neue Mittelschicht lebt in riesigen Ballungsgebieten. Und die Lebenschancen sowie das Verhalten von Frauen verändern sich in dicht besiedelten Regionen schneller. Städte sind zu gigantischen Motoren des Wandels geworden und beschleunigen das Ende der Welt, wie wir sie kennen.

Städte nehmen 2,9 Prozent der weltweiten Landfläche ein, sind jedoch der Lebensraum von etwa 55 Prozent der Weltbevölkerung. Anders gesagt beträgt die gesamte Landfläche der Erde etwa 149 Millionen Quadratkilometer, von der nur etwa 5,2 Millionen von Städten bedeckt sind. Bei 4 Milliarden Stadtbewohnern entspricht dies einem Durchschnitt von 5180 Menschen pro Quadratkilometer in Städten, was ein ziemliches Gedränge zur Folge hat. Städte zeichnen für 75 Prozent des weltweiten Energieverbrauchs und 80 Prozent des weltweiten CO_2-Ausstoßes verantwortlich. Sie tragen auch überdurchschnittlich zur globalen Erderwärmung bei mit ihren dicht an dicht stehenden Gebäuden und asphaltierten oder betonierten Bodenflächen, die mehr Hitze binden als natürlicher Boden – ein Prozess, der als »Wärmeinseleffekt« bezeichnet wird.

Bei alldem beziehen wir uns auf die gegenwärtigen Zahlen.

Wenn man nach vorne blickt, weisen die aktuellen Trends darauf hin, dass die Verstädterung weiter voranschreiten wird. Jede Woche wächst die Bevölkerung von Städten auf dem Globus um 1,5 Millionen Menschen, was wiederum zu neuen Bauten, weiteren Verschmutzungen und höheren Treibhausgasemissionen führt. Im Jahr 2017 gab es 29 Städte mit mehr als 10 Millionen Einwohnern. Bis 2030 wird es davon 34 geben, und in 14 von ihnen werden mehr als 20 Millionen Menschen leben. Städte neigen dazu, Ungleichheiten zu verschärfen. Wenn sie weltweit zur Norm werden, werden katastrophale gesellschaftliche wie klimatische Zustände immer wahrscheinlicher. Was aber könnte man gegen die Armut in Städten und die globale Erwärmung tun? Benötigen wir eine großflächige Umgestaltung unserer Lebenswelten oder genügen kleine Verhaltensänderungen? Sollten Städte versuchen, ihre eigenen Nahrungsmittel anzubauen? Können schrumpfende Städte in den ehemaligen Industrieregionen Europas und den Vereinigten Staaten ihr Schicksal zum Guten wenden?

Städte sind auf mehr als eine Weise heiß

Im Oktober 2018 warnte der von den Vereinten Nationen einberufene Weltklimarat in einem Bericht, dass der »weltweit von Menschen verursachte CO_2-Ausstoß zwischen 2010 und 2030 um 45 Prozent und um das Jahr 2050 herum auf weltweit null gefallen sein muss«, um einen Klimawandel katastrophalen Ausmaßes zu verhindern. Mit anderen Worten ist ein entschiedenes Handeln noch vor 2030 vonnöten, um anhaltende Überschwemmungen von Küstenregionen zu verhindern, die Häufigkeit von Extremwetterereignissen zu reduzieren und eine großflächige Störung der Landwirtschaft zu vermeiden, denn sonst …

»Die nächsten paar Jahre sind wahrscheinlich die wichtigsten in unserer Geschichte«, sagte Debra Roberts, die Co-Vorsitzende einer der Arbeitsgruppen, die den Bericht erstellt hatten. Im Mai 2019 veröffentlichten die Vereinten Nationen einen weiteren düsteren Bericht, in dem sie das Aussterben von einer Million Tier- und Pflanzenarten (von bislang noch 8 Millionen existierenden Arten) innerhalb weniger Jahrzehnte vorhersagen, wenn der Klimawandel nicht umgekehrt wird. Mit weltweit steigenden Temperaturen könnten Stadtbewohner ihre ganz eigene Form der Hölle erleben. »Diese Entwicklungen werden für immer mehr Stadtbewohner gravierende Folgen haben«, bemerkt der belgische Klimawissenschaftler Hendrik Wouters. »Hohe Temperaturen führen zu einer erhöhten Sterblichkeit, vermehrten Krankenhauseinweisungen, einem höheren Energieverbrauch und wirtschaftlichen Verlusten, die vom städtischen Wärmeinseleffekt noch verschärft werden.«

Wenn es so weitergeht, werden wir nicht nur unsere Zukunft aufs Spiel setzen, sondern auch unsere Vergangenheit auslöschen. Der Ägyptologin Sarah Parcak zufolge gibt es auf der Welt noch etwa 50 Millionen unentdeckte archäologische Stätten, und solange sich die Metropolen weiter ausbreiten, wird mindestens die Hälfte davon durch Plünderungen, Klimawandel und ungeregelten Häuserbau zerstört. Dies alles wird noch vor 2030 geschehen. Als Antwort startete Parcak die Crowdsourcing-Plattform GlobalXplorer. Nick Paumgarten beschrieb im *New Yorker* das demokratische Ethos der Plattform und wie »urbane Schatzsucher Satellitenkarten unter die Lupe nehmen und dadurch mögliche archäologische Stätten identifizieren können. Dahinter steht der Gedanke, mehr Augen (und letztlich mehr hilfsbereite Schaufeln) einzusetzen, um das Rennen gegen Kohlenstoff und Gier zu gewinnen.«

Städte werden vom Klimawandel und vom steigenden Meeresspiegel stärker getroffen als ländliche oder unbewohnte Regionen. Etwa 90 Prozent der städtischen Gebiete weltweit liegen an Küsten, und bis 2025 werden 75 Prozent der Weltbevölkerung an oder in der Nähe von Küsten leben. Asien mit seiner weltweit am stärksten wachsenden Mittelschicht und als Heimat von 60 Prozent der Weltbevölkerung wird sich in Metropolen wie Jakarta, Manila, Ho-Chi-Minh-Stadt, Bangkok, Osaka, Dhaka und Shanghai als äußerst anfällig für Flutkatastrophen erweisen. Außerhalb von Asien gehören New Orleans, Miami, Venedig und Alexandria zu den exponiertesten Städten.

Städtisches Wachstum verstärkt noch ein weiteres Hauptmerkmal der Welt von 2030: die Ungleichheit. Dieses Problem bahnt sich bereits seit langem an. »Jede Stadt, wie klein sie auch sei, ist tatsächlich zweigeteilt«, schrieb Platon vor zweieinhalb Jahrtausenden, »in eine Stadt der Reichen und eine Stadt der Armen.« *Metropolis*, Fritz Langs futuristischer Stummfilm aus dem Jahr 1927, bannte Platons Überlegungen auf die Leinwand. Er zeigt eine zweigeteilte Stadt. Arbeiter schuften im Untergrund, während die Reichen das Leben in einer makellos funkelnden Oberstadt voller futuristischer Gefährte, Züge, Flugzeuge, Wolkenkratzer sowie Unter- und Überführungen genießen. Die zwei Hauptfiguren – Freder, ein wohlhabender Sohn des Alleinherrschers der Stadt, und die von den Arbeitern geliebte Maria – versuchen, den Graben zwischen Reichen und Armen zu überbrücken. Die Ästhetik des Films, seine visuellen Themen und Motive wurden, wie auch viele unserer heutigen Städte, von Kubismus, Expressionismus und Art déco inspiriert. Der Film endet mit einem interessanten Zwischentitel: »Mittler zwischen Hirn und Hand muss das Herz sein.« Während der Film nach seiner Uraufführung durchwachsene Kritiken erhielt, gilt er heute als Klassiker, der vorweggenommen hat, wie große Städte mit ihren Gegensätzen, mit ihrem Glanz und ihrem Elend, irgendwann einmal aussehen werden.

Das massive Wachstum von Städten, wie wir es heute beobachten, ist ein relativ neues Phänomen. Man bedenke, dass bis in die zwanziger Jahre des vergangenen Jahrhunderts in keiner Stadt der Welt mehr als 10 Millionen Menschen lebten. Tatsächlich hatte nur eine Handvoll Städte mehr als eine Million Einwohner. Im Jahr nach der ersten Mondlandung, also 1969, gab es lediglich drei mit mehr als 10 Millionen Bewohnern: New York, Tokio und Osaka. Zur Jahrtausendwende nahm das Wachstum der Städte Fahrt auf, und das Stadtleben wurde zur neuen Normalität. Sind alle diese Veränderungen endgültig?

Platons einflussreichster Schüler Aristoteles schrieb: »Eine große Stadt sollte man nicht mit einer bevölkerungsreichen verwechseln.« Tatsächlich wirken viele große Städte der Welt heute seelenlos und menschenfeindlich. Der italienische Maler Giorgio de Chirico hat diese Trostlosigkeit mit seinen futuristischen Stadtlandschaften beeindruckend eingefangen. Modernistische Architekten und Stadtplaner erklärten mit den Worten des berühmten Architekten Ludwig Mies van der Rohe: »Weniger ist mehr«, und schufen stromlinienförmige Gebäude, die Städte in geometrische Planspiele verwandelten. »Es gibt nichts Poetischeres und Schrecklicheres als den Kampf der Wolkenkratzer mit den Himmeln, die sie überdachen«, sagte der Dichter Federico García Lorca, der von 1929 bis 1930 in New York gelebt hatte. Es sollte Jahrzehnte dauern, bis Robert Venturi mit seinem launischen »Weniger ist langweilig«-Ansatz für eine Trendwende in der modernen Architektur sorgte.

Solange große Städte immer weiterwachsen, werden sich all unsere Probleme – ob Verkehrschaos oder Luftverschmutzung, ob Abfallentsorgung oder Armut und Ungleichheit – vervielfachen. Daran ist nicht zu rütteln. Städte sind der »Nullpunkt« im Kampf gegen die globale Erwärmung, und sie vergrößern das Wohlstandsgefälle. Doch wir können es uns nicht leisten, uns von diesen erdrückenden Problemen in die Knie zwingen zu lassen. Charles Dickens sagte einmal: »Um erfolgreich zu sein, ist es entscheidend, nicht länger ›ich möchte‹ zu sagen, sondern mit ›ich werde‹ zu beginnen.« Erachten Sie nichts als unmöglich, denken Sie lateral, um die Probleme von Städten anzugehen, und beginnen Sie, Möglichkeiten wie Wahrscheinlichkeiten zu behandeln.

Lichter – und Schatten – der Großstadt

Sobald Städte in der Nacht die Lichter einschalten, kann man mithilfe von Satellitenbildern sogenannte »Lichtverschmutzungskarten« entwerfen, wie jene der NASA, die in Abbildung 8 zu sehen ist.

Die Intensität des nächtlichen Leuchtens steht in enger Verbindung zu den weltweiten Wohlstandsniveaus, und Forscher verwenden sie, um Daten offizieller Statistiken, die auf herkömmliche Weise gesammelt wurden, zu triangulieren und zu verifizieren. Doch Satelliten verraten uns nichts von den riesigen Armutsquartieren, die sich unter dem atemberaubenden Funkeln der Stadtlichter verbergen und das Ergebnis einer wachsenden Einkommens- und Vermögensungleichheit sind. Die Rechercheabteilung der britischen House of Commons Library hat eine ernüchternde Vorhersage gemacht, wonach bis 2030 zwei Drittel des weltweiten Wohlstands in den Händen des reichsten einen Prozents liegen werden, und dieses eine Prozent der Menschheit wird zum größten Teil in Städten leben. Im Jahr 2018 hatte Hongkong 10 000 ultrareiche Einwohner mit einem jeweiligen Eigenkapital von mindestens 30 Millionen Dollar, womit die Stadt erstmals New Yorks 9000 übertraf. Tokio, Los Angeles, Paris, London, Chicago, San Francisco, Washington und Osaka vervollständigen die Top Ten der Städte mit den meisten ultrareichen Bewohnern. Doch in Hongkong lebt auch ein beträchtlicher Anteil an Menschen (20 Prozent) in Armut, und in New York ist es Daten der Stadtregierung zufolge nicht anders (19 Prozent).

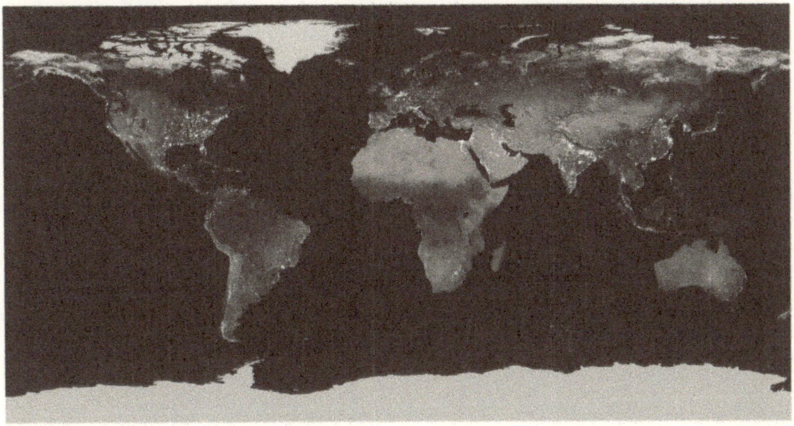

Abbildung 8

Im Jahr 2019 lag die Armutsgrenze in den USA für eine vierköpfige Familie bei einem Jahreseinkommen von 28100 Dollar. Diesem Maßstab zufolge sind 30 Prozent der Bewohner der texanischen Metropolenregion McAllen-Edinburg-Mission arm. In Valdosta, Georgia, sind es 26 Prozent, im kalifornischen Visalia-Porterville fast 25 Prozent und in Bloomington, Indiana, knapp 23 Prozent. Im Jahr 2017 lag der landesweite Schnitt bei 12,3 Prozent. Und das sechs Jahrzehnte nachdem Präsident Lyndon B. Johnson den Krieg gegen die Armut ausgerufen hatte. Damals lag die landesweite Armutsrate bei 19 Prozent. Armut konzentriert sich – wie auch Wohlstand – unverhältnismäßig in Städten. Städte zementieren die Höhen und Tiefen des Lebens, wie wir es kennen, und trennen uns in die Gegensätze von Bevorzugung und Benachteiligung.

***

Nur wenige Straßenzüge vom Capitol Hill entfernt liegt eines der ärmsten Viertel der Vereinigten Staaten. Im Jahr 1932 zogen Rosa Lee Cunninghams Großeltern, die Farmpächter waren, aus dem ländlichen Rich Square (North Carolina) in diesen Stadtteil von Washington. »Ihre Lebensgeschichte umfasst ein halbes Jahrhundert voller Elend in heruntergekommenen Vierteln«, schrieb Leon Dash, Investigativ-Journalist der *Washington Post*. »Nicht weit von den pompösen Gebäuden, wo politische Entscheidungsträger wiederholt daran gescheitert sind, den Kreislauf der Armut zu durchbrechen«, wurde Rosa Lee mit dreizehn schwanger und bekam das erste ihrer acht Kinder. Mit sechzehn heiratete sie und zog ein paar Monate später zurück in ihr Elternhaus, nachdem ihr Ehemann angefangen hatte, sie zu schlagen. Es dauerte Jahre, bis sie in ihre eigenen vier Wände ziehen konnte. »Rosa Lee lebte in einer Welt, die von Armut, Analphabetismus und Kriminalität geprägt war«, schrieb Dash. Zwei ihrer Kinder fanden schließlich dauerhaft Arbeit. Sie lebten in einer beengten Wohnung zusammen mit ihrem ältesten Sohn, der im Wohnzimmer schlief. Ein weiterer Sohn machte Überstunden in einem Kentucky Fried Chicken, wo er die Öfen putzte. Nach der Arbeit rauchte er Crack. Rosa Lee teilte sich ein Zimmer mit einer ihrer Töchter, deren Teenagersohn eine Zeitlang in einer sozialen Einrichtung für junge Straftäter gelebt hatte. Eine weitere Tochter – die wegen Kokainbesitzes eine elfmonatige Freiheitsstrafe abgesessen hatte – bewohnte mit ihren drei Kindern das einzige andere Zimmer. Das macht insgesamt neun Menschen aus drei unterschiedlichen Generationen.

»Rosa Lee ist für ihre Kinder eine Art Sicherheitsnetz«, schrieb Dash. Ihre Kinder führen »eine Art Nomadenexistenz, leben in den Wohnungen von Freunden, zwischendurch sind sie im Gefängnis, dann wieder auf der Straße, und irgendwann ziehen sie wieder zurück zu Rosa Lee«. Sie ist in fünfundvierzig Jahren achtzehnmal in der Hauptstadt umgezogen. Sie bezog als Einzige regelmäßige

Einkünfte. »Sie erhält monatlich 437 Dollar vom ›Supplemental Security Income Program for the disabled poor‹ [ein Beihilfeprogramm für mittellose Menschen mit Behinderung]. Den Rest ihres Geldes verdient sie sich mit dem Verkauf von Hehlerware.« Im Jahr 1988 wurde bei ihr Aids diagnostiziert. 1995 starb sie. »Armut ist ein Phänomen, das Amerikaner aller ethnischen Gruppen sowohl in ländlichen als auch in städtischen Gemeinden betrifft, doch hat sie überproportional schwarze Amerikaner getroffen, die in den Innenstädten des Landes leben.«

Eric war einer der beiden Söhne von Rosa Lee, denen der Aufstieg in die Mittelschicht gelang. Er fuhr einen Jeep und lebte in einem Vorort von Washington. Eric und sein Bruder Alvin sind die einzigen von Rosa Lees acht Kindern, die nie Drogen nahmen oder im Gefängnis waren. Sie gingen beide zur Armee. Als ihre Mutter starb, war Alvin Busfahrer, und Eric arbeitete in mehreren Teilzeitjobs als Baggerfahrer. »In ihrer Familie wurde der Drogenmissbrauch zu einer trennenden Mauer«, schrieb Dash. »Alvin und Eric treffen ihre Geschwister nicht einmal an Feiertagen, und keiner von beiden kann sich erinnern, wann ihre Geschwister sie zum letzten Mal besucht haben. Wenn sie sich sehen, dann eigentlich nur, weil Alvin oder Eric irgendwelche Probleme in Rosa Lees Wohnung in Ordnung bringen.«

Während sich die Armen und die verarmte Mittelschicht in den Städten abrackern, lassen die Reichen es sich gutgehen. »Meine Samstagabende verbrachte ich in New York, denn Gatsbys strahlende, mitreißende Partys waren so lebendig in mir, dass ich immer noch die Musik und das unaufhörliche leise Gelächter aus seinem Garten hörte, und die Wagen, die seine Auffahrt herauf- und herabkamen«, schrieb F. Scott Fitzgerald. »Eines Abends hörte ich wirklich einen Wagen und sah die Lichter an der Treppe halten. Aber ich ging der Sache nicht nach. Vielleicht war es ein letzter Gast, der irgendwo am Ende der Welt gewesen war und nicht wusste, dass die Party vorbei war.« In ihrer exklusiven Welt weiteifern Reiche mit Reichen um gesellschaftliche Anerkennung. »In dem Maße wie das Vermögen anwächst«, schrieb Thorstein Veblen im Jahr 1899, »entwickelt sich auch die müßiggängerische Klasse weiter, in ihrem Verhalten wie in ihrer Form. Es entsteht eine Ausdifferenzierung innerhalb der Klasse. Diejenigen, die sehr weit oder ganz oben stehen, durch Geburt oder durch ihr Vermögen oder beides, degradieren diejenigen von geringerer Geburt oder von geringerem Vermögen.«

Couch-Potatoes und Social Media

Doch ist es vor allem die Mittelschicht, die die Zukunft der Städte bestimmen wird. Die wachsende städtische Mittelschicht bildet das Rückgrat der modernen Verbraucherwirtschaft, die wir in Kapitel 3 beschrieben haben, und ihre Vertreter führen ein ganz anderes Leben als Menschen auf dem Land: Sie sind eher daran interessiert, Geld für Freizeit und Unterhaltung auszugeben. Sie hinterlassen viel größere CO_2- und digitale Fußabdrücke. Stadtbewohner und ihre Lebensstile werden die Zukunft von Technologien und des Konsumverhaltens genau deshalb bestimmen, weil sie die Mehrheit der Bevölkerung stellen. Aufgrund ihres Verhaltens werden Unternehmen neue Produkte und Marketingideen entwickeln. Immer mehr städtische Verbraucher erzeugen in einem endlosen, sich selbst verstärkenden Kreislauf immer neue, ihrem urbanen Lebensstil entsprechende Konsumformen.

Und während die Städte wachsen, nimmt auch das Phänomen der sogenannten Couch-Potato zu. Im Jahr 2017 gab es weltweit mehr Menschen, die an Hunger litten (821 Millionen) als an Adipositas, also Fettleibigkeit (650 Millionen). Bis 2030, wenn sich die Mittelschicht auf Asien und Afrika ausdehnt, werden geschätzte 1,1 Milliarden adipöse Menschen die Zahl der Hungernden (die konservativen Berechnungen zufolge auf 200 Millionen fallen wird) bei weitem übersteigen. Der Anstieg der Adipositas wird durch die Bevölkerungsexplosion in Städten mit der dort charakteristischen sitzenden Lebensweise angetrieben. Auch Veränderungen in unserer Ernährung und der Konsum industriell verarbeiteter Lebensmittel tragen dazu bei. Mit der Verbreitung von Adipositas werden mehr Menschen an Herzkrankheiten, Diabetes, Gelenk- oder Muskelerkrankungen sowie anderen Gesundheitsproblemen leiden. Die Nachfrage nach Übergrößen bei Kleidern und auch Möbeln, nach Fitnessstudios und Ernährungsberatern wird steigen.

Laut Definition der Weltgesundheitsorganisation haben übergewichtige Menschen einen Body-Mass-Index zwischen 25 und 30. Adipositas ist definiert als Body-Mass-Index von mehr als 30. Weltweit gibt es heute doppelt so viele Adipöse wie 1980. Im Jahr 2016 waren 1,9 Milliarden Erwachsene übergewichtig und 650 Millionen adipös. Zusammengenommen ist dies ein Viertel der Weltbevölkerung. Schlimmer noch: 2016 waren 41 Millionen Vorschulkinder übergewichtig oder adipös. In diesem Jahr starben mindestens 2,8 Millionen Menschen aller Altersgruppen an Gesundheitsproblemen, die mit Übergewicht zusammenhingen. Eine weitaus größere Anzahl war unfähig, ein normales, produktives Leben zu führen. Menschen verloren ihre Arbeit, wurden gesellschaftlich geächtet oder litten an anderen Gebrechen. Der OECD zufolge ist der »Anteil an adipösen Erwachsenen in den Vereinigten Staaten, Mexiko, Neuseeland und Ungarn am höchsten, in Japan und Korea am niedrigsten. Man rechnet damit, dass der Anteil adipöser Erwachsener bis 2030 weiter zunehmen wird.« Adipositas betrifft Frauen mehr als Männer und Arme mehr als die Mittelschicht.

Das Adipositas-Problem ist in den Vereinigten Staaten, einem Land, in dem nur etwa 4 Prozent der Weltbevölkerung leben, das aber fast 18 Prozent zur globalen menschlichen Körpermasse beiträgt, besonders ausgeprägt. Dem National Center for Health Statistics zufolge sind sage und schreibe 70 Prozent der Amerikaner entweder übergewichtig (32 Prozent) oder adipös (38 Prozent), verglichen mit einem globalen Durchschnitt von 39 beziehungsweise 13 Prozent. Anders gesagt entspricht das Übergewicht von Amerikanern etwa einer Milliarde Menschen auf dem Planeten. Bis 2030 wird prognostiziert, dass etwa die Hälfte der amerikanischen Bevölkerung adipös sein wird. Von extremer Adipositas, die einem Body-Mass-Index von mehr als 40 entspricht, sind 5,5 Prozent der amerikanischen Männer und unglaubliche 9,9 Prozent der amerikanischen Frauen betroffen. Unter amerikanischen Kindern und Jugendlichen sind 17 Prozent adipös und 6 Prozent extrem adipös. Einer von fünf amerikanischen Teenagern ist adipös, und fast jeder zehnte ist extrem adipös. Diese Trends werden sich mit der Zeit noch verstärken.

Wirtschaftliches Wachstum in China, Indien und anderen Schwellenländern Asiens und Afrikas (wo Unterernährung historisch eine größere Bedrohung als Adipositas darstellte) hat zu einem höheren Konsum von Proteinen und industriell verarbeiteten Lebensmitteln, einer bewegungsärmeren Lebensweise und anderen ungesunden Nebenerscheinungen des urbanen Lebens geführt. Trotzdem findet man die größte Verbreitung von Adipositas von zum Teil 80 Prozent der Bevölkerung in den Inselstaaten des Südpazifiks, unter anderem in Samoa, Nauru, auf den Cook-Inseln, Tokelau und Tonga. »Ursprünglich dachte man, die Bewohner der pazifischen Inseln seien genetisch empfänglich für Adipositas«, informiert die Website healthcareglobal.com. Neuere Studien zeigten jedoch, dass westliche Ernährungsweisen schuld sind. »Traditionelle Lebensmittel der Inseln wie frischer Fisch, Fleisch sowie einheimisches Obst und Gemüse wurden durch Reis, Zucker, Mehl, Dosenfleisch, Dosenfrüchte und -gemüse, Erfrischungsgetränke und Bier ersetzt.«

Die Lebensweise in der Stadt wird auch von der Hektik des urbanen Alltags geprägt, besonders, was den Verkehr anbelangt. Etwa ein Drittel der Zeit, in der Menschen mit ihren Autos durch die Innenstädte großer amerikanischer Städte fahren, geht für die Suche nach Parkplätzen drauf. Untersuchungen zeigen, dass Menschen in jenen urbanen Regionen, in denen die Mittelschicht an Bedeutung gewonnen hat, 20 bis 30 Prozent ihrer Wachzeiten im Straßenverkehr verbringen. Es überrascht nicht, dass viele Städte zu einem Synonym für Smog oder akute Luftverschmutzung geworden sind.

Außerdem ist die urbane Lebensweise bedeutungsgleich für den Gebrauch aller möglichen Smartphone-Apps geworden, die zur weiteren Entzweiung der Verhaltensweisen zwischen Stadt- und Landbewohnern beitragen. Am häufigsten werden Social-Media-Apps verwendet. Im Januar 2019 waren mehr als 80 Prozent der über Dreizehnjährigen in den Vereinigten Staaten, Lateinamerika und Ostasien regelmäßig auf Social-Media-Plattformen wie Facebook, Twitter, Instagram oder WeChat unterwegs. In Europa und im Nahen Osten betrug ihr Anteil mehr als 70 Prozent. Im Gegensatz dazu lag er in Subsahara-Afrika unter 20 Prozent und in Indien bei etwa 30 Prozent (zwei Regionen der Welt, in denen nicht alle Smartphone-Besitzer Social Media nutzen). Da in diesen Ländern sehr viele Menschen auf dem Land wohnen, sind relativ wenige auf Social-Media-Plattformen vertreten. Selbst wenn sie Zugang zu digitalen Netzwerken und Apps haben, tauschen sich Dorfbewohner lieber von Angesicht zu Angesicht aus. Der Anteil der Bevölkerung, der auf dem Land lebt, beträgt in Subsahara-Afrika etwa 59 und in Indien 65 Prozent (im Vergleich zu lediglich 17 Prozent in den Vereinigten Staaten), wobei diese Zahlen schnell sinken, da immer mehr Menschen in die Städte ziehen.

Kann ein »libertärer Paternalismus« unsere Städte – und den Planeten – retten?

Viele fragen sich, was gegen die globale Erderwärmung anderes getan werden kann, außer der gesamten Wirtschaft eine drakonische »Zero CO_2«-Diät zu verordnen. Die Antwort lautet, dass kleine, einfache Anpassungen unseres täglichen Verhaltens tatsächlich viel dazu beitragen können, die Katastrophe zu vermeiden. Es gibt zwei Grundprinzipien, die eine Rolle dabei spielen, das Leben in Städten für einen größeren Anteil ihrer Bewohner umweltfreundlicher, erträglicher und angenehmer zu gestalten. Solange man sie nicht in die Tat umsetzt, wird es sehr schwer, mit Verschmutzungen, Umweltschäden und dem Klimawandel fertigzuwerden. Beide beinhalten laterales Denken.

Das erste laterale Prinzip ist die »Alltäglichkeit des Außergewöhnlichen« oder die Idee, dass Höchstleistungen normalerweise nicht das Ergebnis von Quantensprüngen sind oder auf angeborenem Talent gründen, sondern durch eine Reihe kleinerer Verbesserungen erreicht wird. Der Soziologe Daniel Chambliss prägte den Ausdruck nach einer ethnographisch-quantitativen Analyse von Wettkampfschwimmern. Er kam zu dem Ergebnis, dass »Spitzenleistungen wirklich ein Zusammenspiel von Dutzenden kleinen Fertigkeiten und Handlungen sind, von denen jede einzelne erlernt oder zufällig gefunden wurde«. Die dreifache Olympiasiegerin Mary Meagher schlägt in dieselbe Kerbe: »Die Leute wissen gar nicht, wie alltäglich Erfolg ist.« Eine lange Liste kleiner Dinge sei es, die überragende Ergebnisse zeitige, wenn sie gleichzeitig ausgeführt würden. »Keine dieser Handlungen hat etwas Ungewöhnliches oder Übermenschliches an sich, außer der Tatsache, dass sie regelmäßig und richtig ausgeführt wird«, sagt Chambliss. Mit anderen Worten, das Außergewöhnliche ist alltäglich und wird etwa wie folgt trainiert:

Schwimmer verbessern sich, indem sie lernen, wie man »eine korrekte Rollwende« macht, wie man »einen stromlinienförmigen Abstoß vom Beckenrand mit über dem Kopf zusammengepressten Armen« durchführt, wie man »die Hände im Wasser so positioniert, dass keine Luft in ihnen eingeschlossen wird«, wie man im Kraftraum Gewichte einsetzt, »um angemessen Kraft aufzubauen«, wie man »das Richtige isst«, »die besten Rennanzüge trägt« und so weiter. Peter Drucker, einer der einflussreichsten Managementberater aller Zeiten, schrieb einmal, um eine erfolgreiche Führungskraft zu werden, »benötigt man kein besonderes Talent, keine besondere Eignung und auch keine besondere Ausbildung. Wer als Führungskraft Wirkung entfalten will, muss gewisse – und zwar reichlich einfache – Dinge tun.« Wie wir sehen werden, können einfache Verhaltensänderungen viel dazu beitragen, den Klimawandel zu verlangsamen und die Umwelt für zukünftige Generationen zu schützen.

Zum zweiten Prinzip gehört etwas, das Verhaltensforscher »Nudging« nennen – das Herbeiführen von Verhaltensänderung entweder durch positive Bestärkungen oder indirekte Anregungen, die Motive, Anreize und Entscheidungen von Gruppen oder Individuen beeinflussen sollen. Die »Kunst des Nudge« wurde zuerst von dem britischen Wissenschaftlers D. J. Stewart in seinem Artikel »Einstein meets Magritte« von 1999 beschrieben. Im Jahr 2008 verschaffte Richard Thalers und Cass Sunsteins Buch *Nudge – Wie man kluge Entscheidungen anstößt* der »Wissenschaft des Nudging« weltweite Aufmerksamkeit. Das Grundproblem besteht ihrer Meinung nach darin, dass Menschen oftmals nicht nur zum Nachteil des Gemeinwohls handeln, sondern auch gegen ihre eigenen Interessen. Thaler – der anschließend mit dem Nobelpreis für Wirtschaftswissenschaften ausgezeichnet wurde – und sein Co-Autor legten dar, dass das Faszinierende des Nudging darin besteht, Verhaltensänderungen herbeiführen zu können, die sowohl das Gemeinwohl als auch die individuellen Vorteile fördern. Nudging hat mit Regulierung, Durchsetzung oder Zwang nichts zu tun. Thaler und Sunstein bezeichnen das Prinzip als »libertären Paternalismus«. Sie schreiben: »Ein Nudge muss zugleich leicht zugänglich und ohne großen Aufwand zu umgehen sein. Er ist nur ein Anstoß, keine Anordnung. Das Obst in der Kantine auf Augenhöhe [neben der Kasse] zu drapieren, zählt als Nudge. Junkfood aus dem Angebot zu nehmen, hingegen nicht.«

Beim Nudging bemüht man sich um kleine, subtile und kostengünstige Veränderungen. Um ein Beispiel zu nennen: Indem Designer in den Urinalbecken auf dem Amsterdamer Flughafen Schiphol das Bild einer Hausfliege anbrachten, verbesserten sie die »Zielgenauigkeit« der Nutzer, was wiederum die Reinigungskosten verringerte. Nudging findet breite Zustimmung auf so unterschiedlichen Feldern wie Marketing, Talentmanagement, Gesundheitswesen, allen Arten von Therapie und in der Politik, wo Kandidaten die Techniken des Nudge nutzen, um Spenden zu generieren, das Engagement zu steigern und bessere Wahlergebnisse einzufahren.

Ich will Ihnen ein praktisches Beispiel geben. Je nachdem, auf wie viele rote Ampeln während meines täglichen Wegs zur Arbeit in Philadelphia ich treffe, kann sich die Zeit, die ich im Auto verbringe, verdoppeln oder sogar verdreifachen, und damit auch mein CO_2-Fußabdruck. Dabei verspüre ich zuweilen ein großes Bedürfnis, an einer Ampel zu beschleunigen, weil sie gleich auf Rot springen wird – ein sehr gefährliches Verhalten, mit dem ich das Unfallrisiko erhöhen würde. Doch die Stadt könnte über den Ampeln Tafeln anbringen, die die Fahrer über den Status der darauffolgenden Ampeln informieren. Nähere ich mich nun einer Ampel, die gerade auf Gelb springt, sehe aber zugleich, dass die nächste Ampel demnächst ebenfalls auf Gelb und Rot springen wird, erscheint es als eine weniger wünschenswerte Handlung, noch über die Kreuzung zu rasen. An der nächsten Ampel müsste ich sowieso stehen bleiben. Ein weiteres Beispiel: Linien und Pfeile auf die Straße zu malen hilft Menschen manchmal, zügiger zu fahren, vor allem wenn sie abbiegen müssen. Ebenso wissen Verkäufer seit Jahren, dass man den Takt der Hintergrundmusik erhöhen muss, wenn es im Laden enger wird. So kann man die Schlangen an den Kassen verkleinern und Verkäufe maximieren.

Untersuchungen deuten darauf hin, dass einfache Veränderungen und libertärer Paternalismus im Kampf der Städte gegen Verschmutzung, Staus und Klimawandel wirksamer sein können als Geldstrafen, CO_2-Steuern oder finanzielle Anreize. Umweltfreundliche Verhaltensweisen wie die Wahl schadstoffärmerer Fortbewegungsmittel, die Teilnahme an Recyclingprogrammen oder die Verwendung umweltschonender Waschmittel werden eher angenommen, wenn Menschen eine moralische Pflicht verspüren, etwas gegen den Klimawandel zu tun. Es stimmt, dass man sie auf die Probleme und ihre Folgen aufmerksam machen muss, dass man sie ermutigen sollte, persönliche Verantwortung zu übernehmen, und dass man sie motivieren muss, etwas zu unternehmen. Doch die Forschung zeigt auch, dass umweltschonende Verhaltensweisen zu einem großen Teil eine Frage der Gewohnheit sind. Die Kluft zwischen Absicht und Handlung kann durch Nudging überbrückt werden, das Menschen ermutigt, positive Gewohnheiten auszubilden. Statt nur die Temperatur anzuzeigen, könnten Thermostate zum Beispiel darüber informieren, wie viel es kostet, einen Raum zu beheizen. Auch Stromrechnungen, in denen der eigene Verbrauch mit dem Durchschnittsverbrauch im gesamten Wohnviertel verglichen wird, können nachweislich den Energieverbrauch senken – als würden sie die Menschen darauf trimmen, den Jones' und Smiths in ihrer Rechtschaffenheit statt in ihrem Geltungskonsum nachzueifern. Womöglich würden auch mehr Menschen öffentliche Verkehrsmittel nutzen, wäre es nur einfacher, mit Kreditkarte oder Handy zu bezahlen.

»Wenn der Brunnen ausgetrocknet ist, erkennen wir den Wert des Wassers«

Das Zitat stammt von Benjamin Franklin. Er wollte damit auf metaphorische Weise zum Ausdruck bringen, dass wir nichts als selbstverständlich ansehen sollten, doch können wir diesen Aphorismus heute auch ganz wörtlich verstehen. Wasser ist fast immer eine erneuerbare Ressource, doch seine Qualität und weltweite Verteilung sorgen für beträchtliche Spannungen und Konflikte. Vor allem Städte müssen immer wieder mit Wasserknappheit rechnen. Auch hat einer von vier Stadtbewohnern (das entspricht einer Milliarde Menschen weltweit) zu Hause keinen Zugang zu Leitungswasser. Die sich verändernde geographische Verteilung des Bevölkerungswachstums, die zunehmende Verstädterung, die Ausdehnung der Mittelschicht und der Klimawandel werden die Wasserwirtschaft und -politik fundamental verändern. Wie meine Kollegin an der Universität Pennsylvania, die Ozeanographin und Klimaexpertin Irina Marinov, betont: »Wir haben das Ökosystem in den letzten 200 Jahren stärker verändert, als die Natur dies normalerweise in Zyklen von 100 000 Jahren tut.«

Unsere Wasserprobleme werden sich bis 2030 vervielfachen. »In den westlichen Vereinigten Staaten gibt es das alte Sprichwort, wonach Whiskey zum Trinken und Wasser zum Kämpfen da sei«, sagt Ian Lyle, Leiter für Bundesangelegenheiten der National Water Resources Association. McKinsey und anderen zufolge ist Wasser nach Verkehrswesen und Energie der drittwichtigste und -teuerste Posten künftiger Infrastrukturplanungen. Wasser kann nur schwer (und kostenintensiv) gelagert und über längere Strecken transportiert werden. Die Zukunft von Städten hängt also davon ab, eine neue Wasserinfrastruktur zu schaffen und alle zu ermutigen – Verbraucher, Bauern, Produzenten und Energieerzeuger –, mit Wasser achtsamer umzugehen.

Wasser und Wassermanagement sind für jede größere menschliche Gesellschaft von wesentlicher Bedeutung. Alle großen Zivilisationen – Ägypten, Mesopotamien, das Indus-Tal, China, Rom – haben wasserwirtschaftliche Infrastrukturen und Technologien geschaffen, um das Zusammenleben in einem dicht besiedelten städtischen Umfeld zu ermöglichen. Im Lauf der Geschichte ist es nach Wasserknappheiten immer wieder zu größeren Katastrophen gekommen. Den Vereinten Nationen zufolge haben die meisten Naturkatastrophen, vielleicht bis zu 90 Prozent, mit Wasser zu tun. Größere Flüchtlingskrisen sind das Ergebnis von Dürren oder Wasserkonflikten, so in Somalia im Jahr 2011 oder in Sudan und Mali 2012. Die OECD schätzt, dass bis 2030 fast vier Milliarden Menschen – das ist die Hälfte der vorhergesagten Weltbevölkerung – in Regionen mit gravierender Wasserknappheit leben werden – vorrangig in Ostasien, Südasien und im Nahen Osten, wo die Städte am schnellsten wachsen.

Mehr als zwei Drittel der Erde sind mit Wasser bedeckt, doch 97,5 Prozent davon sind nicht trinkbar. So bleiben für den menschlichen Verbrauch nur 2,5 Prozent. Der Großteil davon, vielleicht bis zu 70 Prozent, ist nicht leicht zugänglich – weil es in Eisdecken, Gletschern, Permafrostböden und ewigem Schnee gewissermaßen verborgen ist. Etwa 30 Prozent sind Grundwasser, und weniger als 1 Prozent befindet sich in Flüssen, Seen, Feuchtgebieten und anderen Speicherbecken. Etwa 1,2 Milliarden Menschen haben derzeit keinen Zugang zu sauberem Trinkwasser, und etwa 2,8 Milliarden sind jährlich mit einer mindestens einmonatigen Wasserknappheit konfrontiert. Dieser Mangel kann physikalische wie wirtschaftliche Gründe haben. Einige Teile der Welt haben einfach nicht genug Wasser, um gegenwärtige wie künftige Bevölkerungsgrößen zu bewältigen, in anderen Regionen hingegen, vor allem in Subsahara-Afrika und Teilen Südasiens, ist die Wasserknappheit einer fehlenden Infrastruktur, einer fehlgeleiteten Ressourcenverteilung und anderen wirtschaftlichen Faktoren geschuldet. In einigen dieser Regionen kann es in Dürreperioden vorkommen, dass Menschen – meistens Frauen und Kinder – bis zu fünf Stunden am Tag damit verbringen, für ihre Familien Wasser zu beschaffen.

Besonders schlimm ist die Lage in Südasien. »Selbst in Chennai, Bangalore, Shimla und Delhi wird Wasser rationiert, und Indiens

Ernährungssicherheit ist gefährdet. Während die Lebensgrundlagen von Millionen Menschen bedroht sind, schreit das städtische Indien nach Wasser«, heißt es in einem Bericht der indischen National Commission for Women. »So wird Wasser etwa in Bangalore zweimal pro Woche und in Bhopal täglich 30 Minuten rationiert. Mumbai erlebt von Januar bis Juni regelmäßige Wassersperren, während einige Gegenden in Hyderabad nur einmal in drei Tagen Wasser erhalten.« Die Städte, die in diesem Zitat erwähnt wurden, gehören zu den am schnellsten wachsenden der Welt.

Das Rad neu erfinden

In den ärmsten Teilen der Welt legen Frauen und Mädchen lange Strecken zurück, um Wasser für ihre Familien zu beschaffen. Diese Aufgabe ist umso schwieriger, da Wasser sehr schwer ist. Die Weltgesundheitsorganisation empfiehlt, 20 bis 50 Liter Wasser täglich für Trinken, Kochen und Waschen. Dafür gehen Frauen in Teilen Asiens und Afrikas im Schnitt sechs Kilometer und tragen dabei etwa 11,5 Liter Wasser.

Cynthia Koenig beschloss, dieses Problem zu lösen. Nach ihrem MBA und Master in Globaler Nachhaltigkeit an der Universität Michigan gründete sie »Wello WaterWheel«, ein Sozialprojekt, das Wasserfässer aus Plastik herstellt und vertreibt, die auch über unwegsames Gelände gerollt werden können. Ihre Erfindung zielte darauf ab, die traditionellen, auf dem Kopf zu tragenden 8-Liter-Wasserkrüge durch 90 Liter fassende Plastiktrommeln zu ersetzen, die wie breite Räder mit einem sehr langen U-förmigen Henkel aussehen und wie eine Art Einkaufswagen geschoben werden können. Damit kann man zehnmal mehr Wasser über mehrere Kilometer transportieren, als wenn man sie trägt, und dass, ohne sich allzu sehr anstrengen zu müssen.

Zwar hatte Koenig das Prinzip nicht erfunden, doch bot sie ihr

Produkt zu einem unschlagbaren Preis an. »Die Idee zu Wello entstand in den Jahren, in denen ich eigene Erfahrungen mit dem Leben und Arbeiten in wasserarmen Gegenden gemacht habe«, erinnert sie sich. »Als ich in einem abgelegenen Dorf in Mexiko lebte, musste ich hart dafür kämpfen, genügend Wasser für meine täglichen Bedürfnisse aufzutreiben.« Sie begann während einer Entdeckungsreise im indischen Rajasthan, nach Lösungen zu suchen. »Unsere ersten Ideen gingen in alle möglichen Richtungen – von wassertransportierenden Ballons bis zu ergonomischen Packtaschen für Esel.« Ende 2016 waren täglich mehr als 10 000 WaterWheels in städtischen wie ländlichen Regionen Bangladeschs, Indiens, Kenias, Malawis, Pakistans und Sambias im Einsatz.

In einem viel größeren Maßstab wird die Zukunft des Wassers von ungenügenden Anbauverfahren bedroht, da die Landwirtschaft für etwa 70 Prozent des weltweiten, von Menschen verwendeten Wasserverbrauchs verantwortlich ist. Im Gegensatz dazu verbraucht die Industrie 20 Prozent, und die verbleibenden Privathaushalte verbrauchen 10 Prozent. In Kapitel 1 haben wir über die Möglichkeit einer landwirtschaftlich-industriellen Revolution in Afrika gesprochen – einer Transformation, die ohne ein besseres Wassermanagement nicht zu bewerkstelligen ist.

Der Zusammenhang zwischen Wasser und Energie

Städte haben bessere Chancen, das benötigte Wasser zu erhalten, wenn wir mehr darauf achten, welche Rolle es bei der Energieproduktion spielt. Wir brauchen Wasser, um Rohmaterialien und fossile Brennstoffe zu extrahieren, zu waschen und zu sortieren, um Wärmekraftwerke zu kühlen, Pflanzen für Biokraftstoffe zu kultivieren und Wasserturbinen anzutreiben. Den Vereinten Nationen zufolge sind 90 Prozent der gesamten Energiegewinnung wasserintensiv. Was aber passiert, wenn der Bedarf an Energie einerseits und andererseits die Notwendigkeit, Wasservorräte zu schaffen, miteinander in Konflikt geraten? Verunreinigungen von Grundwasseradern aufgrund von Bergbau oder Fracking nehmen zu. Auch der Klimawandel wird zerstörerische Kräfte entwickeln. Politische Gestaltung und Planung müssen die Bedingungen und Risiken mitbedenken, die dem steigenden Bedarf einer wachsenden Stadtbevölkerung sowohl an Wasser als auch an Energie innewohnen. Dementsprechend gibt es sowohl einen »Wasser-Energie-Nexus« als auch einen »Wasser-Energie-Nahrungs-Nexus«, so Ralph Exton, Marketingchef von GE Power, Water & Process Technologies. »Wasser ist die am stärksten überbeanspruchte, missbrauchte und unterbewertete Ressource der Welt, und ein Großteil davon ist nicht erneuerbar oder wird nicht trinkbar in den Wasserkreislauf zurückgeleitet«, so Noam Lior von der University of Pennsylvania. »Regierungen schreiten nur zögerlich ein. Niemand will eine gründliche Kostenanalyse unternehmen und auf Basis einer solchen Strategien formulieren.«

Der Klimawandel wird den Wasserkreislauf auf unvorhergesehene Weise beeinflussen und zyklische Dürre- und Hochwasserphasen verstärken. Zusätzlich zu diesen Problemen der Wasserwirtschaft wird die Erderwärmung mit neuen Bedrohungsszenarien aufwarten und mehrere unmittelbare Auswirkungen haben. Höhere Temperaturen bedeuten eine erhöhte Verdunstung von Wasser, das sonst zum Nutzen sowohl der Land- als auch der Stadtbevölkerung Bäche, Flüsse und Seen füllen würde. Veränderungen der Pflanzenwelt werden auch die Niederschlagsmuster verändern. Die Erderwärmung lässt Gletscher schmelzen, bis sie irgendwann verschwunden sind, was Bächen und Flüssen ihre stetige Wasserzufuhr entzieht. Wasser zur Bewässerung von Feldern wird knapper werden. Sporadische Starkregenfälle in wärmeren Regionen werden zu temporären Stauungen führen, und damit neue Brutgebiete für Mücken schaffen, die das Gesundheitswesen vor massive Probleme stellen werden.

Landwirtschaft im Schiffscontainer

Wenn Städte die Hauptverantwortlichen der CO_2-Emissionen sind und am härtesten von Klimawandel und Wasserknappheit getroffen werden, sollten wir womöglich lateral denken und einige der Dinge in die Stadt importieren, die das Land so viel umweltfreundlicher machen. Ein vielversprechender Ansatz für das Jahr 2030 und darüber hinaus sähe vor, dass Städte die Nahrungsmittel, die sie für ihre wachsende Einwohnerzahl benötigen, selbst produzieren und so zu »grünen Inseln« werden, statt weiterhin Wärmeinseln zu bleiben. Eine solche Entwicklung würde durch reduzierte Lebensmittelimporte auch den CO_2-Ausstoß verringern, und eine Zunahme der städtischen Vegetation könnte dabei helfen, einen Teil der Abgase von Autos und Kraftwerken zu absorbieren.

In den meisten Industrieländern setzt sich auch die Idee einer »vertikalen Landwirtschaft« durch. Ursprünglich ein Vorschlag von Dickson Despommier von der Columbia University, versucht die vertikale Landwirtschaft Obst und Gemüse über zwei oder mehr Stockwerke anzubauen. »Lebensmittel werden heute an so ungewöhnlichen Orten wie alten Fabriken, verlassenen Lagerhallen und Industriegebäuden angebaut«, bemerkt Ravindra Krishnamurthy, ein Experte auf dem Gebiet der vertikalen Landwirtschaft. In Singapur gründete Jack Ng die Firma Sky Greens, eine der weltweit ersten, kommerziell erfolgreichen vertikalen Farmen. Er baut Gemüse wie Salat und Spinat in A-förmigen Türmen an, die eine Höhe von neun Metern haben. Achtunddreißig Reihen mit Pflanzkästen rotieren bei einer Geschwindigkeit von einem Millimeter in der Sekunde, »wodurch eine gleichmäßige Verteilung von Sonnenlicht, eine ordentliche Luftzirkulation und konstante Bewässerung für alle Pflanzen gewährleistet ist«. Das Entscheidende ist die effiziente Verwendung von Ressourcen. Jeder Turm kann für lediglich drei Dollar im

Monat und mit einem extrem kleinen CO_2-Fußabdruck betrieben werden, der dem Energieverbrauch einer »40-Watt-Glühbirne« entspricht. Das Wasser ist wiederaufbereitet, und »alle organischen Abfälle werden kompostiert und wiederverwendet«.

Vertikale Landwirtschaft kann dabei helfen, Städte im Niedergang wiederzubeleben. »Unternehmer nutzen günstige ehemalige Lagerhallen und Fabriken in Detroit, um regionale Lebensmittel zu produzieren«, berichtet die *Detroit News*. So befeuchten etwa »Green Collar Foods in ihren 40 Quadratmeter großen, mit Neonlicht beleuchteten Treibhäusern mithilfe eines Aeroponik-Systems die nackten Wurzeln von Grünkohl, Koriander und Paprika. Das System ist vertikal errichtet, und die Pflanzen stehen in Regalen, wo sie übereinander wachsen.« Jeff Adams hat »Artesian Farms« 2015 in einer leeren, 700 Quadratmeter großen Lagerhalle gestartet. Um Salat anzubauen, verwendet er zwanzigmal weniger Wasser als seine kalifornischen Konkurrenten. Entscheidend ist, dass die vertikale Landwirtschaft in Städten eine Reduktion des durch Transporte verursachten CO_2-Ausstoßes gewährleistet und Lieferzeiten verkürzt. »Das Essen, das Sie jetzt gerade zu sich nehmen, benötigt sieben bis zehn Tage, bis es in Michigan ankommt«, bemerkt Adams. Seine Produkte hingegen kommen »innerhalb eines einzigen Tages, höchstens nach 48 Stunden von hier auf den Markt. Sie schmecken viel besser und sind viel nahrhafter.«

Urbane Landwirtschaft – vertikal oder nicht – wird zu einem wichtigen Faktor, will man den Bedürfnissen in den schnell wachsenden Städten Afrikas gerecht werden, wo der Transport aus den ländlichen Regionen einen entscheidenden Engpass in den Lieferketten darstellt. Zum Beispiel fördern die Stadtregierungen von Kampala und Nairobi, den Hauptstädten von Uganda beziehungsweise Kenia, seit Jahren und mit wechselndem Erfolg landwirtschaftliche Aktivitäten. Einige Studien weisen darauf hin, dass bereits »800 Millionen Menschen weltweit mit urbaner Landwirtschaft zu tun haben und 15 bis 20 Prozent aller Lebensmittel produzieren«. Die meisten von ihnen leben in Entwicklungsländern. In Afrika beziehen satte 35 bis 40 Millionen Menschen ihre Lebensmittel zum Großteil aus urbanen Farmen.

Landwirte entwickeln ungewöhnliche Ideen, um Afrikas Bedarf an Nahrungsmitteln zu decken. »Wir bauen in Schiffscontainern an«, sagt Oluwayimika Angel Adelaja, Gründerin von Fresh Direct Produce. Sie verlegte ihre Farm in die nigerianische Hauptstadt Abuja, senkte damit Transportkosten und konnte gleichzeitig sicherstellen, dass die meisten ihrer Produkte die Märkte in bestem Zustand erreichten. Außerdem verbraucht Container-Farming viel weniger Wasser, und der Strom stammt von Sonnenkollektoren. Mit der Entwicklung urbaner Agrartechniken geht Afrika Schritt für Schritt jene Herausforderungen im Bereich der Lebensmittelproduktion an, vor die es das Bevölkerungswachstum bis 2030 und darüber hinaus stellt.

Hippe Städte von Bilbao bis Pittsburgh

Laterales Denken wird auch benötigt bei der Bewältigung der massiven Probleme, vor denen viele ehemalige Industriestädte stehen, denn es gilt, den eigenen, vom Industrieabbau begleiteten Verfall umzukehren, einen Anstieg der Armutsquoten zu verhindern und die verheerenden Folgen für die Mittelschicht abzufedern.

Im Jahr 1997 öffnete das Guggenheim-Museum in Bilbao seine Pforten für die Öffentlichkeit. Bilbao war eine heruntergewirtschaftete baskische Industriestadt, die ihre Blütezeit in der zweiten Hälfte des neunzehnten Jahrhunderts mit seinen Eisenhütten und Werften erlebt hatte. Bilbaos Geschichte war eine Geschichte von Aufstieg und Niedergang, wie sie sich ähnlich in Hunderten von Städten in den sogenannten *Rust Belts* Europas und der Vereinigten Staaten zugetragen hatte. Das neue Museumsgebäude hatte

Star-Architekt Frank Gehry entworfen. Mit seinen kurvigen, sinnlichen, platinfarbenen Formen sorgte es auf der ganzen Welt für Begeisterung. »Bilbao ist neuerdings zu einer Pilgerstadt geworden«, schrieb der renommierte Architekturkritiker Herbert Muschamp im *New York Times Magazine*. »Es hat sich herumgesprochen, dass noch Wunder geschehen und dass dieses hier ein größeres ist. Menschen strömen seit fast zwei Jahren in Scharen nach Bilbao, nur um zu sehen, wie das Skelett des Gebäudes an Gestalt gewinnt. ›Warst du schon in Bilbao?‹ In Architekturkreisen ist diese Frage zur Plattitüde geworden. Hast du das Licht gesehen? Hast du die Zukunft gesehen? Funktioniert es? Ist es lebendig?« Viel von dem Reiz des Gebäudes macht seine unregelmäßige, komplexe Form aus. Mein Freund Rafael del Pino, Vorstandsvorsitzender von Ferrovial, der ausführenden Baufirma, scherzte einmal mit einem von Gehrys Partnern: »Hätten wir es ein bisschen anders gebaut, hätten Sie es überhaupt bemerkt?«

Das Guggenheim-Museum Bilbao wurde zu einem globalen Symbol für städtische Wiederbelebung. »Es gab den Niedergang des Industriesystems, eine hohe Arbeitslosigkeit (zwischen 25 und 30 Prozent, in einigen Gebieten des erweiterten Ballungsraums sogar 35 Prozent), Umweltzerstörung und die üblichen Probleme auf städtischer Ebene, Emigration und Stagnation der Bevölkerung sowie Probleme sozialer Ausgrenzung«, erinnert sich der Architekt und Politiker Ibon Areso. Er war stellvertretender Bürgermeister, Leiter der Stadtplanung, kurze Zeit Oberbürgermeister Bilbaos und trieb die Transformation seiner Stadt an vorderster Front mit voran. »In zeitgenössischen Gesellschaften sind kulturelle Aktivitäten, die Künste, Sport und Freizeit, untrügliche Seismographen für jene kollektive Vitalität, die über die Attraktivität einer Stadt bestimmt und zu ihrem Image über die Stadt- und Landesgrenzen hinaus beiträgt«, bemerkt er. »Ich bin überzeugt, dass es in Zukunft keine Städte mehr geben wird, die nicht gleichzeitig finanziell gerüstet und kulturell von Bedeutung sind. Diese Doppelfunktion ist in Weltstädten wie London, Paris und New York bereits Realität.«

Der Bau des Guggenheim-Museums in Bilbao kostete 132 Millionen Euro. Der Plan wurde von den Stadtbewohnern zunächst heftig kritisiert, die nicht verstanden, warum die Stadtregierung so viel Geld für ein Museum ausgeben sollte, wo es doch so viele andere Bedürfnisse und Prioritäten gab. »Die Machbarkeitsprüfung ergab, dass geschätzt 400000 Besucher im Jahr nötig wären, damit sich die Investition rentiert«, erinnert sich Ibon. »Im ersten Jahr nach der Eröffnung hatte das Museum 1360000 Besucher. Heute liegt der Schnitt bei einer Million Besucher pro Jahr. Aufgrund der wirtschaftlichen Aktivität, die das Museum direkt oder indirekt entfachte, konnten rund 4000 Arbeitsplätze geschaffen werden, etwa genauso viele hat die wichtigste Schiffsbauwerft während der Blütezeit der Stadt beschäftigt. Die gesamte Infrastruktur, die – mithilfe von baskischen, spanischen und EU-Geldern – neu geschaffen wurde, kreist gleichsam um das neue glänzende Stadtzentrum. Und damit ist noch nicht einmal »das positive Image berücksichtigt, das diese Maßnahmen der Stadt beschert haben, oder der Einfluss, den das Museum auf weitere Investitionsprojekte genommen hat«. Der Erfolg des Museums trug nicht zuletzt zur »Erholung von Bilbaos Selbstwertgefühl« bei.

Solche Revitalisierungsprojekte wurden in den Vereinigten Staaten ähnlich kontrovers diskutiert. »Die postindustriellen ›Legacy Cities‹ erleben eine Renaissance«, hieß es 2018 auf der Meinungsseite des Magazins für Unternehmer *Fast Company*. »Doch Niedriglohn-Enklaven mit vorwiegend schwarzen Bewohnern haben es schwerer denn je.«

Betrachten wir den Fall von Pittsburgh, Pennsylvania, Geburtsstadt von Andrew Carnegie und Andrew Mellon, den »Räuberbaronen« des industriellen Zeitalters. Fünf Generationen lang lieferte Pittsburgh den Stahl, mit dem im ganzen Land Wolkenkratzer, Autobahnen und Interkontinentalschiffe gebaut wurden. Die Stadt war viel erfolgreicher, als Bilbao dies während der ersten industriellen Revolution war. Doch auch Pittsburgh litt am Niedergang der Industrie. Heute testet Uber auf einem verlassenen Grundstück selbstfahrende Autos. Nicht weit entfernt wird ein heruntergekommenes Gebäude, das einmal zu einem Stahlwerk gehörte, zum Hauptsitz des Advanced Robotics for Manufacturing Institute umgebaut. Caterpillar hat eine Anlage geschaffen, in der autonom fahrende Bau- und Bergbaumaschinen entwickelt werden. Milliarden von Dollar Risikokapital fließen in das Projekt. Langjährige Bewohner haben bemerkt, dass Grundstückspreise nach Jahrzehnten des Niedergangs wieder steigen. »Die Transformation der Stadt durch neue junge Leute, die im Bereich künstliche Intelligenz und Robotik arbeiten, war spektakulär«, so Andrew Moore von der Carnegie-Mellon University, »doch ging es hierbei eher um eine Gentrifizierung als um eine Einbeziehung der Allgemeinheit.«

Jahrzehnte städtischen Elends umzukehren, ist nicht einfach. Das macht den Weg ins Jahr 2030 und darüber hinaus für viele Städte so kompliziert. »Pittsburgh ist gerade hip«, hieß es 2018 in *Fast Company*. Doch »betrachtet man die Begeisterung rund um Pittsburgh genauer, erkennt man zum Beispiel, dass sich alles auf einige wenige Viertel konzentriert«. Alan Mallach, Autor von *The Divided City: Poverty and Prosperity in Urban America*, stellt fest, dass in Städten wie Baltimore, Cleveland, Detroit und Pittsburgh »der Aufschwung die Armen übersieht«. Er kommt zu dem Schluss, dass »zwar in einer ›Legacy City‹ nach der anderen gewisse Viertel gentrifiziert werden, viele andere jedoch, von denen viele bis vor kurzem noch solide, relativ stabile Arbeiter- oder Mittelschichtbezirke waren, von einer gesellschaftlichen und wirtschaftlichen Klippe fallen«. In seinem Buch *The New Urban Crisis* macht Richard Florida auf ein Dilemma aufmerksam: »Sind Städte Innovationsmotoren, Modelle für wirtschaftlichen und sozialen Fortschritt, wie die Optimisten jubeln, oder sind sie Zonen extremer Ungleichheit und Klassentrennung, wie Pessimisten beklagen? In Wahrheit sind sie beides.« Bis 2030 werden mehr und mehr Städte eine ähnliche Spaltung erleben, mit Stadtteilen, in denen die aufstrebenden, topqualifizierten Fachkräfte leben, und mit Stadtteilen, in denen die funktionalen Analphabeten zu Hause sind, die etwa 15 Prozent der Erwachsenen ausmachen. Wie werden Städte mit dieser sich weitenden Kluft umgehen?

***

»*Pardon me boy, is that the Chattanooga Choo Choo?*« – So beginnt einer der berühmtesten amerikanischen Songs, der 1941 von Glenn Miller und seinem Orchester aufgenommen wurde und in dem Film *Adoptiertes Glück* (*Sun Valley Serenade*) zu hören ist. Er wurde ein Nummer-eins-Hit und erhielt mit 1,2 Millionen verkauften Exemplaren in den ersten neun Wochen seit Erscheinen die erste Goldene Schallplatte der Musikgeschichte. Chattanooga in Tennessee war eine prosperierende Stadt mit Textil-, Möbel- und metallverarbeitender Industrie. Mit ihrer Lage am Ufer des Tennessee River, an der Grenze zu Georgia, nannte man sie den »Dynamo von Dixieland«. Alle Züge in Richtung Süden machten dort halt.

Die Bevölkerungszahlen erreichten mit 130 000 in den späten fünfziger Jahren des vergangenen Jahrhunderts ihren Höhepunkt, doch schon damals begannen weiße Mittelschichtsfamilien, in Scharen in die Vorstädte zu ziehen. Im Jahr 1969 gab die Regierung bekannt, dass Chattanooga »die schmutzigste Luft von allen Städten in den Vereinigten Staaten« habe, da die sie umgebenden malerischen Berge die Industrieabgase im Tal festhielten. Im Jahr 1971 wurde der Schienenpersonenverkehr in Chattanooga eingestellt.

Die Erholung der Stadt in den neunziger Jahren war ähnlich spektakulär. Dank lokaler Spenden wurde es möglich, den Flusslauf des mäandernden Tennessee Rivers stark zu begradigen. Das war der Startschuss für weitere Projekte. Im Jahr 1992 eröffnete das größte Süßwasseraquarium der Welt. Es folgten ein Park, eine Schule, eine Wohnsiedlung. Chattanooga wurde eine von achtzehn amerikanischen Städten, die in den neunziger Jahren einen Bevölkerungszuwachs erlebten. Arbeitsplätze in der Tourismus-, Finanz- und Versicherungsbranche entstanden im zweistelligen Prozentbereich. Die Stadt war bereits im Aufwind, als Volkswagen 2008 verkündete, das Unternehmen werde eine Milliarde Dollar investieren, um eines der größten Montagewerke in der näheren Umgebung zu bauen.

Doch die vielleicht folgenreichste Maßnahme, die Chattanoogas Stadtbeamte und ihre privaten Geldgeber in die Wege leiteten, war die Investition in ein stadtweites Glasfasernetzwerk, das erste in allen amerikanischen Städten (weniger als zweihundert haben bisher eines eingerichtet). Der »Gig« – wie das Netzwerk wegen seiner Geschwindigkeit von 1 Gigabit pro Sekunde genannt wird – rühmt sich der schnellsten Verbindungen im ganzen Land. »Chattanooga hat sich selbst von einer Stadt, die das Schicksal anderer gescheiterter mittelgroßer Städte durchaus hätte teilen können, in eine ganz andere verwandelt, in der sich Exilanten aus Manhattan, San Francisco und Austin die Hand geben«, schreibt Jason Koebler im Lifestylemagazin *Vice*. »Über den Zeitraum von 2011 bis 2015 hat die Glasfaserindustrie Schritt für Schritt wirtschaftliche und soziale Vorteile generiert, die zwischen 865,3 Millionen Dollar und 1,3 Milliarden Dollar liegen, und hat dabei zusätzlich zwischen 2800 und 5200 neue Arbeitsplätze geschaffen«, schloss eine Studie des Wirtschaftswissenschaftlers Bento Lobo von der University of Tennessee in Chattanooga. Neben vielen anderen Firmen beschloss auch Claris Networks aus Knoxville in Chattanooga eine Filiale zu eröffnen, weil »in Knoxville eine 100 Mbps-Leitung von AT&T 1400 Dollar im Monat kosten würde, während eine vergleichbare

Dienstleistung über Chattanoogas Glasfasernetzwerk lediglich 300, also 1100 Dollar weniger kostet«. Für Leistungen im Gigabit-Bereich fielen die Einsparungen sogar noch höher aus: »Belaufen sich die Ausgaben für solche Leistungen bei AT&T zwischen 5000 und 7000 Dollar im Monat, so kosten sie bei EPB aus Chattanooga 1400 Dollar, also 3600 bis 5600 Dollar weniger im Monat.« Wie wir in Kapitel 6 sehen werden, konnte Chattanooga mithilfe des »Gig« zahlreiche Start-ups anziehen, die vom High-Speed-Internet abhängen.

Schwule und Bohemiens

Wenn Menschen an ein urbanes Kreativzentrum denken, fällt ihnen üblicherweise das Silicon Valley oder Manhattans Silicon Alley, der Flatiron District, ein. Chattanooga ist in vielerlei Hinsicht anders. »Schaut man sich die ganzen Start-up-Schmieden an, sieht man typischerweise jene in den ›blauen Staaten‹ [in denen die Demokraten die Mehrheit bilden]: sehr liberal, sehr jung«, bemerkt Jack Studer, Chef eines Gründerzentrums in Chattanooga. »Aber das hier ist eine Südstaatenstadt. Die Leute bei Bellhops [einem technologiegestützten Umzugsunternehmen aus Chattanooga] gehen alle jagen und fischen, sie schauen alle College-Football. Das bekommt man auf Facebook nicht zu sehen. Es ist einfach anders.«

Weltstädte wie San Francisco und New York spielen in der Wirtschaft eine andere Rolle. Sie erledigen die »Arbeit der Globalisierung«, wie es Saskia Sassen in ihrer grundlegenden Forschungsarbeit zum Thema nennt. Sie sind die Magnete für die sogenannte »kreative Klasse«, ein Begriff, den Richard Florida, Professor an der Universität Toronto und Bestseller-Autor, vorgeschlagen hat, um das Phänomen der Wissensprofis – Wissenschaftler und Ingenieure, Architekten, Künstler und Designer – zu bezeichnen. Städte liegen miteinander im Wettstreit, um diese Leute anzuziehen und zu halten. Und die kreative Klasse wiederum zieht in einem positiven Kreislauf alle möglichen Unternehmensformen an. Vor allem aber sind viele Städte zu Innovationszentren geworden.

Heute umfasst die kreative Klasse etwa ein Drittel der amerikanischen Arbeitskräfte, und bis 2030 erwartet man, dass ihr Anteil 50 Prozent erreichen wird. Kreativarbeiter »bedienen sich komplexer Wissensdepots, um spezifische Probleme zu lösen«. Richard Florida fasst in seinem Modell der »drei T's« zusammen, was eine Stadt benötigt, um eine dynamische kreative Klasse herauszubilden: Talent, Toleranz und Technologie.

Vor allem der Aspekt »Toleranz« hat große Aufmerksamkeit auf sich gezogen. Florida argumentiert, dass es Städten, die einen hohen »Schwulenindex« und »Bohemienindex« aufweisen, wie es bei Florida heißt, letzten Endes besser geht. Er definiert tolerante Orte als Schmelztiegel unterschiedlicher Menschen, wozu unter anderem auch Mitglieder der LGBTQ-Szene, Künstler und Musiker gehören. Allgemeiner wird die gesamte kreative Klasse mit einem bestimmten Lebensstil in Verbindung gebracht, der Weltoffenheit fördert. »Toleranz und Offenheit für Vielfalt sind ein fester Bestandteil der breiten kulturellen Verschiebung in Richtung postmaterialistischer Werte«, schreibt er. Sie bedeuten »eine zusätzliche Quelle wirtschaftlicher Vorteile, die mit Technologie und Talent Hand in Hand geht.« Das Zusammenspiel der drei T's zieht jene Menschen an, die die Wissensökonomie vorantreiben. Eines von Floridas Argumenten betrifft die städtische Erneuerung. Er spricht von der »street-level-culture« und verweist auf die »brodelnde Mischung aus Cafés, Straßenmusikern, kleinen Galerien und Bistros, die es einem schwer macht, zwischen Teilnehmern und Beobachtern, zwischen Erfindungen und ihren Erfindern zu unterscheiden«.

Die wachsende Bedeutung von Kreativität zeigt sich in vielen verschiedenen Berufen. David J. Deming, ein Wirtschaftswissenschaftler an der Harvard Graduate School of Education, fand heraus, dass eine zunehmende Anzahl an Arbeitsplätzen ungewöhnliche analytische Fähigkeiten erfordert. Wichtiger noch: Soziale Kompetenzen wie Koordinationsfähigkeit, Verhandlungsgeschick, Überzeugungskraft und soziales Wahrnehmungsvermögen stünden hoch im Kurs. Demings Forschungsergebnisse weisen darauf hin, dass bis 2030 in den meisten Jobs soziale Kompetenzen und Kreativität gefragt sein werden.

Richard Florida und seine Kollegen haben eine Bestenliste der dreißig kreativsten Städte der Vereinigten Staaten erstellt. Cupertino und Palo Alto in Kalifornien, McLean in Virginia und Bethesda in Maryland standen an der Spitze der Liste von 2015. (Chattanooga stand nicht auf der Liste.) Bemerkenswert ist, dass Kalifornien auch zu den zwei Bundesstaaten mit den meisten schwachen Städten gehört (nach kreativen Maßstäben) – der zweite ist New Jersey. Hieraus folgt, so Florida im Online-Magazin *CityLab*: »Städte mit sehr hohem und sehr niedrigem Anteil der kreativen Klasse existieren in unmittelbarer Nachbarschaft.« Und: »Es scheint, als sei die wachsende wirtschaftliche Kluft zwischen Regionen weniger groß als die Kluft zwischen reichen und armen Orten innerhalb einiger der robustesten Wirtschaftsregionen Amerikas.«

CityLab hat außerdem Städte und Ballungsgebiete auf der ganzen Welt nach drei Kategorien unterteilt. Zu den »globalen Giganten« gehören New York, Los Angeles, London, Paris, Tokio und Osaka-Kobe. San José, Boston, Seattle, San Diego, Washington, Chicago, Austin, Dallas, Atlanta, Portland (Oregon), Denver, Amsterdam, Stockholm und Zürich sind »Wissenshauptstädte«. Wenige andere werden als »asiatische Anker« kategorisiert: Hongkong, Singapur, Seoul, Shanghai, Peking und Moskau. Ami Liu, die das »Metropolitan Policy Program« der Brookings Institution leitet, weist auf ein Hauptmerkmal des fortgesetzten Wachstums globaler Städte hin. »Die Ironie ist, dass wir einerseits diese große Energie sehen und den gewaltigen Fortschritt, dass sich andererseits aber das geistige

Klima grundlegend verändert hat: Es gibt eine wachsende Skepsis gegenüber dem Welthandel, Bedenken gegenüber Einwanderern und Geflüchteten sowie Pessimismus gegenüber einer immer weiter anwachsenden Weltwirtschaft«, schreibt sie. »Wie können Städte sich weiter weltweit engagieren und wettbewerbsfähig bleiben, dabei aber auch gegen die Ungleichheiten und negativen Konsequenzen vorgehen, die globale Verflechtungen mit sich bringen?« Denken wir daran, dass die meisten von Rosa Lees drogenabhängigen Kindern und Enkeln in Washington D.C. leben, einem Ballungsraum, der zu den Wissenshauptstädten der Welt gezählt wird und in dem 45 Prozent der Erwerbsbevölkerung zur kreativen Klasse gehören.

Richard Floridas Theorie der kreativen Klasse stimmt mit jener Theorie des gesellschaftlichen Wertewandels überein, die der Politikwissenschaftler Ronald Inglehart an der Universität Michigan entwickelt hat, mit seinen Präferenzen »säkular-rational« statt »traditionell«, »Selbstverwirklichung« statt »Selbsterhaltung«. Zwar gleichen sich Gesellschaften mit der Zeit in ihren kulturellen Werten und Normen nicht vollständig an, dennoch berichten Menschen von einer zunehmenden Orientierung an Werten, die mit Säkularisierung, Rationalität, Selbstentfaltung und Postmaterialismus in Verbindung gebracht werden. Des Weiteren werden Scheidung, Abtreibung, Sterbehilfe, Selbstmord, unterschiedliche sexuelle Orientierung und Geschlechtergleichstellung zunehmend akzeptiert. Andererseits zeigen die Daten zum Wandel kultureller Werte, dass die Menschen in noch mindestens der Hälfte aller Länder entweder hauptsächlich traditionell leben oder notgedrungen um das bloße Überleben kämpfen.

Werden Städte 2030 noch lebenswert sein?

Der Film *Metropolis*, die Wiederbelebung Bilbaos und die Gentrifizierung Pittsburghs erinnern uns an Glanz und Elend städtischen Lebens. So auch die Geschichten von Rosa Lee Cunningham und jene der hochqualifizierten Ingenieure, Künstler, Ärzte und Geldgeber, die in den globalen Städten der Welt leben. Bis 2030 wird es 400 Städte geben, in denen mehr als eine Million Menschen lebt. Diese Ballungsräume werden notgedrungen dualistisch strukturiert sein und vor allem von übergewichtigen oder sogar adipösen Menschen bewohnt werden, die süchtig nach ihren Lieblings-Streamingdiensten und Lieblings-Social-Media-Apps sind, was wiederum zu gesellschaftlicher Vereinzelung statt Engagement führen wird. Viele werden zu einer aktiven kreativen Klasse von wissensintensiven Arbeitern gehören. Eine Mehrzahl wird sich mit erheblichen Problemen konfrontiert sehen, die mit Umweltverschmutzung, Verkehrsüberlastung und Sicherheit zu tun haben. Die Städte, die dem Klimawandel am meisten ausgesetzt sind, werden von einem Mangel an Trinkwasser und einem Übermaß an Salzwasser – in Form von Flutkatastrophen – leiden. Werden wir unser Verhalten entsprechend anpassen? Wird sich die vertikale Landwirtschaft schnell genug entwickeln? Die Kapitel 6, 7 und 8 befassen sich mit den kommenden Revolutionen im Bereich der Erfindungen und Innovationen und mit ihrem Potential für eine verbesserte Lebensqualität in Städten und anderen Orten, die sich verändern werden.

6

MEHR HANDYS ALS TOILETTEN

Das Rad neu erfinden, eine neue kambrische Explosion und die Zukunft der Technologie

»[Der] Prozess der ›schöpferischen Zerstörung‹ ist [der] Prozess einer industriellen Mutation ..., der unaufhörlich die Wirtschaftsstruktur von innen heraus revolutioniert, unaufhörlich die alte Struktur zerstört und unaufhörlich eine neue schafft.«

Joseph Schumpeter, Wirtschaftswissenschaftler

Erfinder und Unternehmer produzieren ohne Unterlass neue Ideen, Produkte und Technologien, doch nur eine Handvoll setzt sich durch, und lediglich ein Bruchteil davon stellt sich als wirklich als transformativ heraus. Denken wir an die Erfindung der Toilette.

Virginia Gardiner hat Vergleichende Literaturwissenschaften an der Stanford University studiert. In ihrem ersten Job arbeitete sie für ein Designmagazin. Sie sollte über die Küchen- und Badezimmerindustrie schreiben. »Im ersten Artikel, den ich für das Magazin verfasste, ging es um Toiletten – darüber, dass sie sich seit ihrer Erfindung nicht verändert haben.«

Die älteste uns bekannte Toilette wurde, laut der British Association of Urological Surgeons, im heutigen Schottland entdeckt und stammt aus dem Neolithikum, also der Zeit um 3000 v. Chr. Irdene Töpfe, die möglicherweise nach jedem Gebrauch mit Wasser ausgespült wurden, können im griechischen Palast von Knossos

(1700 v. Chr.) bewundert werden. In ihrem Artikel bemerkte Gardiner, dass das moderne Spülklosett mit Schüssel 1596 (womöglich ein paar Jahre früher) von Sir John Harington erfunden worden war, einem Patenkind von Elisabeth I., jener Königin, die das Fundament dafür legte, dass England eine europäische Großmacht und schließlich Weltmacht werden konnte. Das S-förmige Rohr, das als Geruchsverschluss dient, der Siphon, wurde 1775 von dem Uhrmacher Alexander Cummings erfunden. In den nachfolgenden Jahrhunderten hat sich das Design der Toilette nicht mehr groß verändert, und in den hochentwickelten Industrienationen können wir uns auch nicht beschweren, denn die eigentliche innovative Errungenschaft liegt unter der Erde verborgen: unsere Kanalisation.

Womit wir bei dem Dilemma von Eleonore Rartjarasoaniony wären, einer siebenundvierzigjährigen Mutter, die in Antananarivo, der Hauptstadt Madagaskars, lebt, wo sie einen kleinen Kaufmannsladen betreibt. Ihr Haus ist nicht an die Kanalisation angeschlossen, weshalb ein Spülklosett für sie sinnlos wäre. Vor ein paar Monaten hat sie ihre Grubenlatrine durch eine nagelneue Trockentoilette ersetzt, die eine weiße, biologisch abbaubare Folie verwendet, um den Kot zu versiegeln und unter der Toilette zu verstauen (zusätzlicher Vorteil: Sie ist geruchlos). Der Hersteller der Toilette holt die Kot-Tüten einmal die Woche ab. »Meine vierköpfige Familie verwendet sie – und auch meine Mieter, die im Haus nebenan wohnen. Die Toilette ist in der Miete inbegriffen«, merkt sie an. »Sogar mein Sohn kann sie benutzen.« Wie viele andere Mütter in Afrika und anderen Entwicklungsländern hatte sie früher ständig Angst, ihr Kind könnte eines Tages in einer Grube voller menschlicher Exkremente ertrinken.

Der Hersteller von Eleonores Toilette ist Loowatt, eine Firma aus London. Die Gründerin? Virginia Gardiner. Nach ihrer Tätigkeit als Journalistin machte sie einen Master am Royal College of Art in London, wo sie eine Abschlussarbeit über ein System für Trockentoiletten geschrieben hat. Sie gründete die Firma 2010. Ein Jahr später erhielt sie ein Stipendium der Bill & Melinda Gates Foundation, die eine Initiative zur Neuerfindung der Toilette ins Leben gerufen hatte, womit sie Innovationen im Bereich der nachhaltigen Sanitäranlagen fördern wollte. Ein Kanadier, der in Madagaskar lebt, erfuhr von ihrem Unternehmen und wurde zu ihrem ersten Geldgeber. Innerhalb eines Jahres startete Gardiner ein Pilotprogramm und baute eine kleine Aufbereitungsanlage, in der die Abfälle in Biogas umgewandelt wurden, womit wiederum Strom erzeugt wurde, mit dem – genau! – Handys geladen werden. Madagassische Frauen wie Gloria Razafindeamiza sehen in Trockentoiletten noch einen weiteren Vorteil. Davor musste sie ein Plumpsklo mit mehreren Nachbarn teilen, doch »mit dieser Toilette fühle ich mich sicher und geschützt«.

»In vielen Gemeinden Afrikas können Menschen mit ihren Handys telefonieren, sie haben aber weder elektrisches Licht noch fließendes Wasser, von einer Toilette mit Spülung ganz zu schweigen. Und womöglich hungern sie auch noch«, sagt Winnie V. Mitullah, Direktorin des Institute for Development Studies der Universität Nairobi. »Was die grundlegenden Dinge anbelangt, die viele von uns für selbstverständlich erachten – Wasser, Kanalisation, Elektrizität, Straßen –, könnten viele Menschen genauso gut noch im neunzehnten Jahrhundert leben.« Mitullah argumentiert, dass das Fehlen eines zuverlässigen Zugangs zu Elektrizität und fließendem Wasser mehr ist als eine bloße Unannehmlichkeit. »Kinder werden krank und sterben, wenn es nicht genügend sauberes Wasser zum Waschen und keine sichere Abfallentsorgung gibt. Und ohne Licht, um abends zu lernen, oder ohne die Möglichkeit, mit der Außenwelt zu kommunizieren – vom Handy abgesehen –, sind die Bildungschancen und Erfolgsaussichten gering.«

Zafar Adeel, Direktor des Instituts für Wasser, Umwelt und Gesundheit der Universität der Vereinten Nationen warnt: »Jeder,

der sich vor dem Thema [sanitäre Anlagen] drückt, weil er es als abstoßend empfindet oder als nebensächlich kleinredet, sollte seinen Posten anderen überlassen, um der 1,5 Millionen Kinder und zahlloser anderer willen, die jedes Jahr durch verunreinigtes Wasser und ungesunde sanitäre Anlagen sterben.« Insgesamt gibt es 1,5 Milliarden Menschen, die ein Mobiltelefon besitzen *und* ihre Notdurft entweder im Freien verrichten oder mit mehreren ein Plumpsklo teilen müssen.

Und die Kluft wird immer breiter. Investitionen in mobile Telekommunikation sind in die Höhe geschossen, während jene in sanitäre Anlagen in ganz Subsahara-Afrika und Südasien schrumpfen. Unter den einkommensschwächsten 20 Prozent der indischen Haushalte etwa haben dreimal so viele ein Mobiltelefon wie eine Toilette.

In der hochentwickelten Welt halten wir sowohl sanitäre Anlagen als auch Mobiltelefone für selbstverständlich. In Subsahara-Afrika hingegen hat der Gebrauch von mobiler Telekommunikation nur deshalb so rasch zugenommen, weil dies zufällig eine relativ preiswert aufzubauende Technologie ist. Angesichts der Tatsache, dass 60 Prozent der Bevölkerung auf dem Land leben, sind Funktürme weitaus günstiger und auch schneller aufzustellen als Festnetzleitungen – von Abwassersystemen und Toiletten mit Spülung ganz zu schweigen. Und weil weniger als 10 Prozent der Bevölkerung in den meisten Staaten Subsahara-Afrikas ein Bankkonto oder eine Kreditkarte besitzen, ist das Smartphone de facto zu einem Instrument geworden, mit dem man Zahlungen tätigt und annimmt. Es gibt in diesem Teil der Welt tatsächlich mehr Menschen, die Plattformen für mobiles Bezahlen verwenden als in Ostasien, Südasien, Europa oder Nord- und Südamerika. Wichtiger noch ist, dass viele von ihnen überhaupt keine physischen Währungen verwenden.

Es überrascht nicht, dass der technologische Wandel in die Volkswirtschaften und Kulturen der Welt eindringt oder die Spielregeln verändert. Wie bei Smartphones und Trockentoiletten gesehen, hat die Technologie das Potential, die Lebensqualität von Milliarden von Menschen vor allem in den Städten zu verbessern. Im Zusammenhang mit Anwendungen neuer Technologien lautet die wichtigste Frage jedoch nicht, was die Technologie leisten kann, sondern wie sie mit demographischen und gesellschaftlichen Trends interagiert und dabei höchst unerwartete Muster und Ergebnisse produziert, von denen einige gut und andere schlecht sind.

Bevor ich jedoch näher hierauf eingehen werde, will ich Ihnen noch die Geschichte der Uhr erzählen.

Es begann mit Dick Tracy und Superman

Erscheint bereits das Mobiltelefon als allgegenwärtig, so gilt dies für die Uhr umso mehr: Weltweit besitzen mehr Menschen eine Uhr als ein Handy. Die Geschichte der modernen Armbanduhr – zu der sowohl die Rolex als auch die Apple Watch gehören – zeigt, wie aufeinanderfolgende technologische Errungenschaften dieses Gerät von Grund auf verändert haben – von der Art und Weise, wie das Gerät hergestellt wird, bis dahin, wie es verkauft und verwendet wird. Martin Cooper, ein Pionier der drahtlosen Kommunikation, der das erste Handy erfand, während er in den siebziger Jahren für Motorola arbeitete, wurde von der Two-Way-Armbanduhr inspiriert, die der Detektiv Dick Tracy 1946 in dem gleichnamigen Comic-Strip getragen hatte. (Zufälligerweise kam in einer Folge der Hörspiel-Serie *Superman*, »The Talking Cat«, aus demselben Jahr ein ähnliches Gerät vor.)

Bevor der Ausdruck »Swiss made« zum Synonym für die Armbanduhr wurde, war England die Heimat der fortschrittlichsten Uhrenindustrie. Tragbare Uhren kamen erstmals im fünfzehnten Jahrhundert auf. Regelrechte Taschenuhren waren hingegen erst ab dem siebzehnten Jahrhundert in Gebrauch. Der vielleicht wichtigste technologische Durchbruch auf dem Gebiet der Uhren ereignete sich 1657, als entweder Robert Hooke oder Christiaan Huygens die Idee hatte, der bereits bekannten Unruh eine Spiralfeder hinzuzufügen, wodurch die Genauigkeit signifikant erhöht werden konnte (eine Innovation, die wir heute, da wir erwarten, dass unsere Zeitmesser richtig gehen, gerne vergessen). Wer von den beiden wirklich für diese Idee verantwortlich ist, ist umstritten. Hooke war ein englischer Naturwissenschaftler, Architekt und Universalgelehrter. Huygens war ein niederländischer Arzt, Mathematiker und Astronom, der den größten Saturn-Mond Titan entdeckt hatte. Er gehörte zu den Giganten der wissenschaftlichen Revolution: Er baute die ersten Pendeluhren und gilt allgemein als Begründer der mathematischen Physik. (»Titan Watches Limited«, eine seit 1984 operierende indische Firma, die Huygens' Entdeckung in ihrem Namen ehrt, ist – dies nur am Rande – heute eine der weltweit größten Uhrenfirmen.)

Um die Sache noch komplizierter zu machen, behaupten die Brasilianer, der Flugpionier Alberto Santos Dumont habe als Erster die Idee gehabt, eine Taschenuhr am Handgelenk, also als Armbanduhr zu tragen. Dennoch schreiben die meisten geschichtlichen Darstellungen diese geniale Erfindung den Schweizern zu, deren Armee ein Mittel benötigte, um in dem zerklüftet-gebirgigen Gelände, das man als Alpen kennt, ihre Taktik aufeinander abzustimmen.

Ungeachtet der Dunkelheit, die die Ursprünge der Armbanduhr umgibt, waren es weder die Engländer noch die Niederländer oder Brasilianer, die diese Industrie beherrschen sollten, sondern die Schweizer. Sie hatten zufällig ausgezeichnete Juweliere und Handwerker, was sie zum Teil der Aufnahme verfolgter französischer Hugenotten verdankten, von denen viele sehr geschickt in der Herstellung ausgeklügelter mechanischer Geräte waren. Sie fabrizierten Luxusarmbanduhren in kleinen Mengen und verkauften sie in ganz Europa. Die Eidgenossen waren so erfolgreich, dass sogar Rolex,

1905 in London gegründet, 1919 seinen Firmensitz in die Schweiz verlegte, um von der hochqualifizierten Arbeiterschaft im wunderschönen Jura nördlich von Genf zu profitieren.

Dann kam eine Revolution. Auf Grundlage von Techniken, die im Zweiten Weltkrieg entwickelt worden waren, kamen amerikanische Firmen auf die Idee, Armbanduhren in großen Mengen herzustellen. Alles, was man tun musste, war, Legierungen statt teurer Metalle und als Energiequelle Batterien statt Federn zu verwenden. Das Unternehmen, das in dieser Technologie führend werden – und damit viel Geld machen – sollte, hieß Timex. Das Unternehmen hatte den herrschenden Zeitgeist sehr genau erkannt. In den Vereinigten Staaten war das Leben längst vom Massenkonsum bestimmt. Die Menschen verlangten riesige Mengen von allem, seien es Kühlschränke, Waschmaschinen, Autos oder Uhren. Günstige Preise gewannen die Oberhand über Qualität und Haltbarkeit. Während Rolex ermattete, preschte Timex voran.

In den sechziger Jahren erschütterte eine weitere Welle des technologischen Wandels die Uhrenindustrie. Ein Schweizer Ingenieur erfand einen genialen Mechanismus, der die Herstellung von Uhren vereinfachte und damit auch günstiger machte. Der Mechanismus beruhte auf einer Stimmgabel, einem zweizackigen Metallteil, das vibriert, wenn es geschlagen wird. Die Frequenz der Vibrationen konnte dann in eine viel genauere Zeitmessung konvertiert werden, als dies durch die traditionelle Hemmung möglich gewesen wäre, die auf einem komplizierten Gangmechanismus beruhte. Und wieder war es eine amerikanische Firma, Bulova, die die Gelegenheit nutzte und von dieser Neuerung am meisten profitierte. Die Schweizer dagegen hielten sich zurück, da sie zu stolz waren und lieber weiter eine Uhr nach der anderen in Handarbeit herstellten – schließlich war jede einzelne ein Kunstwerk!

Der dritte Innovationssturm erhob sich, als Japan beschloss, sich an dem Spiel zu beteiligen. Japanische Ingenieure vereinfachten den Herstellungsprozess weiter, indem sie eine neue Technologie einführten, die auf Quarz beruhte. Dabei war es einmal mehr ein Schweizer Ingenieur gewesen, der entdeckt hatte, dass Quarz Vibrationen verursacht, wenn elektrischer Strom durch ein Stück dieses natürlichen Kristalls fließt. Mithilfe dieser Vibrationen konnte man die Zeit außerordentlich genau messen. In den siebziger Jahren machten sich Marken wie Seiko, Citizen und Casio über Timex oder Bulova nur noch lustig. Von den siebziger Jahren bis in die späten achtziger Jahre wurden die meisten Quarzuhren in Japan und nicht in der Schweiz oder den Vereinigten Staaten produziert.

Erst gegen Ende der achtziger Jahre gelang es den Schweizern endlich, selbst auf die aufeinanderfolgenden Wellen technologischer Transformation zu reagieren. Sie entwickelten die Swatch, ein Produkt, das nicht nur die Zeit genau maß, sondern gleichzeitig als modisches Accessoire und Sammelobjekt punkten konnte. Man engagierte internationale Stars, die für die Uhr warben. Die Schweizer Uhrenindustrie, die fast alle Arbeitsplätze eingebüßt hatte, erholte sich. Auf einmal sahen japanische Uhren geradezu langweilig aus.

Und dann kam das Mobiltelefon. Ein tragbares Gerät, das die Zeit anzeigt und mit dem man gleichzeitig telefonieren kann, musste die Armbanduhr zwangsläufig überflüssig machen. Mit einem Schlag wurde sie zu einem Luxusgegenstand, die für gesellschaftliche Anlässe nützlich war oder einfach nur zum Vergnügen getragen wurde. Und heute, da Firmen wie Apple, Samsung und Xiaomi, die uns zuerst das Smartphone gebracht haben, versuchen, uns Smartwatches zu verkaufen, schließt sich der Kreis.

Die entscheidende Lektion dieser Geschichte lautet, dass jedes Mal, wenn eine neue Technologie eine alte ersetzt, Arbeitsplätze geschaffen und zerstört werden, verschiedene nationale Industrien aufsteigen und untergehen und neue Konsumformen entstehen. Und die Uhr ist nur eines von vielen Beispielen: Kühlschränke haben Eis als Kühlmittel ersetzt, das Telefon hat sich dem Telegraphen als überlegen erwiesen, Glühbirnen ersetzten Gaslaternen, der Transistor machte die Vakuumröhre überflüssig, der Düsenantrieb übertraf den Propeller, die CD machte aus Vinylplatten Sammlerobjekte, Textverarbeitungsprogramme ließen Schreibmaschinen alt aussehen, digitale Bildgebungsverfahren verdrängten die chemische Entwicklung von Filmmaterial, und Videospiele erwiesen sich als spannender als traditionelle Brettspiele. Wir sprechen von einer »Disruption«, um auf solche dramatischen Transformationen zu verweisen, wobei die Armbanduhr nur eine Illustration dieses weit verbreiteten Musters ist.

Eine neue kambrische Explosion von schöpferischer Zerstörungskraft

Technologie verändert den Status quo, indem sie einen oder mehrere der folgenden Gesichtspunkte verändert: das Prinzip eines Produkts, die Art, wie es gemacht ist, wie es verkauft wird, wer es verwendet, wie man es verwendet oder wie Menschen mit seiner Hilfe miteinander interagieren. Die durchschnittliche Lebenserwartung eines Unternehmens auf dem Aktienindex von Standard & Poor's ist im letzten halben Jahrhundert von sechzig Jahren auf gerade einmal zehn Jahre gefallen. Bis 2030 wird der technologische Wandel zu einer neuen Wirklichkeit führen, in der in Fabriken, Büros, Krankenhäusern, Schulen, Wohnungen, Fahrzeugen und allen Formen von Infrastruktur Milliarden von Computern, Sensoren und Roboterarmen Einzug halten werden. Zum ersten Mal wird es in der Produktion mehr Computer als menschliche Gehirne geben, mehr Sensoren als Augen und mehr Roboterarme als Arbeiter. Wir werden das technologische Äquivalent zur kambrischen Explosion erleben, die vor 541 Millionen Jahren stattfand und einen Zeitraum von 13 bis 25 Millionen Jahren umfasste. Während dieser Zeit erschienen komplexe Tierarten an Land, und marine Ökosysteme entstanden. Bis dahin waren die meisten Lebewesen Einzeller. Erst im Kambrium entstanden kleine Organismen, die genauso komplex waren, wie es heutige Tiere sind, darunter fünfäugige Karnivoren und Gliederfüßer wie Marrella, mit Kopf, Rückgrat, Thorax, Beinen und zwei Antennenpaaren.

Die Transformationen von heute, von virtueller Realität bis zum 3D-Druck, von künstlicher Intelligenz bis zur Nanotechnologie, mit der kambrischen Explosion zu vergleichen, erscheint durchaus nicht übertrieben. Die neuen Technologien versprechen, alle möglichen Formen von bislang unlösbaren Problemen, ob Armut und Krankheit oder Umweltzerstörung, Klimawandel und soziale Isolation, zu lösen. Sie lassen eine neue Klasse zumeist junger, visionärer Unternehmer entstehen, von denen viele in ihren Zwanzigern sein und sich als »Meister des Universums« bezeichnen werden, um mit Tom Wolfe zu sprechen.

Jede technologische Disruption wird von der Illusion begleitet, dass die neue Technologie uns von unseren großen und kleinen Problemen befreien kann. Doch tatsächlich handelt es sich um eine Kraft, die dazu neigt, ebenso viele Probleme zu produzieren, wie sie löst. Die Automatisierung etwa befreit Menschen von der Monotonie und den oft fatalen körperlichen wie psychischen Folgen gleichförmiger Arbeit, wie sie Charlie Chaplin in seinem Filmklassiker *Modern Times* so unvergleichlich vorgeführt hat. Andererseits folgt auf die Automatisierung auch der Verlust jener Arbeitsplätze, die noch vor wenigen Jahrzehnten einen verlässlichen Weg in die Mittelschicht wiesen. Mangelt es Arbeitern an der Flexibilität oder den Ressourcen, um eine andere Beschäftigung zu finden, fühlen sie sich womöglich ohne Alternative abgeschoben. Die Lage spitzt sich weiter zu, wenn man älter wird oder keine Möglichkeit hat, sich an einem anderen Ort eine neue Stelle zu suchen. Ganze Berufsgruppen und Gemeinden könnten untergehen, weil jemand etwas auf einem Gebiet erfunden hat, das traditionell auf menschlicher Arbeitskraft, Qualitätskontrolle und Fachkenntnis aufbaute.

Der österreichische Ökonom und Politologe Joseph Schumpeter prägte eine der besten Metaphern aller Zeiten – »schöpferische Zerstörung« –, um den Kern dessen zu beschreiben, was wir hier untersuchen. Er argumentierte, dass sowohl der zersetzende Anteil als auch die Stärke der Marktwirtschaft in ihrer Tendenz zu sehen seien, sich neue Technologien zunutze zu machen, die in einem stufenförmigen Prozess ältere und ineffektivere ersetzen. »Der fundamentale Antrieb, der die kapitalistische Maschine in Bewegung setzt und hält«, schrieb er 1942, »kommt von den neuen Konsumgütern, den neuen Produktions- und Transportmethoden, den neuen Märkten, den neuen Formen der industriellen Organisation, welche die kapitalistische Unternehmung schafft.« Er beschrieb diese Dynamik als »Prozess einer industriellen Mutation, der unaufhörlich die Wirtschaftsstruktur von *innen heraus* revolutioniert, unaufhörlich die alte Struktur zerstört und unaufhörlich eine neue schafft«. Er schloss: »Dieser Prozess der schöpferischen Zerstörung ist das für den Kapitalismus wesentliche Faktum.«

Schumpeter erinnert uns also daran, dass Disruptionen so normal wie allgegenwärtig sind. Sie haben das menschliche Leben seit Beginn der Agrarrevolution vor etwa 12 000 Jahren immer neu geformt. Es handelt sich also um kein neues Phänomen, scheint aber immer häufiger und in kürzeren Abständen aufzutreten. Es ist eine Kraft, die nicht nur die Wirtschaft, sondern jeden Aspekt des Lebens, von der Politik bis hin zu zwischenmenschlichen Beziehungen, transformiert.

»Computer sind absolut nutzlos – sie können nur Antworten geben«

Wenn eine technologische Disruption im Anmarsch ist – und dies geschieht immer wieder, siehe die Uhr –, setzt die grausame Dynamik der schöpferischen Zerstörung ein: Zahlreiche Menschen verlieren ihren Beruf, ganze Gemeinden werden in Arbeitslosigkeit und Armut gestürzt.

Ihre möglichen Konsequenzen kann man für den Bereich der künstlichen Intelligenz (KI) sehr gut analysieren. Wie bei der Uhr, gibt es auch hier widerstreitende Interessen und Vorstellungen darüber, wo wir gerade stehen und wohin die Reise gehen soll. Im Jahr 1992 vertrat der *Economist* in einem Leitartikel mit dem Titel »Künstliche Dummheit« die Meinung: »Es gibt keinen praktischen Grund, warum man Maschinenintelligenz herstellen sollte, die von der menschlichen nicht zu unterscheiden ist«, denn: »Es gibt schließlich genügend Menschen.« Und, so hieß es weiter, »sollte es doch zu einem Mangel kommen, gibt es eine erprobte und beliebte Methode, mehr von ihnen zu zeugen«. (Dies unter der Annahme, dass Menschen sich fortpflanzen *wollen*, was in den neunziger Jahren, wie wir heute wissen, reines Wunschdenken war.) In ähnlicher Weise twitterte Elon Musk vor kurzem: »Die exzessive Automatisierung bei Tesla war ein Fehler«, und ergänzte: »Menschen werden unterbewertet.« Und Pablo Picasso sagte einmal, »Computer sind absolut nutzlos – sie können nur Antworten geben«.

Tatsächlich eröffnet KI jedoch zahllose neuen Möglichkeiten, und das ist einer der wichtigen Gründe, warum die Welt, wie wir sie kennen, an ihr Ende gelangt. Zur KI gehört eine ganze Bandbreite von Anwendungen, die Aufgaben erledigen, die traditionell menschliche Gehirne benötigten, wie Spracherkennung, bildliche Wahrnehmung und Entscheidungsfindung. KI wird in selbstfahrenden PKWs und LKWs eingesetzt, in einer effizienten und reaktionsfähigen Infrastruktur sowie in smarten Wohnungen und medizinischen Systemen. Innerhalb unserer Lebenszeit hat sich KI enorm entwickelt. Im Jahr 1997 bezwang der IBM-Computer »Deep Blue« den Schachmeister Garri Kasparow. Ein Jahr später entwickelte die Firma Tiger Electronics ein Roboterspielzeug mit Spracherkennungstechnologie. Im Jahr 2000 brachte Honda ASIMO auf den Markt, einen humanoiden Roboter, der als vielseitig einsetzbarer persönlicher Assistent dienen konnte. Und 2011 integrierte Apple mit Siri eine virtuelle Assistentin in seinen Smartphones. Ob in zielgruppenoptimierter Social-Media-Werbung oder beim Taggen von Fotos: Wir sind bereits von KI umgeben. In China verwendet die Staatssicherheit eine KI-fähige Technologie zur Gesichtserkennung, um Menschen in kleinen Dörfern bei ihren alltäglichen Unternehmungen zu überwachen. Das Ziel dieses als »Sharp Eyes« bekannten Programmes ist es, für jeden Bürger eine Bewertung vorzunehmen, die auf seinem gegenwärtigen Verhalten gründet. Das erinnert gespenstisch an George Orwells Big Brother aus dessen Roman *1984*.

Einige Visionäre sagen voraus, dass die Welt im wahrsten Sinne des Wortes ihr Ende finden wird, wenn die »Singularität« erreicht ist – also jener Punkt, ab dem KI ausgereift und klug genug ist, um die Kontrolle zu übernehmen und uns Menschen als Ganzes überflüssig zu machen. Dies ist eine Zukunft, in der Maschinen andere Maschinen programmieren und kontrollieren. Dies wäre, wie der Informatiker Irving Good 1965 urteilte, »die letzte Erfindung, die der Mensch je machen muss«. Sein Kollege Alan Turing, der den Einsatz zur Entzifferung der deutschen Chiffriermaschine Enigma im Zweiten Weltkrieg leitete und mithalf, dem Computer überhaupt erst den Weg zu bereiten, erklärte 1951, KI werde »unsere geringen Kräfte übersteigen« und »die Kontrolle übernehmen«. Auch der theoretische Physiker Stephen Hawking steuerte seine Meinung zum Thema KI bei und meinte, sie »könnte das Ende des Menschen bedeuten«.

Doch selbst wenn man nicht an solche apokalyptischen Szenarien glaubt, gibt es kaum Zweifel daran, dass KI epochale Veränderungen mit sich bringen wird. In diesem Augenblick verbessern Hunderttausende von Programmierern die Reichweiten und Möglichkeiten des sogenannten »maschinellen Lernens« und seiner Anwendungen.

***

Doch zurück ins Hier und Jetzt, wo Sattelzugfahrer an einer Raststätte inmitten des amerikanischen Kernlands eine kurze Rast machen. Sie erledigen eine wesentliche Aufgabe jeder Volkswirtschaft: Sie transportieren Handelsgüter durch das ganze Land. Hierfür arbeiten sie lange Tage für wenig Geld, vor allem, wenn sie selbständige Unternehmer sind. Für Fernfahrer ist es auch schwierig, einer Gemeinschaft anzugehören. LKW-Fahrer stellen in 29 der 50 US-Bundesstaaten die zahlenmäßig größte Berufsgruppe. Zu den wenigen Ausnahmen gehören die meisten der Neuengland- und Mittelatlantikstaaten sowie Kalifornien und Texas, wo entweder Softwareentwickler, Grundschullehrer, Farmer, Sekretäre, Pflegehelfer, Verkäufer, Kundendienstmitarbeiter und Rechtsanwälte (m / w / d) an erster Stelle stehen. Einer Studie zufolge, die das Weiße Haus unter Barack Obama in Auftrag gegeben hatte, sind 1,5 Millionen bis zwei Millionen Leicht- und Schwerlastkraftfahrer in Gefahr, aufgrund autonomer Fahrzeugtechnologien ihren Arbeitsplatz zu verlieren. Das sind zwischen 60 und 90 Prozent aller Fahrer, die 2015 angestellt waren. Nimmt man Busfahrer, Taxifahrer, Chauffeure und selbständige Trucker hinzu, könnte die Anzahl der von dieser Technologie vernichteten Jobs die Drei-Millionen-Grenze überschreiten.

Neuere Experimente mit autonomen Fahrzeugen sagen dieser Technologie eine glänzende Zukunft voraus. Wir Menschen lassen uns schnell ablenken, wir langweilen uns oder werden müde. Ein Computer kann eine komplexe Reise optimieren, an Verkehrs- und Straßenbedingungen anpassen und dabei immer kraftstoffsparend fahren. Vor allem aber können Computer mit anderen Computern kommunizieren. Auch wir kommunizieren auf Straßen miteinander, allerdings verlassen wir uns auf so primitive Mittel wie Lichtsignale und Hupen. Dagegen kann ein selbstfahrendes Auto im Verbund mit anderen Autos in der Nähe den Verkehrsfluss auf fein abgestimmte Weise regeln (und die Zahl der Unfälle reduzieren).

Und das ist noch lange nicht alles. In der Produktion kann ein einziger Roboter durchschnittlich fünf bis sechs Arbeiter ersetzen. Die Zahl der Menschen, die monotone Arbeiten verrichten, lag in den Vereinigten Staaten im Jahr 1983 bei 28 Millionen. Bis 2015 war sie nur auf 30 Millionen gestiegen. In dieser Zeit wurden 300 000 Roboter installiert, die die Arbeit von knapp zwei Millionen Arbeitern erledigten. Technologie ist zum Teil für die Stagnation der amerikanischen Mittelschicht verantwortlich, die ihr Geld, wie in Kapitel 3 gesehen, mit körperlicher oder nichtkörperlicher Arbeit beziehungsweise geistiger Routinearbeit verdient. Und da heute jährlich 35 000 neue Roboter installiert werden, wird sich dieser Stillstand in den nächsten zehn Jahren noch verstärken. Bis 2030 werden im Fertigungsbereich mehr Programmierer und Controller arbeiten als Tagelöhner.

Ähnlich stieg die Anzahl an kognitiven Routinearbeiten von 28 auf 33 Millionen, vor allem im Bereich der Büroarbeit und im Einzelhandel. Im Gegensatz dazu ist die Zahl der anspruchsvollen handwerklichen Tätigkeiten, wie sie etwa ausgebildete Mechaniker ausüben, von 14 auf 27 Millionen gestiegen. Die Zahl der Stellen in Berufen, die kognitive Fähigkeiten voraussetzen und nicht auf Routinetätigkeiten gründen, wie Lehrer, Designer, Programmierer und

Krankenpfleger, stieg von 28 Millionen auf spektakuläre 57 Millionen. Zumindest von heute aus betrachtet sieht es so aus, als seien bestimmte Jobs vor der schöpferischen Zerstörungskraft der Technologie gefeit.

Doch es wird nicht mehr lange dauern, bis kognitive Routinetätigkeiten wie Büro- und Verwaltungsarbeit in einer Weise von KI verändert werden, die einer wahren Revolution gleichkommt. Chirurginnen, die Routineeingriffe vornehmen, junge Rechtsanwälte, die dabei helfen, einen Rechtsfall vorzubereiten, und Professorinnen, die Einführungsveranstaltungen leiten, könnten bald schon erleben, wie intelligente Maschinen ihre Jobs übernehmen. Der nächste und vielleicht – sollte die »technologische Singularität« tatsächlich eintreten – letzte Schritt bestünde darin, auch noch einige Nicht-Routinetätigkeiten zu eliminieren.

Betrachten wir die Aufgaben von Chirurgen, die zu den komplexesten und anspruchsvollsten in dieser Welt zählen und die fast zehn Jahre Ausbildung und praktischer Übung am Arbeitsplatz voraussetzen. »Bei einem Durchbruch in der Roboterchirurgie«, so berichtete 2016 das Institute of Electrical and Electronics Engineers, »vernähte ein Bot den Dünndarm eines Schweins, wobei er sein eigenes Sehvermögen, seine Werkzeuge und Intelligenz benutzte, um den Eingriff durchzuführen.« Und wichtiger noch: »Der ›Smart Tissue Autonomous Robot‹ (STAR) erledigte seine Arbeit besser als menschliche Chirurgen, denen dieselbe Aufgabe gestellt worden war.« Die von menschlichen Chirurgen verfertigten Nähte waren weniger gleichmäßig und auch weniger rissfest als die der Roboter. Mit den Worten von Peter Kim, einem Kinderchirurgen, der an der Untersuchung teilgenommen hatte: »Wir Chirurgen sind zwar stolz auf unser Handwerk, aber es wäre ein gewaltiger Gewinn, wenn uns eine Maschine zur Verfügung stünde, die mit uns zusammen bessere Ergebnisse erzielt und eine größere Sicherheit verleiht.« Er glaubt, Roboter würden zunächst Menschen hilfreich zur Seite stehen, wie ja auch selbstfahrende Autos »erst einmal als Parkhilfe begonnen haben, bevor einen eine neuere Technologie davor gewarnt hat, nicht auf die falsche Spur zu wechseln«. In diesem Sinne würden Roboter nicht unbedingt Arbeiter ersetzen, doch sie könnten ihnen dabei helfen, besser in dem zu werden, was sie tun.

Eine weitere attraktive Eigenschaft von Robotern ist, dass sie keinerlei Vorurteile haben – zumindest noch nicht. »Wir verbringen viel Zeit damit, zu Alexa und Siri zu sprechen«, schreibt die Journalistin Laura Sydell. »Stellen Sie sich vor, man würde solche künstlichen Persönlichkeiten in einen niedlichen, liebenswerten Roboter stecken.« Alexander Reben, ein Forscher am Massachusetts Institute of Technology (MIT) in Cambridge, baute einen kleinen Roboter aus Pappkartons, den er Boxie nannte. Eines Tages erlebte er, wie ein Mann Boxie einfach seine Probleme anvertraute. Er »hat angefangen, mit diesem Ding zu reden, als würde es sich um eine Person handeln«. Reben beschloss, sich mit dem Künstler und Filmemacher Brent Hoff zusammenzutun und einen niedlichen Roboter zu entwerfen, der Leute dazu ermutigen würde, sich ihm zu öffnen. »Sein Lächeln ist perfekt«, sagt Hoff. »Er ist offen und einnehmend. Es wirkt vorurteilsfrei und alles andere als bedrohlich.« Erste Ergebnisse klingen vielversprechend. Sherry Turkle, eine Expertin für Mensch-Maschine-Interaktionen am MIT, sagt, es sei nicht schwierig zu erreichen, dass sich Menschen Robotern öffnen: »Wir sind alle leicht zu verführen.«

Das Trolley-Problem im Zeitalter der intelligenten Maschine

Technologien erleichtern uns das praktische Leben, werfen aber ethische Fragen auf. Stellen Sie sich ein fahrerloses Auto vor, das sich einer Kreuzung nähert und rechts abbiegen will. Die Sensoren des Fahrzeugs registrieren den Radfahrer zu seiner Rechten. Plötzlich reißt sich ein Kleinkind von der Hand seiner Mutter los und läuft über die Straße. Der Computer muss sich in Sekundenbruchteilen entscheiden, ob er den Radfahrer oder das Kind verschonen will. Es bleibt keine Zeit, weitere Daten zu sammeln oder ausgefeilte Berechnungen anzustellen, wie man den Schaden so gering wie möglich halten könnte, oder darüber nachzudenken, wessen Leben man den Vorzug gibt, dem des Kleinkinds oder dem des Radfahrers. Was wird der Computer tun?

Das ist eine modifizierte Variante eines klassischen, als »Trolley-Problem« bekannten Gedankenexperiments. In diesem Problem rast eine nicht mehr zu kontrollierende Straßenbahn die Gleise entlang und wird in wenigen Sekunden auf fünf Personen prallen und sie töten. Stellen Sie sich vor, Sie könnten die Tram auf ein anderes Gleis lenken, wo nur ein Mensch getötet werden würde, würden Sie dies tun? Das Trolley-Problem illustriert ein Dilemma, das nicht durch einfache moralische oder ethische Entscheidungen aufgelöst werden kann. In dem Film *Sophies Entscheidung* spielt Meryl Streep eine polnische Mutter von zwei Kindern, die zur Widerstandsbewegung während der deutschen Besatzung im Zweiten Weltkrieg gehörte. Sie wird gefangengenommen und nach Auschwitz gebracht, wo ein Nazi-Offizier sie in die unmögliche Position bringt, entscheiden zu müssen, welches ihrer beiden Kinder in die Gaskammer geschickt wird und welches ins Arbeitslager. In kürzester Zeit muss Sophie eine schreckliche Wahl treffen. Das muss auch der Fahrer in unserem Beispiel. Diese Art von moralischem Dilemma hilft zu erklären, warum Drohnenpiloten zu einem höheren Prozentsatz an posttraumatischen Belastungsstörungen leiden als Kampfpiloten in echten Einsätzen. Drohnenpiloten fällen Entscheidungen über Leben und Tod von der bequemen Warte eines Tausende Kilometer entfernten Kontrollzentrums aus, während echte Piloten tatsächlich ihr eigenes Leben riskieren. In einem Artikel der *New York Times* über einen Drohnenpiloten mit Namen

Aaron schreibt der Journalist Eyal Press: »Was sich vor Aarons Augen abspielte, war erschreckend intim: Särge, die nach Drohnenangriffen durch die Straßen getragen wurden.« Obwohl er ein erfahrener Pilot für militärische Drohnen war, fühlte sich Aaron tief erschüttert. Er begann sich krank zu fühlen. Er entwickelte belastende Symptome wie Übelkeit, Hautreizungen und chronische Verdauungsprobleme. »Mir ging es sehr, sehr schlecht«, erzählte er Press. Er wurde durch seine routinemäßig getroffenen Entscheidungen, wen er töten und wen er leben lassen sollte, völlig aus der Bahn geworfen.

In den Jahren 2016 und 2017 führte ein vom MIT zusammengestelltes Team internationaler Forscher ein Projekt durch, das sie das »Moralmaschinen-Experiment« nannten, um herauszufinden, wie Menschen aus unterschiedlichen Kulturkreisen mit Dilemmata dieser Art umgehen. Mithilfe einer Online-Plattform sammelten sie von zwei Millionen Menschen aus mehr als 200 Regionen und Ländern fast 40 Millionen Entscheidungen zum Themenkomplex Autofahren. Den Befragten wurden dreizehn Szenarien präsentiert, in denen der Tod einer Person unvermeidbar war. Einige der Entscheidungen waren dabei einfacher zu treffen als andere, zum Beispiel: Sollte der Fahrer ein Tier oder einen Menschen verschonen? Sollte die größere oder kleinere Anzahl an Menschen Vorrang haben? Doch andere waren wesentlich schwerer zu entscheiden: Sollten Gesunde oder Körperbehinderte verschont werden? Der Straftäter oder der gesetztestreue Bürger? In dem Experiment zeigten die Teilnehmer die Tendenz, Menschen vor Tieren zu schonen, mehr Menschen vor wenigen und junge Menschen vor alten. »Folglich«, so die Forscher, »könnten diese drei Präferenzen als wesentliche Bausteine einer Maschinenethik in Betracht kommen.«

Wie zu erwarten war, gab es jedoch auch einige Unterschiede. Männer wie Frauen waren eher geneigt, Frauen zu verschonen, wobei diese Neigung bei Frauen ausgeprägter war. Religiöse Menschen hatten einen größeren Hang, Menschen vor Tieren zu schonen. Schließlich offenbarte die Untersuchung auch einige große Unterschiede zwischen Ländern. »Die Neigung, jüngere Personen vor älteren zu verschonen, ist in Ländern der Ost-Gruppe [konfuzianische Länder in Asien und einige muslimische] deutlich geringer, in Ländern der Süd-Gruppe [Lateinamerika und das frankophone Afrika] viel stärker ausgeprägt. Dasselbe gilt für die Neigung, höher gestellte Personen zu verschonen.« Teilnehmer aus der Süd-Gruppe zeigten »eine viel schwächere Neigung, Menschen vor Tieren zu schonen«. Interessanterweise scheint »nur die (schwache) Neigung, Fußgänger vor Autofahrern zu verschonen, und die (moderate) Neigung, Gesetzestreue vor Straffälligen zu verschonen, von allen Gruppen gleichermaßen geteilt zu werden«. In Ländern mit individualistischeren Gesellschaften war es wahrscheinlicher, dass die Probanden die Jungen verschonen, und in ärmeren Ländern waren sie unachtsamen Fußgängern gegenüber toleranter als jenen gegenüber, die die Regeln einhielten. Irritierend war, dass Menschen aus Ländern mit größerer wirtschaftlicher Ungleichheit eher gewillt waren, bessergestellte Personen zu verschonen.

Eine beunruhigende Schlussfolgerung der Studie lautet, dass »Menschen, die über Maschinenethik nachdenken, es gerne so aussehen lassen, als ob man ein perfektes Regelwerk für Roboter erarbeiten könnte«, so Iyad Rahwan, einer ihrer Autoren. »Wir zeigen hier jedoch, dass es keine allgemeingültigen Regeln gibt.« Sein Co-Autor Edmond Awad bemerkte: »Vielen wurde zum ersten Mal bewusst, dass KI für unterschiedliche Gruppen unterschiedliche ethische Konsequenzen haben könnte. Dass sich Menschen damit auseinandersetzen – ich glaube, das kann einen zuversichtlich stimmen.« Oder wie Barbara Wege es ausdrückt, die bei Audi in Ingolstadt eine Gruppe leitet, die sich mit autonomer Fahrzeugethik beschäftigt: »Wir müssen einen gesellschaftlichen Konsens darüber erzielen, welche Risiken wir eingehen wollen.«

Doch das moralische Dilemma, das das Trolley-Problem mit sich bringt, ist nicht das einzige, das durch den Aufstieg von KI relevant wird. Zusammen mit Srikar Reddy, dem Geschäftsführer von Sonata Software, habe ich vor kurzem auf einem Blog des Weltwirtschaftsforums dargelegt, dass man unterscheiden muss zwischen sogenannten deontologischen (von griechisch: *deon*, »Pflicht«) und teleologischen (von griechisch: *telos*, »Ende«) ethischen Standards, wobei Erstere Absichten und Mittel, Letztere Ziele und Zwecke in den Mittelpunkt rücken. Welcher Ansatz besser ist, hängt von der Technologie und dem jeweiligen Kontext ab. »Im Fall des autonomen Fahrens könnte das Ziel eines fehlerfreien Transportsystems, das zugleich effizient und umweltfreundlich ist, bereits die Sammlung umfangreicher Daten über das Fahren unter verschiedenen Bedingungen sowie die Durchführung von Experimenten, die auf KI-Anwendungen basieren, rechtfertigen.« Angesichts der entsetzlichen Geschichte medizinischer Experimente an ahnungslosen Testpersonen sind dagegen medizinische Versuche, die sich auf Big Data stützen, nur schwer mit teleologischen Gründen zu rechtfertigen. Ein deontologischer Ansatz, der auf Absichten und Mitteln gründet, ergibt in diesem Fall mehr Sinn.

Die ethischen und moralischen Dilemmata, die sich durch Automatisierung und Big Data auftun, wird man kaum noch länger ignorieren können. »Niemals in der Geschichte der Menschheit haben wir es einer Maschine erlaubt, innerhalb von Sekundenbruchteilen und ohne Echtzeitkontrolle autonom zu entscheiden, wer leben und wer sterben sollte«, schlossen die Wissenschaftler des Moralmaschinen-Experiments. »Wir werden diesen Punkt in naher Zukunft überschreiten.« Meiner Meinung nach bis 2030. »Bevor wir es unseren Autos erlauben, ethische Entscheidungen zu fällen, müssen wir weltweit ins Gespräch kommen, um den Unternehmen, die moralische Algorithmen entwerfen, und den politischen Entscheidungsträgern, die sie regulieren, unsere Präferenzen mitzuteilen. Es geht darum, dass die Ethik und die Moral der Automatisierung nicht selbst automatisiert oder in algorithmische Form gebracht werden dürfen.

»Wer braucht schon das Pariser Klimaabkommen, wenn er 3D-Drucker hat?«

Diese provokative Frage stammt von Richard A. D'Aveni, Professor an der School of Business des Dartmouth College. Neue 3D-Drucker erzeugen dreidimensionale Objekte, indem sie nacheinander hauchdünne Platten drucken, die sie aufeinander zu einer dreidimensionalen Form stapeln. Der Fachausdruck hierfür ist »additive Fertigung«. Diese Technik ist ressourcenschonend, da nur genau so viel Material verwendet wird wie nötig, um alles Mögliche, von Plastikteilen bis zu Zahnersatz oder menschlichem Ersatzgewebe, zu fertigen. Wie traditionelle Herstellungsmethoden benötigt sie zwar Energie, doch »sie setzt weniger Rauch und andere giftige Dämpfe frei«. Und der größte Vorteil besteht darin, dass Firmen ihre Ware viel seltener verschicken müssen, weil es möglich sein wird, »Druckerfarmen und Minifabriken in der Nähe der Kunden« zu errichten. Wir unterliegen nur allzu schnell der Vorstellung, dass im Herstellungsbereich Skaleneffekte wesentlich sind, um preiswerte Waren liefern zu können. Kleinstfabriken und flexible Produktionsmethoden begannen in den achtziger Jahren als ein Trend, den der 3D-Druck sehr zum Vorteil der Umwelt beschleunigen und erweitern wird. »Wir werden uns von der Wegwerfmentalität des zwanzigsten Jahrhunderts verabschieden«, sagt D'Aveni voraus. »Die Menschen werden weniger kaufen und glücklicher mit dem sein, was sie bekommen – genauso wie Umweltschützer es von uns fordern. Wenn wir weniger Waren aus weniger Material herstellen, schleudern wir auch weniger CO_2 in die Atmosphäre.«

Mit anderen Worten: Der 3D-Druck wird sich dann durchsetzen, wenn Geschäftsführer wie Kunden alte Denkmuster aufgeben und ihre Gewohnheiten ändern, wenn sie ausgetretene Pfade verlassen, um sich neue Möglichkeiten vorzustellen – wenn sie beginnen, lateral zu denken. Statt auf Vorrat zu produzieren (und das Produzierte in Lagerhallen zu horten, bis es gebraucht wird), sollten Firmen lernen, Dinge nur dem aktuellen Bedarf entsprechend anzufertigen. Industriekunden sollten ebenfalls lernen, Bestellungen so lange aufzuschieben, bis sie etwas wirklich benötigen. »Frachtverkehr ist für etwa ein Viertel aller CO_2-Emissionen in den wohlhabenden Ländern verantwortlich«, bemerkt D'Aveni. Noch verlasse sich der Logistik-Gigant UPS auf ein weltweites Netzwerk aus Lagerhallen, um den Bedürfnissen seiner Industriekunden nachzukommen. Doch das Unternehmen »hat vor kurzem in seinem Hauptsitz in Louisville einhundert große 3D-Drucker mit dem Ziel installiert, Lagerflächen und Transportentfernungen zu reduzieren. Immer mehr Teile werden nur hergestellt, wenn sie auch gebraucht werden.« Im Jahr 2017 ging UPS eine Partnerschaft mit SAP ein, um für Kunden Ersatzteile on demand zu drucken. UPS erfindet sich gerade »als Logistik- statt Speditionsunternehmer« neu.

Die Technologie des 3D-Drucks eignet sich vor allem für maßgeschneiderte Teile, doch sollte man dabei nicht nur an Zahnersatz denken. Städte, die zunehmend von Überschwemmungen bedroht werden (siehe Kapitel 5), können von Dämmen aus dem 3D-Drucker profitieren, »komplex geformte Betonoberflächen, die die Wellenenergie in viele Richtungen auflösen«, wie der Autohersteller Volvo in einer Pressemitteilung erklärt. Der schwedische Konzern hat sich mit lokalen Einrichtungen in Sydney zusammengetan, um ein künstliches Riff zu bauen, das Mangrovenbaumwurzeln ähnelt und somit wie echte Riffe Lebensraum für die Meeresflora bietet. Die hieraus entstehende Artenvielfalt hilft, Schwermetalle und Feststoffteilchen wie Plastik aus dem Wasser zu entfernen. Die kachelartigen künstlichen Korallen bestehen aus Beton und Recyclingmaterial, das in 3D-gedruckten Formen gegossen wurde.

Es gibt noch viele weitere Anwendungen, die uns dabei helfen könnten, die schlimmsten Folgen der kommenden Klimakrise abzuwenden. Als Architekt war Platt Boyd mit den Beschränkungen traditioneller Materialien zunehmend unzufrieden. Auch der verschwenderische Umgang in der Bauindustrie frustrierte ihn. Er beschloss, sich als Unternehmer auf das neue Feld des 3D-Drucks zu wagen. Im Jahr 2015 verlegte der den Sitz seiner Firma Branch Technologies zu einem Gründerzentrum nach Chattanooga, weil er hier die einzige Einrichtung dieser Art fand, die, wie wir in Kapitel 5 gesehen haben, an ein stadtumfassendes Gigabit-Netzwerk angeschlossen war. Mit Branch verwendet er »eine revolutionäre Technik, die Industrieroboter und ausgeklügelte Algorithmen mit einer neuartigen ›Freeform-Extrusions-Technologie‹ zusammenbringt, um Materialien im freien Raum zu härten«, erklärt Boyd. »Diese ›Cellular Fabrication‹ oder ›C-Fab‹ genannte Technologie orientiert sich an der Art und Weise, wie die Natur Formen und Strukturen bildet, und wird die Bauindustrie mit einer nie dagewesenen Gestaltungsfreiheit bei gleichzeitiger Ressourcenschonung revolutionieren.« Die Vorteile des 3D-Drucks sind divers. »Branch demokratisiert die Gestaltungsfreiheit und entwickelt ein neues Bauprodukt, das leichter und stabiler ist, schneller vor Ort ist und eine vielfach höhere Gestaltungsfreiheit bietet – durch einen Prozess, der von Natur aus abfallfrei ist (eine ›additive‹ Herstellung ersetzt die ›subtraktive‹, die bis heute nahezu ausschließlich angewandte Bauweise).« Das Unternehmen besitzt den größten Freeform-3D-Drucker der Welt und hält den Weltrekord für die größte aus dem 3D-Drucker stammende Struktur: eine Konzertmuschel in einem Park in Nashville, die an die Ziele für nachhaltige Entwicklung der Vereinten Nationen erinnert.

Auch Annie Wang und Zach Simkin beschlossen, die Chancen

des 3D-Drucks zu nutzen. Sie trafen sich als MBA-Studenten in Wharton. Annie wollte nach ihrem Abschluss wie die meisten ihrer Studienkolleginnen eine traditionelle Karriere einschlagen und in einem großen Unternehmen oder einer Bank arbeiten, während sich Zach selbständig machen wollte. Sie wussten kaum etwas über 3D-Druck. Erst kurz vor ihrem Abschluss 2013 befassten sie sich im Rahmen eines Innovationskurses näher mit dieser Technologie. Sie erkannten die Möglichkeit, künstliche Intelligenz und maschinelles Lernen zu kombinieren, um Industriekunden beim Entwurf von Teilen und Komponenten aus dem 3D-Drucker zu helfen. Annie gab eine begehrte Vollzeitstelle bei der Kosmetikfirma Estée Lauder auf, um sich auf dieses visionäre, aber riskante Projekt einzulassen. Sieben Jahre später betreut ihr Unternehmen »Senvol« verschiedene Abteilungen des US-Verteidigungsministeriums, die Navy und mehrere Industriekonzerne. Es gehört zu einer ganzen Reihe von Unternehmen, Projekten und Initiativen, die zur Wiederbelebung der amerikanischen Industrie beitragen.

Weitere revolutionäre Anwendungen für den 3D-Druck finden sich im Gesundheitswesen, etwa in der Zahnheilkunde und in Form von »gedrucktem Gewebe« bei Transplantationen. Und chinesische Unternehmen drucken ganze Häuser. Dieser Schritt könnte eine schnellere Erholung nach Katastrophen wie Hurrikans ermöglichen – die aufgrund des Klimawandels häufiger und zerstörerischer sein werden. Besonders verlockend erscheint die Zukunft des 3D-Drucks in der Erforschung und Kolonisation des Weltraums. Man stelle sich eine menschliche Siedlung auf dem Mars vor, die einen 3D-Drucker zur Verfügung hat, mit dem alles Notwendige aus den vor Ort verfügbaren Rohstoffen hergestellt werden kann. Man müsste Ausrüstungsgegenstände, Ersatz- oder Bauteile nicht mehr von der Erde ordern. So könnte man nicht nur Geld, sondern auch Zeit sparen, schließlich benötigt man ganze sieben Monate, um von der Erde zum Mars zu reisen.

Die Technologie des 3D-Drucks bietet also eine ganze Palette voller Vorteilen, doch wird sie gleichzeitig einige der anspruchsvollsten und bestbezahlten Industriearbeitsplätze gefährden. Auch die politischen Implikationen könnten erheblich sein (man bedenke, dass einfache Schusswaffen schon heute mit 3D-Druckern hergestellt werden können). Man muss sich wirklich klarmachen, dass Automation, KI und 3D-Druck die Spielregeln grundlegend verändern: Die Automation definiert die Beziehung zwischen Mensch und Arbeit neu, KI ersetzt geistige Tätigkeiten durch maschinelles Lernen und Sprache durch linguistische Datenverarbeitung, und der 3D-Druck gestaltet den Austausch zwischen Kunden und Wirtschaftsunternehmen von Grund auf neu und verändert unsere derzeitige Verkehrsinfrastruktur.

Versicherungen aufregender – und fairer – gestalten

Von Versicherungsunternehmen erwartet man, dass sie auf Nummer sicher gehen. Gewissenhaft berechnen sie mögliche Risiken, mit Bedacht wählen sie die Kunden, die sie versichern. Die Arbeit des Versicherers ist wenig aufregend. Anders als in der Produktion passiert in der Versicherungsindustrie nie etwas wirklich Revolutionäres. So verlangen Versicherungen von Menschen in höheren »Risikokategorien« seit Jahrhunderten auch höhere Beiträge: etwa von Rauchern, männlichen Autofahrern unter dreißig und Extremsport-Begeisterten. Diese Art der Kategorisierung führt oft zu Vorurteilen und einer offenen Diskriminierung benachteiligter Gruppen. Doch in Zukunft werden Versicherungsunternehmen auf Grundlage einer Echtzeit-Datenerfassung zum Beispiel von Autofahrerinnen und -fahrern Beiträge verlangen können, die dem Fahrverhalten der Versicherungsnehmer auch tatsächlich entsprechen. Dann zahlen die Kunden mehr, weil sie auf der Straße höhere Risiken eingehen, und nicht, weil sie den verallgemeinernden Stereotypen einer bestimmten »Risikogruppe« entsprechen. Schlechte oder risikoreiche Autofahrer müssen letztendlich mehr für ihre Versicherung bezahlen, und zwar unabhängig davon, ob sie Männer oder Frauen, jung oder alt sind. Die Anklänge an »Big Brother« sind nicht zu leugnen, und doch wären womöglich viele Menschen mit einer Echtzeitüberwachung ihres Fahrverhaltens einverstanden, wenn sie als Gegenleistung geringere Beiträge bezahlen müssten.

Die Verschmelzung der Technologien, die solche potentiellen Fortschritte ermöglichen, nennt man das »Internet der Dinge« – die Gesamtheit der miteinander verbundenen Sensoren und anderer Vorrichtungen, die so gestaltet sind, dass sie Fabriken, Minen, Energiesysteme, Transportsysteme, den Einzelhandel, Fahrzeuge, Häuser, Büros und sogar Menschen »betreiben« oder leiten können. Das Internet der Dinge hat das Potential, nicht nur das Versicherungswesen zu revolutionieren, sondern die gesamte Wirtschaft und Gesellschaft. Bis 2030 wird es etwa 200 Milliarden Geräte und Sensoren geben, die mit ihm verbunden sind. Zu seinen am schnellsten wachsenden Einsatzgebieten zählen Fabriken, Städte, das Gesundheitswesen, der Einzelhandel und das Verkehrswesen. Zum Ökosystem, das nötig ist, um ein umfassendes Internet der Dinge zu realisieren, gehören nicht nur die Geräte als solche, sondern auch Datenübertragungen und Speicheranlagen sowie Analyseknoten und Feedbackschleifen. Möglicherweise entstehen sehr viele Arbeitsplätze zur Unterstützung dieser gigantischen Infrastruktur. Diese Welle der »schöpferischen Zerstörung« verspricht, Arbeitsplätze sowohl zu schaffen als auch zu zerstören.

Das Gehirn trainieren, um glücklicher und gesünder zu werden

Bis vor ein paar Jahren dachte ich, Virtual Reality (VR) sei nur für suchtgefährdete Gameplayer von Interesse. Doch tatsächlich ist sie viel nützlicher und revolutionärer. So tragen etwa Chirurgen und ihre Assistenten heute immer häufiger VR-Brillen bei der Durchführung komplexer Operationen. Psychologen verwenden VR als Therapie für Patienten mit Höhenangst, Schwindel, Angststörungen und posttraumatischen Belastungsstörungen. Zwei Forscher der Universität Oxford verwenden VR, um Patienten mit Verfolgungswahn (Paranoia) zu helfen. »Die effektivste Behandlungsmöglichkeit besteht darin, den Individuen verstehen zu helfen, dass sie in Situationen, die sie fürchten, eigentlich sicher sind«, erklären sie. »Je stärker das Gefühl der Sicherheit wird, desto schwächer der Verfolgungswahn.« Ihren Patienten geht es schnell besser, zum Teil nach nur einer Sitzung. »Virtuelle Realität wird sich nicht nur in der Gaming-Welt durchsetzen«, bemerken sie. »Wir glauben, dass sie künftig in der Beurteilung und Behandlung psychischer Krankheiten eine zentrale Rolle spielen wird.« Die Technologie wird auch eingesetzt, um Ängste zu nehmen vor dem Zahnarzt oder vor einer Kernspintomographie.

Bei Menschen mit Schädigungen in bestimmten Gehirnregionen bewirkt VR eine effektive Stimulation ihrer motorischen Funktionen. Forscher in Südkorea haben herausgefunden, dass eine »VR-Ausrüstung verwendet werden kann, um in Individuen wichtige und angemessene Stimulationen des Nervensystems auszulösen. Man macht sich also die Neuroplastizität zunutze, um sowohl motorische als auch kognitive Systeme anzuregen.« Auf ähnliche Weise hilft VR Kindern, mit Autismus zurechtzukommen. »Kinder wie Erwachsene verwenden täglich und ohne Hintergedanken

Smartphones, Computer, Smartwatches, Fernseher und Spielekonsolen. Sie wollen einfach eine gute Zeit haben«, ist im Online-Magazin *VR Fitness Insider* zu lesen. »Einige Kinder und Erwachsene mit Autismus, die minimal oder gar nicht sprechen, verwenden täglich iPads und Voice-Apps, die für sie sprechen und ihnen als Bildungswerkzeuge dienen.« Indem sie Gehirntätigkeiten während einer VR-Sitzung überwachen, können Ärzte die kognitiven und sozialen Verhaltensaspekte von Kindern mit und ohne Autismus studieren. Therapeutinnen können Patienten helfen, mimische und gestische Botschaften zu deuten und Hürden im Umgang mit anderen zu überwinden. VR kann Kindern mit Autismus auch dabei helfen, soziale Kompetenzen in der Schule zu erlernen, damit sie einfacher und effektiver am Unterricht teilnehmen können. Bis 2030 könnte diese Form der Technologie – im Zusammenspiel mit den Erfahrungen, die Ärzte und Therapeuten über Jahrzehnte gemacht haben – die Verbreitung psychischer Störungen um eine beträchtliche Größenordnung reduzieren.

Den Klimawandel mit Nanotechnologien aufhalten

Zu den Hauptverantwortlichen für den Klimawandel gehört die Textilindustrie. Schätzungen zufolge ist sie für etwa 8 Prozent des CO_2-Ausstoßes weltweit verantwortlich. Damit liegt sie noch vor allen internationalen Flügen und der Seeschifffahrt zusammengenommen. Das neue Gebiet der Nanotechnologie könnte unsere Abhängigkeit von synthetischen Textilfasern aus fossilen Brennstoffen erheblich reduzieren. Bei der Herstellung eines T-Shirts aus Polyester wird doppelt so viel CO_2 freigesetzt wie bei einem aus Baumwolle. Das Phänomen der »fast fashion« mit neuen Designs beinahe im Wochentakt hat das Problem nur verschärft. »Pro Person werden 20 neue Kleidungsstücke im Jahr hergestellt, und wir kaufen 60 Prozent mehr als noch im Jahr 2000«, hieß es in einem Leitartikel der *Nature* von 2018. »Jedes Kleidungsstück wird weniger oft getragen, bis es entsorgt wird, und diese kürzere Lebensspanne ist gleichbedeutend mit einer relativen Erhöhung der Emissionswerte in der Herstellung … Die Branche wird weiterwachsen, da die Mittelschicht sich ausbreitet und die Zahl der Einkäufe mit diesem demographischen Wandel weiter ansteigt.« Hinzu kommt, dass der Kauf von Second-Hand-Kleidung mit einem Stigma behaftet war und noch immer ist. Im Gegensatz dazu suchen ausgebuffte Autokäufer eher Wagen mit »Vorbesitzer« als neue.

Nanotechnologien eröffnen andere Wege, um dem hohen Anteil der Textilindustrie an Treibhausgasemissionen zu begegnen. Zu diesen Technologien gehört etwa die Manipulation der Materialien auf atomarer, molekularer oder supramolekularer Ebene. Wir sprechen hier von Teilchen, die bis zu 400 Millionstel Zentimeter klein sind, die zur Herstellung stärkerer, günstigerer und umweltfreundlicherer Materialen verwendet werden. Die womöglich tiefgreifendsten Anwendungen der Nanotechnologie werden programmierbare Materie möglich machen – Materialien, die mit der Fähigkeit ausgestattet sind, ihre physikalischen Eigenschaften wie Form, Dichte, Leitfähigkeit oder Optik als Reaktion auf Signale oder Sensoren zu verändern. Bis 2030 werden wir unsere Kleiderschränke womöglich nicht mehr nach Jahreszeiten ordnen müssen. Ein und derselbe Pullover könnte uns im Winter wärmen, und im Sommer würden wir dennoch nicht in ihm schwitzen. Er könnte je nach Außentemperatur sogar die Farbe wechseln. Das Self-Assembly Lab des MIT vertritt die Meinung, dass »Kleidung, die man bei jedem Wetter tragen kann, nicht länger zu den Science-Fiction-Träumen zählen muss«. Forscher haben »ein smartes Material geschaffen, das den Poren der menschlichen Haut ähnelt und sich je nach den herrschenden Temperaturen ausdehnt oder zusammenzieht«. Dieses Material strafft sich und isoliert die menschliche

Haut bei kaltem Wetter, mit steigenden Temperaturen dehnt es sich aus und wird luftdurchlässiger.

Nanotechnologien könnten auch helfen, den für 2030 erwarteten klimatischen Kipppunkt durch eine verbesserte Energieeffizienz zu verhindern. Verbundwerkstoffe von hoher Festigkeit werden heute bereits in einer Vielzahl an Waren, von Flugzeugen und Autos bis zu Skiern und Tennisschlägern verwendet. Die benötigte Energie, um diese Dinge zu bewegen, ist deutlich geringer. Auch die Bauindustrie wird sich durch die Verwendung von haltbareren und energieschonenden Materialien verändern. »Nanotechnologie verspricht eine effizientere Wärmeisolation, die weniger von nicht erneuerbaren Ressourcen abhängt.« Sie wird eine »wichtige Rolle auf dem Weg zu ›Grünen Gebäuden‹ spielen«, so die Ergebnisse einer neueren Studie. »Die Anwendung von Nano-Isoliermaterial hält Mauerstärken gering und zählt zu den potentiell energieschonendsten Möglichkeiten, bereits existierende, zum Teil denkmalgeschützte Gebäude energetisch zu sanieren.«

Programmierbare Materie kann man auch für »universelle Ersatzteile« verwenden. Die Defense Advanced Research Project Agency (DARPA) konzentriert sich auf militärische Anwendungsbereiche. Mitchell Zakin, Programmmanager bei DARPA, erklärt, dass »Soldaten in Zukunft in ihren Fahrzeugen eine Art Farbdose mitführen werden, gefüllt mit Teilchen von unterschiedlichen Größen, Formen und Einsatzmöglichkeiten wie etwa kleine Computer, Keramiken oder biologische Systeme – potenziell alles, was der Nutzer sie sein lassen will«. Falls »der Soldat im Einsatz einen Schraubenschlüssel von bestimmter Größe benötigt, überträgt er eine Nachricht an die Dose, woraufhin die Teilchen sich automatisch zu einem Schraubenschlüssel zusammensetzen. Nachdem der Schraubenschlüssel seinen Dienst getan hat, stellt der Soldat fest, dass er einen Hammer benötigt. Er legt den Schraubenschlüssel wieder in die Dose, wo er sich selbständig zurück in seine Teilchen zerlegt und im Anschluss in einen Hammer verwandelt.« Genauso könnte programmierbare Materie einem Flugzeug die Möglichkeit geben, die Form, Dichte und Beweglichkeit seiner Flügel zu verändern und es so unter wechselnden Flugbedingungen energieeffizienter zu machen. Solche Anwendungen von Nanotechnologien werden sicher dazu beitragen, die Geschwindigkeit des Klimawandels zu reduzieren.

Ein neues Feld der Nanomedizin wird eine Vielzahl von Krankheiten diagnostizieren und behandeln können. Im Jahr 2018 kündigte die National Foundation for Cancer Research einen potenziellen Durchbruch an, der es möglich machen soll, Medikamente ganz gezielt in Krebszellen zu transportieren. »Nanoroboter können so programmiert werden, dass sie molekulare Ladungen transportieren und an Ort und Stelle die Blutversorgung des Tumors blockieren, was den Tod des Gewebes verursachen kann und den Tumor schrumpfen lässt«, sagte ein Mitglied des chinesisch-amerikanischen Forschungsteams. Eierstockkrebs kann mithilfe von Nanotechnologien bereits erkannt werden, wenn der Krebs erst wenige Hundert Zellen befallen hat. Und schließlich versprechen Nanotechnologien günstige, biologisch abbaubare Ersatzstoffe für Plastik, womit vermieden werden könnte, dass Fischgründe durch winzige Schadpartikel kontaminiert werden, die die Tierwelt in Mitleidenschaft ziehen und womöglich in die Nahrungskette eindringen.

E-Books, Weine und Frösche

Digitale Alternativen haben den traditionellen Konsum von Nachrichten (die gedruckte Zeitung), Musik (Schallplatte) oder Filmen (lebe wohl, Blockbuster!) verdrängt. Die New-Wave-Band The Buggles hat diesem Prozess bereits 1979 mit ihrem Hit »Video killed the Radio Star« ein Denkmal gesetzt. E-Books hingegen haben das physikalische Buch in den Vereinigten Staaten und anderen hochentwickelten Ländern noch nicht verdrängen können. Was steckt hinter der außerordentlichen Widerstandskraft eines Formats, dessen Erfolgsgeschichte vor fünfhundert Jahren mit Johannes Gutenbergs Erfindung des Buchdrucks erst so richtig Fahrt aufnahm?

Man könnte denken, der Gebrauch von E-Books habe das physikalische Buch deshalb noch nicht übertroffen, weil Millennials keine Bücher mehr lesen. Doch dem Pew Research Center zufolge liest diese Generation mehr Bücher in allen möglichen Formaten als jede andere Altersgruppe. Womöglich hat es damit zu tun, dass Verleger und Verlage die Gefangenen einer »strukturellen Trägheit« sind, die Individuen, Organisationen und Communitys davon abhalten, einen reibungslosen Übergang von einer Handlungsweise zu einer anderen mit größeren Erfolgsaussichten zu wagen. Trägheit manifestiert sich als psychologische, kognitive und organisatorische Abneigung, angesichts bewährter Gewohnheiten und Handlungsweisen neue Wege zu beschreiten. Deshalb ließen Schweizer Uhrmacher die kommerziellen Möglichkeiten verstreichen, die sich ihnen mit Stimmgabel und Quarztechnologien geboten hatten. Könnte es aber nicht auch sein, dass das gedruckte Buch sich aufgrund seines einzigartigen Formats perfekt als Geschenk und (sehr zum Verdruss echter Bibliophiler) als Wohndekoration eignet?

Wie lautet nun aber der allgemeine Grundsatz, mit dem sich erklären lässt, warum E-Books in den hochentwickelten Ländern mehr oder weniger gefloppt sind, während Audio- und Videostreaming-Dienste Triumphe feiern? Der Technikexperte und Bestsellerautor Edward Tenner argumentiert, dass es mehrere Gründe gibt, warum Menschen bisweilen nicht geneigt sind, eine alte Technologie zugunsten einer neueren aufzugeben. Der erste hat mit den möglichen Schwachstellen der neuen Technologie zu tun. So ist das Faxgerät zwar mittlerweile nur noch ein Museumsstück, doch lange Zeit zogen es viele Menschen aus Sicherheitsgründen weiterhin vor,

Dokumente zu faxen, statt sie als Scans per E-Mail zu verschicken. Auch ästhetische und nostalgische Gründe dürften eine Rolle spielen. Zwar wurden Vinylalben von CDs und Streamingdiensten in den Hintergrund gedrängt, doch unter echten Musikfans erfreuen sich die schwarzen Scheiben einer wachsenden Beliebtheit. Und trotz aller Verbesserungen bei Automatikgetrieben bevorzugen viele Autoliebhaber weiterhin die Gangschaltung.

Vielleicht liegt der Schlüssel zum Verständnis von Widerständen gegenüber bestimmten Formaten darin, dass Technologien meist als Teil eines Ökosystems aufsteigen und wieder untergehen, nur selten jedoch systemunabhängig oder von selbst. Diese Ökosysteme müssen sich innerhalb eines offenen Innovationsprozesses schnell entwickeln, um einer neuen Generation von Nutzern zu gefallen und gleichzeitig das jeweilige Umfeld nachhaltig zu verändern. E-Book-Plattformen sind grundsätzlich und insbesondere im Softwarebereich geschlossene Systeme geblieben, zu denen externe Neuerer keinen Zugang hatten und haben. Dadurch ist die Funktionalität von E-Books begrenzt geblieben. Darüber hinaus weisen Forschungsergebnisse darauf hin, dass das Lesen eines gedruckten Buches es dem Leser erlaubt, Informationen effizienter aufzunehmen, als dies für denselben Text auf einem E-Reader oder Tablet der Fall gewesen wäre. »Das implizite Gespür dafür, wo in einem gedruckten Buch man sich befindet, stellt sich als ein wichtigerer Faktor heraus, als wir dachten«, sagt Abigail Sellen, Wissenschaftlerin und Ingenieurin des Microsoft Research Lab im englischen Cambridge. »Erst wenn man ein E-Book in Händen hält, merkt man, dass man genau das vermisst. Ich glaube, E-Book-Hersteller haben nicht genug darüber nachgedacht, wie man womöglich visualisieren könnte, wo in einem Buch man sich befindet.«

Und einem Artikel im *Scientific American* zufolge beeinträchtigen »Bildschirme und E-Reader zwei weitere wichtige Aspekte beim Navigieren in Texten: glückliche Zufälle und ein Gefühl der

Kontrolle. Menschen berichten, wie sehr sie es genießen, zu einer früheren Stelle eines gedruckten Buches zurückzublättern, und wie ein einziger Satz in ihnen eine Erinnerung an etwas hervorruft, das sie zuvor gelesen haben.« E-Books sind bei weitem nicht so interaktiv wie digitale Magazine. Im Jahr 2001 ging ein Youtube-Video mit dem Titel »A Magazine is an iPad that does not work« (»Ein Magazin ist ein iPad, das nicht funktioniert«) viral. Man sieht ein etwa einjähriges Mädchen, das mit seinen Fingern über den Touchscreen eines iPads wischt und eine Gruppe von Icons bewegt. Anschließend wischt es über ein gedrucktes Magazin, greift zu, piekst hinein und ist schließlich frustriert, weil nichts passiert. »Für meine einjährige Tochter«, bemerkt der Vater dieser Digital Native, »ist ein Magazin ein iPad, das nicht funktioniert. Und daran wird sich ihr Leben lang nichts ändern.« Die Generation der Digital Natives, die wir in Kapitel 2 kennengelernt haben, scheint von E-Books nicht übermäßig begeistert, weil sie über digitale Versionen gedruckter Bücher kaum hinausgehen. Womöglich werden E-Books für sie erst dann attraktiver, wenn sich der Prozess der Texterzeugung selbst verändert. »Einige Autoren«, so berichtet der *Scientific American*, »tun sich mit Programmierern zusammen, um immer raffiniertere interaktive Romane und Sachbücher zu schreiben, in denen Leser durch ihr Handeln selbst bestimmen, was sie als Nächstes lesen, hören und sehen.«

Während E-Books in den Vereinigten Staaten und anderen reichen Ländern nicht so richtig vorankommen, könnten sie in Entwicklungsländern zum Glücksfall werden – falls wir es wagen, lateral zu denken. Eine der größten Herausforderungen für Afrikas Fortschritt besteht darin, die schnell wachsende Bevölkerung auszubilden. Wie in Kapitel 1 gesehen, werden zwischen 2020 und 2030 etwa 450 Millionen afrikanische Kinder geboren, ein Drittel aller Neugeborenen weltweit. Die Mission des südafrikanischen Start-ups »Snapplify«, zugleich die größte Plattform und Sammlung digitaler Bildungsinhalte in Afrika, besteht darin, Bücher auch in Regionen zu verbreiten, in denen es weder Bibliotheken noch Buchläden gibt. Snapplify bedient derzeit wenige Hundert Schulen und 170 000 Schulkinder, hat also noch genügend Luft nach oben. »Worldreader«, eine Non-Profit-Organisation aus San Francisco, verfolgt einen anderen Ansatz. Sie gewährt Schulen in Entwicklungsländern über E-Reader und Smartphones einen freien Zugang zu einer Bibliothek mit digitalen Inhalten. In ländlichen Regionen ohne Internetzugang bietet sie ganzheitliche Lösungen mit Sonnenkollektoren, USB-Hubs, LED-Beleuchtung, E-Readern und Zugang zur digitalen Bibliothek.

Afrika könnte auf diese Weise zum Kontinent mit dem weltweit höchsten E-Book-Konsum werden, so wie es heute bereits im Bereich des mobilen Bezahlens an vorderster Stelle steht. Zu den überraschendsten Facetten dieser sich schnell verändernden Welt gehört die Tatsache, dass die »weniger entwickelten« Länder oftmals die besten Aussichten auf die Zukunft bieten, während jene mit dem Etikett »hochentwickelt« so sehr mit gewohnten Denk- und Handlungsweisen verbunden sind, dass sie Schwierigkeiten haben, sich von der Vergangenheit zu lösen. *Leapfrogging* (Bockspringen) nennt die Wirtschaft das Phänomen, wenn *Laggards* (Nachzügler) aufholen, indem sie einfach ganze Entwicklungsstufen, die in der Vergangenheit in einzelnen Schritten erklommen wurden, überspringen.

Neben Büchern gibt es noch andere Beispiele für die Widerstandsfähigkeit alter Formate. So findet außerhalb von Bars und Restaurants nur ein kleiner Anteil aller Weinkäufe online statt: lächerliche 1,8 Prozent in den Vereinigten Staaten, 3,3 Prozent in Deutschland und Japan sowie 4,3 Prozent in Frankreich. Eine Ausnahme bildet China, volumenmäßig der weltweit größte Weinmarkt, wo 19,3 Prozent der Weinverkäufe online über die Bühne gehen. Lediglich zwei weitere Länder kommen auf Anteile von über

10 Prozent: Australien (11,3 Prozent) und das Vereinigte Königreich (10,3 Prozent), was angesichts der Liebe zum Wein in diesen Ländern nicht weiter verwunderlich ist.

Warum zögern Kunden, Wein online zu kaufen? Es lohnt sich, dieser Frage nachzugehen. Zum Vergleich werden in vielen Ländern mehr als 50 Prozent aller Kleidungsstücke und Schuhe online verkauft. Auf den ersten Blick erscheint dies seltsam: Ermutigen doch Bekleidungsgeschäfte ihre Kunden, unterschiedliche Outfits zu probieren und das Passende auszuwählen, während Weinläden nur gelegentlich zu Proben von ausgewählten Weinen einladen. Vielleicht haben Konsumenten im Durchschnitt kaum Ahnung von Weinen und lassen sich lieber von Fachverkäufern vor Ort beraten. Oder sie befürchten, online bestellte Weinflaschen könnten beim Transport zerbrechen. Womöglich sind die Menschen zu ungeduldig und wollen den Wein auf der Stelle trinken. Ein zwingenderer Grund scheint mir zu sein, dass die meisten Menschen Wein in letzter Minute kaufen – um ihn auf eine Party mitzubringen oder zu sonst einem besonderen Anlass. Alle diese Faktoren sprechen nicht für den Online-Weinhandel. Doch keiner kann erklären, warum ausgerechnet China, Australien und das Vereinigte Königreich Ausnahmen von der Regel darstellen.

In China war es schwierig, echte Weinhandlungen so schnell aufzubauen, dass sie mit den Bedürfnissen einer rasant wachsenden Mittelschicht (siehe Kapitel 3) mithalten könnten. Doch was ist mit Australien und dem Vereinigten Königreich? Die Antwort lautet, dass einige Weine mit bestimmter Kennzeichnung verkauft werden (teurere Weine eines bestimmten »Terroirs«), andere jedoch als Marke (günstiger). In Frankreich etwa gibt es 27 000 Weingüter und genauso viele Terroirweine mit jeweils eigenen Merkmalen und Geschmäckern. Ein Terroirwein, der mit Kennzeichnung verkauft wird, eignet sich nicht so gut für den Online-Handel wie ein Standardwein mit Markennamen. So ist etwa Yellow Trail eine der bekanntesten Weinmarken Australiens. In Australien, dem Vereinigten Königreich und China betrachten viele Kunden Wein eher unter dem Aspekt der Marke und weniger unter bestimmten Kennzeichnungen, weil Wein sich dort erst relativ spät, in den achtziger Jahren des vorigen Jahrhunderts, als Massenprodukt etablierte hat. Neue Weinkonsumenten hatten nicht die Zeit, die Komplexität von Terroirweinen zu erkunden. »Dass Großbritannien heute zu den größten Weinmärkten weltweit zählt«, schreibt Julie Bower in einem neueren Artikel für das Magazin *Beverages*, »hat viel mit dem Erfolg älterer und solcher Marken zu tun, die später in den neunziger Jahren auf den Markt kamen und mit denen Australien Frankreich als wichtigstes Weinland für den Massengeschmack ablöste.« Wie wir auch bei E-Books gesehen haben, überzeugt die Option des digitalen Einkaufs Konsumenten nur unter ganz bestimmten Umständen. Ohne diese Umstände wird jede noch so praktische und günstige Technologie scheitern.

Welche Technologien sind es wert, weiterentwickelt und neu erfunden zu werden?

Angesichts der Herausforderungen, vor die uns alternde Bevölkerungen, die Umweltzerstörung und der Klimawandel stellen, sollten wir sorgfältig darüber nachdenken, welche Technologien wir bis 2030 am dringlichsten weiterentwickeln müssen. Trockentoiletten und E-Books für alle, die keinen Zugang zu deren traditionellen Alternativen haben, würden meine persönliche Prioritätenliste anführen. Auch Therapien, die auf virtueller Realität (VR) gründen, um Menschen bei der Überwindung ihrer chronischen psychischen oder kognitiven Probleme zu unterstützen, sollten bevorzugt gefördert werden. Nanotechnologien können uns von einigen der Materialien befreien, die für die Umwelt besonders schädlich sind, und der 3D-Druck könnte uns dabei helfen, weniger Müll zu produzieren. Doch jede dieser Technologien kann die Verelendung ganzer Bevölkerungsgruppen zur Folge haben, wenn sie Arbeitsplätze zerstört, in unsere Privatsphäre eindringt oder die Verbreitung zum Beispiel von Fake News fördert.

Wir sollten auch darüber nachdenken, wie man alte Technologien auf neue, kreative Weise einsetzen könnte. Dieser Tage bildet das Schwungrad ein faszinierendes Beispiel dafür, wie man »das Rad neu erfindet«. Dieses geniale Maschinenelement bildet seit Jahrtausenden einen Teil des Töpferrads und hilft, die Drehbewegungen abzufedern, was erst die Herstellung feinster, glattester Keramik möglich macht. Wahrscheinlich wurde es von den antiken Sumerern im heutigen Irak erfunden. James Watt fand in den 1770er Jahren eine neue Verwendung für das Schwungrad, als er eine Scheibe an der Welle seiner berühmten Dampfmaschine so anbrachte, dass sie sich trotz der unregelmäßigen Auf- und Abbewegung seines Kolbens mit konstanter Geschwindigkeit bewegte.

Und in den zehner Jahren unseres Jahrhunderts entwickelte ein Unternehmen aus Massachusetts eine auf dem Schwungrad aufbauende Konstruktion, die bei der Rettung des Planeten mithelfen soll: Sie speichert überschüssige Energien, die andernfalls vergeudet wären, und harmonisiert den Stromfluss in Kraftwerken, sodass Energie effizienter erzeugt werden kann. Die erste Anlage in Stephentown, im Bundesstaat New York, besteht aus 200 Schwungrädern, die bis zu 20 Megawatt Energie speichern können, womit ein Zehntel des täglichen Strombedarfs des Bundesstaats gedeckt werden kann. Zu diesem Zweck werden Schwungräder nicht mehr aus Stein oder Stahl hergestellt, sondern aus leichten Kohlefasern. Sie werden mithilfe von Magneten in einer Vakuumkammer aufgehängt, um Reibungsverluste zu minimieren. So können sie mit Geschwindigkeiten rotieren, die jene in Düsentriebwerken übertreffen, und Energie ohne Impulsverluste speichern. Durch die Betätigung von Bremsen kann man die kinetische Energie des Schwungrads jederzeit in elektrische Energie transformieren. Diese Technologie verspricht gleichzeitig, die Leistung von Sonnenkollektoren und Windfarmen zu verbessern, und zwar auch an Tagen, an denen die Sonne nicht scheint oder Windstille herrscht. So gesehen erhält die Schwungrad-Technologie im Zeitalter der Energieknappheit und des erhöhten Umweltbewusstseins eine neue Bedeutung: Dieses Rad wurde als Antwort auf gegenwärtige Tendenzen neu erfunden.

Letztlich breiten sich Technologien dann aus, wenn sie etwas, das in der Gesellschaft oder Wirtschaft bereits auf dem Weg ist, verstärken. Eine neue Technologie gewinnt dann an Einfluss, wenn sie Wachstum und Teilhabe ermöglicht, wie dies in Afrika bei Smartphones und E-Books sowie in China und dem Vereinigten Königreich beim Online-Weinhandel der Fall ist. Um die Welt wirklich zu verändern, um absolut transformativ zu sein, müssen technische Neuerungen auf einer sehr hohen demographischen oder wirtschaftlichen Welle reiten – wie wir in Kapitel 7 sehen werden.

7

IMAGINE NO POSSESSIONS

Wellenreiten, Netzwerkeffekte und die Macht von 8,5 Milliarden Verbindungen

»Imagine no possessions
I wonder if you can
No need for greed or hunger
A brotherhood of man
Imagine all the people
Sharing all the world …«

John Lennon

Linsey Howard geht keiner geregelten Arbeit im herkömmlichen Sinne nach und besitzt kein Auto. Sie übernimmt Jobs, wenn sich die entsprechenden Gelegenheiten bieten. Dennoch ist sie weder eine gesellschaftliche Außenseiterin noch eine unterbezahlte Zeitarbeiterin. Sie ist Ingenieurin, doch ihr Leben dreht sich um digital-kollaborative Plattformen wie TaskRabbit. Sie nutzt diese, um für sich Aufträge auszusuchen, die von Unternehmen aus aller Welt angeboten werden. Das nennt man »Gig-Economy«, vom englischen Wort *gig* für einen (kurzen, einzelnen) Auftritt. Erledigt sie einen Auftrag schnell und sorgfältig, verdient sie mehr. Sobald sie einen Auftrag abgeschlossen hat, steuert sie wie so viele andere auch erst einmal ein Lebensmittelgeschäft an. Doch die Fortbewegungsart, mit der sie dorthin kommt, ist vielleicht nicht allen vertraut: Sie benutzt einen Bike-Sharing-Dienst und beauftragt zusätzlich einen

Fahrdienst, der ihr dabei hilft, ihre vollgepackten Taschen nach Hause zu bekommen. Howard ist eine von mehr als 40 Millionen, die in den Vereinigten Staaten auf diese Weise ihr Geld verdienen, im Vergleich zu 20 Millionen im Jahr 2018. Einige leisten körperliche Arbeit, verteilen etwa Prospekte oder machen Besorgungen, andere wie Howard spezialisieren sich auf geistige Tätigkeiten. In einem Leitartikel von 2018 stellte sich der *Economist* die Zukunft in einer Art Rückblick wie folgt vor: »Seit 2026 bot das Berufsnetzwerk LinkedIn eine Garantie, dass es innerhalb von sechs Stunden für jede Aufgabe eine geeignete Arbeitskraft finden könne – und aufgrund einer Übereinkunft mit Uber konnte das Netzwerk gewährleisten, dass diese innerhalb eines Arbeitstages vor Ort erscheinen würde.« Bis 2030 könnten die Dinge, die wir teilen – Häuser, Autos und Arbeit – nahezu unseren ganzen Alltag umfassen.

Vorhersagen über die Größe und Bedeutung der Gemeinschafts- oder kollaborativen Wirtschaft in der nahen Zukunft variieren. Die Brookings Institution schätzt, dass sie bereits bis 2025 um das Zwanzigfache wachsen wird. Dem Beratungsunternehmen PwC zufolge werden die höchsten Wachstumsraten im Crowdfunding, der Online-Rekrutierung, in der Direktvermittlung von Unterkünften, Fahrgemeinschaften sowie mit Musik- und Videostreaming zu verzeichnen sein. Eine lineare Hochrechnung dieser Trends ergibt, dass auf die kollaborative Wirtschaft bis 2030 mehr als 30 Prozent der Arbeitsplätze und des Konsums entfallen werden.

Die Macht digital-kollaborativer Plattformen wurde zuerst von Firmen wie Uber oder Airbnb erkannt. Am 19. Januar 2009 fanden sich fast zwei Millionen Menschen auf der National Mall in Washington ein, um die historische Amtseinführung von Barack Obama zu erleben. Die Hotels im Bundesdistrikt waren auf den Ansturm der Schaulustigen von außerhalb nur ungenügend vorbereitet. Die drei Freunde und angehenden Unternehmer Brian Chesky, Joe Gebbia und Nathan Blecharczyk sahen darin eine einmalige Gelegenheit, die Dienstleistungen, die sie auf ihrer Website »Airbnb« anboten, bekanntzumachen. Sie stellten sich vor, dass alle Menschen freie Zimmer in ihren Häusern und Wohnungen anbieten und Gastgeber für Reisende spielen könnten. Die drei Jungunternehmer wollten die Instrumente zur Verfügung stellen, um mögliche Gäste mit möglichen Gastgebern in Kontakt zu bringen. Das iPhone war seit 2007 auf dem Markt, und ein Jahr später öffnete sein App Store mit damals 500 verfügbaren Apps. Zur selben Zeit begann Google, mit GoogleMaps den Menschen die Orientierung zu erleichtern. Jetzt fehlte nur noch eine Dosis laterales Denken, um alle diese Elemente auf einer Plattform zusammenzufügen.

Airbnb war im Oktober 2007 gegründet worden, als ein erster Gast in einem Reihenhaus im Market District von San Francisco übernachtete. Heute rühmt sich das Unternehmen, mehr als 4 Millionen Anbieter in 65 000 Städten und Dörfern in 191 Ländern auf seiner Plattform zu vereinen. Der Firmenwert beträgt fast 40 Milliarden US-Dollar. Wie Brad Stone, Autor des Bestsellers *The Upstart*, es ausdrückt: »Will man ein wirklich großartiges Unternehmen aufbauen, muss man auf einer wirklich großen Welle reiten. Und man muss Marktwellen und Technologiewellen anders als die anderen deuten können und früher erkennen, was passieren wird.« In diesem Fall wurde eine riesige Marktwelle erzeugt, weil eine neue mobile Technologie mit einem Generationswechsel zusammenfiel, der veränderte Einstellungen zum Reisen und den damit verbundenen Erlebnissen mit sich brachte (siehe Kapitel 2). Als zweiseitige Plattform brachte Airbnb junge Reisende und die ergrauende Generation der Hauseigentümer zusammen.

Airbnbs Nutzenversprechen lautet: Intimität als Erlebnis. »Ich glaube, das Entscheidende bei Airbnb besteht darin, dass wir eine Gemeinschaft sind und nicht nur eine Palette von Konsumwaren«, sagte Mitgründer und Geschäftsführer Brian Chesky einmal. »Ich reise nicht, um zu entspannen, ich reise, um neue und interessante

Erfahrungen zu machen«, sagt River Tatry, ein dreiundzwanzigjähriger Freelancer aus New York. »Für mich ist es viel erstrebenswerter, wenn ich mich in einen Ort einfüge, etwas Neues dazulerne, vor Ort Freunde finde, die ich wieder besuche, und mir eine Gemeinschaft aufbaue.« Das ist ein hervorragendes Beispiel für laterales Denken, das die Wirtschaft ebenso transformiert wie unsere Gewohnheiten.

Die Sharing Economy und die Rückkehr zur »alten Norm«

Gemeinschaftliche Formen des Konsums und die Teilhabe an Vermögen ist alles andere als neu. Seit Anbeginn der Geschichtsschreibung verfügten Menschen nur selten über Privateigentum – und sie *über*lebten nicht einfach nur, sondern sie lebten *gut*, vor allem, solange sie kein eigenes Land besaßen. Auf Grundlage archäologischer Erkenntnisse zu menschlichen Gemeinschaften, die auf die Zeit vor der Agrarrevolution zurückgehen, und anthropologischer Untersuchungen zur Lebensweise heutiger Jäger und Sammler in Afrika argumentieren Wissenschaftler, dass Menschen ohne Land im Allgemeinen glücklicher sind als ihre besitzenden Artgenossen. »Das Aufkommen der Landwirtschaft etwa erhöhte die kollektive Macht der Menschheit in unvorstellbaren Größenordnungen«, schreibt Yuval Noah Harari, der Autor von *Eine kurze Geschichte der Menschheit*. »Doch verbesserte sie nicht unbedingt das Schicksal des Einzelnen. Bauern ernährten sich üblicherweise schlechter als Jäger und Sammler. Der ungeheure Aufstieg menschlicher Macht ging nicht einher mit einer ähnlich steilen Zunahme menschlichen Glücks.« Selbst einige sesshafte Agrargemeinschaften mieden persönliches Eigentum zugunsten gemeinsamer Weideländer. Bis 2030 wird der gemeinschaftliche Verbrauch erneut über das persönliche Eigentum triumphieren.

Heute wenden sich junge Menschen von Privatbesitz ab und benutzen lieber Dinge, die anderen gehören – gegen eine Gebühr. Sie betrachten Eigentum auf eine gemeinschaftliche Weise, wobei selbst einige unserer intimsten Güter mit anderen zum gegenseitigen Vorteil geteilt werden. Auch andere Altersgruppen erwärmen sich für die Idee von »mieten statt besitzen«. Sogar die Fernsehserie *Die Simpsons*, die schon immer beispielhaft die neuesten Tendenzen unserer Alltagskultur aufgegriffen hat, hat aus Marge Simpson eine Uber-Fahrerin gemacht (während Mr. Burns natürlich ein Uber-Fahrzeug bestellt). Und die Auswirkungen des Teilens werden gerade erst sichtbar. Bis 2030 werden wir fast die Hälfte unserer Ausgaben auf »kollaborative« oder »gemeinschaftliche« Konsumgüter verwenden, zu denen Autos, Wohnungen und Häuser, Büros, Elektrogeräte und persönliche Gegenstände aller Art gehören werden. Besitz ist out, Teilen ist angesagt.

»Meine Generation strebt von einer Kultur des ›Ich‹ zu einer Kultur des ›Wir‹«, sagt Rachel Botsman, Autorin von *What's Mine is Yours: The Rise of Collaborative Consumption*. Alles drehe sich um »Teilen über das Smartphone in einem Zeitalter der andauernden Vernetzung«. Im Jahr 2016 argumentierte die Millennial-Unternehmerin Caran Maio: »In gerade einmal einem Jahrzehnt hat der amerikanische Traum vom Eigenheim viel von seinem Glanz eingebüßt.« Stattdessen »etabliert sich das Mieten, das lange Zeit als Notlösung galt, heimlich als die neue amerikanische Wohnform schlechthin«. Die *Financial Times* bemerkt: »Von New York und London bis Neu-Delhi und Shanghai verwischen Millennials zunehmend die Grenzen zwischen Zuhause, Arbeit und Freizeit. Sie teilen Räume, um Zeit und Geld zu sparen sowie neue Freunde zu finden.« Das Magazin *Forbes* nannte dieses Phänomen »NOwnership«: »War früher die Zwei-Auto-Familie (womöglich sogar die Drei- oder Vier-Auto-Familie) das Maß aller Dinge«, erklärt Bestseller-Autor Bernard Marr, »empfinden es viele Millennials heute als prestigeträchtiger, eine Familie mit nur einem oder womöglich gar keinem Auto zu sein, die Dienste wie Uber, Lyft, CarGo oder andere nutzt.«

Amerikanische Millennials haben mit ihrer Abneigung gegen den Besitz nicht nur von Autos, sondern auch von Führerscheinen viele überrascht. Im Jahr 2015 hatten sich nur 77 Prozent aller Amerikaner zwischen zwanzig und vierundzwanzig bemüht, eine Fahrerlaubnis zu erwerben, verglichen etwa mit 92 Prozent im Jahr 1983. Gleichzeitig wird die Bevölkerungsgruppe zwischen fünfzehn und fünfunddreißig Jahren ethnisch und linguistisch immer diverser, einfach aus dem Grund, weil kürzlich Eingewanderte eher mehr Kinder haben. Und wir wissen, dass Immigranten und ihre Kinder häufiger danach streben zu heiraten, Wohneigentum zu erwerben und eigene Autos zu fahren. Es ist also noch nicht entschieden, wie das Segment der jungen Konsumenten in den Vereinigten Staaten und in Teilen Europas im Jahr 2030 aussehen wird. Es hängt vieles vom Verhalten der Einwandererkinder ab, die mindestens zwei Drittel ihrer Altersgruppe stellen werden.

Weltweite Umfragen deuten darauf hin, dass mindestens zwei Drittel der Erwachsenen (jeden Alters) bereit wären, ihre Häuser und Autos mithilfe von Apps zu teilen. Dieser Anteil ist in Schwellenländern noch höher, was ein gutes Zeichen für die Beharrungskräfte der fortschreitenden Sharing Economy ist. Die Sharing Economy befeuert im Wesentlichen den Konsum und ist aufgrund ihres unkomplizierten Verfahrens und ihrer geringeren Kosten auch noch verbraucherfreundlich. Andererseits bedroht sie die Existenz jener Individuen und Unternehmen, deren Wohlergehen von traditionellen Branchen wie dem Hotel- und Taxigewerbe abhängt. Und deren Geschäftsmodell stellt der sich gerade vollziehende Wandel gänzlich auf den Kopf.

Außerdem dürfen wir mit Blick auf die Wachstumserwartungen der Sharing Economy jene Dynamik zwischen den Generationen nicht aus den Augen verlieren, die wir in Kapitel 2 beschrieben haben. So berichtet etwa Airbnb, dass die Anzahl der Vermieter bei über Sechzigjährigen schneller wächst als in anderen Altersgruppen. Denselben Trend beobachtete man auch bei Fahrdienst-Apps wie Uber und Lyft, und zwar auf beiden Seiten der Dienstleistung, also unter Fahrern und Passagieren. Der Erfolg solcher Plattformen ist kein Zufall. Ihre Gründer stellten scharfsinniges laterales Denken unter Beweis, indem sie Millennials und Senioren als die beiden Seiten einer einzigen Plattform zusammenbrachten.

Betrachten wir die Sache einmal global. Im Asien-Pazifik-Raum, im Nahen Osten und in Afrika ist der Anteil an Millennials, die bereit sind, Dienstleistungen oder Waren von Sharing-Plattformen zu nutzen, höher als im weltweiten Schnitt. In Lateinamerika, den Vereinigten Staaten und Europa hingegen liegt er deutlich darunter. Diese globalen Unterschiede sind innerhalb der »stillen Generation«, bei den Babyboomern, der Generation X oder Z nicht zu beobachten. Millennials sind also unverkennbar anders – bislang.

In mehr als einer Hinsicht stellt die Sharing Economy fundamentale Ansichten und Erwartungen in Frage, die seit Generationen, ja, seit Jahrtausenden gültig sind. Was soll vom »American Way of Life« noch übrigbleiben, wenn das Streben nach Besitz wegfällt? Jeder Amerikaner über vierzig wuchs in einer Zeit auf, in der die Idee des Eigentums als selbstverständlich angesehen wurde, zumindest in der sogenannten freien Welt. Ganze Wirtschaftsbereiche widmen sich der Aufgabe, Eigentum zu schaffen, zu behalten und davon zu profitieren. Ein großer Anteil des Rechtssystems handelt davon, Eigentum zu schützen. Viele berühmte Autoren und Agitatoren machten viel Wind darum, wer welche Form von Eigentum besaß. Viele revolutionäre Ideen propagierten die Abschaffung von Privatbesitz als Weg zur Lösung aller sozialen Probleme. Privatbesitz war lange Zeit das Rückgrat der sozialen Hackordnung, der wichtigste Grund für Ungleichheit und das Motiv hinter vielen Formen von Verbrechen, insbesondere Krieg. Und Eigentum ist das Fundament der Marktwirtschaft und des wirtschaftlichen Austauschs. Haushypotheken sind so typisch amerikanisch wie *Apple Pie*. Napoleon behauptete einst, Großbritannien sei eine Nation von Krämern. Nun, aus Amerika wurde eine Nation von Hausbesitzern. Eigentumsrechte »sind ein verdichteter Ausdruck verschiedener Rollen des Staats, der Politik, des Gesetzes und der Kultur«, schreibt Andrew Walder, Soziologe in Stanford. »Sie sind zentral für die Ausformung sowohl von sozialer Ungleichheit als auch von wirtschaftlicher Leistungsfähigkeit.«

Wir haben soziale Schichten und damit auch Erfolg und Glück immer über das Eigentum von Menschen (und den Mangel an Eigentum) definiert: der landbesitzende Adel, die Großgrundbesitzer, das wirtschaftliche und industrielle Großbürgertum, die Mittelschicht der Hausbesitzer, das Proletariat und so weiter. Und nun entsteht unter der Obhut der Technik eine neue soziale Kategorie: die »Sharing Class«. Sie definiert sich durch ihren Lebensstil, nicht durch Eigentum. Zu einem großen Teil steht die Technologie – im Zusammenspiel mit sich verändernden kulturellen Werten – hinter diesem transformativen Trend. Das Verb *uberize* hat bereits Einzug in die Umgangssprache gehalten und wurde mit einem Eintrag im *Collins English Dictionary* bedacht. Die zugehörige Definition lautet: »Einer existierenden Branche ein Geschäftsmodell überstülpen, wonach auf Anfrage und in direktem Austausch zwischen einem Kunden und einem Anbieter Dienstleistungen angeboten werden, normalerweise über mobile Technik.«

Wären das Teilen von Häusern und Autos die beiden einzigen großen Trends, die von digitalen Plattformen angetrieben werden, wäre ihre potentielle Wirkung nicht annähernd so transformativ. Die Sharing Economy ist lediglich Teil einer umfassenderen »kollaborativen Wirtschaft«, zu der auch direkte Kredite, Crowdfunding, Crowdsourcing, Wiederverkauf, Co-Working, Co-Freelancing und viele andere Möglichkeiten gehören, online miteinander zu kooperieren. Was all diese im Rahmen der gemeinschaftlichen oder Gig-Wirtschaft gegründeten Plattformen eint, ist die Tatsache, dass »sie typischerweise Angebotslisten mit Bewertungs- und In-App-Bezahlsystemen enthalten«, bemerkt Nathan Heller im *New Yorker*. »Sie bieten Arbeitern die Gelegenheit, nach einem eigenen Zeitplan Geld zu verdienen, statt sich in ein System starrer Arbeitszeiten zu fügen. Und sie fassen auch in sklerotischen Branchen Fuß.« Zwar existieren viele Kollaborations- und Beteiligungsformen seit Jahrhunderten, neu ist jedoch, dass daran beteiligte Unternehmen »nicht nur für eine neue Art zu denken oder neue Dienstleistungen stehen«, so Bernard Marr, »sondern dass sie erstmals Daten effektiv so einzusetzen, dass den Menschen diese Dienstleistungen angeboten werden, wann und wo immer sie diese in Anspruch nehmen wollen«. Ohne App und eine algorithmische Datenverarbeitung dahinter wären Uber oder Lyft nie so schnell gewachsen. Tatsächlich kann man viele der Unternehmen, die in der Sharing-Industrie zu Hause sind, am besten als Vermittler beschreiben. Sie stellen nichts her und bieten selbst keine Dienstleistungen an. Diese Plattformen vermindern die Transaktionskosten, sie machen Kollaborationen einfach und bezahlbar. »Ich glaube, wir springen gerade auf eine neue Welle der menschlichen Zivilisation«, sagt die Unternehmerin Caitlin Connors. »Menschen können heute von Angesicht zu Angesicht agieren, sie können untereinander und ohne Zwischenhändler Ideen austauschen und Geschäfte abwickeln.« Die großen lateralen Fragen für das Jahr 2030 lauten: Wird die kollaborative Wirtschaft die Welt gleicher oder ungleicher machen? Wird sie Arbeitsformen, wie wir sie kennen, verschwinden lassen? Und kann sie dabei helfen, die Umweltkrise zu meistern?

»And the world will live as one«

Im Jahr 2014 gab Facebook 19 Milliarden US-Dollar aus, um WhatsApp zu erwerben, einen Nachrichtendienst, der praktisch keine physischen Vermögenswerte besaß und weniger als sechzig Menschen beschäftigte. Was das Unternehmen zu einer attraktiven Investition machte, war seine umfassende Nutzerbasis von 1,5 Milliarden Menschen. WhatsApp wurde 2009 von Brian Acton und Jan Koum, zwei ehemaligen Yahoo-Programmierern, gegründet. Koum zog aus der Ukraine in die Vereinigten Staaten (ein weiterer »migrantischer Unternehmer«, den wir unserer Liste in Kapitel 1 hinzufügen können), Acton wurde in Michigan geboren. »Wir wollen keine Kennenlern-App bauen, auf der man mit schrägen Leuten plaudern kann«, sagte Acton einmal. »Darum geht es uns nicht. Uns geht es um echte, tiefergehende Beziehungen.« Koums Ambitionen waren nicht von schlechten Eltern: »Wir werden nicht ruhen, bis jede einzelne Person auf diesem Planeten eine bezahlbare und verlässliche Möglichkeit hat, mit Freunden und Angehörigen zu kommunizieren.« Mark Zuckerberg seinerseits gab einmal eine kontrovers diskutierte Erklärung ab, wonach Menschen in Kontakt treten wollen, weil »es sich besser anfühlt, mit allen diesen Menschen verbunden zu sein. Man hat ein reicheres Leben.«

Viele Geschäftsformen profitieren von sogenannten Netzwerkeffekten. Tatsächlich hängt die gesamte Sharing Economy von ihnen ab. Ein positiver Netzwerkeffekt setzt dann ein, wenn der Wert des Netzwerks für alle Beteiligten mit der Anzahl der Beteiligten steigt. Das Telefon ist ein klassisches Beispiel. Je mehr Menschen einen Telefonanschluss haben, desto brauchbarer wird mein eigener Anschluss, weil ich mehr Leute anrufen kann. Allerdings ist das Telefon ein einseitiges Netzwerk, da alle Nutzer dasselbe tun, nämlich Anrufe tätigen und empfangen. Ein zweiseitiger Netzwerkeffekt findet dagegen statt, wenn die zunehmende Beteiligung einer Gruppe den Beteiligungswert einer davon zu unterscheidenden Gruppe steigert. In der kollaborativen Wirtschaft dreht sich alles um zweiseitige Netzwerkeffekte. Je mehr Menschen ihre Zimmer, Wohnungen oder Häuser bei Airbnb listen, desto wahrscheinlicher ist es, dass mehr Zimmersuchende die Plattform nutzen, und umgekehrt. Oder wie es in der letzten Zeile von John Lennons »Imagine« heißt: »*And the world will live as one.*«

Bis 2030 wird die Schlüsselfrage nicht lauten, ob Netzwerkeffekte die Wirtschaft dominieren, sondern welche Form von Netzwerkeffekten Vorrang haben wird. Es wird etwa von Bedeutung sein, ob Netzwerkeffekte auf lokaler, nationaler, regionaler oder globaler Ebene ablaufen werden. Während die meisten Menschen annehmen, dass alle Netzwerkeffekte von Natur aus global sind, sind es tatsächlich nur sehr wenige. So sind zum Beispiel lokale Netzwerkeffekte im Fall von Fahrdiensten entscheidend. Als Fahrgast interessiert es mich nur, wie viele Fahrer in meiner Nähe sind, wenn ich eine Fahrt buchen will. Ganz ähnlich hängen die meisten zwanglosen Dating-Plattformen von lokalen Netzwerkeffekten ab. Im Gegensatz dazu haben Apps zur seriösen Partnervermittlung hauptsächlich eine nationale Reichweite. Andere Plattformen wiederum hängen vorrangig von regionalen Effekten ab. Airbnb etwa hat schon früh verstanden, dass ein Großteil des internationalen Tourismus regional ist (das gilt innerhalb Europas, Lateinamerikas, Afrikas und Asiens) und nicht global. In einigen großen Ländern – wie den Vereinigten Staaten oder in China – bedeutet Tourismus meist Inlandstourismus. Während also Uber in jedem Ort für eine kritische Masse an Fahrern und Passagieren sorgen muss, muss Airbnb in jeder Region eine Mindestschwelle übertreffen. Es gibt relativ wenige rein globale zweiseitige Plattformen.

Amerikanerinnen und Amerikaner präferieren Unternehmen wie Airbnb, Uber, Lyft, WeWork und eBay, weil diese den amerikanischen Markt dominieren. Doch wir sollten unser Sortiment erweitern. In China etwa herrschen lokale Unternehmen absolut. Sie sind größer als ihre amerikanischen Gegenspieler und breiten sich international ziemlich schnell aus. Dazu gehören Giganten wie Didi (Mitfahrgelegenheiten und Fahrradverleih), WeChat (Socal Media), Tujia (Unterkünfte) und UCommune (Co-Working-Spaces). Im Jahr 2017 gab es innerhalb der Sharing Economy mehr Einhörner (Unternehmen, die mehr als 1 Milliarde US-Dollar wert waren) in Asien als in den Vereinigten Staaten. Wie wir in Kapitel 3 gesehen haben, wird sich die Situation bis 2030 eher noch weiter zugunsten Asiens verändern, vor allem aufgrund der schnell wachsenden Mittelschicht in der Region. Die Sharing und Collaborative Economy schafft allerdings völlig andere Arten von Konsumenten und Arbeitern.

Proletarier aller Länder, wischt über eure Bildschirme!

Karl Marx rief zusammen mit seinem Co-Autor und Geldgeber Friedrich Engels die Arbeiterklasse dazu auf, sich zu vereinen, um die etablierte Ordnung zu stürzen und das eigene Schicksal in die Hand zu nehmen. Sind nun Gig-Arbeiter schlechter oder besser dran als jene mit traditionellen Berufen? Verringert oder erhöht der Aufstieg der Sharing Class die Ungleichheit? Laut Robert Reich, der unter Bill Clinton US-Arbeitsminister war, sind Gig-Arbeiter: »Uber-Fahrer, Instacart-Shopper und Airbnb-Gastgeber. Zu ihnen gehören TaskRabbit-Jobber, Anwälte auf Abruf bei Upcounsel und Online-Ärzte bei Healthtap. Sie sind wie ›Schachtürken‹.« Sie alle würden auf ihren Handybildschirmen herumwischen, ständig auf der Suche nach Gelegenheiten. Reichs Ansicht nach sind diese »Jobs« erniedrigend und unterbezahlt. »›Share‹ Economy lautet ihr Euphemismus. Ein passenderer Begriff wäre ›Resterampe‹-Wirtschaft.«

Reich sieht in der Sharing Economy den Höhepunkt aller Bemühungen von Unternehmen, ihre Vollzeitstellen abzubauen und sich stattdessen an Leiharbeitern, Zeitarbeitsfirmen, Teilzeitkräften, freien Mitarbeitern und Freelancern gütlich zu tun. Der Aufstieg der erweiterten Gig-Economy erfolgte Hand in Hand mit einem Zuwachs von Arbeitern in atypischen Jobs, darunter solchen, die sich als selbständige Unternehmer auf der Angebotsseite der Plattformen tummeln. Nach Schätzung der Wirtschaftswissenschaftler Lawrence Katz und Alan Krueger (Letzterer war Vorsitzender des Wirtschaftsrats des Weißen Hauses unter Präsident Obama) ist zwischen 2005 und 2015 der Anteil an Menschen in derartigen unsicheren Beschäftigungsverhältnissen von 10 Prozent auf fast 16 Prozent angestiegen.

Robert Reich steht mit seiner Kritik nicht allein da. Ein eigener Begriff wurde geschaffen, um auf diesen Teil der Arbeiterschaft hinzuweisen: »Prekariat«, ein Kofferwort aus »Proletariat« und »prekär«. (Robert Standing hat das Prekariat in seinem gleichnamigen Buch als Erster als eine neue eigene soziale Klasse beschrieben.) In einem Artikel für das Onlinemagazin *Salon* sah Steven Hill darin ein Muster in der Entwicklung von Start-ups der Sharing Economy. »Nachdem sie sich mit großem Trara und zig Millionen Dollar Risikokapital gegründet und bei der Gelegenheit natürlich versprochen hatten, die Art und Weise, wie Menschen arbeiten und wie die Gesellschaft Geschäftsvorgänge direkt organisiert, zu revolutionieren«, so Hill, »haben sich viele dieser Unternehmen letztlich in eine aufgeplusterte Entsprechung altmodischer Zeitarbeitsfirmen verwandelt (während andere einfach in einem schwarzen Loch des Nichts verschwanden).« Der Titel von Hills Bestseller spricht für sich: *Raw Deal – How the »Uber Economy« and Runaway Capitalism Are Screwing American Workers (Harter Deal – Wie die »Uber-Economy« und der Fluchtkapitalismus die amerikanischen Arbeiter reinlegen)*. Rebecca Smith, die stellvertretende Direktorin des

National Employment Law Project, einer Non-Profit-Organisation, die sich für gute Arbeitsplätze und faire Löhne einsetzt, bemerkt, dass uns die Gig-Economy in eine Zeit zurückzuwerfen scheint, als die meisten Arbeiter sich ihre Aufträge selbst besorgen mussten und die Güter zu Hause statt in Fabriken herstellten. Ihrer Meinung nach verfahren die Plattformen der Gig-Economy »wie die landwirtschaftlichen Dienstleister, Tagelöhnerzentren und Textilgroßhändler früherer Tage«.

Trotz der oft prekären Arbeitsverhältnisse glauben einige Forscher, dass die Sharing Economy jenen hilft, die sich am unteren Ende der Einkommensverteilung befinden. Unter Zuhilfenahme von Daten der Car-Sharing-Plattform Getaround fanden die Wirtschaftswissenschaftler Samuel Fraiberger und Arun Sundararajan von der Universität New York heraus, dass die Sharing Economy den Verbrauchern, insbesondere jenen mit geringem Einkommen, zugutekommt. »Diese Gruppe wechselt am wahrscheinlichsten vom Eigentum zur Miete, sie erhöht die Nachfrage nach Peer-to-Peer-Angeboten, trägt eher zum Marktangebot bei und erfreut sich deutlich höherer zusätzlicher Einnahmen.« Kurz gesagt schlossen sie, dass die Sharing Economy das Potential besitzt, wirtschaftlich benachteiligten Gruppen sowohl als Konsumenten (Nachfrageseite) als auch als Arbeiter (Angebotsseite) zu helfen.

Allerdings gibt es Hinweise darauf, dass das Geld, das die meisten Menschen in der Sharing Economy verdienen, lediglich ein Zusatzeinkommen, nicht die Haupteinnahmequelle darstellt. Juliet Schor, Soziologin am Boston College, wollte herausfinden, wer tatsächlich von Apps wie Airbnb, RelayRides oder TaskRabbit profitiert. Ihre qualitative Studie kam zu folgendem Ergebnis: »Die Anbieter sind gut ausgebildet, und viele von ihnen haben gutbezahlte Arbeit. Sie nutzen die Plattformen, um ihre Einkommen weiter zu verbessern.« In ihrer Untersuchung stieß Schor auf »eine Rechtsanwältin, einen

Politiker, eine Managementberaterin und einen Außendienstmitarbeiter«, die alle auf der Angebotsseite der Sharing Economy tätig sind.

Schor argumentiert, dass hier insofern ein Verdrängungseffekt stattfindet, als »viele Handarbeit verrichten, darunter Putzen, Fahren und andere Aufgaben, die traditionell von Arbeitern mit niedrigem Bildungsabschluss übernommen werden«. Gastgeber bei Airbnb erledigen oft selbst, was nach Abreise der Gäste üblicherweise Aufgabe von Hotelangestellten und Dienstpersonal ist. Bei TaskRabbit – einer Dienstleistungs-App, die es Menschen ermöglicht, andere Menschen fürs Saubermachen, Fahren, Möbelaufstellen, Aufräumen, Reparieren und Einkaufen zu bezahlen – fand sie hochangesehene Fachkräfte in Vollzeitanstellung, darunter eine Rechtsanwältin, einen Biotech-Wissenschaftler und eine Buchhalterin, die körperliche Arbeiten übernehmen. Valeria, eine Studentin, die für TaskRabbit-Kunden putzt, bemerkt: »Am Anfang habe ich richtig schlecht geputzt. Ich war so richtig schlecht. Die Leute haben mir auch schlechte Bewertungen gegeben. Damals habe ich zu Hause noch nicht einmal mein eigenes Bett gemacht. Bei meinen Eltern hatten wir eine Reinigungskraft.« Das Endergebnis, schließt Schor, ist ein zunehmender Grad an Einkommensungleichheit, zum einen, weil besser ausgebildete Menschen zusätzlich Geld verdienen, und zum anderen, weil ungelernte Kräfte mitansehen müssen, wie ihnen ihre traditionellen Aufgabenfelder mithilfe von Apps weggenommen werden.

Eine weitere Form der Ungleichheit, die ihren Ursprung in der Gig-Economy hat, ist die Tatsache, dass man als Gastgeber bei Airbnb sehr gutes Geld verdienen kann – allerdings nur, wenn man bereits genug Geld hat, um überhaupt Eigentum zu besitzen. »Man braucht Geld, um Geld zu machen«, sagte Kiran, ein Gastgeber bei Airbnb, der für Schors Studie interviewt wurde. Shira, eine alleinstehende junge Frau, verdient jährlich 30 000 US-Dollar mit der

Vermietung eines Apartments – ein Betrag, der ihr »viel zu hoch zu sein scheint, um wahr zu sein«. Schor stellte fest, dass die meisten ihrer Interviewpartner, die über Airbnb Wohnraum vermieteten, damit mehr Geld verdienten als mit ihren eigentlichen Jobs.

Der Wunsch, zusätzlich etwas Geld zu verdienen, wird oft mit einem besonderen Zweck in Verbindung gebracht. Viele der jungen Arbeiter in der Gig-Economy »verwendeten ihre Plattformeinnahmen, um Schulden abzubezahlen«, stellte Schor fest. »Ein Paar, das über Airbnb 11 000 Dollar verdient hatte, benutzte das Geld, um die Hochschulkredite des Ehemanns zu begleichen.« Doch das wohl erstaunlichste Ergebnis der Studie war, dass viele Leute diese Form von Arbeit als »technologisch fortgeschritten, als was Neues, Cooles« ansahen. Einige dachten laut Schor, »sie taten etwas ökologisch Wertvolles, pflegten neue Beziehungen, halfen anderen oder förderten den kulturellen Austausch«. Ein anderer Gastgeber, so Nathan Heller im *New Yorker*, meinte, »Airbnb hat es mir ermöglicht, wieder zur Schule zu gehen, zu studieren und in Teilzeit als Fotograf zu arbeiten.« Laut Sundararajan sind die Dienstleistungen, die die Gig-Economy anbietet, deshalb »erfolgreich, weil sie die Zeit der Menschen effizienter gestalten. Man könnte sagen, die Menschen machen ihre Auszeit zu Geld«.

Viele »Gig-Arbeiter« versuchen einfach nur, nicht wie die Comic-Figur *Dilbert* in ihren Bürokuben zu versauern. »Ich habe eine Geschichte, die ich durch mein Schreiben erzählen will, und Uber gibt mir die Gelegenheit, genau das zu tun«, sagt Kara Oh, eine siebenundsechzigjährige Uber-Fahrerin aus Santa Barbara in Kalifornien, die vormittags Romane schreibt und nachmittags und abends Menschen chauffiert. Travis Kalanick, Mitgründer von Uber und ehemaliger CEO, argumentierte einmal: »Fahrer schätzen ihre Unabhängigkeit. Sie genießen die Freiheit, einen Button zu drücken, statt eine Stechuhr zu füttern, Uber und Lyft gleichzeitig zu nutzen, fast die ganze Woche zu fahren oder auch nur ein paar Stunden.« Das ist der größte Vorteil der Gig-Economy, den auch andere Experten anerkennen. Wie Diane Mulcahy, Seniorpartnerin der Kauffman Foundation und Dozentin am Babson College in Wellesley, Massachusetts, in ihrem Buch *The Gig Economy* schreibt: »Traditionelle Vollzeitstellen sind unsicher, es gibt zunehmend weniger davon, und sie werden von Angestellten besetzt, die viel lieber etwas ganz anderes aus ihrem Leben machen würden.« Mulcahy glaubt, digitale Plattformen »können eine attraktive, interessante, flexible und sogar lukrative wie sichere Alternative zum Großraumbürojob bieten«. Ihrer Ansicht nach »gibt es einen Trend, mehr Zeit haben und Dinge erleben zu wollen, statt sich auf materielle Dinge zu konzentrieren. Der neue amerikanische Traum setzt statt auf Quantität auf Lebensqualität.«

Es gibt allerdings auch andere Stimmen, die betonen, die Arbeit in der Gig-Economy sei erniedrigend. Katy, die ein Jurastudium absolviert hat, aber keine passende Stelle finden konnte, erklärte, die Arbeit über TaskRabbit »war sehr, sehr demütigend«. Sie hat auf ihrer Profilseite ihren Abschluss angegeben und sagt, Menschen würden »Kommentare abgeben, in denen sie mich fast schon bemitleiden, weil ich ihre Wohnung putze, obwohl ich doch Jura studiert habe. Ich habe das gehasst. Sie sagten Sachen wie: ›Echt schlimm, dass du das machen musst.‹ Und ich dachte nur: ›Ich weiß selbst, dass das nicht geil ist. Du musst mich nicht daran erinnern.‹« Veronica, die ihren Master in Technik- und Naturwissenschaften gemacht hat, lehnte das Angebot ab, für 8 Dollar einen Kaffee von Starbucks zu liefern. »Echt nicht, beweg deinen Hintern und hol dir deinen Kaffee selbst. Ich bin doch nicht deine Sklavin.«

Der Arbeitsmarkt im Jahr 2030 wird womöglich ganz anders aussehen, da zweiseitige Plattformen sich weiter ausbreiten. Womöglich stimmt, was Sundararajan von der Universität New York behauptet, dass sie eine effektive Reaktion auf jene Situationen sind, in denen einige Menschen Dinge besitzen, nach denen andere streben, oder in der einige Menschen Geld haben, andere hingegen Zeit. Wie Steven Hill es im Online-Magazin *Salon* darstellte: »Womöglich passen sich viele traditionelle Wirtschaftsunternehmen einem App-basierten Arbeitsmarkt in einer Form an, die wir heute noch nicht näher benennen können ... Das heißt, dass wir über Möglichkeiten nachdenken müssen, wie wir ein allgemeingültiges, auf alle Arbeiter in den Vereinigten Staaten übertragbares Sicherheitsnetz etablieren können.«

Ein Klassensystem, das durch Teilen definiert wird?

»Wir leben in einer Welt, die vom Prinzip des Privatbesitzes dominiert wird«, sagt Julian Brave NoiseCat, ein Stammesmitglied der Canim Lake Band Tsq'escen' im kanadischen British Columbia und Aktivist, der sich für die Rechte der indigenen Völker Amerikas einsetzt. »In Nord- und Südamerika, in Afrika, Asien, Irland und Australien wurden insgesamt mehrere Millionen Quadratkilometer indigenes Land enteignet und parzelliert. Dieses Land ermöglichte es zwei englischsprachigen Imperien – erst dem britischen, später dem amerikanischen –, zu Weltmächten aufzusteigen.« Mehrere andere europäische Länder – von Dänemark bis Belgien und Italien über die Niederlande bis Portugal und Spanien – bereicherten sich ebenfalls vor allem in Südamerika. Nachdem die Imperialisten verschwunden waren, besaßen deren lokale Nachfahren weiter große Landstriche und dominierten das politische System.

»Eigentum schafft eine utopische Vision«, argumentiert NoiseCat, »die man den amerikanischen Traum nennt, wonach harte Arbeit, Landbesitz und ein Haus die Grundlage bilden, um an der grenzenlosen Herrschaft des Kapitals zu partizipieren – oder sich ihr wenigstens entziehen zu können.« Wie wir in Kapitel 3 gesehen haben, hat der Besitz von Häusern und Autos die amerikanische Mittelschicht definiert. Wahlen und Regierungspolitik wurden oft von den Interessen jener bestimmt, die Eigentum besaßen (oder danach strebten).

Die Stagnation der alten Mittelschicht in Europa und den Vereinigten Staaten sowie eine zunehmende Vermögensungleichheit – das reichste Prozent besitzt mehr als die anderen 99 Prozent zusammen – stellen langgehegte Annahmen darüber in Frage, bis zu welchem Ausmaß Eigentumsrechte insbesondere im Zusammenhang mit der Besteuerung geschützt werden sollten. »Frühere Generationen reagierten auf ähnliche Krisen, indem sie sich dem Kommunismus zuwandten«, schreibt NoiseCat. »Doch die Waffen, die Marx, Lenin und Mao geschmiedet haben, um dem Kapitalismus zu Leibe zu rücken, sind heute längst nicht mehr scharf genug.« Die Menschen reagieren auf die psychisch-emotionalen Belastungen, indem sie sich an der Sharing Economy beteiligen. Angespornt werden sie durch einen Mangel an Mitteln, um selbst Eigentum zu erwerben, und durch eine ausgeprägte Neigung, vorhandene Vermögenswerte wie Eigenheime und Autos auf eine neue, kollaborative und kommunale Weise zu nutzen.

Der Besitz von Eigenheimen und anderen Vermögenswerten beeinflusst politisches Verhalten seit langem. Es steht zwar nicht endgültig fest, ob Hausbesitzer eher wirtschaftskonservative oder sozialdemokratische Politiker unterstützen. Doch kamen Untersuchungen zu dem Ergebnis, dass sie eher wählen gehen und sich mehr engagieren. Sollten bis 2030 die meisten dieser Vermögenswerte öfter geteilt als besessen werden, müsste man demzufolge davon ausgehen, dass die Bürger eine gewisse Apathie entwickeln werden, die mit einer Abneigung, sich politisch zu engagieren oder zu wählen, einhergeht. Vorausgesetzt, dass sich auf der Nachfrageseite dieser Plattformen eher Vertreter der jungen Generation tummeln werden, wäre ein erlahmendes politisches Engagement vor allem unter Menschen dieser Altersgruppe die Folge.

Doch gibt es einen weiteren Negativeffekt der Gig-Economy

auf die Politik. Der Politikwissenschaftler Jacob Hacker aus Yale argumentiert in seinem Buch *The Great Risk Shift*, dass Regierungen und Kapitalgesellschaften ihre Verpflichtungen an Bürger und Arbeiter abgeladen und im Gegenzug eine Kultur der persönlichen Verantwortung installiert hätten. Der Begriff der »persönlichen Verantwortung« bedient sich konservativer Werte und stellt einen Frontalangriff auf hochangesehene fortschrittliche Ideale dar, die seit der Weltwirtschaftskrise zur Schaffung sozialer Sicherheitsnetze in Europa und in den Vereinigten Staaten führten. Bo Fishback, Gründer und CEO von Zaarly, einer Plattform für Handwerkerdienste, sprach davon, dass die Gig-Economy »den ultimativen Opt-in-Arbeitsmarkt« geschaffen habe, »in dem es keine Ausreden für Menschen gibt, die immer nur sagen: ›Ich weiß nicht, wie ich einen Job bekommen soll, ich weiß nicht, wo ich überhaupt anfangen soll‹«.

Der Aufstieg der Sharing Class hat politische Debatten über Diskriminierung neu entfacht. Anders als traditionelle Hotels, schreibt Sundararajan, »könnte jemand, der über Airbnb Zimmer vermietet, sagen: ›Nun, das ist mein Haus. Ich will, dass nur bestimmte Leute in meinem Gästezimmer übernachten.‹« Die Gig-Economy stellt herkömmliche Vorstellungen darüber in Frage, was als Diskriminierung bezeichnet werden soll. Auch hier scheint sie die traditionellen Spielregeln außer Kraft zu setzen.

So wie Job-Sharing-Plattformen den Arbeitsmarkt verändern, so revolutionieren Crowdsourcing- und Crowdfunding-Projekte politische Kampagnen. Der Präsidentschaftswahlkampf des damaligen Senators Barack Obama 2008 war der erste, in dem diese neuen Werkzeuge wirkungsvoll eingesetzt wurden. Sein größter Erfolg bestand darin, dass er noch vor der Allgegenwart der digitalen sozialen Netzwerke Millionen von Freiwilligen mithilfe von Kurznachrichten und Internet gewinnen und organisieren konnte. Obama hatte einer Quelle zufolge etwa 850 000 Freunde auf MySpace, im

Vergleich zu den 220 000 seines Widersachers John McCain, und 120 000 Follower auf Twitter, wo McCain lediglich 5000 hatte. Eine Studie bemerkte: »Für John F. Kennedy war das Fernsehen entscheidend. Für Barack Obama ist es Social Media.« Vor allem aber sammelte seine Kampagne über Crowdfunding-Techniken eine Rekordsumme von 800 Millionen Dollar ein, die von vier Millionen Spendenwilligen stammten. Die Studie schloss: »Der Wahlkampf Obamas von 2008 schuf eine landesweite virtuelle Organisation, die 3,1 Millionen Einzelspender ermutigte und eine Graswurzelbewegung mit mehr als 5 Millionen Freiwilligen mobilisierte.« Was die Kampagne so einzigartig machte, war der umfassende Einsatz neuer Techniken, um eine Vielzahl an Zielen zu erreichen. »Obamas Wahlkampf benutzte diese Werkzeuge eindeutig nicht nur, um die Öffentlichkeit zu informieren, sondern vor allem, um Geld zu besorgen, mit dem die Wählerbasis mobilisiert, die politische Partizipation gestärkt und die Wähler zur Stimmabgabe motiviert werden sollten.« Doch dann brachten uns die Wahlen von 2016 »Fake News«, und zwar über die Manipulation ebenjener mittlerweile allgegenwärtigen sozialen Netzwerke.

Eine weitere politische Veränderung, die das Erstarken der Sharing Class mit sich bringen könnte, ist, dass viele Arbeiter möglicherweise nicht in Rente gehen, zumindest nicht ganz. Rentner sind eine eigene Gruppe, wenn es um politische Verhaltensweisen, insbesondere das Wählen, geht. Wie wir gesehen haben, gehen sie eher zur Wahlurne als andere Altersgruppen. Wenn viele Menschen glauben, die steigende Zahl von Gig-Arbeitern werde das Problem unterfinanzierter Renten noch verschärfen, wird oft vergessen, dass viele vor allem deshalb jenseits des Rentenalters in flexiblen Arbeitsverhältnissen weiterarbeiten, weil sie es gerne tun. So könnten mehr Gig-Arbeiter als Vollzeitangestellte ihren Renteneintritt verzögern oder nur in Teilrente gehen. Viele Senioren vermieten Zimmer über Airbnb, weil sie gerne neue Leute kennenlernen.

Es stimmt auch, dass die Gig-Economy in Zeiten, da die Lebenserwartung steigt und Rentensysteme unter Druck geraten, für eine gewisse Entspannung sorgen könnte. Experten haben über die »Gig-Economy als Pensionsplan B« geschrieben. Eine andere Möglichkeit wäre es, dass »Angestellte mit geregelten Arbeitszeiten ihre Nebentätigkeiten nutzen, um Lücken in der Altersvorsorge zu schließen«.

Die Sharing Class aus Konsumenten und Gig-Arbeitern hat mit großer Wahrscheinlichkeit eine andere Meinung zu wichtigen politischen Themen wie Diskriminierung, Lohngerechtigkeit, Renten oder Sozialversicherungen. Angesichts ihrer flexiblen Arbeitszeiten ist es auch wahrscheinlich, dass sie eher wählen gehen als Festangestellte. Ihre Einstellung zu Eigenverantwortung und Unabhängigkeit könnte sowohl mit liberalen Standpunkten in Wirtschaftsfragen als auch konservativeren Ansichten bei gesellschaftlichen Themen konform gehen. Die politische Landschaft wird in der Tat anders aussehen, wenn bis 2030 mehr als die Hälfte der Arbeitskräfte in Europa, den Vereinigten Staaten und anderen Weltteilen Gig-Arbeiter sein sollten. Doch werden monopolistische Digitalplattformen mit überdimensionierten Marktanteilen letzten Endes Arbeiter wie Konsumenten ausbeuten?

»Zu groß, um verboten zu werden«

Vier Monate nachdem Uber seinen Fahrdienst in San Francisco aufgenommen hatte, wollte ein Journalist des *Wall Street Journal* von Travis Kalanick, einem der Mitbegründer von Uber, wissen, wie das Unternehmen auf eine Unterlassungserklärung der California Public Utility Commission und der San Francisco Municipal Transportation Agency reagierte:

»Haben Sie die Erklärung je befolgt?«

»Nein.«

»Haben Sie Ihren Dienst je eingestellt?«

»Nein.«

»Sie haben sie also eigentlich ignoriert?«

»Es ist doch so – eine Unterlassungserklärung heißt im Endeffekt nichts anderes als: ›Hallo, ich denke, ihr sollt damit aufhören‹, und wir sagen dazu: ›Nein, wir sind da anderer Meinung‹.«

Kalanick hielt sich im Wesentlichen an ein altes Prinzip des Silicon Valley: Man bittet lieber hinterher um Entschuldigung, als dass man vorher um Erlaubnis fragt.

Die Sharing Economy ist unter anderem deshalb so umstritten, weil sie zu großen Teilen nicht reguliert wird. Sie ist so neu und innovativ, dass existierende Gesetze für sie nicht zu greifen scheinen. In diesem Sinn trägt sie an prominenter Stelle mit dazu bei, dass die Welt, wie wir sie kennen, an ihr Ende kommt.

Uber wurde 2009 gegründet und ist eine zweiseitige Plattform, die Autobesitzer/-fahrer und Passagiere zum Vorteil beider Parteien zusammenbringt. Das Unternehmen operiert in fast 900 Städten und Ballungsräumen in 73 Ländern. Ungeachtet Ubers schlechtem Ruf sei bemerkt, dass es auf der Welt 4500 Städte mit mehr als 100 000 Bewohnern gibt. Das Unternehmen operiert also nur in einer von fünf größeren Städten. Uber versucht, an allen Orten eine kritische Masse an Fahrern zu schaffen, und verspricht ihnen, dass sie beinahe pausenlos fahren können, wenn sie dies wollen. Passagiere schätzen die bequeme Nutzung einer App, die gute Verfügbarkeit von Autos und den Preis der Dienstleistung. Ein Bewertungssystem sorgt für Transparenz.

Der Haken an der Sache ist, dass die meisten Städte strenge Lizenzsysteme für den Stadtverkehr haben. Taxifahrer und Taxiunternehmen waren die lautstärksten Gegner der neuen Fahrdienste. Ubers anfängliche Strategie bestand darin, die geltenden Lizenzbedingungen einfach zu ignorieren. Einige Städte tolerierten das Unternehmen, weil es versprach, den Bewohnern bezahlbare und praktische Dienstleistungen anzubieten. Gleichzeitig sollte Uber den Stadtverkehr entlasten und für zusätzliche Steuereinnahmen sorgen. Doch viele Städte stellten sich unter dem Druck der Taxilobby quer. Uber musste sich einverstanden erklären, dass das Unternehmen reguliert oder in seiner Ausdehnung eingeschränkt werde, und beschloss in einigen Fällen, seinen Betrieb ganz einzustellen. Marcus Wohlsen, ein Journalist, der sich vor allem mit dem Silicon Valley befasst, verglich Uber einmal mit Amazon, womit er die offensichtlichen Unterschiede zwischen diesen beiden Giganten zu ignorieren schien. »Ihre Geschichten gleichen sich«, behauptet Wohlsen. »Ein Start-up, das von einem dreisten und charismatischen CEO geführt wird, erwischt eine altersschwache Branche auf dem falschen Fuß. Es wächst schnell, seine Beliebtheitswerte sprengen jeden Rahmen, sein Handelsname entwickelt sich zum Synonym für die disruptiven Dienstleistungen, die es anbietet.« Und als die beiden Unternehmen den Gegenwind ihrer Konkurrenten und der Regulierungsbehörden zu spüren bekamen, preschten sie dennoch einfach weiter voraus. Welches Kalkül steckte dahinter?

Praktisch jedes ehrgeizige Start-up aus dem Silicon Valley will groß werden, und zwar schnell – groß, weil Größe sich in Profiten niederschlägt, und schnell, um andere Unternehmungen davon abzuhalten, das eigene Geschäftsmodell zu imitieren. Im Fall von Uber lautete die Strategie gewissermaßen: »Zu groß, um verboten zu werden«. Dies bedeutete, dass man jene Menschen, die von den Dienstleistungen profitieren, so sehr an sich binden wollte, dass sie das Unternehmen gegen festgefahrene Interessen und den Wunsch von Stadtverwaltungen, den öffentlichen Verkehr zu kontrollieren, verteidigen würden. Uber wuchs »zum Teil, indem es Hindernisse – seien es konkurrierende Fahrdienstleister oder Verordnungen – als Unannehmlichkeiten behandelte, die man plattwalzen musste«, schrieb Sheelah Kolhatkar im *New Yorker*. Denken wir zum Beispiel an London, eine von Ubers wichtigsten Erfolgsstorys. Erst im

Jahr 2012 nahm das Unternehmen im Vorfeld der Olympischen Sommerspiele dort den Betrieb auf. Mittlerweile verfügt es in London über 40 000 aktive Fahrer und unglaubliche 3,5 Millionen regelmäßige Nutzer. Im Juni 2014 organisierten die Black Cabbies (wie lizenzierte Taxifahrer in London genannt werden) ihre erste Demonstration gegen Uber. »Den ganzen Nachmittag legten 4000 bis 10 000 Cabbies ihre Arbeit nieder. Sie stellten ihre Autos auf der Lambeth Bridge quer und brachten den Verkehr in ganz Westminster bis zum Picadilly Circus zum Erliegen.« Doch die »Downloads der Uber-App schnellten um 850 Prozent in die Höhe«, berichtete der *Guardian*. »Der Taxi-Protest – seine Ohnmacht mitsamt der unbeabsichtigten Werbung für Uber – fühlte sich an wie das stümperhafte Verhalten eines todgeweihten Marktführers.«

Ubers aggressive Wachstumsstrategie muss im Zusammenhang mit den rein lokalen Netzwerkeffekten gesehen werden, auf denen das Unternehmen basiert. Je mehr Fahrer und Passagiere einer bestimmten Stadt sich auf der Plattform tummeln, desto besser. Ubers Methode dreht sich demnach um eine möglichst schnelle Vergrößerung seiner Unterstützerbasis. »Ubers Transformation der weltweiten Taxibranche beruht auf folgendem Lehrsatz«, bemerkte der *Guardian*: »Führt man einem gegebenen Markt sehr viele Passagiere und Fahrer zu – Liquidität –, so können die Taxis günstiger werden und die Fahrer gleichzeitig mehr verdienen.« Oder wie Marcus Wohlsen es formuliert: »Je mehr Passagiere Uber in seine Autos bekommt, und je mehr sie sich daran gewöhnen, dass hier Komfort auf Knopfdruck möglich ist, desto weniger Interesse zeigen Politiker, sich gegen Uber zu wenden.« Es geht darum, dass »Uber mit drastischen Preissenkungen nicht nur seinen Kundenstamm erweitert. Es kultiviert seine eigene Wählerschaft. Falls Uber seine vielen politischen Schlachten überlebt, könnte es ein riesiges und hochgehandeltes globales Unternehmen werden. Für Investoren hieße dies, ihre Milliarden sind gut angelegt.« Als London

2017 beschloss, Uber zu verbieten, unterschrieben binnen weniger Tage fast 800 000 Menschen eine Petition zugunsten des Unternehmens. Der Aufsichtsbehörde blieb nichts anderes übrig, als Uber so lange weiter gewähren zu lassen, bis kurz darauf der Berufung des Unternehmens ohnehin stattgegeben wurde. Es ist diese Form des lateralen Denkens, die es Uber ermöglichte, so groß zu werden. Das Unternehmen vertraut darauf, dass Passagiere wie Fahrer ihm zur Seite springen werden, wollte man es verbieten. Uber war zu groß geworden, als dass man es hätte verbieten können.

Wirklich revolutionär an der Sharing Economy ist, dass sie sozioökonomische Rollen und Verhältnisse auf den Kopf stellt. Uber verspricht schlecht bezahlten Arbeitern und Rentnern ein zusätzliches Einkommen und Arbeitslosen die berufliche Selbständigkeit. Fahrer mögen die Flexibilität und Transparenz und empfinden die App als befreiend, da sie nicht länger von einer Taxizentrale abhängig sind. Fahrgäste erfreuen sich einer größeren Auswahl und einer Dienstleistung, die potenziell bis in unterversorgte Vorstädte und Innenstadtbezirke reicht. Das Unternehmen behauptet auch, dass der Anteil betrunkener Autofahrer mit Uber abgenommen habe. Mit »Mothers Against Drunk Driving« hat sich sogar eine einflussreiche Graswurzelorganisation gegen Trunkenheit am Steuer mit dem Unternehmen zusammengetan, um zu bestimmten Anlässen – Schulbällen, späten Sportveranstaltungen – Freifahrten anzubieten, um zu verhindern, dass die jungen Leute sich alkoholisiert selbst ans Steuer setzen.

Uber griff mehrere gesellschaftliche Trends auf und brachte sie durch laterales Denken zusammen.

Wäre es digitalen Plattformen in diesem Sinne nicht auch möglich, beim Kampf gegen den Klimawandel mitzuhelfen?

Den Planeten töten oder retten? Die Tragik der digitalen Allmende

Im Jahr 2017 erschien in der *Financial Times* ein Leserbrief, in dem der Verfasser behauptete, Uber sei ein »Musterbeispiel« für die »Tragik der Allmende«. Er denke an San Francisco, eine Stadt, in der Touristen und Geschäftsleute praktische Transportmöglichkeiten benötigten. Doch die Stadt habe eine beschränkte Verkehrskapazität. »Das Ergebnis sind überfüllte Straßen mit den vorhersehbaren Folgen«: niedrige Löhne für Fahrer, suboptimaler Service aufgrund unerfahrener Fahrer, Staus und Luftverschmutzung.

In einem Kommentar im *Guardian* bemerkte die Journalistin Arwa Mahdawi, Airbnb zufolge biete »der befristete Mietmarkt eine hervorragende Gelegenheit, eine Gemeinschaft zu fördern, Viertel neu zu beleben, einfache Leute dabei zu unterstützen, über die Runden zu kommen.« Gleichzeitig trage Airbnb aber mit dazu bei, dass Wohnraum teurer und damit für zukünftige Eigentümer ebenso unbezahlbar wie für Mieter werde. Und Nachbarn beschwerten sich nicht nur über steigende Mietpreise, sondern ebenso über Lärm und die Störung ihres Alltags. Mahdawi schloss: »Die sogenannte Sharing Economy ist eher eine Mach-aus-allem-Geld-Economy.« Das Zuhause der Menschen sei kein Symbol der Mittelschicht mehr. Es sei zu einer »Monetarisierungs«-Chance verkommen.

Seit dieses zweischneidige Schwert überall zum entscheidenden Faktor geworden ist, sei es in den Vierteln Barcelonas oder in den Straßen von New York, müssen wir die Kehrseite anerkennen, die diese Disruption mit sich bringt und die sowohl systemisch als auch systematisch sein kann.

Im achtzehnten Jahrhundert schrieb der Aufklärer Adam Smith, der als Begründer der modernen Wirtschaftslehre gilt: »Nicht vom Wohlwollen des Metzgers, Brauers und Bäckers erwarten wir das, was wir zum Essen brauchen, sondern davon, dass sie ihre eigenen Interessen wahrnehmen.« Die laterale Folge hiervon war, dass die, wie Smith es nannte, »unsichtbare Hand« des freien Markts für die bestmögliche Vereinbarung zwischen Konsumenten und Produzenten sorgt, wobei Erstere alles Benötigte dort einkaufen, wo sie das beste Angebot erhalten, und Letztere Gewinne erzielen, indem sie diese Bedürfnisse befriedigen. Dieser Grundgedanke gilt in vielen Fällen bis heute, von mindestens zwei bemerkenswerten (und wohlbekannten) Ausnahmen abgesehen.

Die erste wurde von John Nash entdeckt, jenem Mathematiker, der durch den Film *A Beautiful Mind* berühmt wurde. Er behauptete, man könne die getroffenen Entscheidungen mehrerer Entscheidungsträger nicht vorhersagen, solange man ihre Entscheidungen isoliert betrachtet. Im Film sitzt Nash mit einigen Studienfreunden in einer Bar, als eine attraktive Blondine mit ihren Freundinnen hereinschneit. Plötzlich interessieren sich alle nur noch für sie. Doch Nash empfiehlt seinen Studienkollegen, sich vorzustellen, wie sie alle derselben Frau den Hof machen und sie alle zurückweisen würde. Das wiederum brächte die anderen Frauen in der Bar dazu, es ihr nachzutun, denn keine wolle als zweite Wahl angesehen werden. Nash überlegte, dass dieses Ergebnis für die beteiligten Männer und Frauen gleichermaßen schlecht wäre. Dieses Beispiel ließ ihn eine Schwachstelle in Smiths weithin akzeptierter Theorie entdecken, wonach von einem freien Markt alle profitieren.

Die zweite bemerkenswerte Ausnahme in der wunderbaren Welt der von Selbstinteresse getriebenen Märkte ist jenes System der frei verfügbaren Ressourcen, das seit dem Mittelalter als »Allmende« bekannt ist. Hier führt ein egoistischer Missbrauch des Allgemeinguts durch einige Individuen zu einem Ressourcenschwund für alle anderen. Dieses Problem wurde als Erstes im neunzehnten Jahrhundert von dem britischen Ökonomen William Forster Lloyd erkannt, der über die Umweltschäden schrieb, die durch die nicht regulierte Nutzung von öffentlichen Weideflächen (Allmenden) verursacht wurden. Philosophen, Ökologen, Anthropologen und Politikwissenschaftler kamen bald danach auf ihn zurück, um alles von der Luftverschmutzung und Grundwasserverunreinigung bis zur Überfischung und Grönlands schmelzenden Eisschichten von dieser Warte aus zu betrachten. Der Ökologe Garrett Hardin prägte den Ausdruck »*The Tragedy of the Commons*« (»die Tragik der Allmende«) in einem einflussreichen Essay desselben Titels, der 1968 in der Fachzeitschrift *Science* erschien und in dessen Einleitung es heißt: »Für das Bevölkerungsproblem gibt es keine technische Lösung. Es erfordert eine fundamentale Erweiterung der Moral.« Hardins Augenmerk lag auf dem Bevölkerungswachstum und den sich hieraus ergebenden Folgen für die Zukunft der begrenzten Ressourcen auf der Erde. Wir erinnern uns, dass Wissenschaftler einmal dachten, zu viele Kinder würden zum Weltuntergang führen (siehe Kapitel 1). Hardin sah das Problem eher in einem Mangel an guten Absichten und guten Institutionen.

Einige Menschen reagieren empfindlich, zuweilen auch mit Gewalt auf Phänomene wie Uber und Airbnb, weil sie darin die Tragik der Allmende wiedererkennen. Sie haben Angst, regulierte Fahrdienste könnten zu vermehrten Verkehrsstaus führen. Oder dass Uber-Fahrer eher Unfälle verursachen als Taxifahrer. Oder eine Klasse nichtausgebildeter Fahrer könnte ihre Fahrgäste übervorteilen. Und sie weisen auf die Gefahr hin, dass ein ohnehin bereits vernachlässigtes öffentliches Verkehrssystem noch stärker dem Verfall preisgegeben werde, wenn es mit Fahrdienst-Apps konkurrieren müsse. In New York etwa nahm Uber unterhalb der 59. Straße in Manhattan den Taxiunternehmen Kunden ab, doch im Rest der Stadt kam es im Vergleich zur Zeit vor Uber zu einem Anstieg des Individualverkehrs um 40 Prozent – was zu neuen Verkehrsproblemen führte und dringend benötigte Investitionen in den öffentlichen Nahverkehr nicht gerade förderte. Genauso entstehen zwar durch Airbnb viele Vorteile, doch wurde das Unternehmen auch dafür verantwortlich gemacht, dass zu viele Touristen in die Städte strömten und ganze Viertel verfielen, während andere aufgrund steigender Mieten unbezahlbar geworden seien. Wie sollen wir mit diesen Chancen und Problemen umgehen, die anscheinend immer im Doppel auftreten?

Lassen Sie mich zur Verteidigung der Sharing-Plattformen drei laterale Argumente vorbringen. Teilen könnte uns dabei helfen, den Bedarf an Rohstoffen zu senken, wenn man auf diese Weise etwa den Bestand an fahrbereiten Fahrzeugen reduziert. Der Durchschnittsamerikaner nutzt sein Auto die gesamte Woche über nur etwa 6 bis 7 Prozent der Zeit. Car Sharing könnte also tatsächlich zu einem sparsameren Ressourcenverbrauch führen.

Zweitens scheinen die Menschen durchaus bereit, für geteilte Güter und Dienstleistungen zu bezahlen, wenn diese ihrem Leben einen Mehrwert bieten. Mithilfe der Daten von 48 Millionen »UberX«-Fahrten in den vier größten Städten der Vereinigten Staaten schätzte Steven Levitt, Wirtschaftswissenschaftler an der Universität Chicago und Co-Autor des Buches *Freakonomics*, dass Konsumenten dank Uber ein wirtschaftliches Plus erzielen, das die Kosten der Fahrten um den Faktor 1,6 übertrifft. Dies ergibt einen Gewinn von 18 Millionen Dollar pro Tag allein in diesen vier Städten: »Würde Uber einen Tag lang unerwartet verschwinden, wäre das die Summe, die Konsumenten dadurch verlören.«

Das dritte Argument zugunsten der Sharing Economy ist vielleicht das wichtigste. Es stimmt einfach nicht, dass die Tragik der Allmende nicht zu vermeiden ist, sobald Menschen freien Zugang zu gemeinsamen Ressourcen erhalten. Die Politikwissenschaftlerin Elinor Ostrom – die erste Frau, die den Nobelpreis für Wirtschaftswissenschaften erhielt – gehörte zu den vielen Amerikanern, die während des Zweiten Weltkriegs mit ihrer Mutter einen »Victory Garden« (eine Form urbaner Landwirtschaft) pflegte. Aufgrund dieser Erfahrung kam sie auf die Idee, dass Menschen unter bestimmten Bedingungen sehr wohl im Sinne des Gemeinwohls zusammenarbeiten würden. Sie untersuchte ihr Leben lang alle möglichen Situationen, in denen Menschen Ressourcen teilten, darunter in der bürgernahen Polizeiarbeit, in der Hummerzucht, in Wäldern, bei Bewässerungssystemen und auch auf Weideflächen. Sie behauptet, die Tragik der Allmende könne vermieden werden, wenn sich Menschen von unten her organisierten, um die Erschöpfung von Ressourcen und den Kollaps der Ökosysteme zu verhindern. Sie empfahl, eindeutige Regeln zum Ressourcen-Sharing zu definieren, Mechanismen für die Konfliktlösung einzuführen, ein Sanktionssystem für Regelbrecher einzuführen und eine Verpflichtung zu kommunaler Selbstbestimmung vorzuschlagen, das auf Vertrauen basiert.

In gewisser Weise mahnt Ostrom die Menschen, sich zu organisieren und sich selbst um ihre gemeinschaftlichen Ressourcen zu kümmern, statt darauf zu warten, dass der Staat diese Aufgabe in Form von Regulierungen übernimmt. Das nach ihr benannte Ostrom-Gesetz lautet: »Ein Ressourcenabkommen, das in der Praxis funktioniert, kann auch in der Theorie funktionieren.« Es zeigt, dass Graswurzelbewegungen erfolgreich sein können, wenn es um die Förderung des Gemeinwohls geht. Dies ist vielleicht die beste Möglichkeit, um sicherzustellen, dass alle von der Sharing Economy profitieren, vor allem jene, die sich an ihr beteiligen, und jene, die von ihr betroffen sind.

Wirf diesen Salat nicht weg – teile ihn!

»Etwa ein Drittel aller Lebensmittel, die produziert werden, verderben«, schreibt Martin J. Smith. Die App OLIO ermöglicht es, mit Nachbarn und lokalen Unternehmen Lebensmittel zu teilen und damit Verschwendung zu verhindern. Die App ging 2015 an den

Start und hat mittlerweile zwei Millionen Nutzer in 49 Ländern. »Teile mehr! Verschwende weniger!«, lautet ihr Motto. So können etwa Supermärkte Lebensmittel beisteuern, deren Mindesthaltbarkeitsdatum bald überschritten wird. Zusammen mit Essenstafeln, die schon seit längerem unverkaufte Waren von Händlern erhalten, helfen digitale Plattformen, Abfälle und die damit verbundenen CO_2-Fußabdrücke zu reduzieren.

Ähnlich versucht das amerikanische Start-up »Rent the Runaway«, Mode nachhaltiger zu machen, indem es Leuten erlaubt, Kleidung zu mieten, statt zu kaufen. »Jedes Mal, wenn Sie etwas mieten, sparen Sie Wasser, Strom und Emissionen, die bei der Produktion neuer Kleidungsstücke anfallen«, behauptet das Unternehmen. »Frauen werfen im Jahresschnitt 37 Kilogramm Kleidung weg.«

Würden wir unnötige Verschwendung an Lebensmitteln und Kleidung vermeiden, könnte der weltweite CO_2-Ausstoß um bis zu 10 Prozent verringert werden. Nach der Erdölbranche tragen diese beiden Industriezweige am meisten zum Klimawandel bei. »In einer von allen geteilten Welt machen Dinge wie Car Sharing, Kleidertausch, Initiativen zur Kinderbetreuung, Mitbringpartys und Co-Housing das Leben lustiger, grüner und bezahlbarer«, bemerkt das Online-Magazin *Shareable*. »Wenn wir teilen, ist nicht nur ein besseres Leben, sondern auch eine bessere Welt möglich.« Das Wissenschaftsmagazin *Scientific American* behauptete: »sharing is caring«.

Studien zum Nutzen, den das Teilen für die Umwelt hat, haben keine einheitlichen Ergebnisse ergeben. Eine Studie fand heraus, dass die Online-Plattform Craigslist die Abfallentsorgung von Städten signifikant entlastet. Car-Sharing-Dienste wie Zipcar haben dazu beigetragen, Verkehrsstaus und Emissionen zu reduzieren. Die Verkehrsbehörde Transportation Research Board kam zu dem Ergebnis, dass in den Vereinigten Staaten »durch jedes Car-Sharing-Auto mindestens fünf Privatautos« ersetzt würden – andere Studien gehen von dreizehn aus. Autofahrer, die über die App »Waze« Informationen über zähfließenden Verkehr weitergeben, tragen dazu bei, Staus zu vermeiden und den Benzinverbrauch zu senken. Uber, Lyft und andere Fahrdienste behaupten, sie trügen zu einem effizienteren Verkehr und einer saubereren Umwelt bei.

Doch die Forschungsergebnisse des Teams um Regina Clewlow von der University of California in Davis zeigen, dass Fahrdienst-Plattformen in größeren amerikanischen Städten zu »mehr Autos, mehr Fahrten, mehr Meilen« geführt haben, weil Menschen öffentliche Transportmittel weniger nutzen, sobald sie Zugang zu bequemeren Alternativen erhalten: »Geteilte Mobilität zieht Amerikaner in größeren Städten wahrscheinlich von Bussen und Stadtbahnen weg (6 Prozent, beziehungsweise 3 Prozent geringere Nutzung).« Andererseits ergänzen Fahrdienste andere Formen des Transports. So ist etwa der Pendelverkehr in öffentlichen Verkehrsmitteln um 3 Prozent und der Fußverkehr um 9 Prozent gestiegen. Insgesamt scheinen die Auswirkungen jedoch eher negativ zu sein: »Diese Dienste ermöglichen in den großen Städten derzeit eine Wegbewegung von nachhaltigeren Fortbewegungsmitteln hin zu solchen mit geringer Fahrzeugauslastung.«

In Anlehnung an Uber und andere Fahrdienste behauptet Airbnb, dass Reisende pro Aufenthalt in Privatzimmern viel weniger Energie verbrauchen, als wenn sie ein Hotelzimmer gebucht hätten. Das Unternehmen beauftragte die Beratungsfirma Cleantech Group mit einer Studie, die zu folgendem Ergebnis kam: »In einem einzigen Jahr sparten Airbnb-Gäste in Nordamerika Wasser im Umfang von 270 olympischen Wettkampfschwimmbecken. Zugleich vermieden sie die Emission von Treibhausgasen in einer Größenordnung, die 33 000 Autos auf nordamerikanischen Straßen entsprechen.« In der Europäischen Union berechneten die Forscher sogar noch höhere Zahlen: Die Wassereinsparung entspreche 1100 Schwimmbecken und die Emissionen 200 000 Autos. Für Nordamerika behauptet

Airbnb, dass mehr als 80 Prozent der Gastgeber mindestens ein energiesparendes Gerät besäßen. Die Studie berichtete auch, dass Airbnb-Gäste mit einer Wahrscheinlichkeit von 10 bis 15 Prozent eher öffentliche Verkehrsmittel benutzten, sich zu Fuß fortbewegten oder Fahrrad führen als Hotelgäste. Allerdings sind Airbnb-Nutzer auch viel jünger als durchschnittliche Hotelgäste, und es gibt keinen unabhängigen Nachweis dieser Zahlen.

Es ist ebenfalls nicht klar, ob das Teilen wenig genutzter Vermögenswerte wirklich einen Gewinn für die Gesellschaft darstellt. Sicher, in vielen Fällen steht ein Auto zu 90 Prozent nutzlos herum. Doch wenn seine Besitzer es als Einkommensquelle verwenden, indem sie für Uber oder Lyft fahren, halten ihre Gefährte weniger lange, da der Kilometerstand in die Höhe schnellt. Wenn Autos schneller an Wert verlieren, wird man sie auch schneller ersetzen müssen. Ist es besser, ein Auto zehn Jahre lang zu 5 Prozent oder über einen kürzeren Zeitraum zu 50 Prozent zu nutzen? Die Antwort auf diese Frage fällt nicht leicht, weil Autos mit der Zeit auch unabhängig von ihrer Nutzung an Wert verlieren, zum Teil, weil sie veraltet sind, sobald neue Modelle auf den Markt kommen. Sollte bis 2030 eine signifikante Menge an Privatfahrzeugen auf Plattformen wie Uber präsent sein, wäre es dennoch nicht bewiesen, dass die Gesellschaft dadurch etwas gewonnen hätte. Wenn etwa Autos schneller an Wert verlieren, müssen wir konkret darüber nachdenken, wie wir eine größere Anzahl von ihnen wiederverwerten oder beseitigen können, insbesondere wenn gleichzeitig neue Autos die Straßen überfluten. Außerdem könnte eine Zunahme der Fahrdienst-Branche der Verlässlichkeit des öffentlichen Verkehrs entgegenarbeiten. Und so könnten Fahrdienste also auch negative Folgen für die Umwelt haben.

Im Fall des Teilens privater Unterkünfte treten sowohl Ähnlichkeiten als auch Unterschiede zur Fahrdienstbranche zu Tage. Viele Menschen verlassen ihren Hauptwohnsitz regelmäßig, weil sie

Urlaub machen oder sich auf einer Geschäftsreise befinden. Viele Menschen haben Räume übrig, die sie vermieten könnten. Aus wirtschaftlicher Perspektive ergibt es durchaus Sinn, einen Vermögenswert zu Geld zu machen, der bisweilen nicht gebraucht wird. Es ist von Vorteil, dass Wohnungen und Häuser nicht so schnell an Wert verlieren wie Autos und dass sie im Vergleich mit ihren traditionellen Alternativen, den Hotels, keine allzu gravierenden Umweltschäden verursachen.

Im Allgemeinen verspricht die Sharing Economy, womöglich mit der Ausnahme der Fahrdienste, dass sie bei der Bewahrung der Ressourcen des Planeten helfen könnte. Einer internationalen Umfrage der niederländischen ING-Bank zufolge berichteten Menschen, dass sie Sharing-Plattformen nutzen, weil sie glauben, dass sie gut für die Umwelt seien und dabei helfen würden, Gemeinschaften zu bilden. Je beliebter eine Sharing-App ist, desto mehr Menschen glauben an ihren Nutzen für die Umwelt.

Teilen und Zukunft

Als überzeugte Millennial unternimmt Linsey Howard alles, was möglich ist, um die Umwelt zu schützen und CO_2-Emissionen zu reduzieren. Sie gab ihre feste Arbeit auf, um auf Abruf freiberufliche Aufträge anzunehmen, auch weil sie es vermeiden wollte, weiterhin zur Arbeit zu pendeln. Sie verkörpert die Arbeiterin ohne Stelle, die aber dennoch arbeitet. Die kollaborative Wirtschaft schafft eine neue Realität, die Kategorien wie Arbeit und Büro, Besitz und Zugang zu Ressourcen zunehmend verwischt. In einer vernetzten Gesellschaft zu teilen, bedeutet, dass das, was einmal Arbeit war, heute auf Aufgaben reduziert wird, die von mehreren Menschen übernommen werden können. Diese Aufgaben können sie entweder von zu Hause oder in Büroräumen erledigen, in denen zu unterschiedlichen Zeiten unterschiedliche Arbeiter sitzen können.

Besitz verliert zu einem gewissen Grad seine Bedeutung, weil ein fraktionierter Zugang und Gebrauch eine höhere Flexibilität und geringere Ausgaben verspricht. Die zugrundeliegende Kultur ist nicht länger eine des Besitzes, sondern eine des Genusses und der Erfahrung, eine Weltsicht, die mit der Idee von Chancengleichheit und stärkeren Gemeinschaften einherzugehen scheint – ganz im Sinne John Lennons: »*Imagine no possessions* …«

Diese Veränderungen gehen mit massiven demographischen und technologischen Veränderungen einher, die womöglich zu einer umfassenden Transformation der gesellschaftlichen Ordnung führen. Können wir weiterhin Ehen, Kinder, den Alterungsprozess, Fabrikarbeiten, Hypotheken, Städte und unsere Computer als gegeben hinnehmen? Und wie sieht es mit der umfassendsten aller Institutionen aus – dem Geld? Wir wollen die Frage in Kapitel 8 beantworten.

8

MEHR WÄHRUNGEN ALS LÄNDER

Das eigene Geld drucken, die Blockchain und das Ende des modernen Bankwesens

»Erlauben Sie mir, das Geld einer Nation herauszugeben und zu kontrollieren, und es kümmert mich nicht, wer ihre Gesetze erlässt.«

Mayer Amschel Rothschild

Die meisten heute lebenden Menschen wuchsen in einer Welt auf, in der jedes Land seine eigenen Symbole hatte – eine Flagge, ein Staatsoberhaupt und eine Währung. Doch bis 2030 werden einige der wichtigsten Währungen der Welt nicht mehr von Staaten herausgegeben, sondern von Unternehmen oder sogar von Computern. Diese Möglichkeit halten viele heute noch für eine gefährliche Irrlehre.

Als Marco Polo Ende des dreizehnten Jahrhunderts in China zum ersten Mal den Gebrauch von Papiergeld erlebte, war er maßlos erstaunt und bemerkte: »Alle diese Bilder werden so feierlich und ernst herausgegeben, als wären sie aus purem Gold oder Silber.« Dieses seltsame Papier kam erstmals 1260 durch Kublai Khan, den Gründer der Yuan-Dynastie und Enkel des grausamen mongolischen Eroberers Dschingis Khan, in Umlauf. Modernes Papiergeld kam erst Jahrhunderte später, inmitten anhaltender anglofranzösischer Konflikte, auf. Im Jahr 1694 gingen Hofbeamte König Wilhelms III. einen neuen Weg, um Englands endlosen Krieg gegen seinen Feind jenseits des Kanals zu finanzieren: Ein neues Unternehmen in Privatbesitz, die Bank of England, erhielt das Recht, vom Volk Einlagen in Form von Goldbarren entgegenzunehmen und hierfür Banknoten auszugeben, die wiederum verliehen werden konnten.

In gewisser Hinsicht ist es kaum der Rede wert, wenn es mehr Währungen als Länder gäbe: Bis zum Ende des neunzehnten Jahrhunderts war es nicht unüblich, dass Wertpapiere von Banken oder sogar Unternehmen als Währungen im Umlauf waren, sei es, um Kredite zu erweitern, sei es, um Zahlungen zu leisten. Banker waren auch nicht zimperlich, wenn es darum ging, neue Technologien für ihre Zwecke zu nutzen. Einer Legende nach setzte das Haus Rothschild 1815 Brieftauben ein, um früher als alle anderen in London von Napoleons Niederlage bei Waterloo zu erfahren. Diese wertvolle Information hätten sie genutzt, um einige prächtige Gewinne auf dem Bondsmarkt zu erzielen.

Die fehlende Kontrolle über die Währungen, die auf ihrem Landesgebiet im Umlauf waren, und wiederkehrende Bankenkrisen veranlassten die Staatenwelt vor etwa 150 Jahren, Monopole zu erlassen, die das Drucken von Geld und seine Ausgabe in ihre Hände legte. Bis 2030 werden diese nationalen Währungsmonopole genauso erodieren wie vor ihnen die ehemaligen Monopole der Luftfahrt-, Strom- und Telekommunikationsbranche. Zwar werden Landeswährungen weiter überwiegen, doch ihrer digitalen Alternativen werden allgemein verfügbar sein.

Um sich eine Zukunft plastisch vorstellen zu können, in der traditionelle Währungen, Kryptowährungen und andere Formen von Wertmarken sich eine Bühne teilen, muss man zunächst einmal verstehen, was es mit dem Geld auf sich hat. Hierfür wollen wir ein faszinierendes Beispiel aus dem Leben Salvador Dalís betrachten, der einer der berühmtesten Künstler des zwanzigsten Jahrhunderts und ein Wegbereiter des Surrealismus war. Dalí war aber nicht nur ein begnadeter Maler, sondern auch ein gewiefter Geschäftsmann. Einmal lud er eine Gruppe Freunde zu einem Essen in ein teures Restaurant in New York ein. Als es ans Bezahlen ging, verlegte sich der exzentrische Künstler auf eine laterale Denkungsart und beschloss, ein kleines Experiment durchzuführen. Er begann, auf der Rückseite des Schecks, den er unterschrieben hatte, um die Ausgaben zu begleichen, in seinem unnachahmlichen Stil eine Skizze zu fertigen. Er bescheinigte mit seiner Signatur ihre Echtheit und gab sie dem Kellner, der sie daraufhin dem Restaurantdirektor überbrachte. Wäre es ein gewöhnlicher Scheck gewesen, wäre er in der Kasse verschwunden und bei einer Bank eingelöst worden. Doch das war kein normaler Scheck. Nachdem der Manager die Skizze gesehen und den Künstler erkannt hatte, beschloss er, den Scheck rahmen zu lassen und für jedermann sichtbar aufzuhängen (Abbildung 9).

Abbildung 9

Dalí war entzückt und wiederholte denselben Trick mehrere Male. Und wirklich tauchten an den Wänden mehrerer Restaurants gerahmte »Schecks« mit Skizzen von Dalí auf. Man bedenke, wie ungewöhnlich diese Situation war. Das Geld, mit dem die Festessen bezahlt werden sollten, wurde nie hinterlegt, weil die »Schecks« sich in Kunstwerke verwandelt hatten und ein Eigenleben führten. Dalís Manöver war ein Geniestreich. Es gelang ihm, sein eigenes Geld zu »drucken« (seine Zeichnungen hatten einen Wert), und Menschen waren bereit, es als Zahlungsmittel anzuerkennen. Natürlich geschah das, was auch bei richtigem Geld passieren kann: Dalí wertete seine Skizzen selbst ab, weil er so viele von ihnen »druckte«, bis ihr Wert schließlich unter dem Betrag lag, den seine Gelage gekostet hatten. Die Restaurantbesitzer hatten dazugelernt.

Das Entscheidende an dieser Geschichte ist, dass jeder Geld »drucken« und dieses möglicherweise als Zahlungsform zirkulieren lassen kann, solange andere ihm vertrauen und es als praktisch empfinden. Alternative Geldformen können auch als Anlageinstrumente verwendet werden, wenn man zum Beispiel hofft, dass dieses Geld mit der Zeit eine Wertsteigerung erfährt. Doch wie Landeswährungen auch, kann jedes Geld durch die Gesetze von Angebot und Nachfrage entwertet werden. Ein exzessives Angebot verringert seinen Wert und die Bereitschaft der Menschen, es zu verwenden.

***

Für die Welt der internationalen Transaktionen gilt weiterhin der US-Dollar als bedeutendstes Zahlungsmittel, als wichtigste Verrechnungseinheit und Leitwährung. Mehr als die Hälfte aller internationalen Schulden, Kredite und Währungsreserven werden in Dollar berechnet, und etwa 45 Prozent aller Devisenumsätze und des globalen Zahlungsverkehrs verwenden den Dollar. Was Handelsbeziehungen angeht, werden 80 Prozent aller Rechnungen in US-Dollar gestellt. Die Vormachtstellung des *Greenback* im Bereich des internationalen Finanz- und Handelssektors wird jedoch zur Diskussion stehen, je näher das Jahr 2030 rückt.

Schwellenländer machen bereits mehr als die Hälfte der Weltwirtschaft aus. Darüber hinaus ist China schon heute die größte Handelsnation und im Begriff, zur größten Volkswirtschaft der Welt aufzusteigen. Doch sein Renminbi (Mandarin für »das Geld des Volkes«) ist keine Währung, der die Menschen vertrauen – nicht einmal in China. Er ist weder konvertierbar noch frei handelbar oder freien Kapitalströmen zugänglich. Würde China die führende Wirtschaftsmacht der Welt werden, wäre es das erste Mal in der Geschichte, dass diese nicht zugleich die weltweit führende Fiat-Währung kontrolliert. Als Rom über den gesamten Mittelmeerraum herrschte, war der »Aureus« das mächtigste Zahlungsmittel. Während der Glanzzeit von Byzanz vertrauten Kaufleute dem »Solidus« (meiner Meinung nach der beste Name, der einer Währung je verliehen wurde). Als Florenz den Handel dominierte, war der »Florentiner« weit verbreitet. Dann kamen der niederländische »Gulden«, die Spanier mit ihrem »Real de a ocho« (auch »Spanischer Dollar« genannt, weil er in den frühen Jahren der Vereinigten Staaten dort viel verwendet wurde), die Briten mit ihrem »Pfund Sterling« und natürlich der »US-Dollar«. Jede dominante Volkswirtschaft oder jedes Imperium hatte ein Zahlungsmittel, dem alle vertrauten und das von allen benutzt wurde.

Nichts im Leben ist umsonst

Wie Milton Friedman, einer der berühmtesten Wirtschaftswissenschaftler des zwanzigsten Jahrhunderts uns in Erinnerung rief, hat alles seinen Preis. Geld ist eine eigenartige und geniale Erfindung, die auf Vertrauen fußt. Von Staaten herausgebrachte Zahlungsmittel sind manchmal von echten Vermögenswerten wie Gold gedeckt, eine Strategie, die Großbritannien in schwierigen Zeiten befolgte, um das Vertrauen in die Währung zu stärken und Politiker daran zu hindern, zu viel auszugeben oder zu verleihen. Hierfür war selbstverständlich echtes Gold notwendig, was die Briten veranlasste, zweimal gegen die Buren in Südafrika in den Krieg zu ziehen. Im Jahr 1944 übernahmen auch die Vereinigten Staaten den Goldstandard, um in den letzten Tagen des Zweiten Weltkriegs das globale Finanzsystem zu stabilisieren. Als Jahre später die Verschuldung in die Höhe schoss und die US-Notenbank weiter in großem Stil Geld druckte, beendete US-Präsident Richard Nixon 1971 dieses Arrangement. Seither haben sich Währungsschwankungen, Spekulation und Krisen weltweit ausgebreitet.

Ich sage meinen Studentinnen und Studenten immer wieder, dass sie die Bedeutung des Geldes nie ganz verstehen werden, wenn sie nicht aus erster Hand ein Land erlebt haben, das von einer Hyperinflation betroffen ist. Und ich stelle ihnen folgende Frage: Würden Sie unter diesen Umständen den Bus oder ein Taxi nehmen? Die meisten entscheiden sich für die günstigere Alternative (öffentlicher Nahverkehr), wenn sie mit schnell steigenden Preisen konfrontiert werden. Doch sind relative Preise weniger wichtig als das Timing, wenn die Inflation sich im dreistelligen Prozentbereich bewegt. Mit anderen Worten wären Sie besser dran, wenn Sie sich für das Taxi entschieden hätten, denn im Taxi bezahlt man erst am Ende der Fahrt, wenn der Geldwert bereits gefallen ist, und nicht wie bei Busfahrten im Voraus. Man merkt, dass die Inflation zu einem Problem wird, wenn es relativ gesehen »billiger« ist, Taxi statt Bus zu fahren. Genauso begünstigt die Inflation Schuldner, nicht aber Verleiher.

Milton Friedman sagte einmal: »Inflation stellt immer und überall ein monetäres Problem in dem Sinn dar, dass sie ausschließlich durch einen schnelleren Anstieg der Geldmenge im Vergleich zur Produktionsleistung entstehen kann.« Mit anderen Worten kommt es zur Inflation, wenn man mit zu viel Geld hinter zu wenigen Waren hinterherjagt, wie dies in den Boomtowns des amerikanischen Westens während des Goldrauschs oder in den Great Plains während des jüngsten Schieferöl-Booms der Fall war. Hieraus folgt, dass Staaten, die das Wohl ihrer Bürger im Sinn haben, gut beraten wären, die Geldmenge streng zu kontrollieren. Dies ist eine Möglichkeit, über Geldpolitik (also die Politik, die von den Zentralbanken eines Landes verfolgt wird) nachzudenken. Doch für jeden Wirtschaftswissenschaftler, der Friedman zustimmt, findet sich ein anderer, der glaubt, dass diese geldpolitische Sichtweise viel zu rigide ist, um damit auf die Höhen und Tiefen von Konjunkturzyklen reagieren zu können. Friedman hatte jedoch recht, wenn er sagt: »Inflation ist Besteuerung ohne Repräsentation.« Sie ist also etwas, das Märkte durcheinanderwirbelt, Entscheidungsträger aus dem Konzept bringt und schließlich zur Verarmung der Bevölkerung führt. Friedman setzte sich für eine gleichmäßige Geldmengenzunahme ein und glaubte, ein Computer würde eine viel bessere Geldpolitik betreiben als die US-Notenbank.

Auftritt der Kryptowährungen

Während wir uns 2030 nähern, scheint die Technologie neue Möglichkeiten bereitzustellen, wie man über Geld nachdenken kann. Für Privatmenschen war es bislang sehr mühselig und sehr kostspielig und in der Regel illegal, Geld zu drucken. Digitale Kryptowährungen zu produzieren ist hingegen weder mühselig noch kostspielig, und sie breiten sich in der Regel sehr schnell aus – bevor sie von Staaten verboten werden. Gegenwärtig erreicht der Gesamtwert von Kryptowährungen Hunderte Milliarden Dollar (was zugegebenermaßen nur schwer genau zu berechnen ist). Zum ersten Mal seit Generationen sind mehr Währungen im Umlauf, als es Länder gibt, und diese Differenz zuungunsten der Länderwährungen wird eher noch wachsen, da jedes Jahr mehr Kryptowährungen, mögen sie auch noch so flüchtig sein, herausgegeben werden. Kryptowährungen sind deshalb so revolutionär, weil sie keine Zentralgewalt benötigen, um Geld in Umlauf zu bringen. Man benötigt nichts weiter als ein Computernetzwerk. *Das* ist wirklich revolutionär – und potenziell gefährlich.

Zumindest in der Theorie lassen Kryptowährungen Milton Friedmans Traum in Erfüllung gehen, die »Notenbank durch Computer« ersetzen zu können. Das heißt, statt durch Notenbankchefs, die über die jeweilige Zinspolitik und Geldmenge entscheiden, würden Kryptowährungen von Computeralgorithmen kontrolliert.

Doch was steht wirklich hinter dieser aufregenden neuen Welt der Kryptowährungen?

Kryptowährungen werden einigen wenigen durch Spekulationsgeschäfte riesige Gewinne bescheren, die meisten werden sie jedoch nur enttäuschen, da der Wert von Kryptowährungen bislang fast immer häufigen und großen Schwankungen ausgesetzt war. Bedenken wir, wie Kryptowährungen die Beziehung der Bürger zu ihrem Staat verändern würden, wenn der Staat mit der Zeit die Kontrolle über das Geld, über Vermögenswerte und Schulden aus der Hand geben würde. Dies würde die Finanz- und Bankenpraktiken, wie wir sie kennen, ganz sicher grundlegend verändern.

Kryptowährungen sind eine Form von elektronischem Bargeld, bei dem Transaktionen unter Verwendung kryptographischer Verfahren oder Verschlüsselungsverfahren autorisiert werden. Bezahlungen und Saldi werden in einer Art elektronischem Register festgehalten, zu dem jeder Teilnehmer Zugang erhält. Dieses Buchhaltungssystem erhielt einen eigenen Namen: »Blockchain«. Tatsächlich handelt es sich um eine sehr einfache Idee. Stellen wir uns eine kilometerlange Ziegelmauer vor. Auf den einzelnen Ziegelsteinen können Passanten von oben nach unten verschiedenartige Aufzeichnungen hinterlassen. Vielleicht schreiben sie ihren Namen und ihre Besuchszeit an die Mauer, die Namen der Menschen, die sie lieben, oder den Titel ihres Lieblingsbuchs. Die einzige Regel lauttet, dass sie auf einen Ziegelstein schreiben müssen, der sich neben einem bereits beschriebenen befindet, sodass keine Lücken entstehen. Wenn also mehrere Menschen mitmachen, füllt sich die oberste Reihe, dann die Reihe darunter, und so weiter. Keine Aufzeichnung kann gelöscht werden, sobald sie auf einem Mauerstein notiert wurde, und jeder kann alle anderen Aufzeichnungen einsehen. Sobald unsere imaginäre Mauer vollgeschrieben ist, wird parallel zu ihr eine zweite Mauer errichtet, und der Vorgang wiederholt sich. Diese Mauern können zu beliebig vielen Zwecken verwendet werde – zum Beispiel um festzuhalten, wer in einem Hotel in welchen Räumen übernachtet, welche zusätzliche Ausgaben jeder Hotelgast an einem bestimmten Tag hatte und wie viel jeder Einzelne schließlich bezahlen muss, wenn er auscheckt. Oder auch, wer eine bestimmte sich im Umlauf befindliche Münze oder Banknote besitzt, und *wann* mit diesem Geld *was* bezahlt wurde.

Statt diese Art von Aufzeichnungen auf eine echte Wand zu schreiben, können wir ein digitales Register aus miteinander verbundenen und unveränderbaren Aufzeichnungen erstellen – eine »Kette von Datenblöcken« oder »Blockchain«. Die Computer, die Zugang zur Blockchain haben, verifizieren jede Transaktion und geben dem gesamten System die erforderliche Transparenz. Jeder Computer besitzt eine identische Kopie der gesamten Blockchain. Wir können als weitere Sicherheitsanforderung hinzufügen, dass mehr als die Hälfte der Computer im Netzwerk der Modifikation einer Transaktionsaufzeichnung zustimmen müssen. Dem Anschein nach ist die Bitcoin-Blockchain also sehr sicher. Stellen wir uns folgenden hypothetischen Fall vor. Die Wahrscheinlichkeit, beim Lotto 6 Richtige plus Superzahl zu tippen, liegt bei 1 zu knapp 140 Millionen. Die Wahrscheinlichkeit, einen Bitcoin-Privatschlüssel zu knacken, der eine 256-bit-Verschlüsselung verwendet, beträgt minimale 1 zu 2^{256} oder 1 zu mehr als 115 Duodezilliarden – eine Zahl mit 87 Stellen. Als würde man neunmal in Folge sechs Richtige mit Superzahl und abschließend einen Vierer landen.

Dieses dezentralisierte Transparenzsystem ist genau das, was Satoshi Nakamoto (ein Pseudonym) in seinem berühmten Whitepaper »Bitcoin: Ein elektronisches Peer-to-Peer-Bezahlsystem« vorschlug, das er am 31. Oktober 2008 in einer kryptographischen Mailingliste veröffentlichte. Dieses Datum ist insofern von Bedeutung, als nur wenige Wochen später die US-amerikanische Investmentbank Lehman Brothers kollabierte. Schon der erste Satz dieses Papers enthielt einen revolutionären Gedanken: »Eine reine Peer-to-Peer-Version eines elektronischen Zahlungsverfahrens würde es ermöglichen, dass Online-Zahlungen von einer Partei direkt an eine andere gesendet werden, ohne über ein Finanzinstitut zu gehen.«

Seit wir Geld und das Bankwesen erfunden haben, stand im Zentrum jeder Finanztransaktion Vertrauen. Die kühnste Behauptung, die sich im Bitcoin-Whitepaper findet, lautet, eine Kryptowährung, die durch die Blockchain operiere, sei »ein System für elektronische Transaktionen, ohne dass man sich auf Vertrauen stützen muss«. Für Nakamoto ist das »Netzwerk in seiner unstrukturierten Einfachheit robust«. Es ist ein System, in dem die Nodes »mit ihrer CPU-Leistung abstimmen und ihre Akzeptanz von zulässigen Blocks dadurch ausdrücken, dass sie an deren Erweiterung arbeiten … Alle erforderlichen Regeln und Anreize können mit Hilfe dieses Konsensmechanismus durchgesetzt werden.« Mit einem Federstrich hätte Nakamoto Tausende von Jahren Finanzentwicklung zu einem unrühmlichen Ende bringen können.

Nakamotos angebliche Absicht war es, Finanzdienstleistungen zu demokratisieren, ein Ziel, das er mit vielen Unternehmern teilt, die Fans von Kryptowährungen sind. »Unsere Mission ist es, ein offenes Finanzsystem für die Welt zu schaffen«, sagt Brian Armstrong, CEO von Coinbase. »Wir glauben, offene Protokolle in Geldgeschäften werden für die Innovation, wirtschaftliche Freiheit und Chancengleichheit dasselbe leisten wie zuvor das Internet für die Veröffentlichung von Informationen.« Wir begegnen hier einmal mehr dem Versprechen einer befreienden Technologie, die, so behaupten ihre Fürsprecher, die Welt verbessern wird.

Für jeden glühenden Verfechter von Kryptowährungen gibt es mehr als einen, der ihnen skeptisch, wenn nicht eindeutig ablehnend gegenübersteht. »Wenn Sie dumm genug sind, um Bitcoins zu kaufen«, sagt James Dimon, CEO von JPMorgan Chase, »werden Sie eines Tages dafür bezahlen müssen.« Nouriel Roubini, der wegen seiner Vorhersage der Finanzkrise von 2008 den Spitznamen »Dr. Doom« erhielt, spricht von Kryptowährungen als »stinkende Jauchegrube«. Es gibt eine Tonaufnahme von ihm, in der er sagt: »Es ist wirklich lächerlich zu glauben, nutzlose Kryptowährungen oder be*** Coins hätten irgendetwas Fundamentales anzubieten.« Er glaubt, »ihr fundamentaler Wert beläuft sich auf null oder ist tatsächlich sogar negativ, wenn man ihre negativen externen Effekte, nämlich Energie zu fressen und die Umwelt zu zerstören, mitrechnet«, womit er auf die Tatsache anspielt, dass der Betrieb der Blockchain (auf der Bitcoin basiert) jährlich genauso viel Strom verbraucht wie ganz Österreich mitsamt seinen 9 Millionen Einwohnern.

Während der Bitcoin als Währung seine Höhen und Tiefen hatte – was sich im Werteinbruch von fast 20 000 US-Dollar gegen Ende des Jahres 2017 auf weniger als 2500 US-Dollar ein Jahr später widerspiegelt –, hat sich die ihm zugrundeliegende digitale Infrastruktur bewährt. Dies liegt daran, dass die Blockchain eine einfache, elegante und effektive Lösung für das »Double-Spending-Problem« bereithält: Wie ist es möglich, jemanden davon abzuhalten, dasselbe Zahlungsmittel mehr als einmal einzusetzen, wie dies etwa der Fall ist, wenn jemand Falschgeld in Umlauf bringt. Die Blockchain löst diese Aufgabe, weil ihr digitales Register offen, transparent und durch die Teilnehmer verifizierbar gestaltet ist, sodass keine doppelte Ausgabe ein und desselben Bitcoins stattfinden kann. Um das Vertrauen in sie noch zu erhöhen, versprechen Kryptowährungen, ihr Zahlungsmittel konstant und relativ langsam in

Umlauf zu bringen und diesen Vorgang von einem Algorithmus bestimmen zu lassen. Ein weiteres attraktives Feature der Kryptowährungen ist Nakamoto zufolge, dass »Nodes das Netzwerk beliebig verlassen und wieder betreten können, da sie die längste Proof-of-Work-Kette als Beweis darüber führen, was geschah, während sie weg waren.«

Doch trotz seiner soliden technischen Grundlagen hat es der Bitcoin nicht wirklich geschafft, sich als vertrauenswürdiges und praktisches Tauschmittel durchzusetzen, von seiner Eignung als Rechnungseinheit oder Wertanlage ganz zu schweigen. Die Gründe sind vielschichtig, haben aber neben der Unsicherheit, wie Staaten Kryptowährungen zu regulieren gedenken, vor allem mit der unersättlichen Gier von Spekulanten zu tun, die auf schnelles Geld hoffen. Andere beliebte Kryptowährungen, darunter XRP, Ethereum, Litecoin, Zcash und Maker, stagnieren ebenfalls. Während noch keine Kryptowährung auch nur eine physikalische Währung verdrängen konnte, hat die Blockchain bereits begonnen, die Welt, wie wir sie kennen, fundamental zu verändern.

Die Tokenisierung von allem

Jeden Tag werden in der globalen Marktwirtschaft Milliarden von Transaktionen getätigt. An jeder einzelnen sind mindestens zwei Parteien beteiligt, zum Beispiel Käufer und Verkäufer, Versicherer und Versicherter oder Kreditgeber und Kreditnehmer. Bei all diesen Transaktionen nehmen zwei Seiten teil. Hierher gehören auch rechtliche Vereinbarungen wie Ehe, Scheidung oder ein Testament, in dem eine Person die Verteilung ihres Vermögens nach ihrem Tod festlegt. Eine Technologie wie die Blockchain könnte den gesamten Vorgang einfacher und kostengünstiger gestalten. Und das ist nicht alles. Wie der Experte für Kryptowährungen, Joseph Buthorn, argumentiert, könnte die Blockchain zur »Tokenisierung von allem«

führen oder im Wesentlichen als digitales Zertifikat fungieren für Aktien, Waren, Schulden, Grundbesitz, Kunst, Geburten, nichteheliche Lebensgemeinschaften, Abschlüsse, Stimmabgaben und so weiter. Selbst Daten könnten in Tokens überführt werden und die Disruption von Google, Facebook und Konsorten herbeiführen.

Bis jetzt wurden alle offiziellen Register von einer Einheit oder einer Person zentralisiert und kontrolliert, der alle Nutzer vertrauen, oder sie wurden (meistens) von einem Staat geschaffen. Während die frühesten schriftlichen Aufzeichnungen fünftausend Jahre alt sind, veränderte der Buchdruck und in jüngerer Zeit der Computer das Geschäft der Buchführung und des Informationsaustauschs. Die Blockchain mit ihrer einzigartigen dezentralen und unveränderlichen Natur verspricht einen ebenso revolutionären Wandel.

Einem Bericht der Europäischen Union zufolge eröffnen digitale Registertechnologien »Chancen in allen öffentlichen Dienstleistungsbereichen wie Gesundheit und Sozialhilfe. Am Horizont dieser Entwicklung der Blockchain stehen sich selbst ausführende Verträge, die solchen Unternehmen den Weg ebnen, die sich ohne menschliche Intervention selbst organisieren.«

Die bahnbrechendste Möglichkeit von Blockchains besteht darin, dass sie »einen Teil der Kontrolle über alltägliche Interaktionen weg von den zentralen Eliten hin zu ihren Nutzern verlagern. Dadurch machen sie Systeme transparenter und vielleicht auch demokratischer.« Dies könnte Jahrhunderte der Zentralisation umkehren, die Beziehung zwischen Bürgern und Staaten auflösen und die Bürokratie, wie wir sie kennen, entflechten.

Das Attraktive der Blockchain besteht darin, dass sie viele verschiedene Formen lateraler Erweiterungen ermöglicht. Eine Entwicklung könnte etwa digitale Währungen mit »Smart Contracts«, digitalen Aufzeichnungsformen und dezentralisierten, autonomen Organisationen verbinden, wo Entscheidungen außerhalb üblicher hierarchischer Strukturen getroffen werden – alles unterstützt durch die Blockchain. »Die Idee dahinter ist, dass Blockchains alle Rechte und Pflichten eines gegebenen Vertrags zurückverfolgen und Bezahlungen automatisch auslösen, ohne dass offline nachgehakt werden müsste, während der Vertrag weiterläuft«, schreibt Mike Orcutt in der *MIT Technology Review*. Auch die Steuererhebung könnte weniger komplex ausfallen, wenn man den Anteil des Staates auf jede auf der Blockchain verzeichneten Transaktion automatisch abführt. Ganz allgemein würde die Steuerung von Lieferketten durch Mechanismen vereinfacht und beschleunigt, zu denen etwa Vertragserfüllung, Buchhaltung, Nachverfolgung, Inkasso und Bestandsaufstockung gehören.

Blockchain-Technologien könnten ebenso eingesetzt werden, um den Ursprung bestimmter Waren aufzuspüren, was eine Transparenz zur Folge hätte, die von Kunden in einem Zeitalter, da Unternehmen Menschen und Ressourcen schamlos ausbeuten, zunehmend verlangt wird. In der Textilindustrie etwa versehen einige Unternehmen jedes Kleidungsstück mit einem individuellen digitalen Token, das es Verbrauchern erlaubt, die gesamte Lieferkette von der Materialbeschaffung bis zu ihrer Verteilung nachzuverfolgen, und so mithilft, Kinderarbeit und die Verwendung verbotener Materialien zu verhindern.

Einer meiner ehemaligen Studenten, Michal Benedykcinski, gründete ein Unternehmen, Dexio, das die Blockchain-Technologie verwendet, um die Ursprünge von Diamanten aufzuspüren, und Versicherungen für seine Kunden anbietet, die nichts mit »Blutdiamanten« zu tun haben wollen – dieser Name wurde Edelsteinen gegeben, die durch Ausbeutung und Krieg beschafft wurden. Ein weiterer meiner Studenten, Ajay Anand, reiste mit Kommilitonen nach Indien, Bangladesch und auf die Philippinen, um mehr über die Praktiken im Bereich der Kinderarbeit herauszufinden. Sie trafen den Kinderrechtsaktivisten Kailash Satyarthi (der 2014 den

Friedensnobelpreis erhielt). Inspiriert von einem Praktikum bei den Vereinten Nationen, gründete er Systmapp, eine Firma, die sich der Optimierung des Managements von Non-Profit-Organisationen verschrieben hat. Sie ist heute in 50 Ländern aktiv und erhält Fördergelder von der Gates Foundation. Aber das war nur der Auftakt. Als Ajay beschloss, sich zu verloben, wollte er seiner zukünftigen Ehefrau einen Diamantring schenken. Er war schockiert und überrascht von der Undurchsichtigkeit des Marktes. Oft suchte er vergeblich nach Informationen zu Preisen und Qualität der Edelsteine. Ajay beschloss, mithilfe künstlicher Intelligenz und maschinellem Lernen die Markttrends zu analysieren, und gründete im Oktober 2016 das Unternehmen Rare Carat. »Wir können die Preise für Diamanten genauer vorhersehen als das Immobilienportal Zillow die Preise für Häuser«, so Ajay. Er stellte seine Idee im Rahmen des IBM-Förderprogramms »Global Entrepreneurship« vor, kam unter die besten 50 und erhielt entsprechende Fördergelder. Dann benutzte er die Blockchain, um Informationen im Diamantenhandel transparenter zu machen. Heute hat sein Unternehmen dreißig Mitarbeiter und macht Umsätze in Höhe von über 100 Millionen US-Dollar.

Wie ein Traumpaar aus dem Kryptohimmel

Bevor die digitale Revolution es einfacher machte, Software, Videos, Musik und andere digitale Waren und Dienstleistungen zu stehlen, war das alte Schutzsystem – Patent, Schutzmarke und Copyright – relativ effektiv. Heute ist dies nicht mehr der Fall. Hinzu kommt, dass mit der Geschwindigkeit der technologischen Innovationen auch die Flut an Patent-, Marken- und Copyright-Anträgen zunimmt. Im Jahr 2018 fragte das Magazin *Forbes*: »Wie können wir mit der Blockchain geistige Eigentumsrechte ›smarter‹ gestalten?«

Die wichtigsten Herausforderungen haben mit der Art von Sharing-Plattformen zu tun, die wir in Kapitel 7 kennengelernt haben. Lizenzfreie Musik- oder Videoinhalte können online geteilt werden, während man gleichzeitig die Honorare über eine Blockchain zuordnet und aufteilt, die nachverfolgt, welche Inhalte verfügbar sind und von wie vielen Menschen sie konsumiert werden. Auch Unternehmen erforschen die Möglichkeiten der Blockchain-Nutzung als Mittel, um einer anderen Partei Eigentumsrechte zu übertragen und sich im Tausch dafür ihre Bezahlung zu sichern. Die Blockchain-Technologie »kann dabei helfen, Vertragsbrüche zu minimieren und gleichzeitig für jedes Stück geistigen Eigentums eine Beweismittelkette anzubieten«. Auf diese Weise kann die Öffentlichkeit die »Stärken und den Wert jeder einzelnen Arbeit« beurteilen, schreibt Andrew Rossow in *Forbes*. Tracy Reilly, Juraprofessorin an der Universität Dayton, sagt: »Zwar ist die Digitalisierung urheberrechtlich geschützter Songs über Plattformen wie Grokster, Napster und iTunes nichts Neues. Neu und für Urheber äußerst spannend ist jedoch das riesige Potential, das sich durch die Blockchain-Technologie auftut. Bald schon könnte sie einen brauchbaren digitalen Fußabdruck generieren, der dabei hilft, den unbefugten Gebrauch digitaler Inhalte insbesondere auf Social-Media-Websites aufzuspüren.« Außerdem könnte die Blockchain das Verfahren zur Erhebung von Urheberrechten vereinfachen, mit dem sich alle Künstler, Filmemacher und Produzenten zwangsläufig befassen müssen.

Birgit Clark, eine Anwältin der Kanzlei Baker McKenzie behauptet, die Blockchain und geistiges Eigentum seien »wie ein Traumpaar aus dem Kryptohimmel«. Ihrer Ansicht nach gehören zur potentiellen Nutzung der Blockchain unter anderem »der Nachweis der Urheberschaft und die Beglaubigung ihrer Herkunft, die Registrierung und Klärung geistigen Eigentums, die Kontrolle und Verteilung von (nicht) registriertem geistigem Eigentum, der Nachweis echter und/oder erster Verwendung in Gewerbe und/oder Handel, digitale Rechteverwaltung (z. B. auf Online-Musik-Seiten), Etablierung und Durchsetzung von Vereinbarungen zum geistigen Eigentum, Lizenzen oder exklusive Verteilungsnetzwerke über Smart Contracts sowie die Übermittlung von Zahlungen an die Eigentümer geistigen Eigentums«. Die Idee ist, einer Blockchain zum Durchbruch zu verhelfen, in der man das unveränderliche Register über alle Ereignisse, die ein bestimmtes Stück Eigentum betreffen, finden kann.

Das gegenwärtige System zum Schutz von geistigem Eigentum stammt noch aus dem vordigitalen Zeitalter, als niemand ahnen konnte, wie schnell sich die Technologie entwickeln würde. Im Online-Magazin *Information Age* argumentiert Nick Ismail, dass die Blockchain dabei helfen könne, den gesamten Innovationszyklus zu optimieren, und zwar vom ersten Brainstorming bis hin zur Klärung der Eigentumsfrage und Lizenzierung. Dies gelte insbesondere für so komplexe Produkte wie Autos und Computer, aber auch für immaterielle Inhalte wie Software, Musik und Video.

»Intellektuelles Eigentum in einer globalisierten Wirtschaft zu regeln, ist extrem anspruchsvoll«, erklärt Ismail. »Unternehmen müssen zunächst entscheiden, wo sie den Schutz ihrer Ideen beantragen sollen, und das dann auch tatsächlich in den relevanten Regionen einzeln tun.« Der wichtigste Vorteil wäre, dass ein digitalisiertes Register »die Möglichkeit bietet, eine erste Idee in eine Blockchain zu stellen und sie dann zu aktualisieren«. Diese neue Technologie könne zu einem integralen Bestandteil des kreativen Prozesses werden. »Letztlich könnte die Blockchain in den Branchen, die mit geistigem Eigentum handeln, sogar eine größere Wirkung entfalten, als sie es in der Finanzbranche bereits getan hat«, bemerkt er. »Die Herausforderung wird darin bestehen, den für die Akzeptanz dieser Technologie richtigen Weg einzuschlagen.«

Die Bürokratie umgehen

Andere laterale Anwendungen der Blockchain könnten die Interaktionen zwischen staatlichen Stellen und Bürgern, zwischen Aktiengesellschaften und Aktionären, zwischen Parteien und ihren Mitgliedern oder zwischen Regierungen und ihren Wählern betreffen. Die meisten Wahlen etwa werden weltweit immer noch mithilfe von Stimmzetteln oder ziemlich primitiven Wahlmaschinen durchgeführt. Würden E-Wahlen von Blockchains unterstützt, könnte man auf Wahllokale ganz verzichten. Wähler und Wählerinnen könnten nach Authentifizierung mit einem persönlichen Schlüssel von ihrem Wahlrecht Gebrauch machen. Einige politische Parteien in Dänemark haben ein solches System für interne Abstimmungen bereits ausprobiert, und in Estland verwenden es Unternehmen, um die Stimmen ihrer Aktionäre auszuwerten. Ein weiterer großer Vorteil von E-Wahlen wäre die faktische Abschaffung der Wählereinschüchterung. Engagement und Wahlbeteiligung könnten steigen. Andererseits wird befürchtet, dass ein uneinheitlicher Zugang zu digitalen Geräten die Ungleichheit erhöhen könnte. Tatsächlich könnte die Wahlbeteiligung unter gebildeteren Gruppen, die ohnehin bereits hohe Beteiligungsraten verzeichnen, durch die Blockchain-Technologie noch einmal höher ausfallen. Für landesweite Wahlen stünde viel auf dem Spiel. Einer Studie der Europäischen Union zufolge »ist es nicht ausreichend, wenn die Ergebnisse rechtmäßig und gültig sind. Alle Wähler, selbst wenn sie von dem Ergebnis enttäuscht sind, müssen anerkennen, dass der Abstimmungsvorgang rechtmäßig und zuverlässig erfolgt ist. Im Rahmen des elektronischen Systems muss somit auch für Zuverlässigkeit sowie Vertrauen und nicht nur für Sicherheit und Genauigkeit gesorgt werden.«

Wie wäre es, wenn wir auch hier lateral denken würden? Stellen wir uns folgende Möglichkeit vor: Was, wenn wir die Blockchain-Technologie verwendeten, um Regierungsbeamte dazu zu zwingen, ihre Wahlversprechen unter bestimmten zuvor vereinbarten Voraussetzungen zu halten? So könnten etwa nach Wahlen bestimmte Maßnahmen durch Smart Contracts realisiert oder Geld gewissen Budgetgruppen zugeordnet werden. Oder Bürger könnten nachverfolgen, wie viel ihre Regierung wofür ausgibt und ob sie ihre Versprechen hält. Smart Contracts könnten nicht nur in der Politik, sondern in allen Bereichen der Wirtschaft verwendet werden. Sie enthalten mehrere Anweisungen, auf die sich die Vertragspartner im Vorfeld geeinigt haben und die unter bestimmten Bedingungen automatisch ausgelöst werden. Ein einfaches Beispiel wäre ein Darlehensvertrag, bei dem eine kleinere Hypothekenversicherungssumme fällig wird, sobald der Marktzinssatz fällt. Ein solcher Vertrag wäre mit den Worten des Europäischen Parlaments »in sich geschlossen, selbstausführend und sich selbst durchsetzend«. Allerdings müsste man in ihm die Voraussetzung verankern, dass »das nationale Recht … stets Vorrang vor den im Code festgelegten ›Rechtsvorschriften‹ hat«.

»Algorithmen, die die Schaffung von Blockchains ermöglichen, sind mächtige, einschneidende Innovationen«, heißt es im ersten Satz eines Berichts, den 2016 der oberste wissenschaftliche Berater der britischen Regierung herausgegeben hat. Blockchains »könnten die Bereitstellung öffentlicher und privater Dienstleistungen transformieren und durch eine große Auswahl an Anwendungen die Produktivität erhöhen«. Insbesondere schlug der Bericht vor, die Blockchain-Technologie einzusetzen, um die staatlichen Dienstleistungen durch Einsparungen, Einhaltung der Regeln und eine Rechenschaftspflicht zu verbessern. Sie könnte auch bei der Steuererhebung und der Auszahlung von Leistungen helfen sowie den Austausch mit den Bürgern flüssiger gestalten.

Digitale Republiken

Falls Sie heute schon sehen wollen, wie der Kontakt zwischen Bürgern und ihrer Regierung im Jahr 2030 aussehen könnte, besuchen Sie Estland, Heimat des fortschrittlichsten E-Governments der Welt. Das Land präsentiert sich der Welt nicht zu Unrecht als »E-Estonia«. Die 1,3 Millionen Bürger dieses kleinen Landes können online Leistungen beantragen, Rezepte erhalten, ein Gewerbe anmelden und auf fast 3000 andere digitale Dienstleistungen der Regierung zugreifen. Die Computerzeitschrift *Wired* nannte Estland »die fortschrittlichste digitale Gesellschaft der Welt«. Im *New Yorker* taufte Nathan Heller das Land »Digitale Republik«, und schrieb: »Seine Regierung handelt virtuell, unbegrenzt, Blockchain-basiert und sicher.« Er spricht von »einem staatlich koordinierten Bemühen, das Land von einem Staat in eine digitale Gesellschaft zu verwandeln«.

Estland hat bereits Nachahmer gefunden, bislang aber nicht mit dem gewünschten Erfolg. So wollte das Regionalparlament der autonomen Gemeinschaft Katalonien im Rahmen seines gescheiterten Versuchs, ein eigener Nationalstaat zu werden, von Estland lernen, wie man schlanke und digitalisierte Staatsstrukturen aufbaut – ein Vorhaben, das im direkten Widerspruch zu allem steht, was die Esten eigentlich versuchen, nämlich die alten Vorstellungen von »Staat« zu überwinden. Bezeichnenderweise, so Heller, habe Estland ein digitales Wohnsitzprogramm, das es eingeloggten Ausländern erlaube, einige estnische Dienstleistungen, etwa Bankgeschäfte, in Anspruch zu nehmen, als würden sie wirklich im Land leben«. Für einige Nutzer sicher ein interessantes Angebot, und für Estland eine Einnahmequelle, doch potenziell auch der Ausgangspunkt vieler unvorhersehbarer Risiken. Die Esten haben damit tatsächlich das erste grenzenlose, postmoderne virtuelle Land geschaffen. Bislang haben 30 000 Ausländer die e-Residency beantragt.

Estland hat Neuland betreten, weil es über laterale Anwendungen der Blockchain in allen Bereichen der Wirtschaft und Gesellschaft nachgedacht hat.

Wie beim mobilen Bezahlen und der urbanen Landwirtschaft beteiligen sich afrikanische Länder wie Ghana und Kenia in vorderster Linie an den weltweiten Bemühungen, ihre Regierungen durch Technologien näher an die Bürger heranzubringen. Der Weltbank zufolge präsentiert »das E-Ghana-Projekt ein bahnbrechendes und in vielen afrikanischen Ländern kopiertes Modell für Projekte aus der Informations- und Kommunikationstechnik, die sich mit dem Abbau von Bürokratie befassen und der Öffentlichkeit den Zugang zu vielen Dienstleistungen eröffnen«. Ein unabhängiges Forschungsteam prüfte Kenias Bemühungen und kam zu dem Schluss, dass das Land »eine ermöglichende politische, rechtliche und wirtschaftliche Umgebung geschaffen hat, die für die Umsetzung von E-Government geeignet ist« und positive Aspekte nach sich ziehe wie den »Abbau von Bürokratie, einen ununterbrochenen Zugang zu Dienstleistungen, schnelle und bequeme Abwicklungen, eine größere Transparenz und Rechenschaftspflicht, produktivere Belegschaften und einen reibungslosen Informationsfluss«. Ghana und Kenia werden auch weiter die Speerspitze im Einsatz von Informationstechnologien bleiben, insbesondere in den Bereichen Gesundheit, mobile Bezahlsysteme und öffentliche Verwaltung. Das Problem der digitalen Kluft bleibt jedoch bestehen. »Es gibt eine Gruppe von Menschen in den ländlichen Regionen, die abgehängt wird, da sie weder die Fertigkeiten noch die Infrastruktur besitzt, um die vom Staat angebotenen Online-Dienstleistungen wahrzunehmen«, so die Studie.

Regierungen machen sich eine zentrale Eigenschaft der Blockchain zunutze. Wie in der Geschäftswelt garantiert »die Tatsache, dass Daten in der Blockchain unveränderbar sind, Transparenz und sorgt dafür, dass die Rechenschaftspflicht umgesetzt wird«, betont die Studie des Europäischen Parlaments. Solange Privatsphäre und Datenschutz nicht gefährdet sind, könnte die Blockchain das Leben der Bürger vereinfachen und die Arbeit der Beschäftigten im öffentlichen Dienst erleichtern – wenngleich auch einige von ihnen überflüssig werden, wie wir auf den folgenden Seiten sehen werden. Wie bei Wahlen profitieren womöglich besser Ausgebildete und jene mit besserem Internetzugang am meisten, ein Zustand, der am besten dadurch überwunden werden kann, dass man sich unvermindert um digitale Inklusion bemüht.

»Eine Blockchain-Lösung für die Waffenkontrolle«

So lautet der Titel eines Thesenpapiers, das Thomas Heston, Professor für Gesundheitswesen an der Washington State University, im November 2017 veröffentlicht hat und in dem er eine weitere laterale Anwendung der Blockchain vorschlägt. Die »Blockchain-Technologie kann verwendet werden, um die Waffenkontrolle zu optimieren, ohne bestehende Gesetze ändern zu müssen«, schrieb er. »Durch ein besseres Tracking von Waffen und ein verbessertes Screening von Gefährdern wird diese technologische Entwicklung die Hintergrundüberprüfungen von Individuen ebenso voranbringen wie die Rückverfolgung von Waffen, die bei Verbrechen eingesetzt wurden.« Heston hofft darüber hinaus, dass »ein Blockchain-basierter ›digitaler Waffenschrank‹ die Umsetzung existierender Waffengesetze ohne Verletzung der Privatsphäre erleichtern und so die Waffenkontrolle verbessern könnte«.

Tatsächlich fehlt in den Vereinigten Staaten ein zentrales Waffenregister, was in einem Land, in dem lediglich 4,5 Prozent der Weltbevölkerung leben, das aber 42 Prozent aller privaten Waffen besitzt, die Möglichkeit der Rechtsdurchsetzung zur Verhinderung und Untersuchung von Verbrechen erschwert. Der Waffenlobby fehlt aber das notwendige Vertrauen in die US-Bundesregierung, um einer solchen Datenbank zuzustimmen. »Wie löst man das Problem der zentralen Datenaufzeichnung? Durch eine dezentrale Datenaufzeichnung«, sagt Luke Strgar, ein Informatikstudent an der University of California in Berkeley. »Man baut eine Plattform, auf der die Aufzeichnungen von der Gemeinschaft der Waffenbesitzer selbst eingepflegt werden.«

Sein Ziel ist es, eine Lösung zu finden, auf die sich beide Seiten einigen können. Bislang allerdings ohne Erfolg. Die Waffenlobby zeigt sich besorgt, und auch mehrere Gesetzgeber sind geradezu alarmiert, sodass sie ihrerseits beschlossen haben, zu handeln. Im April 2017 verabschiedete Arizona als erster US-Bundesstaat einen Gesetzentwurf, der jede Form von Blockchain-Anwendung verbietet, mit der Waffen verfolgt werden könnten. Nick Schroer, ein Abgeordneter des Staates Missouri, der einen ähnlichen Gesetzesentwurf im Jahr darauf unterstützte, argumentierte: »Die Legislative beunruhigt der Gedanke, Dritte oder ein ›Big Brother‹ könnten überwachen, wie viele Schüsse man zu bestimmten Zeitpunkten abfeuert.« Gegen die Möglichkeiten einer Blockchain-Technologie zur Waffenkontrolle wird weiterhin gemauert, wie auch gegen jeden anderen Versuch, die Verfügbarkeit von Waffen in Amerika zu beschränken.

Tokens gegen Armut

In der *MIT Technology Review* schrieb Mike Orcutt: »Satoshi Nakomoto schuf mit der Bitcoin-Blockchain eine Möglichkeit für Menschen, Geldgeschäfte unabhängig von Banken oder Staaten durchzuführen«, und bemerkte: »Es ist schon komisch, dass ausgerechnet die Weltbank zu den größten Förderern von Blockchains zählt.« Die Weltbank verwendet die Blockchain, um Spendern zu zeigen, wie ihr Geld für Bildungsprogramme verwendet wird. Daneben hat sie Blockchain-basierte Anleihen platziert, um 80 Millionen US-Dollar für nachhaltige Entwicklungsinitiativen zu sammeln. Sie sammelt jährlich 60 Milliarden US-Dollar in Form von Anleihen, um Entwicklungsprojekte zu unterstützen, und die Blockchain kann dazu beitragen, die Zahl der Zwischenhändler im Fundraising-Prozess zu verringern und sicherzustellen, dass ein Großteil des eingesammelten Geldes tatsächlich den Menschen vor Ort zugutekommt. Die Technologie könnte auch kapitalschwachen Gemeinden helfen, ihre Steuererhebungen, Abrechnungen und Zahlungsverfahren zu rationalisieren.

Eine der entscheidenden Hürden für die wirtschaftliche Entwicklung stellt für eine weltweite Mehrheit der fehlende Zugang zum formalen Finanzsektor dar. In Teilen Afrikas und Südasiens haben weniger als 5 Prozent der Bevölkerung und nur etwa die Hälfte der Klein- und Kleinstunternehmen ein Bankkonto. Im Rahmen ihres Programms zur Bereitstellung von Finanzdienstleistungen für die Armen hat die Bill & Melinda Gates Foundation das »Level One Project« ins Leben gerufen, um nationale digitale Bezahlsysteme zu schaffen, die auf der Blockchain basieren. Anders als beim Bezahlen mit Smartphones, das auf existierenden Systemen aufbaut, würde die Blockchain es Menschen und kleinen Firmen ermöglichen, Geld unabhängig davon zu bewegen, bei welcher Telefonfirma jemand einen Vertrag hat. »Mein Traum ist, dass ganz Afrika eine einzige große, interoperable Bezahlplattform bildet«, sagt Projektleiter Kosta Peric.

In Somalia, einem Paradebeispiel für einen gescheiterten Staat, leben fast 60 Prozent der Bevölkerung als Nomaden oder Halbnomaden. Nichtsdestoweniger erfreuen sich mobile Bezahlplattformen einer großen Beliebtheit. Neun von zehn Somalis im Alter von sechzehn Jahren oder älter besitzen ein Smartphone und sieben von zehn verwenden es, um wenigstens einmal im Monat damit zu bezahlen. Weil das Land über kein funktionierendes Bankensystem verfügt, haben Somalis keine Alternative zum mobilen

Bezahlen. Die Kehrseite ist, dass dieses System auch zur Geldwäsche und Finanzierung von Terror verwendet wird. Dabei könnte die beschränkte Rechenschaftspflicht und Rückverfolgbarkeit von Smartphones mit einem Blockchain-basierten dezentralisierten Register verbessert werden.

Den Planeten retten

Im Jahr 2018 wurde ein zwanzig Meter langer Blauwal an die chilenische Küste gespült. Gabriela Garrido, eine Forscherin am Naturkundemuseum in Río Seco, glaubte ihren Augen nicht zu trauen, als Menschen auf das tote Säugetier sprangen, um Selfies zu machen. Andere besprühten den Körper des Tiers mit Graffiti. Die Geschichte ging um die Welt. Alessandro Roberto, ein Aktivist aus Puerto Rico, der sich für gefährdete Tierarten einsetzt, fragte: »Wie können wir diese Arten vor dem Menschen schützen?« Die ugandische NGO »Care for the Uncared« verwendet eine Blockchain-Technologie, um gefährdete Arten wie den Blauwal, den Indischen Tiger, den Seeotter, den Asiatischen Elefanten und den Großen Panda aufzuspüren, zu markieren und zu schützen. »Diese Aufzeichnungen würden in der Blockchain öffentlich zugänglich sein«, sagt Bale Kabumba, der Sprecher der Organisation. »Dies wird die Art und Weise ändern, wie wir uns in der Natur verhalten und wie wir mit ihr in Kontakt treten. Diese Aufzeichnungen werden uns letzten Endes helfen, die entscheidenden Faktoren beim Aussterben einer Spezies zu verstehen.« Parallel dazu ruft »Care for the Uncared« eine Bitcoin-Plattform ins Leben, um Spenden zu sammeln.

In Kombination mit dem Internet der Dinge, das, wie wir oben gesehen haben, aus miteinander verbundenen Chips und Sensoren aufgebaut ist, können Blockchains auch dabei helfen, die Umwelt zu schützen. Ein wichtiger Vorschlag besteht darin, umweltbewusstes

Verhalten aufseiten der Unternehmen und Individuen zu fördern, indem man ihnen ermöglicht, Emissionszertifikate gegen digitale Tokens zu tauschen, mit denen an einer Börse gehandelt werden kann.

Es gibt noch weitere Möglichkeiten, mithilfe der Blockchain die Umwelt zu schützen – wenn wir lateral denken. So kann die Blockchain Hausbesitzern dabei helfen, überschüssige Solarenergie zu verkaufen ohne die mühseligen Formalitäten, die ein Handel mit lokalen Stromversorgern normalerweise mit sich bringt. Das europäische Start-up »WePower« schlägt vor, mithilfe eines Peer-to-Peer-Netzwerks »diese Energie für jeden handelbar und zugänglich zu machen«, so Ben Schiller im Magazin *Fast Company*. »Es gibt den Menschen größere Kontrolle.« WePower-Mitgründer Nikolaj Martyniuk sagt: »Die zunehmende Dezentralisierung der Energieproduktion wird dazu führen, dass auch das Stromnetz dezentraler wird, und aus der Natur der Blockchain folgt, dass die beiden Entwicklungen Hand in Hand gehen werden.«

»Energi Mine« ist ein weiteres Start-up, das die Blockchain nutzt, um Menschen »Gold Stars« in Form von Tokens zu verleihen, wenn sie ihren CO_2-Fußabdruck reduzieren, etwa indem sie öffentliche Verkehrsmittel benutzen, alte Geräte durch energieeffizientere ersetzen oder ihre Häuser besser isolieren. »Weil die Tokens einen Marktwert besitzen, können sie eingelöst werden, um die Stromrechnung zu bezahlen oder Elektrofahrzeuge zu laden. Oder man tauscht sie gegen ›normales‹ (nichtdigitales) Geld«, berichtet *Forbes*. Andere Start-ups erschaffen Blockchains, die Unternehmen helfen, ihre Emissionszertifikate so zu verwalten, dass sie besser verkauft werden können. Emissionszertifikate sind eine Gutschrift für die Reduktion des CO_2-Ausstoßes, doch »ohne universelles Hauptbuch ist es nicht so leicht nachzuvollziehen, wie viel CO_2 man verbraucht hat oder – falls man es ausgleicht – welche Auswirkungen die Reduktionen auf greifbarer Ebene haben«, sagt Lisa Walker, CEO von

Ecosphere+. Konsumenten wären so in der Lage, die Konsequenzen ihrer Entscheidungen für die Umwelt besser zu verstehen. »Mit Millionen von Kleinsttransaktionen, die zusammen eine gewaltige kollektive Wirkung entfalten«, sagt Walker, könne die Blockchain einen wertvollen Beitrag zur Verlangsamung des Klimawandels leisten.

Doch hat der Einsatz von Informationstechnologien zur Rettung des Planeten auch seine Schattenseite. Es stellt sich nämlich heraus, dass diese Technologien selbst den Klimawandel mit herbeiführen. Laut einem Bericht des Wissenschaftsjournals *Nature* deutet alles darauf hin, dass bis 2030 mehr als 20 Prozent des Stromverbrauchs darauf verwendet werden, die Informations- und Telekommunikationsinfrastruktur mit Energie zu versorgen. »Rechenzentren verursachen etwa 0,3 Prozent aller CO_2-Emissionen, wobei die Gesamtheit aller Informations- und Telekommunikationstechnologien – zu der nach einer allgemein üblichen Definition auch persönliche digitale Geräte, Mobilfunknetze und Fernseher gehören – für mehr als 2 Prozent der weltweiten Emissionen verantwortlich zeichnet. Damit liegt der CO_2-Fußabdruck der Informations- und Telekommunikationsbranche gleichauf mit den Treibstoffemissionen in der Luftfahrtindustrie.« Und dabei ist der zu erwartende Anstieg des Handels mit Kryptowährungen, der extrem viel Energie verbraucht, noch nicht mit eingerechnet. »Wir sind eine äußerst datenhungrige Gesellschaft, wir nutzen immer mehr Daten, und sie alle benötigen mehr und mehr Energie.« Über ein Drittel des Datenverkehrs in den Vereinigten Staaten hängt mit dem Streamingdienst Netflix zusammen, und ein ähnlich großer Anteil mit dem Teilen hochauflösender Fotos. Der CO_2-Fußabdruck kann nur dann verkleinert werden, wenn es eine Verpflichtung zu grüner Energie gibt. Immerhin betreiben die größten Digitalunternehmen in den Vereinigten Staaten ihre Rechenzentren mit Solarenergie und Windkraft. In China ist dies bislang jedoch noch nicht der Fall.

Werden Tokens das Bankwesen zerstören (und andere Branchen gleich mit)?

»Das Silicon Valley ist uns auf den Fersen«, schrieb Jamie Dimon in seiner jährlichen Mitteilung an die Aktionäre von JPMorgan Chase. »Dort gibt es Hunderte von Start-ups mit jeder Menge Ideen und Geld, die an mehreren Alternativen zum traditionellen Bankwesen arbeiten.« Millionen von Arbeitsplätzen im Bankensektor stünden wegen der Automatisierung und der Verwendung der Blockchain auf dem Spiel. »Da Computer immer schlauer werden, brauchen wir Menschen als Mittler nicht mehr«, argumentiert Amy Webb, Gründerin des Future Today Institute. »Berufe, in denen zuallererst Transaktionen ausgeführt werden, müssen den Maschinen weichen – das steht außer Frage. Und es wird schnell passieren.« Experten gehen davon aus, dass von den Banken, Bankgeschäften und Bankangestellten unserer Tage nur *eine* Gruppe die Blockchain-Revolution überleben wird: Bankhäuser sind gefährdet, weil die Blockchain-Technologie heute schon in ihren Hinterstübchen bereitsteht und jüngere Generationen lieber Apps verwenden. Die Arbeit von Bankangestellten kann robotisiert werden, wie der Trend zum »Robo-Advisor« bezeugt. Bankgeschäfte dagegen wird es auch weiterhin geben – allerdings lassen sie sich in Zukunft ohne Banken und Bankangestellte abwickeln.

Die Blockchain wird den Arbeitsmarkt so tiefgreifend verändern wie die Robotertechnik, die wir in Kapitel 6 betrachtet haben, und zwar genau deshalb, weil sie die Regeln des Spiels verändert. Historisch betrachtet hat der liberale Kapitalismus, der ja auf dem Vertragsrecht und auf Protokollen gründet, vielen verschiedenen Beschäftigungsformen zum Aufstieg verholfen, in denen Zwischenhändler die unterschiedlichen Aspekte wirtschaftlicher und finanzieller Transaktionen wie Handel, Abrechnung, Überprüfung, Vollzug, Vergleich und Dokumentation abdecken. In diesen Berufen sind zig Millionen Menschen weltweit beschäftigt. Eine dezentralisierte, öffentliche und auf viele User verteilte Blockchain, die online und für jeden zugänglich ist, würde vielen dieser Zwischenhändler ein Ende bereiten, einfach indem sie sie umgeht.

Blockchain-basierte Smart Contracts könnten sehr viele Anwälte und Buchhalter überflüssig machen. Die Anzahl der Einschreibungen in den juristischen Fakultäten amerikanischer Unis sind seit 2010 um 29 Prozent gesunken. Dies liegt zum Teil daran, dass die »Discovery«, das förmliche Beweisverfahren im US-amerikanischen Prozessrecht, das traditionell von Berufsanfängern geführt wurde, mittlerweile von künstlicher Intelligenz erledigt wird, was wiederum ein Überangebot an verfügbaren Rechtsanwälten zur Folge hat. Smart Contracts könnten womöglich noch weitere Bereiche des juristischen Arbeitsmarktes übernehmen, wenngleich nicht alle Experten diese Vorhersage teilen. »Ihr Rechtsanwälte fürchtet, euren Job an Roboter zu verlieren. Dabei macht ihr doch eigentlich genau das Gegenteil von dem, was Smart Contracts tun«, sagt etwa Nick Szabo, Mitgründer von Global Financial Access. »Smart Contracts ermöglichen zumeist Dinge, die noch nie zuvor gemacht wurden.« Seiner Ansicht nach ist »traditionelles Recht manuell, lokal und oft ungewiss«, während »öffentliche Blockchains in ihren Verfahren automatisiert, global und vorhersehbar sind«.

Buchhaltungsjobs werden von der Blockchain schwer getroffen werden. Laut dem Online-Portal Statista waren in den Vereinigten Staaten im Jahr 2018 ungefähr 1,3 Millionen Menschen in der Buchhaltung oder Rechnungsprüfung beschäftigt. Einige der einfacheren Dienstleistungen wie Kontoabstimmungen, Bestätigungen, Forderungen und Verbindlichkeiten könnten genauso gut von der Blockchain wie von Menschen ausgeführt werden. Andere Aufgaben wie Rechnungsprüfungen, Beglaubigungen und Steuerberichte könnten mithilfe der Blockchain womöglich effizienter erstellt werden, doch hierfür wird man weiterhin Buchhalter und Prüfer benötigen. Die »Blockchain ist ein Thema, das unter Buchhaltungsprofis zu gleichen Teilen Furcht und Begeisterung auslöst«, beobachtete das Fachmagazin *Accounting Today*, »doch das Thema muss keine Unbekannte bleiben«.

Die Blockchain wird die Welt von 2030 verändern, weil sie viele Register abschaffen und eine gewaltige Menge an Papierarbeit beseitigen wird.

Eine Zukunft voller Blockchains und Kryptowährungen?

Alles begann damit, dass Geld in verschlüsselte Tokens verwandelt wurde. So wichtig digitale Währungen im Jahr 2030 auch sein werden, so faszinierend sind die möglichen Anwendungen der Blockchain in so unterschiedlichen Bereichen wie Altersvorsorge, geistiges Eigentum, Handelstransaktionen, Fälschungssicherheit, Waffenkontrolle, Armutsbekämpfung und Umweltschutz, um nur einige wenige zu nennen. Sie alle sind Produkte lateralen Denkens. Ich glaube, Kryptowährungen werden die Phantasie vieler Nutzer – und womöglich Regulierungsbehörden – nur dann auf Dauer anregen, wenn sie die Art und Weise verändern, wie wir über Geld denken und wie wir es verwenden, wenn sie neue Horizonte und Möglichkeiten eröffnen, die nicht nur der Geschäftswelt dienen und der Verwaltung unserer persönlichen Finanzen, sondern unser Leben besser machen. Wenn digitale Währungen einfach nur Bargeld ersetzen, werden wir womöglich enttäuscht sein. Doch wenn wir die hohen Kosten senken könnten, die das Jonglieren mit Geld mit sich bringt, und Anreize für Individuen schaffen könnten, Ressourcen zu schonen oder ihren CO_2-Fußabdruck zu verkleinern, könnten wir Zeugen einer tektonischen Verschiebung in der Finanzwelt werden – und gleichzeitig den Planeten retten. Der Trick wird darin bestehen, die Verwendung von Kryptowährungen an wünschenswerte Verhaltensänderungen zu knüpfen. Ihr Gebrauch sollte nicht nur langfristige Vorteile für die gesamte Weltgemeinschaft nach sich ziehen (Verringerung der CO_2-Emissionen), er muss auch direkte Vorteile für den einzelnen Verbraucher haben (einfache Anwendung oder geringere Kosten pro Transaktion). So sollten zum Beispiel die Zinsen, die ich für meine Anteile an Kryptowährungen erhalte, höher sein, wenn ich weniger verschwenderisch mit meinem Essen und meiner Kleidung umgehe, etwa indem ich diese Güter auf digitalen Plattformen teile.

In den vorangegangenen Kapiteln habe ich zu zeigen versucht, wie die demographischen, geopolitischen und technologischen Kräfte einzeln und zusammen wirken bei den heute schon zu beobachtenden Trends, die unsere nahe Zukunft bestimmen werden. Wie diese Trends sich im Einzelnen entwickeln, hängt entscheidend davon ab, wie wir mit diesen verschiedenen Kräften umgehen.

SCHLUSS

Laterale Tipps und Tricks, um 2030 zu überleben

»Wenn du Trends bekämpfst, kämpfst du vermutlich gegen die Zukunft. Nimm sie an, und du hast Rückenwind.«

Jeff Bezos, Gründer von Amazon

Im Jahr 2019 verblüffte ein Wissenschaftsteam die Welt, als es bekanntgab, dass es den ersten fotografischen Beweis eines schwarzen Lochs erbracht habe, mehr als hundert Jahre, nachdem Einstein 1915 seine allgemeine Relativitätstheorie vorgestellt hatte. Der »Schnappschuss« war eigentlich ein zusammengesetztes Bild, das aus Myriaden von Fotos bestand, die innerhalb von vier Tagen von einem internationalen Netzwerk mit acht Radioteleskopen aufgenommen worden waren. »Wir haben etwas gesehen, von dem wir glaubten, dass man es nicht sehen kann«, verkündete Sheperd Doeleman, der Astrophysiker, der das Projekt leitete.

Das Unsichtbare sichtbar machen war auch meine Mission in diesem Buch – ein Versuch, das metaphorische schwarze Loch einer heraufziehenden Welt in den Blick zu bekommen, die aus dem demographischen Wandel, der Erderwärmung, der technologischen Revolution und einer geopolitischen Unordnung neu entsteht.

Ist das Ende nah?

Niemand von uns kann die Zukunft vorhersagen, doch wir können uns ihr klug annähern. Dafür müssen wir konsequent lateral denken. Die folgenden sieben Grundsätze zeigen, wie das geht. Ich werde anschließend detailliert auf jeden einzelnen eingehen.

1. Verliere das Ufer aus den Augen.
2. Diversifiziere mit einem Ziel.
3. Fange klein an, um erfolgreich zu sein.
4. Antizipiere die Sackgassen.
5. Bekämpfe Ungewissheiten mit Optimismus.
6. Habe keine Angst vor Knappheit.
7. Schwimme mit dem Strom.

Verliere das Ufer aus den Augen

»Du kannst nicht zu neuen Horizonten aufbrechen«, schrieb William Faulkner, »bevor du nicht den Mut aufbringst, das Ufer aus den Augen zu verlieren.« Angst vor dem Unbekannten hält viele Menschen davon ab, die Chancen jener massiven Veränderungen zu nutzen, die im Jahr 2030 und darüber hinaus auf uns warten. Lassen Sie mich diese Einsicht anhand der spanischen Eroberung Mexikos, einer der gefährlichsten und kühnsten Unternehmungen aller Zeiten, erläutern. Nachdem Hernán Cortés 1519 bei Veracruz von Bord ging, um seinen Weg in die Aztekenhauptstadt Tenochtitlán anzutreten, befahl er, seine elf Schiffe zu versenken. Er wollte einem seiner Soldaten zufolge sicherstellen, dass keiner seiner 200 Männer versuchen würde, nach Kuba zurückzukehren. Er wollte, dass sie »sich auf ihre Kampfkünste und tapferen Herzen« verließen.

Der Soldat und Chronist hieß Bernal Díaz del Castillo und war nicht weit von meiner Geburtsstadt im Nordwesten Spaniens geboren worden. Er ging 1514 mit achtzehn Jahren nach Amerika und schrieb sein Leben lang über seine vielen Abenteuer. Sein Bericht zeigt, wie Cortés trotz dürftiger Kenntnisse sowohl der geographischen als auch der politischen Landschaft Männer um sich scharte, um mit ihnen alle Herausforderungen zu meistern. Cortés missachtete den Befehl von Diego Velázquez de Cuéllar, des Gouverneurs von Kuba, umzukehren und sich in Sicherheit zu bringen. Velázquez »sandte zwei seiner Diener aufs eiligste mit Vollmacht und Befehl, um Cortés' Ernennung zum Generalkapitän zu widerrufen und ihm die Flotte abzunehmen«, so der Bericht des Díaz del Castillo.

Doch Cortés war kein Narr, er war alles andere als verrückt. Er spielte einfach immer mit lateralen Handlungsmöglichkeiten, die es ihm ermöglichten, im Falle eines Scheiterns alle Spuren zu verwischen: »Dieser Gedanke, unsere Flotte zu zerstören«, schrieb Díaz del Castillo, »war von Cortés selbst ausgegangen.« Er habe »uns nur vorgeschoben, um, wenn einst die Bezahlung der Schiffe von ihm verlangt werden sollte, die Sache von sich abwälzen und sagen zu können, dass alles auf unser eigenes Verlangen geschehen sei und wir samt und sonders mitbezahlen müssten«.

Und die Rechnung ging auf. Cortés erreichte Tenochtitlán am 8. November 1519, fast ein Jahr, nachdem er von Kuba losgesegelt war. Nach einer Reihe von Scharmützeln, Täuschungsmanövern und Intrigen kam es zu einem Ausbruch der Pocken. Sie brachten das Aztekenreich 1521 zum Einsturz.

Bevölkerungswachstum in Afrika, Immigration, Automatisierung und Kryptowährungen kommen den meisten von uns wie heimtückische Entwicklungen vor, die voller Herausforderungen und Bedrohungen stecken. Mögen auch einige dieser Bedenken nicht unbegründet sein, so verhindert Angst doch eher die Anpassung an die neuen Umstände. Cortés hat uns gezeigt, wie man diese Angst überwindet, indem man nach vorne blickt und dabei die Küste aus den Augen verliert. Statt zu überlegen, dass Immigranten mit Einheimischen um die wenigen Jobs wetteifern, können wir mit einer Dosis lateralem Denken erkennen, wie viel Immigranten zu unserer Wirtschaft beitragen. Statt pessimistisch auf die Zukunft Afrikas zu blicken, könnten wir uns mit Afrikanern zusammentun und die 450 Millionen Kinder ausbilden, die geboren sein werden, noch bevor das Jahrzehnt zu Ende geht. Die Kräfte hinter der Automatisierung und den Kryptowährungen scheinen überwältigend, doch vielleicht können wir die Realität technologischer Disruptionen akzeptieren, Innovationen annehmen und sicherstellen, dass niemand zurückbleibt.

Diversifiziere mit einem Ziel

Inmitten von Unsicherheit bringt die Angst Menschen dazu, sich zu diversifizieren – ihr Ausgeliefertsein an die wahrgenommene Bedrohung auf mehrere Bereiche zu verteilen. Sie befolgen damit den alten Börsenspruch, wonach man nicht alle Eier in einen einzigen Korb legen solle. Investoren, Manager und alle, die das Glück haben, Rentenfonds zu besitzen, befolgen diesen Rat, um sicher durch die turbulenten Gewässer eines unsicheren Marktes zu steuern. Doch ist dieses Prinzip auch in vielen anderen Lebenslagen von Nutzen, solange man bei aller Diversifikation ein Ziel vor Augen behält.

Betrachten wir den Fall von Lego, einem Unternehmen, dessen Produkte Generationen von Kindern und Erwachsenen gleichermaßen fasziniert haben. In den neunziger Jahren wurde das Familienunternehmen mit Hauptsitz in einer beschaulichen dänischen Kleinstadt durch den Erfolg von Videospielen und anderem elektronischen Spielzeug erschüttert. Es entschied, sich als »Lifestyle«-Unternehmen neu zu erfinden, und verknüpfte die Marke Lego mit Kleidung, Schmuck und Uhren. Es gründete auch eigene Firmen für Videospiele und Freizeitparks. Alle Versuche scheiterten kläglich. Im Jahr 2001 wurde schließlich mit Jørgen Vig Knudstorp ein neuer Geschäftsführer ernannt, der einen Kurswechsel »zurück zu den Bausteinen« vornahm, ohne jedoch die Diversifikation aufzugeben – diesmal jedoch mit einem Ziel. Es funktionierte. Der Umsatz ging in einem Maß in die Höhe, dass Lego die Konkurrenten Hasbro und Mattel überholte und zum größten Spielzeugunternehmen der Welt aufstieg. Man taufte die Marke »Apple für Spielzeug«. Was genau hatte sich geändert?

Eine Diversifikation scheitert, wenn man dabei das eigene Publikum aus den Augen verliert – und das, was einem ursprünglich den Wettbewerbsvorteil eingebracht hatte. Im Jahr 1932 gegründet, begann Lego 1949 mit der Herstellung seiner charakteristischen Plastikbausteine, nachdem Godtfred Kirk Christiansen, der Sohn des Gründers, einen bereits existierenden »selbstklemmenden Baustein« verbesserte. Das Unternehmen meldete für sein Spielzeug 1958 das US-Patent an. Die Grundidee lautete: Kompatibilität. »Vor Lego gab es kein Spielsystem, in dem die einzelnen Teile so gut zusammenpassten«, schreibt der Mathematiklehrer, Autor und Lego-Fan Will Reed. »Die Vielseitigkeit dieses Systems erlaubt es dem Benutzer, so ziemlich alles zu bauen, was er sich erträumen kann: Dinosaurier, Autos, Gebäude, sogar Dinge, die nur in der Welt von morgen existieren.« Die Idee erwies sich als äußerst dynamisch. »Nur sechs Steine ergeben 915 Millionen potenzielle Kombinationen«, schrieb David Robertson in *Das Imperium der Steine. Wie LEGO den Kampf ums Kinderzimmer gewann*. Lego definierte Spielzeug und Spiele neu. »Es geht um Problemlösungen. Es geht um das Zusammenspiel. Es geht darum, Fertigkeiten zu erlernen, die Kindern helfen, stärker und erfolgreicher in die Welt zu gehen«, sagt Julia Goldin, die Marketing-Chefin des Unternehmens. »Wir glauben, dass wir im Hinblick auf ihre Entwicklung eine gewichtige Rolle im Leben von Kindern spielen.«

Lego verstand, dass die Formel für nachhaltigen Erfolg darin bestand, die Kluft zwischen den Generationen zu schließen. Dies ist mit Blick auf das Jahr 2030 eine entscheidende Erkenntnis. Das Unternehmen setzte auf zusammenbaubare Actionhelden, Brettspiele sowie Familienfilme und -serien wie *The LEGO Movie, The LEGO Batman Movie* und *LEGO Ninjago Movie*. »Unabhängig von Alter oder Fähigkeiten kann jeder Lego-Teile in die Hand nehmen und seiner Phantasie freien Lauf lassen«, beobachtet John Hanlon, ein Fernsehproduzent, der 2011 mit seinem Bruder einen Lego-Kanal auf Youtube startete. »Lego bringt die Jungen und Alten zu einem erholsamen, nichtelektronischen Vergnügen zusammen.«

Doch gibt es noch eine andere Art, uns zielgerecht zu diversifizieren, die vielleicht noch wichtiger ist, wenn wir nach 2030 erfolgreich sein wollen. »Ideen sind wie Kaninchen«, schrieb John Steinbeck. »Man bekommt zwei und kümmert sich um sie, und sehr bald schon hat man ein ganzes Dutzend.« So gesehen hatte Legos mutigste Diversifizierung mit seinen Inspirationsquellen zu tun – etwas, worauf wir uns in Zukunft alle beziehen sollten. In den Online-Foren des Unternehmens tummelt sich fast eine Million Erwachsene. Damit hat Lego die digitale Revolution im eigenen Unternehmen verankert – indem man Nutzer miteinbezieht, statt einfach nur das Produkt zu verändern. Lego verlässt sich auf »die Weisheit der Vielen«, um einen Buchtitel des Bestseller-Autors James Surowiecki zu zitieren. »Wenn Sie in einer Welt agieren wollen, die ständig im Umbruch ist«, sagt Lars Silberbauer, bis 2018 Leiter der Social-Media- und Video-Abteilung von Lego, »benötigen Sie viele unterschiedliche Sichtweisen auf das, was Sie gerade tun.« Das Unternehmen hat eine Form des Crowdsourcing etabliert, die es seinem Stammpublikum erlaubt, seine eigenen Wünsche und Bedürfnisse zu definieren.

Um das Jahr 2030 zu meistern, müssen wir uns für eine Vielfalt an neuen Ideen öffnen. Es ist einfach irreführend zu glauben, dass wir mithilfe unserer lange gehegten Glaubenssätze und Herangehensweisen gut mit den Auswirkungen einer substantiell höheren Lebenserwartung, einer alternden Bevölkerung und mit künstlicher Intelligenz zurechtkommen werden. Wenn so viele bewegliche Bauteile in der Welt sind, bedeutet »lange erprobt« nichts anderes als »überholt«. Daher ist es notwendig, frische Ideen willkommen zu heißen, etwa in Bezug auf die Frage, wie man im Zeitalter der Smart Machines den Ruhestand anders definiert oder neue Arbeitsplätze erfindet.

Fange klein an, um erfolgreich zu sein

Ebenso kontraproduktiv ist es, im Zusammenhang mit massiven Veränderungen anzunehmen, dass Erfolge nur dann zu erreichen sind, wenn man große Schritte unternimmt. Denn sobald wir von Angst getrieben sind, neigen wir zu Übertreibungen. Apple – das weltweit erste Unternehmen, das einen Marktwert von einer Trillion US-Dollar erreicht hat – zeigt, dass es weitaus besser ist, bescheiden anzufangen und sich mit kleinen Ideen, schrittweise und mithilfe lateralen Denkens kontinuierlich weiterzuentwickeln, statt gleich im ersten Anlauf den großen Wurf zu versuchen. Apple ist das Unternehmen, das von der Datenverarbeitung und Telekommunikation bis zur Musik und Unterhaltung alles aufgemischt und uns jede Menge Geräte beschert hat, ohne die wir heute nicht mehr auskommen können oder wollen. Und doch basiert Apples Herangehensweise auf kleinen, schrittweisen Veränderungen bereits existierender Produkte und Dienstleistungen. Auf dem Apple Campus war man immer schon auf der Suche nach neuen Kombinationen, Permutationen und lateralen Verbindungen. In einem Aufsatz im *New Yorker* mit dem Titel »The Tweaker« (Deutsch etwa: »Der Optimierer«) beschäftigt sich Malcolm Gladwell mit Walter Isaacsons Steve-Jobs-Biographie und bemerkt, dass Jobs weder den MP3-Player noch das Smartphone noch das Tablet erfunden habe. Stattdessen habe er alle diese Produkte besser gemacht und »zwang Entwickler, eine andere Version auszuprobieren, und dann noch eine, insgesamt etwa zwanzig Durchläufe, wobei er auf eine winzige Anpassung nach der anderen bestand«. Apple verspricht seinen Kunden im Wesentlichen, dass sich seine Produkte mit der Zeit fortwährend verbessern. Alle diese kleinen Fortschritte entstehen nicht nach dem einen großen Plan, sondern werden durch Antizipation neuer Markt- und Technologie-Trends sowie die Rückmeldungen der Kunden erzielt. Das Ganze ähnelt einer Feedback-Schleife, die unaufhörlich zwischen Design und Realität verläuft. Jobs wusste, dass man in einer sich rapide verändernden Landschaft nicht dann am besten zurechtkommt, wenn man jeden einzelnen Schritt im Voraus plant, sondern wenn man sein Augenmerk darauf richtet, wie man Dinge unterwegs besser machen kann.

Der schrittweise Ansatz kann nur funktionieren, wenn wir immer dann, wenn wir uns geirrt haben, zu Veränderungen bereit sind. Halten Sie also Ausschau nach jenen Rückmeldungen, die nicht einfach nur Ihre Sicht auf die Realität bestätigen. Nehmen Sie sie ernst und ändern Sie Ihren Kurs dementsprechend. Man nennt das in der wissenschaftlichen Statistik die Anpassung der Apriori-Annahme oder des »Priors«. Dazu muss man bereit sein, neue, abweichende Informationen aufzunehmen, während man voranschreitet.

Bedenken Sie, wie problematisch es ist, immer nur stur denselben Pfad weiterzugehen, selbst wenn längst feststeht, dass das, was Sie tun, nicht funktioniert. Diese nicht sehr hilfreiche Vorgehensweise nennt man »eskalierendes Commitment«, ein Begriff, den der Berkeley-Psychologe Barry Staw geprägt hat. Vereinfacht gesagt bedeutet er, dass man, konfrontiert mit negativen Ergebnissen, dazu neigt, die eigenen Anstrengungen noch zu verdoppeln – begleitet von falschem Zweckoptimismus und / oder Selbstrechtfertigungen –, obwohl dies nur zu weiteren negativen Ergebnissen führt. Die Möglichkeit, den Kurs zu ändern und so ein wünschenswertes Ergebnis zu erzielen, kommt einem nicht einmal in den Sinn, man ist auf diesem Auge vollständig blind.

Ein gutes Beispiel für die Gefahren eines eskalierenden Commitments ohne Kurswechsel ist die lange Reihe der gescheiterten Interventionen in Afghanistan. Briten, Sowjets und Amerikaner, sie alle erhöhten pausenlos ihren Einsatz in diesem riesigen und zerklüfteten zentralasiatischen Land, trotz der Warnung eines militärischen Genies wie Duke Wellington, der Napoleon bei Waterloo besiegte und damit die einzigartige Karriere des Franzosen beendete. Wellington verkündete bereits zu Anfang des neunzehnten Jahrhunderts, in Afghanistan würde »eine kleine Armee ausgelöscht und eine große verhungern«. Jede spätere Armee, die in Afghanistan einmarschierte, ignorierte die warnenden Worte. Je länger sich die Kriege hinzogen, ohne dass ein Ende abzusehen wäre, desto mehr Truppen schickten die Invasoren ins Land, aber vergeblich. Keiner äußeren Macht gelang es je, Afghanistan zu bezwingen, weil alle stur an ihrer wenig gewinnversprechenden Vorgehensweise festhielten. Die Generäle begingen einen der einfachsten Fehler, die ein Spieler im Casino begehen kann: Sie dachten, wenn sie nur immer so weiter machten, müsste die anhaltende Pechsträhne doch irgendwann enden. Doch selbst wenn man am Roulettetisch bereits zehnmal hintereinander gegen Rot verloren hat, gibt es keine Garantie, dass die Kugel beim elften Mal auf Rot liegen bleiben wird. Mit dem Jahr 2030 vor Augen sollten Sie nicht erwarten, dass ein eskalierendes Commitment Sie ans Ziel bringt. Massive Veränderungen verlangen eine schrittweise Anpassung und keinen Starrsinn.

Antizipiere die Sackgassen

Laterale Bewegungen und schrittweise Kurskorrekturen sind unmöglich, wenn Sie sich in einer Sackgasse befinden und auf eine Wand zulaufen – eine Situation, die tendenziell Angst auslöst. Indem Sie sich Ihre Optionen offenhalten, stellen Sie sicher, dass Sie sich anpassen können, sobald die Spielregeln sich ändern. Dieses

Prinzip verstößt gegen gängige Leadership-Theorien und -Praktiken. Unzählige Bücher mit alltagstauglichen Ratschlägen sind ebenfalls anderer Meinung. So lautete etwa die Titelzeile eines Artikels im Magazin *Fast Company* von 2011: »Warum es eine wirklich sehr, sehr schlechte Idee ist, sich seine Optionen offen zu halten«. Ich behaupte im Gegenteil, sich seine Optionen offen zu halten, ist eine sehr, sehr gute Idee. Denn was passiert, wenn Sie in eine Situation geraten, in der Sie *alles* in Frage stellen müssen? Was, wenn Sie nicht sicher sind, was massive demographische, wirtschaftliche und technologische Veränderungen mit sich bringen? Ist es nicht vernünftig, sich seine Optionen zu bewahren, wenn man nichts für bare Münze nehmen kann, wenn Sie keine sicheren Annahmen über den künftigen Zustand der Welt mehr machen können? Wäre es Ihnen nicht lieber, Sie könnten die Richtung ändern, wenn sich Ihre Prioren über die Zukunft als falsch erweisen?

Die Idee, dass zu viele Optionen schädlich sein könnten, entspricht den Forschungsergebnissen des Harvard-Professors für Psychologie Dan Gilbert, der gezeigt hat, dass reversible Entscheidungen geringere Grade der Befriedigung zum Ergebnis haben. Anscheinend versuchen Menschen immer herauszufinden, ob sie die richtige Wahl getroffen haben. So vergeuden sie Energie und fragen sich ständig, ob sie noch auf dem richtigen Weg sind.

Es heißt, wer sich seine Optionen offenhält, leiste weniger, weil er sich keiner dieser Optionen wirklich verpflichtet fühle. Aber ist das wirklich so?

Lassen Sie mich die Wirkungsweise des »Denkens in Optionen« mit einem Alltagsbeispiel aus meiner Kindheit erläutern. Meine Familie verbrachte die Sommer meistens im Haus meiner Großeltern. Wenn die Erwachsenen uns alleine im Haus ließen, luden wir unsere Cousinen und Cousins sowie die Kinder aus der Nachbarschaft ein, um mit ihnen Verstecken zu spielen. Um die Sache aufregender zu gestalten, spielten wir im Dunkeln. Dreißig oder vierzig Kinder im Alter zwischen fünf und fünfzehn Jahren machten im Haus die Lichter aus und begannen, sich zu verstecken. Das war sehr gruselig. Doch es gab noch einen weiteren Grund für die Unsicherheit und Angst, die nichts mit der Abwesenheit von Licht zu tun hatte, sondern damit, dass die älteren Kinder einfach die Spielregeln änderten, die jüngeren im ganzen Haus verfolgten und sie zu Tode erschreckten. Die Dunkelheit war schon schlimm, doch jetzt mussten die jüngeren Kinder auch noch ihre Angst vor den Größeren in den Griff bekommen.

Mit begrenztem oder gar keinem Sehvermögen Verstecken zu spielen, ist eine Metapher für die missliche Lage, in der sich viele Menschen befinden, die Angst davor haben, in einer sich rapide verändernden Wirtschaftslage aufzuwachen und unbekannten Bedrohungen hilflos ausgesetzt zu sein. Denken Sie an ein fünfjähriges Kind, das in Panik gerät, weil die älteren es erwischen könnten. Es läuft in ein Zimmer, steuert den Kleiderschrank an und versteckt sich darin. Doch es gibt kein Entkommen, und so wird es von den älteren Kindern gnadenlos durchgekitzelt, es hat keine Chance.

Nehmen wir nun an, das kleine Kind bittet einen McKinsey-Berater um Rat, wie es dieses Schicksal vermeiden könnte. Welches Vorgehen würde er wohl vorschlagen?

Nun, es gibt mehrere Dinge, die die Situation des Kinders verbessern könnten. Der erste Schritt bestünde darin, statt in ein kleines Zimmer in ein großes zu flüchten, am besten in eines mit mehr als einer Tür. In einem zweiten Schritt sollte es die Türen offenhalten und sich so hinstellen, dass die Abstände zu den verschiedenen Türen gleich groß bleiben. Auf keinen Fall sollte es sich unter einem Tisch oder im Schrank verstecken. Folgt das kleine Kind dieser Entscheidungskette, so wird es die Anzahl seiner Optionen maximieren. Versteckt es sich im Schrank, so würde es seine Optionen auf ein Minimum reduzieren.

Darum geht es, wenn Sie sich Ihre Optionen offenhalten. Treffen

Sie nie Entscheidungen, die Sie ohne jeden Ausweg in eine Ecke drängen. Tun Sie nie etwas, das laterale Bewegungen unmöglich macht. Vermeiden Sie es, Entscheidungen zu fällen, die entweder nicht rückgängig gemacht werden können oder deren Umkehrung zu kostspielig ist. Investieren Sie in echte Optionen, die insofern finanziellen Optionen ähneln, als sie an Wert gewinnen, je größer die drohende Unsicherheit ist.

Lassen wir uns diese Logik von einem echten McKinsey-Berater erklären: »Wirkliche Optionen können wertvoll sein, weil sie Entscheidungsträgern die Möglichkeit geben, die getroffenen Entscheidungen mit der Zeit anzupassen, ohne dass dabei erhebliche irreversible Kosten entstehen«, argumentiert Hugh Courtney, Associate Principal in der Strategieberatung des Unternehmens. Der Trick besteht darin, die »Alles-oder-nichts«- und »Jetzt-oder-nie«-Zwangslagen zu überwinden und zu erkennen, dass es zwischen den Extremen Nichtstun und Ins-kalte-Wasser-Springen noch unzählige Abstufungen gibt. »Optionen bewahren die möglichen Vorteile, die aus größeren Unsicherheiten entstehen, und begrenzen die Nachteile.«

Bekämpfe Ungewissheiten mit Optimismus

»Jeder Tag ist eine neue Gelegenheit«, sagte der legendäre Baseball-Pitcher Bob Feller einmal. »Man kann auf dem Erfolg von gestern aufbauen oder sein Scheitern hinter sich lassen und von neuem anfangen.« Angst vor dem Ungewissen ist ein so elementarer Stressfaktor, dass selbst erfahrene Profisportler vor jedem Wettkampf mit Nervosität und Aufregung zu kämpfen haben.

Angst vor dem Ungewissen kennen wir vor allem als Sorge um unsere Zukunft oder wenn wir das Gefühl haben, die Dinge gleiten uns aus den Händen. Versagensangst bringt uns dazu, lieber Verluste zu meiden, als auf Sieg zu spielen. Dieses Phänomen nennt man, wie wir in Kapitel 1 gesehen haben, »Neigung zur Verlustvermeidung«. Diese Neigung führt, wie gesagt, dazu, dass Menschen lieber Verlusten aus dem Weg gehen, statt gleichwertige Gewinne ins Visier zu nehmen.

Das Fazit lautet, je mehr wir uns auf die Möglichkeiten statt auf die Nachteile konzentrieren, desto größer sind unsere Chancen, mit den Herausforderungen von 2030 zurechtzukommen. Wie Winston Churchill es einmal formuliert hat: »Ein Pessimist sieht die Schwierigkeiten in jeder Möglichkeit, der Optimist sieht die Möglichkeiten in jeder Schwierigkeit.« So mag zum Beispiel der Klimawandel als unlösbares Problem erscheinen, doch beinhaltet jedes Problem eine Möglichkeit zu handeln.

Keine Angst vor Knappheit

Um 2030 werden wir mit einem Mangel an Trinkwasser, sauberer Luft und bewohnbarem Land zu kämpfen haben. Aber vielleicht können wir uns von früheren Generationen und anderen Völkern, die ebenfalls mit Umweltkrisen zu kämpfen hatten, den einen oder anderen lateralen Trick abschauen. Denken wir an das Volk der Rapa Nui von der gleichnamigen Insel, auch bekannt als »Osterinsel«, die zuweilen als abgelegenster Ort der Welt bezeichnet wird. Diese kleine vulkanische Enklave mit einer Oberfläche von 160 Quadratkilometern war einst Heimat einer blühenden Zivilisation, mit eigener Schriftkultur, Kunst, Religion und Politik. Unter anderem errichteten sie mehr als eintausend überlebensgroße, Moai genannte Statuen, von denen die größten mehr als 80 Tonnen wiegen und fast zehn Meter hoch sind.

Die Gesellschaft der Rapa Nui geriet in Auflösung, als die natürlichen Ressourcen auf der Insel mehr oder weniger erschöpft waren – lange bevor 1722 Europäer auf der Insel landeten. »Die Parallelen zwischen der Osterinsel und der heutigen globalen Situation insgesamt liegen auf der Hand«, schreibt Jared Diamond in seinem Buch *Kollaps.* »Die Osterinsel war im Pazifik ebenso isoliert wie die Erde im Weltraum«, ihre Bewohner konnten weder fliehen noch andere um Hilfe bitten. »Aus diesen Gründen sehen viele Menschen im Zusammenbruch der Osterinselgesellschaft eine Metapher, ein Worst-Case-Szenario für das, was uns selbst in Zukunft vielleicht bevorsteht.«

Die herkömmliche Geschichte, wie sie von Diamond und anderen erzählt wird, berichtet von einer extremen Konkurrenzsituation unter einem Dutzend territorialer Clans auf der Insel. »Die Größenzunahme der Statuen lässt auf eine Konkurrenz zwischen den Häuptlingen schließen, die sich mit den in Auftrag gegebenen Bildwerken übertrumpfen wollten. Ich kann mich des Eindrucks nicht erwehren, dass die Errichtung der Bildwerke ein Ausdruck von Prahlerei war.« Diamond beschreibt in seinem Buch das Bevölkerungswachstum und die wettbewerbsmäßig betriebene Herstellung der Moai, gefolgt von Waldrodungen zum Zweck einer intensiven Landwirtschaft, aber auch für den Transport der Statuen, den Verlust der Biodiversität und die abnehmende Nahrungsmittelproduktion, was zusammen schließlich »zu einer Hungersnot, einem drastischen Bevölkerungsrückgang und zu Kannibalismus« führte.

Der Anthropologe Terry Hunt und der Archäologe Carl Lipo erzählen in ihrem Buch *The Statues that Walked* eine andere Geschichte. »Es war kein rücksichtsloser Moai-Wahn, der die Wälder der Insel vernichtete und das ökologische Gleichgewicht in Richtung Katastrophe kippte.« Die Wälder wurden nicht von Menschen zerstört, sondern vor allem von den Ratten, die mit den Rapa Nui gekommen waren, als sie die kleine Insel kolonisierten. Die Inselbewohner bekämpften sich auch nicht, denn weder hat man Waffen auf der Insel gefunden noch etwaige versehrte Skelette. Stattdessen befassten sich die Menschen mit lateralen Innovationen, um eine wachsende Bevölkerung auf diesem kargen Eiland zu ernähren.

»Nach und nach wurde die Insel in eine endlose Reihe von Gärten verwandelt« – insgesamt etwa 2500, die durch schützende Steinmauern eingehegt wurden.

Egal, welche Version Ihnen eher zusagt, entscheidend ist es hier, zu verstehen, dass diese Steinzeitzivilisation zunächst einmal nicht deshalb aufblühte, weil sie reichlich Zugang zu Rohstoffen hatte, denn den hatte sie nie. Hunt und Lipo schreiben: »Die Geschichte von Rapa Nui handelt nicht von einem ökologischen Selbstmord, sondern von Beharrlichkeit und Resilienz, und die Inselbewohner entschieden sich für eine innovative Herangehensweise.« Das wahre Rätsel war also nicht, warum diese polynesische Gesellschaft kollabierte, sondern wie sie es schaffte, sich über Hunderte von Jahren so gut auf einer kleinen Insel zu halten, der es an wichtigen natürlichen Ressourcen fehlte.

Die Innovationsfähigkeit der Menschen von Rapa Nui zeigt sich am besten anhand der Techniken, die hinter dem Entwurf und Transport der massiven Moai – ohne Räder oder Zugtiere – steckten. Experimentelle Forschungen deuten darauf hin, dass Teams von weniger als zwanzig Menschen die Statuen meilenweit vom einzigen Steinbruch der Insel aus auf sorgfältig erbauten Straßen aufrecht »laufen« ließen. Sie benutzten Seile, mit denen sie die tonnenschweren Monolithen wie auf den Kopf gestellte Pendel hin- und herschaukelten und so gleichzeitig vorwärtsbewegten. Aller Wahrscheinlichkeit nach benutzten sie keine hölzernen Rollen, Schlitten oder andere Hilfsmittel.

Es überrascht nicht, dass die Erderwärmung gegenwärtig die größte Gefahr für das kulturelle Erbe der Rapa Nui darstellt. Die Moai, die auf Plattformen in Ufernähe stehen, könnten mit Anstieg des Meeresspiegels überflutet werden. »Man spürt hier die Ohnmacht, die Gebeine der eigenen Vorfahren nicht beschützen zu können«, sagt Camilo Rapu, Vorsitzender der indigenen Organisation, die den Nationalpark Rapa Nui verwaltet. »Das tut weh.«

Doch Sebastián Paoa, Leiter der Planungsabteilung, ist vorsichtig optimistisch. »Sie wussten, dass ihre Welt auseinanderbrach, doch das hielt sie nicht davon ab, ums Überleben zu kämpfen«, sagte er. »Es ist wie heute mit dem Klimawandel.« Global bedeutet die gegenwärtige Klimakrise, dass wir mit weniger Rohstoffen auskommen und unsere Abgasemissionen reduzieren müssen, obwohl der Konsum der Mittelschichten in den Städten weiterhin wächst.

Vielleicht kommen der Archäologe Paul Bahn und der Botaniker John Flenley der Wahrheit am nächsten, wenn sie schreiben, dass die Geschichte Rapa Nuis eine doppelte Botschaft enthält. »Sie enthält eine Lektion für unseren Planeten, gibt jedoch zur gleichen Zeit ein hoffnungsfrohes Beispiel für die Fähigkeit von Menschen, Innovationen voranzubringen und Widrigkeiten zu überwinden. Den Inselbewohnern gelang es, sich recht erfolgreich an neue Gegebenheiten anzupassen.« Die Lehre der Rapa Nui hat Bahn und Flenley zufolge nichts mit ihrem Untergang zu tun, sondern mit der Tatsache, dass »ein Jahrtausend lang Frieden auf der Insel geherrscht zu haben scheint«. Dem Anthropologen Dale Simpson jr. zufolge schienen die unterschiedlichen Clans weder miteinander in Konkurrenz gestanden noch Konflikte ausgetragen zu haben. Stattdessen deuten »die minimalen Ressourcen und der maximale Gebrauch, der von ihnen gemacht wurde, auf eine dauerhafte Form der Zusammenarbeit hin«. Die territorialen Clans haben ihre Ressourcen offenbar je nach Bedarf geteilt. »Ich glaube, dies widerspricht dem Kollapsmodell, das davon ausgeht, dass sie miteinander wetteiferten, wer die größeren Statuen baut«, argumentiert Simpson.

In ihrem Überlebenskampf gingen die Rapa Nui so weit, dass sie ihre rituelle Praxis veränderten – etwas, das womöglich auch wir tun müssen. Sie wechselten von »einer Religion, in der die Vorfahren als Göttern verehrt wurden (ein typisch polynesisches Muster), zu einer einzigen Gottheit, dem Schöpfergott Make Make, wobei sich die meisten Rituale und Zeremonien um Fruchtbarkeit und

Wohlstand drehten«. Zur neuen kulturellen Praxis gehörte auch ein jährlich stattfindender Wettbewerb, ein »rituelles Rennen nach dem ersten Ei«, um den »Vogelmann« zu bestimmen, der im kommenden Jahr herrschen würde. Eine ziemlich friedfertige und doch effektive Möglichkeit, um mit einer knapper werdenden Rohstoffbasis zurechtzukommen. Folglich hatten die Inselbewohner also bereits lange vor Ankunft der Europäer damit begonnen, die aufwendige, ressourcenintensive Moai-Produktion einzustellen. »Es wird geschätzt, dass nach 1500 keine oder nur noch sehr wenige von ihnen errichtet wurden.« Der Vogelmann-Wettbewerb war eine Governance-Lösung, um die knappen Ressourcen unter den Clans zu verteilen, jener nicht unähnlich, die Elinor Ostrom verschlug, um die Tragik der Allmende zu überwinden. Vielleicht können wir mit dem Geologen David Bressan schließen, dass das prähistorische Rapa Nui ein Beispiel für eine Gesellschaft ist, »die vieler künftiger Möglichkeiten beraubt war«. Wie unsere eigene.

Während das Jahr 2030 näherrückt, sollte all unser Denken dahingehen, uns durch Innovation und Bewahrung unserer endlichen Ressourcen möglichst viele Optionen offen zu halten. Mit alltäglichen Anpassungen und lateralem Denken werden wir dem Ziel, den Klimawandel und andere globale Bedrohungen aufzuhalten, näherkommen – allerdings nur, wenn wir gleichzeitig umweltfreundlichere Verhaltensweisen praktizieren.

Schwimme mit dem Strom

Die Spielregeln verändern sich ständig. Und solange die einzige mögliche Antwort auf den Wandel der Wandel selbst ist, kann man auf keine – große oder kleine – Transformation erfolgreich reagieren, indem man lediglich versucht, Verluste zu minimieren oder Mängel immer dann zu beseitigen, sobald sie sich zeigen. Das siebte und letzte Prinzip verlangt, dass wir »Surfer« werden und uns so organisieren, dass wir auf den Wellen des demographischen, wirtschaftlichen, kulturellen und technologischen Wandels reiten. In Shakespeares *Julius Caesar* sagt Brutus sehr treffend: »Und [wir] müssen, wenn der Strom uns hebt, ihn nutzen; / Wo nicht, verlieren wir des Zufalls Gunst.«

Wie wichtig es ist, die Welle zu reiten oder mit dem Strom zu schwimmen, zeigt sich auf vielen Gebieten von Wirtschaft und Technik. Wir fragen uns ständig, was wohl die nächste technologische Erneuerung sein wird, was den nächsten großen Hype auslösen wird. Doch die Geschichte der Erfindungen ist voller Beispiele von Ideen, deren Glanzzeit noch nicht gekommen war, weil es keinen Trend gab, der ihnen den nötigen Rückenwind verliehen hätte. Tatsächlich feiern viele Unternehmer Erfolge, indem sie lange vergessene Einsichten oder Erfindungen wiederbeleben, Jahrzehnte oder sogar Jahrhunderte, nachdem sie zuerst entwickelt worden waren. »Wenn man die Technikbranche lange genug beobachtet«, schreiben Ron Miller und Alex Wilhelm im Online-Magazin *TechCrunch*, »kann man sehen, dass oft ein und dieselbe Idee mehrfach verwertet worden ist. Womöglich konnte die Idee sich im ersten Anlauf nicht durchsetzen, weil sie ihrer Zeit voraus war.« Die Firma WebVan etwa scheiterte in den neunziger Jahren im Geschäft mit der Zustellung von Lebensmitteln, zwei Jahrzehnte bevor ein ganzer Strom an Start-ups diese Nische eroberte. Das IBM Simon, ein Smartphone mit Touchscreen, kam 1992, also fünfzehn Jahre vor dem iPhone, auf den Markt. Das Konzept des »Information Rights Management« war bereits geboren, bevor Cloud-Computing Jahre später allgegenwärtig wurde. Microsofts Tablet-PC gab es ein Jahrzehnt vor dem iPad, und PointCast hatte bereits zehn Jahre vor Twitter die Idee, die Zeichenanzahl von Nachrichten stark einzuschränken. »Nur weil eine Idee nicht neu ist, heißt das nicht, dass sie nicht erfolgreich sein könnte«, schließen Miller und Wilhelm. Zu voreilig vorpreschende Unternehmen ermatten oft, während jene, die den richtigen Augenblick abpassen, Erfolg haben. »Man kann einer Idee, deren Zeit gekommen ist, nicht widerstehen«, schrieb uns bereits Victor Hugo ins Stammbuch.

***

Noch ist es nicht zu spät, sich auf das Jahr 2030 vorzubereiten. In einem ersten und unerlässlichen Schritt gilt es zu verstehen, dass die Welt, wie wir sie kennen, noch während unserer Lebenszeit unwiederbringlich verschwinden wird, und zwar höchstwahrscheinlich innerhalb der nächsten zehn Jahre. Dieses Bewusstsein muss dazu führen, überliefertes Wissen infrage zu stellen, statt weiterhin ererbten Annahmen und Denkweisen zu huldigen. Stellen Sie laterale Verbindungen her, indem Sie Ihre Ideen diversifizieren, indem Sie kleine Schritte tun, sich Ihre Optionen offenhalten, nach Gelegenheiten Ausschau halten, Mangel als Anreiz begreifen und die richtigen Strömungen nutzen.

Wir werden den Herausforderungen von 2030 nicht gerecht werden, wenn wir nicht unsere traditionellen Einstellungen verändern – sie sind zu linear und zu vertikal, um uns heute noch weiterzuhelfen. Es ist nicht zu spät, sich auf die vor uns liegenden Transformationen einzustellen. Unsere Bemühungen werden jedoch nur dann von Erfolg gekrönt sein, wenn es uns gelingt, das fragile Gleichgewicht zwischen den sieben lateralen Tipps und Tricks zu bewahren. Und vergessen Sie nicht: Es gibt keinen Weg zurück. Die Welt ist dabei, sich radikal zu verändern, und die Regeln ändern sich mit ihr – für immer.

»Es ist ein großes Spiel – das Streben nach Glück«, schrieb der Dramatiker Eugene O'Neill.

Nehmen Sie 2030 an und ergreifen Sie die Möglichkeiten, die vor Ihnen liegen.

NACHWORT

Wie ein Schwarzer Schwan wie Covid-19 die in *2030* diskutierten Trends beeinflusst

Am 17. November 2019 wurde in der chinesischen Provinz Wuhan der erste Fall von Covid-19, einer Infektionskrankheit, die durch ein neues Coronavirus ausgelöst wird, entdeckt. Bis Mitte März hatte sich der Krankheitserreger über mehr als hundert Länder ausgebreitet, und die Weltgesundheitsorganisation erklärte die Erkrankung zur Pandemie. Beim Schreiben dieses Buches (März 2020) ist das Ausmaß der Pandemie noch nicht vollständig bekannt, doch es werden sich mit Sicherheit Hunderttausende, wenn nicht Millionen von Menschen weltweit anstecken. Schon jetzt haben die Folgen der Pandemie für Verbraucher- und Finanzmärkte Regierungen dazu veranlasst, dramatische fiskalische und geldpolitische Eingriffe vorzunehmen, um den Schaden zu minimieren. Es ist durchaus möglich, dass bei Erscheinen des Buches eine langanhaltende Rezession und ein steiler Anstieg der Arbeitslosigkeit zu unserer globalen Wirklichkeit gehören werden. Wie im Vorwort erwähnt, ist es unmöglich vorherzusagen, was die Zukunft bereithält, doch die Covid-Krise bietet eine einzigartige Fallstudie dazu, wie ein unvorhergesehenes Phänomen mit globalen Folgen die Argumentation auch dieses Buches beeinflusst.

Die meisten Menschen glauben, größere Krisen würden sich störend auf aktuelle Trends auswirken – als gäbe es ein eindeutiges »Vorher« und »Nachher«. Die Corona-Pandemie ist eine solche Krise, doch entgegen der gängigen Meinung wird sie die hier analysierten Trends höchstwahrscheinlich nur vertiefen und beschleunigen und nicht zum Erliegen bringen. Denken wir an die in Kapitel 1 beschriebene Abnahme der Geburtenrate. Es gibt drei Gründe, warum eine Pandemie diesen Trend beschleunigen wird. Erstens verschieben Menschen wichtige Entscheidungen (wie zum Beispiel ein Kind zu bekommen), wenn sie mit Ungewissheiten konfrontiert werden. Zweitens bedeutet es eine finanzielle Verpflichtung, Kinder zu bekommen, und die Gefahr einer Rezession zwingt viele dazu, erneut darüber nachzudenken, ob der Zeitpunkt tatsächlich der richtige ist. Wir haben dies während der Weltwirtschaftskrise der dreißiger Jahre des vergangenen Jahrhunderts und in der Folge der Finanzkrise von 2008 gesehen. Drittens verändern Ereignisse wie Kriege, Naturkatastrophen und Pandemien unseren Alltag komplett. Wir setzen andere Prioritäten, zu denen auch unsere Entscheidung für oder gegen ein Kind zählt.

Auch die unterschiedlichen Erfahrungen der Generationen, die wir in Kapitel 2 vorgestellt haben, folgen einem Trend, der sich noch beschleunigen wird. Zu diesem Zeitpunkt glaubt man, dass das Virus besonders gefährlich für Menschen mit Immunschwächen ist, zu denen viele über Sechzigjährige mit Vorerkrankungen zählen. Das Virus scheint also verschiedene Altersgruppen unterschiedlich zu treffen, was umso besorgniserregender ist, wenn man bedenkt, wie üblich es heute ist, dass die Generationen sich vermischen. Und wenn wir auf die Zukunft von Bevölkerungen und das Älterwerden blicken, wobei Europa und Ostasien vermehrt aus älteren Jahrgängen besteht, während Afrika und Südasien einen Babyboom erleben, wird sich der Anteil Letzterer an der Weltbevölkerung nur noch schneller vergrößern, wenn die internationale Sterblichkeitsrate weiterhin das Tempo beibehält, das wir gegenwärtig beobachten.

Die Krise wird auch den derzeitigen Trend zur Ungleichheit verstärken: Es ist höchst unwahrscheinlich, dass die arbeitenden Armen und vor allem die Obdachlosen Zugang zu einer guten Gesundheitsvorsorge erhalten werden, und ihr Immunsystem könnte aufgrund mangelhafter Ernährung und ungesunder Lebensbedingungen bereits geschädigt sein. Zwar macht das Virus keinen Unterschied nach Einkommen und Krankenversicherung, doch sind die Menschen auf der unteren Stufe der sozioökonomischen Pyramide viel stärker von den Folgen einer Infektion betroffen.

Auch die gravierenden wirtschaftlichen Konsequenzen dieser Krise gilt es zu berücksichtigen. So kommt die Pandemie etwa für viele europäische Staaten, die sich immer noch von der Finanzkrise von 2008 erholen, zum denkbar ungünstigsten Zeitpunkt. Vor allem Italien und Spanien zählen zu den am schwersten betroffenen Ländern, und ihr Handlungsspielraum ist aufgrund eines deutlich unterfinanzierten öffentlichen Dienstes beschränkt. Wie wir in Kapitel 3 gesehen haben, stagniert Europas Mittelschicht im Vergleich zu den Mittelschichten vieler Schwellenländer bereits heute, und dieser Trend wird sich während der Pandemie verstärken. In Ländern wie dem Iran, die ohnehin bereits politisch instabil oder wirtschaftlich angeschlagen sind, wird die Krise zu einem ernsthaften Test für die Führungseliten, da der Druck von allen Seiten durch eine ohnehin bereits verängstigte Bevölkerung noch zunehmen wird.

Als Gesellschaft sind wir im Allgemeinen gut gerüstet, um bekannte Naturkatastrophen wie Erdbeben oder Hurrikans gut zu überstehen. Auf diesem Feld gibt es anerkannte Richtlinien, denen Menschen wie Unternehmen zu folgen haben. Unsere gesamte Infrastruktur, Gewerbe- wie Wohngebäude sind so errichtet, dass sie solchen Katastrophen standhalten. Doch sind wir ausreichend vorbereitet, um auch Pandemien zu trotzen? Allein zwischen 2011 und 2017 hat die WHO 1037 regionale epidemische Ausbrüche festgehalten. Im Allgemeinen sieht sich die Welt alle vierzig bis siebzig Jahre mit einer globalen Pandemie konfrontiert: die dritte Pest-Pandemie von 1855, die Spanische Grippe von 1918/19, die Aids-Pandemie, die in den frühen 1980er Jahren begann, und Covid-19 im Jahr 2020. Bedeutende Erdbeben ereignen sich in ungefähr denselben Abständen: So kam es etwa in der San Francisco Bay Area in den Jahren 1906 und 1989 zu den beiden letzten großen Beben. In Anlehnung an unsere Notfallpläne für Erdbeben sollten sowohl der öffentliche wie der private Sektor Protokolle parat haben, um in dem Augenblick wirksam zu werden, in dem aus einer Epidemie eine Pandemie wird. Die Existenz solcher Protokolle kann dazu beitragen, die Menschen zu beruhigen und eine mögliche Massenhysterie zu verhindern. Hierzu gehört natürlich auch ein Gesundheitssystem, das personell und materiell so gut ausgestattet ist, dass es mit öffentlichen Gesundheitskrisen zurechtkommt und seinen Einsatz entsprechend erhöhen könnte.

Von politischen Entscheidungen einmal abgesehen, sind eigenverantwortliche Lösungen wie Social Distancing und Ausgangsbeschränkungen in dicht besiedelten Gebieten wie Städten (wohin es, wie wir in Kapitel 5 gesehen haben, die meisten Menschen im Jahr 2030 und danach zieht) wichtiger, um die Ausbreitung zu begrenzen. Damit werden gleich mehrere aktuelle Trends weiter verstärkt: Online-Shopping (als Amazon spürte, wie die Nachfrage stieg, stellte das Unternehmen massiv ein und erhöhte für alle Lagerarbeiter den Überstundenlohn), virtuelle Kommunikation (vom Homeoffice bis zu Aufrechterhaltung sozialer Kontakte haben wir fast alle unterschiedliche Telekommunikationsdienste wie Zoom oder WhatsApp ausprobiert, um in Kontakt zu bleiben), digitale Unterhaltung (Produzenten von Filmen, Büchern und Musik etwa werden gezwungen sein, online nach Käufern zu suchen, statt sie in traditionelle Läden zu locken). Die Sharing Economy, ohnehin bereits eine disruptive Macht, wird in der Krise noch weiter an Fahrt gewinnen. Welche

Branchen unter den Folgen leiden (etwa Transport) und welche einen Boom erleben werden (etwa digitale Plattformen), wird einen bleibenden Einfluss auf die Wirtschaft der näheren Zukunft haben und darauf, wie wir leben und arbeiten und miteinander umgehen. Hinzu kommt eine technologische Revolution, deren Bedeutung ich in Kapitel 6 mit der kambrischen Explosion verglichen habe. 3D-Drucker etwa werden heute bereits verwendet, um dringend benötigte Gegenstände im Gesundheitsbereich wie Ventilatoren und Beatmungsgeräte herzustellen – ein Zeichen dafür, dass diese Technologie eher früher als später einen Durchbruch in der Gesellschaft erleben wird.

Vor unseren Augen erleben wir, wie sich alle diese Trends angesichts der Corona-Krise verstärken und anpassen. Die meisten Trends – ob Geburtenrückgang, sich wandelnde Generationenverhältnisse oder der Einsatz neuester Technologien – werden sich im Zuge der Pandemie noch beschleunigen. Doch die entscheidende Frage, die wir uns stellen müssen, lautet, ob eine Krise wie Covid-19 (oder die nächste unvorhergesehene Gefahr) uns besser auf die kollektiven Veränderungen vorbereitet, die bereits im Gange sind und die nach meinem Dafürhalten innerhalb des kommenden Jahrzehnts an einen Kipppunkt gelangen werden, oder ob sie uns nicht vielmehr blind dafür macht.

DANKSAGUNG

Kein Autor ist eine Insel, und dieses Buch hatte eine lange Entstehungsphase. Ich begann mit meinen Recherchen vor sieben Jahren. Während dieser Zeit habe ich von der stimulierenden intellektuellen Atmosphäre an der Wharton School und der University of Pennsylvania profitiert, die es mir gestattete, mich ganz auf jene Forschungsarbeiten zu konzentrieren, die zu diesem Buch geführt haben.

Ich hatte das Glück, dass mich dabei einige der freundlichsten Menschen in der Welt der Bücher unterstützten. Mit ihnen zu arbeiten war mir ein großes Vergnügen: Jane von Mehren von der Literaturagentur Aevitas Creative Management; bei St. Martin's Press die Lektoren Pronoy Sarkar, Alan Bradshaw und Sue Warga; Barbara Monteiro von Monteiro & Company; und das Presseteam bei FINN Partners, Paul Sliker, Louisa Baxley und Stacy Topalian. Auch Francis Hoch vom Chartwell Speakers Bureau half mir, das Buch und seine zentralen Ideen auszuarbeiten. Ihre Professionalität und ihr intellektueller Tatendrang waren mir eine Quelle der Inspiration und Ermutigung. Jane eröffnete mir ein gänzlich neues Universum an Möglichkeiten in der Buchwelt. Pronoy war der beste Lektor, den ich mir wünschen konnte. Ich danke auch Michelle Cashman, Gabi Gantz, Laura Clark, Paul Hochman, Ervin Serrano und dem Rest des Teams von St. Martin's Press für ihren Einsatz für dieses Buch.

Überaus dankbar bin ich auch den Tausenden von Studierenden, Führungskräften und politischen Entscheidungsträgern, die mir während meiner Vorträge zu den Ideen des Buches kritische Fragen stellten. Auch von den Zehntausenden, die an meinen Coursera- und Wharton-Online-Kursen teilgenommen haben, erhielt ich ermutigende Rückmeldungen. Benito Cachinero, José Manuel Campa, Carlos de la Cruz, Álvaro Cuervo, Mohamed El-Erian, Julio García Cobos, Geoffrey Garrett, Victoria Johnson, Emilio Ontiveros, Sandra Suárez und Joseph Westphal verdanke ich unzählige hervorragende Hinweise und Tipps zu den verschiedenen Themen, die in diesem Buch behandelt werden.

Meine Frau Sandra und meine Töchter Daniela und Andrea erlaubten es mir, mich in das Buch zu vertiefen und auf der Suche nach Material unablässig an entfernte Orte zu reisen. Ich widme den dreien dieses Buch.

QUELLEN

Einige Zahlen und Fakten

Zu afrikanischer Landwirtschaft siehe African Development Bank, »Africa Agribusiness«, www.afdb.org/en/news-and-events/africa-agribusiness-a-us1-trillion-business-by-2030-18678.

Die Prognosen zum Wohlstand von Frauen stammen von Capgemini und RBC Wealth Management, *World Wealth Report*, 2014, worldwealthreport.com/wp-content/uploads/sites/7/2018/10/2014-World-Wealth-Report-English.pdf.

Die Prognosen zu Hunger und Adipositas stammen von den Vereinten Nationen, »Goal 2: Zero Hunger«, www.un.org/sustainabledevelopment/hunger; Vereinte Nationen, »Pathways to Zero Hunger«, www.un.org/zerohunger/content/challenge-hunger-can-be-eliminated-our-lifetimes; T. Kelly u. a., »Global Burden of Obesity in 2005 and Projections to 2030«, *International Journal of Obesity* 32, Nr. 9 (2008): S. 1431–1437; WHO, »Obesity and Overweight«, 16. Februar 2018, www.who.int/news-room/fact-sheets/detail/obesity-and-overweight. Siehe auch die Quellen zu Kapitel 5.

Die Zahlen zu den Städten stammen aus Kapitel 5; vgl. Quellen in diesem Kapitel.

Die Zahlen und Prognosen zu Kindern stammen aus Kapitel 1; vgl. die Quellen in diesem Kapitel.

Die Zahlen und Prognosen zur Mittelschicht stammen aus Kapitel 3; vgl. die Quellen in diesem Kapitel.

Einleitung: Die Uhr tickt

Auf die in der Einleitung erwähnten Statistiken wird in den nachfolgenden Kapiteln verwiesen.

Richter Taylors Worte aus Harper Lees *Wer die Nachtigall stört* finden sich im 17. Kapitel des Romans.

Das Budget der indischen Marsmission wird behandelt in: Ipsita Agarwal, »These Scientists Sent a Rocket to Mars for Less than It Cost to Make ›The Martian‹«, *Wired*, 17. März 2017. Siehe auch: Jonathan Amos, »Why India's Mars Mission Is So Cheap – and Thrilling«, BBC, 24. September 2014, www.bbc.com/news/science-environment-29341850.

Zu den indischen Wasserfunden auf dem Mond und NASAs Bestätigung siehe Helen Pidd, »India's First Lunar Mission Finds Water on Moon«, *Guardian*, 24. September 2009; Jesse Shanahan, »NASA Confirms the Existence of Water on the Moon«, *Forbes*, 22. August 2018.

Edward De Bono wurde zitiert nach Shane Snow, »How to Apply Lateral Thinking to Your Creative Work«, 2014, www.99u.adobe.com/articles/31987/how-to-apply-lateral-thinking-to-your-creative-work.

Der Titel von George S. Days und Paul J. H. Schoemakers Buch lautet: *Peripheral Vision: Detecting the Weak Signals That Will Make or Break Your Company* (Boston: Harvard Business School Press, 2006).

Das Proust-Zitat stammt aus *Die Gefangene*, dem fünften Band von *Auf der Suche nach der verlorenen Zeit*. Aus dem Französischen von Eva Rechel-Mertens.

Kapitel 1: Folge den Babys

Edwin Cannan wird zitiert nach V. C. Sinha und Easo Zacharia, *Elements of Demography* (New Delhi: Allied Publishers, 1984), S. 233.

Paul R. Ehrlichs und Anne Ehrlichs Buch *The Population Bomb* wurde 1968 von Sierra Club / Ballantine Books veröffentlicht. Aus unerfindlichen Gründen blieb Anne Ehrlich als Autorin unerwähnt. Eine Zusammenfassung verschiedener Bevölkerungstheorien findet sich auf www.economicsdiscussion.net/theory-of-population/top-3-theories-of-population-with-diagram/18461. Eine gute Einführung in demographische Theorien und Trends enthält das vierte Kapitel von Mauro F. Guillén und Emilio Ontiveros, *Global Turning Points*, 2. Auflage (Cambridge: Cambridge University Press, 2016). Daten und Vorhersagen über Bevölkerung, Fortpflanzung und Lebenserwartung werden gesammelt und regelmäßig aktualisiert von der United Nations Population Division, www.un.org/development/desa/pd. Die Daten für die erste Tabelle dieses Kapitels wurden für eine mittlere Bevölkerungsvorausberechnung ermittelt.

Das Malthus-Zitat stammt aus *An Essay on the Principle of Population*, ursprünglich veröffentlicht 1798, www.esp.org/books/malthus/population/malthus.pdf, S. 44. Zum schwindenden Interesse an Sex in den Vereinigten Staaten siehe Jean M. Twenge, Ryne A. Sherman und Brooke E. Wells, »Declines in Sexual Frequency Among American Adults, 1989–2014«, *Archives of Sexual Behavior* 46, Nr. 8 (2017): S. 2389–2401.

Über Stromausfälle und ihren Einfluss auf Geburtenraten siehe A. Burlando, »Power Outages, Power Externalities, and Baby Booms«, *Demography* 51, Nr. 4 (2014): S. 1477–1500; und Amar Shanghavi, »Blackout Babies: The Impact of Power Cuts on Fertility«, *CentrePiece* (London School of Economics), Herbst 2013.

Die Umfrage und persönliche Beispiele, warum Amerikanerinnen nicht mehr so viele Kinder bekommen wie in der Vergangenheit, werden diskutiert in: Claire Cain Miller, »Americans Are Having Fewer Babies. They Told Us Why«, *New York Times*, 5. Juli 2018. Schätzungen über die Kosten der Kindererziehung in den Vereinigten Staaten werden zusammengefasst in: Abha Bhattarai, »It's More Expensive than Ever to Raise a Child in the U.S.«, *Washington Post*, 10. Januar 2017.

Gary Beckers demographische Theorien werden zusammengefasst von Matthias Doepke, »Gary Becker on the Quantity and Quality of Children«, *Journal of Demographic Economics* 81 (2015): S. 59–66. Das Zitat stammt aus Gary Becker, *A Treatise on the Family* (Cambridge, MA: Harvard University Press, 1991): S. 144.

Die Daten über Fertilität in ländlichen und urbanen Regionen Chinas vor und nach Einführung der Ein-Kind-Politik stammen aus Junsen Zhang, »The Evolution of China's One-Child Policy and Its Effects on Family Outcomes«, *Journal of Economic Perspectives* 31, Nr. 1 (2017): S. 141–160. Die Mythen um die Ein-Kind-Politik werden diskutiert in Martin King Whyte, Wang Feng und Yong Cai, »Challenging Myths About China's One-Child Policy«, *China Journal* 74 (2015): S. 144–159, und Amartya Sen, »Women's Progress Outdid China's One-Child Policy«, *New York Times*, 2. November 2015.

Die Sparüberschüsse aufgrund von Chinas Ein-Kind-Politik werden ausgewertet in Shang-Jin Wei and Xiaobo Zhang, »The Competitive Savings Motive: Evidence from Rising Sex Ratios and Savings Rates in China«, NBER Working Paper Nr. 15 093, 2009; Taha Choukhmane, Nicolas Coeurdacier und Keyu Jin, »The One-Child Policy and Household Savings«, 18. September 2014, www.economics.yale.edu/sites/default/files/tahamaclunch100214_2.pdf.

Die Daten zu digitalen Singlebörsen stammen von Statista, *eServices Report* 2017 (Hamburg: Statista, 2017). Das Experiment auf der chinesischen Dating-Plattform wurde durchgeführt von David Ong und Jue Wang, »Income Attraction: An Online Dating Field Experiment«, *Journal of Economic Behavior and Organization* 111 (2015): S. 13–22.

Von der sibirischen Männerknappheit und Caroline Humphreys Studie berichtet Mira Katbamna, »Half a Good Man Is Better than None at All«, *Guardian*, 26. Oktober 2009. Siehe auch Kate Bolick, »All the Single Ladies«, *Atlantic*, November 2011.

Die Erzählungen von Samuel Owiti Awino, Celestina Mumba, Felix Afolabi und anderen afrikanischen Bauern werden auf der Website der African Agricultural Technology Foundation wiedergegeben: www.aatf-africa.org/fieldstories.

Zu den 54 souveränen afrikanischen Staaten siehe Center for Systemic Peace, *Global Report* 2017, www.systemicpeace.org/vlibrary/GlobalReport2017.pdf.

Zum Maniok-Anbau in Afrika siehe Emiko Terazono, »African Farming: Cassava Now the Centre of Attention«, *Financial Times*, 21. Januar 2014. Die Geschichte von Naomi Wanjiru Nganga wird erzählt in Harry McGee, »How the Mobile Phone Changed Kenya«, *Irish Times*, 14. Mai 2016. E-Health-Initiativen in Kenia werden beschrieben in Martin Njoroge, Dejan Zurovac, Esther A. A. Ogara, Jane Chuma, and Doris Kirigia, »Assessing the Feasibility of eHealth and mHealth: A Systematic Review and Analysis of Initiatives Implemented in Kenya«, *BMC Research Notes* 10 (2017): S. 90–101.

Zahlen, Analysen und Zitate über charakteristische Merkmale von Immigranten stammen von *UN Migration Report 2015* (New York: United Nations, 2015); OECD, *Is Migration Good for the Economy?* (Paris: OECD, 2014): Giovanni Peri, »Immigrants, Productivity, and Labor Markets«, *Journal of Economic Perspectives* 30, Nr. 4 (2016): S. 3–30; David H. Autor, »Why Are There Still So Many Jobs?«, *Journal of Economic*

Perspectives 29, Nr. 3: S. 3–30; und National Academies of Sciences, Engineering and Medicine, *The Economic and Fiscal Consequences of Immigration* (Washington, DC: National Academies Press, 2017).

Zu Statistiken über im Ausland geborene Arbeiter in den Vereinigten Staaten siehe Nicole Prchal Svajlenka, »Immigrant Workers Are Important to Filling Growing Occupations«, Center for American Progress, 11. Mai 2017, www.americanprogress.org/issues/immigration/news/2017/05/11/431974/immigrant-workers-important-filling-growing-occupations. Die Untersuchungen von Britta Glennon werden beschrieben in Stuart Anderson, »Restrictions on H-1B Visas Found to Push Jobs Out of the U.S.«, *Forbes*, 2. Oktober 2019.

Die Zahlen und Analysen über Projekte und Firmen, die von Migranten gegründet wurden, stammen aus Stuart Anderson, *American Made 2.0: How Immigrant Entrepreneurs Continue to Contribute to the U.S. Economy* (Washington, DC: National Venture Capital Association, 2015); Stuart Anderson, *Immigrant Founders and Key Personnel in America's 50 Top Venture-Funded Companies* (Arlington, VA: National Foundation for American Policy, 2011); und Stuart Anderson, *Immigrants and Billion Dollar Startups* (Arlington, VA: National Foundation for American Policy, 2016).

Die Zahlen zu im Ausland geborenen Mitarbeitern im US-Gesundheitssektor stammen aus George Mason University Institute for Immigration Research, »Immigrants in Healthcare«, Juni 2016; Anupam B. Jena, »U.S. Immigration Policy and American Medical Research: The Scientific Contributions of Foreign Medical Graduates«, *Annals of Internal Medicine* 167, Nr. 8 (2017): S. 584–586.

Zum Hang zur Verlustvermeidung siehe Daniel Kahneman und Amos Tversky, »Choices, Values, and Frames«, *American Psychologist* 39, Nr. 4 (1984): S. 341–350; Daniel Kahneman und Amos Tversky, »Advances in Prospect Theory: Cumulative Representation of Uncertainty«, *Journal of Risk and Uncertainty* 5, Nr. 4 (1992): S. 297–323; Thea Wiig, »Can Framing Change Individual Attitudes Towards Migration?«, Magisterarbeit, Universität Bergen, 2017, www.pdfs.semanticscholar.org/f48f/2aac7860277f9fb97e234f0d28963b5d618d.pdf; Mehtap Akgüç u. a., »Risk Attitudes and Migration«, *China Economic Review* 37, Nr. C (2016): S. 166–176; William A. V. Clark und William Lisowski, »Prospect Theory and the Decision to Move or Stay«, *Proceedings of the National Academy of Sciences* 114, Nr. 36 (2017): E7432–E7440; Mathias Czaika, »Migration and Economic Prospects«, *Journal of Ethnic and Migration Studies* 41, Nr. 1 (2015): S. 58–82; James Surowiecki, »Losers!«, *New Yorker*, 30. Mai 2016.

Über den Einfluss der Immigration auf die Sozialversicherung siehe *The 2018 Report of the Board of Trustees of the Federal Old-Age and Survivors Insurance and Federal Disability Insurance Trust Funds* (Washington, DC: Social Security Administration, 2018), www.ssa.gov/OACT/TR/2018/tr2018.pdf; Andrew Cline, »Social Security and Medicare Are Slowly Dying, but No One in Washington Will Lift a Finger«, *USA Today*, 13. Juni 2018; Alexia Fernández Campbell, »Why Baby Boomers Need Immigrants to Fund Their Retirement«, *Vox*, 23. Oktober 2018, www.vox.com/2018/8/1/17561014/immigrationsocial-security; Nina Roberts, »Undocumented

Immigrants Quietly Pay Billions into Social Security and Receive No Benefits«, *Marketplace*, 28. Januar 2019, www.marketplace.org/2019/01/28/undocumented-immigrants-quietly-pay-billions-social-security-and-receive-no.

Der Begriff der »Brain-Zirkulation« wurde entwickelt von AnnaLee Saxenian, »From Brain Drain to Brain Circulation: Transnational Communities and Regional Upgrading in India and China«, *Studies in Comparative International Development* 40 (2005): S. 35–61. Die Studie der Weltbank über transnationale Unternehmer wurde veröffentlicht als *Diaspora Networks and the International Migration of Skills* (Washington, DC: Weltbank, 2006). Zu Miin Wu siehe AnnaLee Saxenian, »Brain Circulation: How High-Skill Immigration Makes Everyone Better Off«, Brookings Institution, 2002, www.brookings.edu/articles/brain-circulation-how-high-skill-immigration-makes-everyone-better-off. Zu James Joo-Jin Kim siehe Tim Hyland, »Kim: ›There Is Much to Be Done‹«, *Wharton Magazine*, Sommer 2010, www.whartonmagazine.com/issues/summer-2010/kim-there-is-much-to-be-done.

Die Studie des Conference Board of Canada findet sich auf www.conferenceboard.ca/press/newsrelease/2018/05/15/imagining-canada-s-economy-without-immigration.

Kapitel 2: Siebzig ist das neue Fünfzig

Die Daten über die Anzahl von Menschen in unterschiedlichen Altersgruppen stammen von den Vereinten Nationen, World Population Prospects, 2019 Revision, www.population.un.org/wpp.

Morgan Stanley wird zitiert in John Gapper, »How Millennials Became the World's Most Powerful Consumers«, *Financial Times*, 6. Juni 2018. Die Schlagzeilen über Millennials sind zusammengestellt von Carly Stern, »›I Wanted to Make a Memorial of All Our Destruction‹«, *Daily Mail*, 17. August 2017.

Ausgaben im Gesundheitssystem der Vereinigten Staaten nach Altersgruppen werden analysiert in Tate Ryan-Mosley, »U. S. Health-Care Costs Are Soaring, but Don't Blame Old People«, *MIT Technology Review*, September – Oktober 2019, S. 57.

Zum Wohlstand der älteren Bevölkerung siehe AARP und Oxford Economics, *The Longevity Economy: How People over 50 Are Driving Economic and Social Value in the US*, September 2016, www.aarp.org/content/dam/aarp/home-and-family/personal-technology/2016/09/2016-Longevity-Economy-AARP.pdf.

Neil Howe und die Gesundheitsdaten der US-Notenbank werden zitiert in Neil Howe, »The Graying of Wealth«, *Forbes*, 16. März 2018. Das Zitat von John Dos Passos findet man auf www.brainyquote.com/quotes/john_dos_passos_402864.

Linda Bernsteins Artikel »What to Say When They Blame It on the Boomers« erschien in *Forbes* am 15. November 2016.

Die im Text zitierten Theorien zu Generationen stammen von Karl Mannheim, »Das Problem der Generationen«, in *Kölner Vierteljahreshefte für Soziologie* (München, Duncker & Humblot), S. 258–185; Pierre Bourdieu, *Outline of a Theory of Practice* (Cambridge, UK: Cambridge University Press, 1977).

Das Zitat von Peggy Noonan findet man auf www.brainyquote.com/quotes/peggy_noonan_159262.

Stefano Hatfields Artikel erschien als »Why Is Advertising Not Aimed at the Over-50 s?«, *Guardian*, 3. Dezember 2014. Der AARP-Artikel »Selling Older Consumers Short« findet sich auf www.aarp.org/money/budgeting-saving/info-2014/advertising-tobaby-boomers.html.

Zu Senioren als Verbrauchergruppe siehe Paul Irving, »Aging Populations: A Blessing for Business«, *Forbes*, 23. Februar 2018; »The Grey Market«, *Economist*, 7. April 2016; Elizabeth Wilson, »Find Hidden Opportunities in the Senior Market«, *Entrepreneur*, 16. April 2019. Wilsons Artikel enthält das Zitat von Maria Henke. Das Chanel-Zitat findet sich in Ben Cooper, »Analysis: Why Retailers Should be Engaging the Aging«, *Retail Week*, 28. Juli 2017.

Jeff Beer, Sarah Rabia und Nadia Tuma werden zitiert in Jeff Beer, »Why Marketing to Seniors Is So Terrible«, *Fast Company*, 6. Juni 2019.

Die Zitate zu Waschmaschinen sind von Nellie Day, »Elder Friendly Guide to Top-Loading Washing Machines«, Elder Gadget, 1. Dezember 2019, www.eldergadget.com/eldergadget-guide-to-top-loading-washingmachines.

Die Daten zur Lebensqualität von Senioren stammen von »The United States of Aging Survey«, www.aarp.org/content/dam/aarp/livable-communities/old-learn/research/the-united-states-of-aging-survey-2012-aarp.pdf.

Die Online-Suche des International Council on Active Aging zu seniorenfreundlichen Fitnessstudios findet sich auf www.icaa.cc/facilitylocator/facilitylocator.php.

Die Daten von eMarketer zum Online-Shopping-Verhalten von Senioren finden sich auf www.statista-com.proxy.library.upenn.edu/statistics/868862/online-shopping-buying-related-activities-internet-users. Die Daten zu Ermessensausgaben stammen von Fung Global Retail and Technology, *The Silver Wave: Understanding the Aging Consumer*, 2016, www.fbicgroup.com/sites/default/files/Silver%20Wave%20The%20Aging%20Consumer%20Report%20by%20Fung%20Global%20Retail%20Tech%20May%2023%202016_0.pdf.

Der Abschnitt über Philips orientiert sich an Informationen des Philips-Museums (www.philips.nl/en/a-w/philips-museum.html) sowie anderer Online-Quellen.

Die Zitate von Jennifer Jolly finden sich in ihrem Artikel »Best New Tech to Help Aging Parents«, *USA Today*, 11. Mai 2014.

Zu Internetnutzung und Depression siehe Shelia R. Cotten, George Ford, Sherry Ford und Timothy M. Hale, »Internet Use and Depression Among Retired Older Adults in the United States«, *Journals of Gerontology*, Series B, 69, Nr. 5 (September 2014): S. 763–771. Die Zitate von Annena McCleskey stammen aus Robin Erb, »Teaching Seniors to Use Internet Cuts Depression Risk«, *USA Today*, 22. April 2014.

Der Abschnitt über Rendever basiert auf Gökay Abacı, »Reconnecting the Elderly with the Joys of Everyday Life Through Virtual Technology«, *Medium*, 8. August 2018, www.medium.com/@MassChallengeHT/reconnecting-the-elderlywith-the-joys-ofeveryday-life-through-virtual-reality-277bf957483e. Zu Exoskeletten siehe Jonas Pulver, »An Ageing Japan Looks to Mechanical Exoskeletons for the Elderly«, *World Weekly*, 4. Februar 2016.

Die Studie zu den Kurs-Gewinn-Verhältnissen an US-Aktienmärkten ist von Zheng Liu und Mark M. Spiegel, »Boomer Retirement: Headwinds for U. S. Equity Markets?«,

FRBSF Economic Letter 2011–26, Federal Reserve Bank of San Francisco, 22. August 2011, www.frbsf.org/publications/economics/letter/2011/el2011-26.html.

Lau, Kotansky, Flax und Tischler werden zitiert in Penny Crosman, »6 Fintechs Targeting Seniors and Their Families«, *American Banker*, 20. Juni 2018.

Über Senioren als Unternehmer siehe Lauren Smiley, »Late-Stage Startup«, *MIT Technology Review*, September – Oktober 2019; Roger St. Pierre, »Older Entrepreneurs Can Age to Their Advantage«, *Entrepreneur*, 26. Mai 2017.

Zur finanziellen Ausbeutung von Senioren siehe Sara Zeff Geber, »HotTech Solutions to Keep Older Adults Safe from Financial Abuse«, *Forbes*, 23. April 2019; Victoria Sackett, »New Law Targets Elder Financial Abuse«, *AARP*, 24. Mai 2018, www.aarp.org/politics-society/government-elections/info2018/congress-passes-safe-act.html. Zu EverSafe siehe Financial Solutions Lab, »EverSafe«, www.finlab.finhealthnetwork.com/challenges/2017/eversafe.

Die Zitate von Collinson und Weinstock sind aus Kenneth Terrell, »Why Working After Retirement Works«, *AARP*, 13. August 2018, www.aarp.org/work/working-at-50-plus/info-2018/why-work-afterretirement.html.

Zu den generationenübergreifenden Teams bei BMM siehe Helen Dennis, »The HR Challenges of an Ageing Workforce«, *HR Magazine*, 16. Februar 2016; Robert M. McCann, »Aging and Organizational Communication«, Oxford Research Encyclopedias: Communication, August 2017, DOI: 10.1093/acrefore/9780190228613.013.472.

Die unterschiedlichen Ansichten über Millennials finden sich in Jean Twenge, *Generation Me: Why Today's Young Americans Are More Confident, Assertive, Entitled – and More Miserable than Ever Before* (New York: Free Press, 2006); *PR Newswire*, 20. Oktober 2016; William Strauss und Neil Howe, *Millennials Rising: The Next Great Generation* (New York: Vintage Original, 2000); David Burstein, *Fast Future: How the Millennial Generation Is Shaping Our World* (Boston: Beacon Press, 2013); Eric Hoover, »The Millennial Muddle«, *Chronicle of Higher Education*, 11. Oktober 2009; Jia Tolentino, »Where Millennials Come From«, *New Yorker*, 27. November 2017; Council of Economic Advisers, *15 Economic Facts About Millennials*, Oktober 2014, www.obamawhitehouse.archives.gov/sites/default/files/docs/millennials_report.pdf; World Values Survey, www.worldvaluessurvey.org/WVSContents.jsp?CMSID=Findings; Kathleen Shaputis, The Crowded Nest Syndrome (New York: Clutter Fairy, 2004).

Über Millennials und Sparen: Josh Zumbrun, »Younger Generation Faces a Savings Deficit«, *Wall Street Journal*, 9. November 2014; Bank of America, *2018 Better Money Habits Millennial Report*, www.bettermoneyhabits.bankofamerica.com/content/dam/bmh/pdf/ar6vnln9-boa-bmh-millennial-report-winter-2018-final2.pdf.

Zur Generation Z: Varkey Foundation, »Generation Z«, Januar 2017, www.varkeyfoundation.org/media/4487/global-young-people-report-single-pages-new.pdf.

Über chinesische Senioren: Chong Koh Ping, »China's Elderly: Old and Left Behind«, *Straits Times*, 28. Oktober 2017; Jieyu Liu, »Ageing, Migration, and Familial Support in Rural China«, *Geoforum* 51 (Januar 2014): S. 305–312.

Zum Alters-/Studentenwohnheim siehe Tiffany R. Jansen, »The Nursing Home That's Also a Dorm«, Citylab, Oktober 2, 2015, www.citylab.com/equity/2015/10/the-nursing-home-thats-also-adorm/408424.

Das Zitat von Levine stammt aus Bridey Heing, *Critical Perspectives on Millennials* (New York: Enslow, 2018), S. 23.

Zum Projekt von *Wired* und Pfizer zum Altern siehe in »The Future of Getting Old: Rethinking Old Age«, *Wired*, April 2018, www.wired.com/brandlab/2018/04/the-future-of-getting-old.

Laura Carstensens Ansichten stammen aus ihrem Artikel »What Millennials Already Know About Growing Old«, *Time*, 16. Juni 2016.

Kapitel 3: Mithalten mit den Singhs und den Wangs

Margaret Halseys Ansichten über die Mittelschicht stammen aus ihrem Buch *The Folks at Home* (New York: Simon & Schuster, 1952).

Die Geschichte des Tata Nano wird wiedergegeben in »Ratan Tata Hands Over First Three Nano Cars to Customers«, *Economic Times*, 17. Juli 2009; Saurabh Sharma, »How a Scooter on a Rainy Day Turned into Ratan Tata's Dream Project Nano«, *Business Today*, 14. April 2017; Kamalika Ghosh, »It's Time to Say Ta-Ta to the World's Cheapest Car«, *Quartz*, 13. Juli 2018. Zum Erfolg des Weber-Stephen-Grills in Indien siehe Dave Sutton, »8 Common Mistakes When Expanding into Emerging Markets«, TopRight, 20. April 2017, www.toprightpartners.com/insights/8-common-mistakes-expanding-emerging-markets; Natasha Geiling, »The Evolution of American Barbecue«, *Smithsonian.com*, 18. Juli 2013; Shrabonti Bagchi und Anshul Dhamija, »Licence to Grill: India Takes to the Barbecue«, *Times of India*, 18. November 2011.

Die Daten zur Kaufkraft der Mittelschicht weltweit stammen von Homi Kharas, »The Unprecedented Expansion of the Global Middle Class«, Brookings Institution, Februar 2017,

www.brookings.edu/wp-content/uploads/2017/02/global_20170228_global-middle-class.pdf. Die Vergleichsdaten zu Verkaufszahlen am Singles' Day, Black Friday und Cyber Monday finden sich in Niall McCarthy, »Singles' Day Sets Another Sales Record«, Statista, 12. November 2018, www.statista.com/chart/16063/gmv-for-alibaba-on-singles-day.

Das Zitat von Charles Dickens stammt aus einem Brief an William C. Macready vom Oktober 1855, im Original nachzulesen auf www.victorianweb.org/authors/dickens/ld/bezrucka1.html. Das Zitat von George Orwell stammt aus dem letzten Absatz seines Buchs *Der Weg nach Wigan Pier*, aus dem Englischen von Manfred Papst, Copyright der deutschsprachigen Übersetzung © 1982 Diogenes Verlag AG Zürich. Das Zitat von Clive Bell stammt aus Clive Crook, »The Middle Class«, *Bloomberg*, 2. März 2017, www.bloomberg.com/quicktake/middle-class. Das Zitat von J. K. Rowling findet sich auf www.stylist.co.uk/people/life-according-to-jk-rowling-harry-potter-books/18793. Zu Homer Simpsons wirtschaftlicher Stellung siehe »Homer Simpson: An Economic Analysis«, von *Vox* am 16. September 2018 auf Youtube veröffentlicht, www.youtu.be/9D42oSOmL6U. Das Zitat von Margaret Halsey stammt aus *The Folks at Home* (New York: Simon & Schuster, 1952), und das Zitat von Gertrude Stein ist aus *Three Lives* (New York: Pocket Books, 2003), S. 250.

Die Theorie zum Konformitätsdruck wurde getestet von Damon J. Phillips und

Ezra W. Zuckerman in »Middle-Status Conformity: Theoretical Restatement and Empirical Demonstration in Two Markets«, *American Journal of Sociology* 107, Nr. 2 (September 2001).

Die Studie über Rechtsbrüche stammt von P. Piff u. a., »Higher Social Class Predicts Increased Unethical Behavior«, *Proceedings of the National Academy of Sciences of the United States of America*, 109, Nr. 11 (2012): S. 4086–4091.

Die Geschichte von Zhou Yuanyan erschien in David Pilling, »Asia: The Rise of the Middle Class«, *Financial Times*, 4. Januar 2011, und die Geschichte von John Monday in Norimitsu Onishi, »Nigeria Goes to the Mall«, *New York Times*, 5. Januar 2016.

Die Deloitte-Studie »Africa: A 21st Century View« findet sich auf www2.deloitte.com/content/dam/Deloitte/ch/Documents/consumer-business/ch-the-deloitte-consumer-review-africa-a-21st-century-view.pdf und die Rangliste afrikanischer Marken auf www.brandafrica.net/Rankings.aspx.

Vom Austausch zwischen Gates und Jobs berichtet Walter Isaacson, *Great Innovators* (New York: Simon & Schuster, 2011), Kapitel 16. Die Zahlen zu Patenten stammen von der World Intellectual Property Organization, »World Intellectual Property Indicators 2017«, S. 12, www.wipo.int/edocs/pubdocs/en/wipo_pub_941_2017.pdf.

Die Geschichte der Hooker Furniture Corporation wird erzählt in Jason Margolis, »North Carolina's Fight to Keep Its Foothold on Furniture«, *The World*, 2. Mai 2018, www.pri.org/stories/2018-05-02/north-carolina-s-fight-keep-its-foothold-furniture. Weitere Daten stammen von Hooker Furniture, »Creating Opportunities: 2018 Annual Report«, www.investors.hookerfurniture.com/static-files/3551b785-4637-4d55-a5b7-8221c1b15164.

Die Pew-Studie »The American Middle Class Is Losing Ground« findet sich auf www.pewsocialtrends.org/2015/12/09/the-american-middle-class-is-losing-ground. Die Verkaufsdaten zu Spotify finden sich in der IPO-Einreichung des Unternehmens: www.sec.gov/Archives/edgar/data/1639920/000119312518063434/d494294df1.htm. Die Daten zu Netflix stammen von Louis Brennan, »How Netflix Expanded to 190 Countries in 7 Years«, *Harvard Business Review*, 12. Oktober 2018; Manish Singh, »Netflix Will Roll Out a Lower-Priced Subscription Plan in India«, *TechCrunch*, 17. Juli 2019, www.techcrunch.com/2019/07/17/netflix-lower-price-india-plan; und P. R. Sanjai, Lucas Shaw und Sheryl Tian Tong Lee, »Netflix's Next Big Market Is Already Crowded with Cheaper Rivals«, *Economic Times*, 20. Juli 2019, www.economictimes.indiatimes.com/industry/media/entertainment/media/netflixs-next-big-market-is-already-crowded-with-cheaperrivals/articleshow/70287704.cms.

Die Beispiele zu den Flops amerikanischer Firmen rund um den Globus stammen aus »10 Successful American Businesses That Have Failed Overseas«, International Business Degree Guide, 12. September 2013, www.internationalbusinessguide.org/10-successful-american-businesses-that-have-failed-overseas.

Die Erzählungen und Zitate zum maßlosen Konsumverhalten junger chinesischer Konsumenten stammen von Yiling Pan, »Why Chinese Millennials Are Willing to Max Out Their Cards for Luxury Goods«, ursprünglich veröffentlicht am 2. Januar 2019 in *Jing Daily* und auf Englisch verfügbar auf www.scmp.com/magazines/style/people-events/article/2178689/can-chinas-debt-ridden-millennial-and-gen-z-shoppers;

und von Stella Yifan Xie, Shan Li und Julie Wernau, »Young Chinese Spend Like Americans – and Take on Worrisome Debt«, *Wall Street Journal*, 29. August 2019.

Der Recycling-Konflikt zwischen China und den USA wird behandelt in Cassandra Profita, »Recycling Chaos in U.S. As China Bans ›Foreign Waste‹«, *Morning Edition*, NPR, 9. Dezember 2017, www.npr.org/2017/12/09/568797388/recycling-chaos-in-u-s-as-china-bans-foreign-waste; Sara Kiley Watson, »China Has Refused to Recycle the West's Plastics. What Now?«, NPR, 28. Juni 2018, www.npr.org/sections/goatsandsoda/2018/06/28/623972937/china-has-refused-to-recycle-the-wests-plastics-what-now; und Amy L. Brooks, Shunli Wang und Jenna R. Jambeck, »The Chinese Import Ban and Its Impact on Global Plastic Waste Trade«, *ScienceAdvances* 4, Nr. 6 (2018), www.advances.sciencemag.org/content/4/6/eaat0131.

Die Reddit-Beiträge findet man auf www.reddit.com/r/jobs/comments/6e6p3n/is_it_really_that_hard_to_find_a_job_as_a. Die OECD-Studie heißt *Under Pressure: The Squeezed Middle Class* (Paris: OECD Publishing, 2019). Zitate stehen auf S. 26, 57, and 69.

Patrick Colemans Beitrag erschien als »America's Middle-Class Parents Are Working Harder for Less«, *Fatherly*, 15. Mai 2019, www.fatherly.com/love-money/american-middle-class-parents-cant-afford-kids.

Die Erholung Buffalos wird diskutiert in David Russell Schilling, »Buffalo: The Best Designed & Planned City in the United States«, Industry Tap, 25. Januar 2015, www.industrytap.com/buffalo-best-designedplanned-city-united-states/26019; Courtney Kenefick, »Buffalo, New York, Is Stating a Comeback«, *Surface*, 26. Juni 2017, www.surfacemag.com/articles/architecture-buffalo-newyorkurban-renewal; David A. Stebbins, »Buffalo's Comeback«, Urbanland (blog), Urban Land Institute, 17. Oktober 2014, www.urbanland.uli.org/development-business/buffalos-comeback; und Jesse McKinley, »Cuomo's ›Buffalo Billion‹: Is New York Getting Its Money's Worth?«, *New York Times*, 2. Juli 2018. Die Brookings-Studie von Alan Berube und Cecile Murray, »Renewing America's Economic Promise Through Older Industrial Cities«, April 2018, findet sich auf www.brookings.edu/research/older-industrial-cities.

Daniel Raffs Artikel erschien als »Wage Determination Theory and the Five-Dollar Day at Ford«, *Journal of Economic History* 48, Nr. 2 (Juni 1988): S. 387–399. John Dos Passos, The Big Money (New York: New American Library, 1979, dt. Die Hochfinanz, Reinbek 1962), wurde ursprünglich 1936 veröffentlicht; das Zitat findet sich auf S. 56 der deutschen Taschenbuchausgabe von 1996. Das Material über The Henry Ford findet man auf www.thehenryford.org/explore/blog/fords-five-dollar-day. Zu Amazons Mindestlohn von 15 Dollar siehe Louise Matsakis, »Why Amazon Really Raised Its Minimum Wage to $15«, *Wired*, 2. Oktober 2018. Nathan Hellers »Who Really Stands to Win from Universal Basic Income?« erschien im *New Yorker*, 9.–16. Juli 2018.

Die Ergebnisse des Pilotprojekts der Johnson-Regierung zur »negativen Einkommenssteuer« werden zusammengefasst von Jodie T. Allen, »Negative Income Tax«. Encyclopedia of Economics, www.econlib.org/library/Enc1/NegativeIncomeTax.html.

Die Zitate und Studien zum bedingungslosen Grundeinkommen stammen von Catherine Clifford, »Why Everyone Is Talking About Free Cash Handouts – an Explainer on Universal Basic Income«, CNBC, 27. Juni 2019, www.cnbc.com/2019/06/27/free-cash-handouts-what-is-universal-basic-incomeor-ubi.html.

Die Studie des National Bureau for Economic Research zu Alaska wurde unternommen von Damon Jones und Ioana Elena Marinescu, »The LaborMarket Impacts of Universal and Permanent Cash Transfers: Evidence from the Alaska Permanent Fund«, NBER Working Paper Nr. w24312, Februar 2018. Die pessimistischere Studie stammt von Hilary W. Hoynes und Jesse Rothstein, »Universal Basic Income in the U.S. and Advanced Countries«, NBER Working Paper Nr. 25 538, Februar 2019. Die Studie über die gesellschaftlichen Folgen der Alaska-Dividende stammt von Mouhcine Chettabi, »What Do We Know about the Effects of the Alaska Permanent Fund Dividend?«, Institute of Social and Economic Research, University of Alaska Anchorage, 20. Mai 2019, www.pubs.iseralaska.org/media/a25fa4fc-7264-4643-ba461280f329f33a/2019_05_20-EffectsOfAKPFD.pdf.

Kapitel 4: Nie wieder das andere Geschlecht?

Margaret Atwoods Rede anlässlich eines Power-of-Women-Lunch von *Variety* im Jahr 2018 findet man auf www.variety.com/2018/tv/features/margaret-atwood-power-of-women-handmaidstale-1202751729.

Die in diesem Kapitel verwendeten Daten zur gesellschaftlichen und wirtschaftlichen Stellung von Frauen finden sich in Sarah Jane Glynn, »Breadwinning Mothers Are Increasingly the U.S. Norm«, Center for American Progress, 2016, www.americanprogress.org/issues/women/reports/2016/12/19/295203/breadwinning-mothers-are-increasingly-the-u-s-norm; Capgemini and RBC Wealth Management, *World Wealth Report*, 2014, www.worldwealthreport.com/wp-content/uploads/sites/7/2018/10/2014World-Wealth-Report-English.pdf; Equal Measures 2030, »Harnessing the Power of Data for Gender Equality: Introducing the EM2030 SDG Gender Index«, 2019, www.data.em2030.org/2019-global-report; Alexandre Tanzi, »U.S. Women Outpacing Men In Higher Education«, *Bloomberg*, 6. August 2018, www.bloomberg.com/news/articles/2018-08-06/u-s-women-outpacing-men-in-higher-education-demographic-trends

Die Harvard-Yale-Studie von Neil G. Bennett, David E. Bloom und Patricia H. Craig erschien als »The Divergence of Black and White Marriage Patterns« im *American Journal of Sociology* 95, Nr. 3 (November 1989): S. 692–722. Der Artikel, der den Entrüstungssturm auslöste, wurde geschrieben von Lisa Marie Petersen, »They're Falling in Love Again, Say Marriage Counselors«, *Advocate* (Stamford, CT), 14. Februar 1986, A1 and A12. Die Titelstory der *Newsweek*, »The Marriage Crunch«, erschien in der Ausgabe vom 2. Juni 1986. Einen kritischen Überblick zu der Kontroverse gibt Andrew Cherlin, »A Review: The Strange Career of the ›Harvard-Yale‹ Study«, *Public Opinion Quarterly* 54, Nr. 1 (1990): S. 117–124.

Die Statistiken zu Konsum-, Spar- und Investitionsverhalten nach Geschlecht stammen von »Sales Share of the Luxury Goods Market«, www.statista.com/statistics/246146/sales-of-the-luxury-goodsmarket-worldwide-by-gender; S. A. Grossbard und A. Marvao Pereira, »Will Women Save More than Men? A Theoretical Model of Savings and Marriage«, Working Paper Nr. 3146, Ifo Institut für Wirtschaftsforschung, München, 2010; Gary Charness and Uri Gneezy, »Strong Evidence for Gender Differences in Risk Taking«, *Journal of Economic Behavior and Organization* 83, Nr. 1 (2012): S. 50–58.

Die unterschiedlichen Erfahrungen von Frauen wie Groff und Scanlon sind nachzulesen in Quoctrung Bui und Claire Cain Miller, »The Age That Women Have Babies«, *New York Times*, 4. August 2018. Die anonyme alleinstehende Mutter wurde interviewt von Mike Dang, »A Conversation with a Single Mom Living on $40,000 a Year«, Billfold, 22. April 2013, www.thebillfold.com/2013/04/a-conversation-with-a-singlemom-living-on-40000-a-year.

Die Informationen zu Scheidungen stammen von Pamela J. Smock, Wendy D. Manning und Sanjiv Gupta, »The Effect of Marriage and Divorce on Women's Economic Well-Being«, *American Sociological Review* 64, Nr. 6 (Dezember 1999): S. 794–812; Jay L. Zagorsky, »Marriage and Divorce's Impact on Wealth«, *Journal of Sociology* 41, Nr. 4 (2005): S. 406–424.

Die Geschichten und Daten über jugendliche Mütter stammen von CDC, »About Teen Pregnancy«, www.cdc.gov/teenpregnancy/about/index.htm; Jamie Rush (aufgezeichnet von Debra Immergut), »My Life as a Teen Mom«, *Parents*, www.parents.com/parenting/dynamics/single-parenting/my-life-as-a-teenage-mom/; Kevin Ryan und Tina Kelley, »Out of the Shelter: How One Homeless Teenage Mother Built a Life of Her Own«, *Atlantic*, 16. November 2012; Paul Heroux, »Two Stories of Homeless, Teenage Mothers«, *Huffington Post*, 9. Juli 2016, www.huffingtonpost.com/paul-heroux/homeless-teenagemothers_b_7758958.html; Poverty USA, »Facts: The Population of Poverty USA«, www.povertyusa.org/facts.

Zu kinderlosen Frauen und Männern siehe U. S. Census Bureau, »Childlessness Rises for Women in Their Early 30 s«, 3. Mai 2017, www.census.gov/newsroom/blogs/random-samplings/2017/05/childlessness_rises.html; Lindsay M. Monte und Brian Knop, »Men's Fertility and Fatherhood: 2014«, Current Population Reports, P70–162, Juni 2019, www.census.gov/content/dam/Census/library/publications/2019/demo/P70-162.pdf; Claire Cain Miller, »They Didn't Have Children, and Most Said They Don't Have Regrets«, *New York Times*, 23. Juli 2018; Sian Cain, »Women Are Happier Without Children or a Spouse, Says Happiness Expert«, *Guardian*, 25. Mai 2019; Jennifer Glass, Robin W. Simon und Matthew A. Anderson, »Parenthood and Happiness«, *American Journal of Sociology* 122, Nr. 3 (November 2016): S. 886–929.

Zu minderjährigen Ehefrauen und Müttern siehe Girls Not Brides, »Child Marriage Around the World«, www.girlsnotbrides.org/where-does-it-happen; Büro des Hohen Kommissars der Vereinten Nationen für Menschenrechte, »Ending Forced Marriage Worldwide«, 21. November 2013, www.ohchr.org/EN/NewsEvents/Pages/EnforcedMarriages.aspx; Bevölkerungsfonds der Vereinten Nationen, »Female Genital Mutilation«, www.unfpa.org/female-genital-mutilation.

Zu Frauen und Unternehmertum siehe Ester Boserup, *Woman's Role in Economic Development* (London: Earthscan, 1970); UNIFEM, *Annual Report 2009–2010* (New

York: Entwicklungsfonds der Vereinten Nationen für Frauen, 2010), mit Clarks Zitat auf S. 3; Global Entrepreneurship Monitor, www.gemconsortium.org.

Die Geschichten von Kisyombe, Sambo, Fahmy, Wu, Dionne, Roa, Kasuri, Nkubana und Zamora werden wiedergegeben in Mauro F. Guillén, Hrsg., *Women Entrepreneurs: Inspiring Stories from Emerging Economies and Developing Countries* (New York: Routledge, 2013). Die Studie der Weltbank zum rechtlichen Status von Frauen heißt *Women, Business, and the Law* (Washington, DC: Weltbank, 2010).

Die Diskussion und die Zitate zur Vereinbarkeit von Beruf und Familie stützen sich auf »5 Women, 5 Work-Life Balance Tales«, *Forbes*, 29. Mai 2013; »If I Think about My Money Problems Too Much, I'll Miss My Babies Growing Up«, *HuffPost*, 6. Dezember 2017, www.huffpost.com/entry/helen-bechtol-working-poor_n_4748631; Katie Johnston, »The Working Poor Who Fight to Live on $10 an Hour«, *Boston Globe*, 17. August 2014; Adrienne Green, »The Job of Staying Home«, *Atlantic*, 30. September 2016; M. Bertrand, C. Goldin und L. F. Katz, »Dynamics of the Gender Gap for Young Professionals in the Financial and Corporate Sectors«, *American Economic Journal*, Juli 2010, S. 228–255; Emma Johnson, »You Cannot Afford to Be a SAHM«, 20. Juni 2019, www.wealthysinglemommy.com/you-cannot-afford-to-be-a-sahm-mom; Motoko Rich, »Japan's Working Mothers«, *New York Times*, 2. Februar 2019; Wendy J. Casper u. a., »The Jingle-Jangle of Work Nonwork Balance«, *Journal of Applied Psychology* 103, Nr. 2 (2018): S. 182–214; Nancy Rothbard, Katherine W. Phillips und Tracy L. Dumas, »Managing Multiple Roles: Family Policies and Individuals' Desires for Segmentation«, *Organization Science* 16, Nr. 3 (2005): S. 243–248; Gøsta Esping-Andersen, *Social Foundations of Postindustrial Economies* (Oxford: Oxford University Press, 1999). Die Geschichte von Acharya ist aus Mauro F. Guillén, Hrsg., *Women Entrepreneurs: Inspiring Stories from Emerging Economies and Developing Countries* (New York: Routledge, 2013).

Der Abschnitt über sich verändernde Sterberaten nach Geschlecht aufgrund von Arbeit basiert auf Vereinte Nationen, World Population Prospects, 2019 Revision, www.population.un.org/wpp; Bertrand Desjardins, »Why Is Life Expectancy Longer for Women than It Is for Men?«, *Scientific American*, 30. August 2004; Rochelle Sharpe, »Women's Longevity Falling in Some Parts of the U. S., Stress May Be Factor«, Connecticut Health I-Team, 12. November 2012, www.c-hit.org/2012/11/12/womens-longevity-falling-in-some-parts-of-u-s-stress-may-be-factor; Irma T. Elo u. a., »Trends in Non-Hispanic White Mortality in the United States by Metropolitan-Nonmetropolitan Status and Region, 1990–2016«, *Population and Development Review*, 2019, S. 1–35, Arun S. Hendi, »Trends in Education-Specific Life Expectancy, Data Quality, and Shifting Education Distributions: A Note on Recent Research«, *Demography* 54, Nr. 3 (2017): S. 1203–1213; Monica Potts, »What's Killing Poor White Women?«, *American Prospect*, 3. September 2013.

Zur gläsernen Decke siehe Justin Wolfers, »Fewer Women Run Big Companies than Men Named John«, *New York Times*, 2. März 2015. Die Zahlen über den Anteil von Frauen in Wirtschaft und Politik stammen von OECD, »Gender Equality«, www.oecd.org/gender; ILO, *Women in Business and Management: Gaining Momentum*, (Geneva: ILO, 2015), www.ilo.org/wcmsp5/groups/public/---dgreports/---dcomm/-

-publ/documents/publication/wcms_316450.pdf. Das Zitat von Laura Liswood findet man auf www.goodreads.com/quotes/159719-there-s-no-such-thing-asa-glass-ceiling-for-women.

Zu Thatcher und Merkel siehe Judith Baxter, »How to Beat the Female Leadership Stereotypes«, *Guardian*, 9. Dezember 2013; Daniel Fromson, »The Margaret Thatcher Soft-Serve Myth«, *New Yorker*, 9. April 2013; »Nicknames of Margaret Thatcher«, Searching in History (blog), www.searchinginhistory.blogspot.com/2014/04/nicknames-of-margaret-thatcher.html; Helen Walters, »Ban the Word Bossy. Sheryl Sandberg Lights Up TED Women 2013«, TED Blog, 5. Dezember 2013, www.blog.ted.com/sheryl_sandberg_tedwomen2013; »Americans No Longer Prefer Male Boss to Female Boss«, Gallup News, 16. November 2017, www.news.gallup.com/poll/222425/americans-no-longer-prefer-male-boss-female-boss.aspx.

Rosabeth M. Kanters Theorie wurde erstmals in ihrem Artikel »Some Effects of Proportions on Group Life: Skewed Sex Ratios and Responses to Token Women« aufgestellt, *American Journal of Sociology* 82, Nr. 5 (März 1977): S. 965–990.

Die Ratschläge für chinesische Frauen in verschiedenen Magazinen werden zusammengefasst in Roseann Lake, »China: A Wife Less Ordinary«, *The Economist 1843*, April–Mai 2018, www.1843magazine.com/features/a-wife-less-ordinary. Die Vorlieben saudischer Frauen beim Autokauf werden diskutiert in Margherita Stancati, »What Saudi Women Drivers Want: Muscle Cars«, *Wall Street Journal*, 18. Juli 2018.

Zu den jüngeren Untersuchungen über die Auswirkungen von mehr Frauen in Machtpositionen auf Korruption und Gewalt gehören Chandan Kumar Jha und Sudipta Sarangi, »Women and Corruption: What Positions Must They Hold to Make a Difference?«, *Journal of Economic Behavior and Organization* 151 (Juli 2018): S. 219–233; C. E. Di Rienzo, »The Effect of Women in Government on Country-Level Peace«, *Global Change, Peace and Security* 31, Nr. 1 (2019): S. 1–18; Naomi Hossein, Celestine Nyamu Musembi und Jessica Hughes, »Corruption, Accountability and Gender«, Entwicklungsprogramm der Vereinten Nationen, 2010, www.undp.org/content/dam/aplaws/publication/en/publications/womens-empowerment/corruption-accountability-and-gender-understanding-the-connection/Corruption-accountability-and-gender.pdf.

Zu den Folgen des Klimawandels für Frauen und Kinder siehe WHO, Gender, Climate Change, and Health (Geneva: WHO, 2014), www.who.int/globalchange/GenderClimateChangeHealthfinal.pdf.

Kapitel 5: Die Städte gehen zuerst unter

Die Statistiken zu Städten, städtischen Ballungsräumen und zum Klimawandel stammen von den Vereinten Nationen, »World Urbanization Prospects 2018«, www.population.un.org/wup; Rohinton Emmanuel, »How to Make a Big Difference to Global Warming–Make Cities Cooler«, *The Conversation*, 9. Februar 2015,www.theconversation.com/how-to-make-a-big-difference-to-global-warming-make-cities-cooler-37250; Laura Parker, »Sea Level Rise Will Flood Hundreds of Cities in the Near Future«, *National Geographic*, 12. Juli 2017, www.nationalgeographic.

com/pages/article/sea-level-rise-flood-global-warming-science; Jonathan Watts, »The Three-Degree World: The Cities That Will be Drowned by Global Warming«, *Guardian*, 3. November 2017; John Englander, »Top 10 Sinking Cities in the World«, 7. Januar 2018, www.johnenglander.net/top-10-sinking-cities-in-the-world. Das Zitat von Wouters ist aus Larry O'Hanlon, »Heat Stress Escalates in Cities Under Global Warming«, *American Geophysical Union*, 8. September 2017, www.phys.org/news/2017-09-stress-escalates-cities-global.html.

Die Dokumente der Vereinten Nationen zum Klimawandel finden sich auf www.un.org/en/sections/issues-depth/climate-change. Seine Folgen für die Archäologie werden diskutiert von Nick Paumgarten, »An Archeological Space Oddity«, *New Yorker*, 8.–15. Juli 2019.

Auf Churchills Zitat hat man sich des Öfteren bezogen, zum Beispiel hier: »Africa as a Frontier Market«, www.cfr.org/event/africa-frontier-market. Das Zitat von Dickens stammt aus einem Brief an William C. Macready vom Oktober 1855, www.victorianweb.org/authors/dickens/ld/bezrucka1.html.

Die Daten zu Reichen und Armen in Städten stammen aus dem World Ultra Wealth Report 2018, WealthX, 2018, www.wealthx.com/report/world-ultra-wealth-report-2018; Michael Savage, »Richest 1 % on Target to Own Two-Thirds of All Wealth by 2030«, *Guardian*, 7. April 2018; Economic Analysis Division, Census and Statistics Department, Hong Kong Poverty Situation Report 2016 (Hong Kong: Government of the Hong Kong Special Administrative Region, 2017), www.povertyrelief.gov.hk/eng/pdf/Hong_Kong_Poverty_Situation_Report_2016(2017.11.17).pdf.

Zur Armut in den Vereinigten Staaten siehe Allan Mallach, *The Divided City: Poverty and Prosperity in Urban America* (Washington, D. C.: Island Press, 2018); Barbara Raab, »Poverty in America: Telling the Story«, Talk Poverty, 21. Mai 2014, www.talkpoverty.org/2014/05/21/raab; Poverty USA, »Facts: The Population of Poverty USA«, www.povertyusa.org/facts; Leon Dash, »Rosa Lee's Story«, *Washington Post*, 18.–25. September 1994, www.washingtonpost.com/wp-srv/local/longterm/library/rosalee/part1.htm.

Das Zitat aus *Der große Gatsby* findet sich in Kapitel 9 von F. Scott Fitzgerald, hier zitiert nach der Übersetzung von Lutz-W. Wolff (München: dtv, 2011) mit freundlicher Genehmigung von dtv Verlagsgesellschaft mbH & Co. KG. Das Zitat von Thorstein Veblen stammt aus dem vierten Kapitel seiner *Theorie der feinen Leute*.

Zu Adipositas siehe Sarah Catherine Walpole u. a., »The Weight of Nations: An Estimation of Adult Human Biomass«, *BMC Public Health* 12, Artikel Nr. 439 (2012); WHO, »Obesity«, www.who.int/topics/obesity/en; OECD, Obesity Update 2017, www.oecd.org/health/obesity-update.htm; National Institute of Diabetes and Digestive and Kidney Diseases, »Overweight and Obesity Statistics«, August 2017, www.niddk.nih.gov/health-information/health-statistics/overweight-obesity; »Why the Pacific Islands are the Most Obese Nations in the World«, Healthcare Global, 21. April 2015, www.healthcareglobal.com/hospitals/why-pacific-islands-are-most-obese-nations-world.

Die Statistiken zum Social-Media-Konsum stammen aus »Digitalin 2019«, We Are Social, www.wearesocial.com/global-digital-report-2019.

Die Ideen, wonach kleine Veränderungen zu Höchstleistungen führen, stammen von Daniel F. Chambliss, »The Mundanity of Excellence: An Ethnographic Report on Stratification and Olympic Swimmers«, *Sociological Theory* 7, Nr. 1 (1989): S. 70–86; Richard H. Thaler und Casey R. Sunstein, *Nudge: Wie man kluge Entscheidungen anstößt* (Berlin, Econ, 2009); Olivier Poirier-Leroy, »Mary T. Meagher: Success Is Ordinary«, Your Swim Book, www.yourswimlog.com/mary-t-meagher-success-is-ordinary.

Der Abschnitt über Wasser gründet auf »Water: Scarcity, Excess, and the Geopolitics of Allocation«, Lauder Institute, Wharton School, University of Pennsylvania, 2016, www.lauder.wharton.upenn.edu/life-at-lauder/santander-globalization-trendlab-2016; Willa Paterson, u. a., »Water Footprint of Cities«, *Sustainability* 7 (2015): S. 8461–8490; UN – Water Decade Programme on Advocacy and Communication, »Water and Cities: Facts and Figures«, 2010, www.un.org/waterforlifedecade/swm_cities_zaragoza_2010/pdf/facts_and_figures_long_final_eng.pdf; *Water Security and the Global Water Agenda: A UN-Water Analytical Brief* (Hamilton, Ontario: United Nations University Institute for Water, Environment and Health, 2013); *Towards Green Growth* (Paris: OECD, 2011); *Report on Women and Water* (New Delhi: National Commission for Women, 2018), www.ncwapps.nic.in/pdfReports/WomenandWater.pdf; Bethany Caruso, »Women Carry More than Their Fair Share of the World's Water«, Grist, 22. Juli 2017, www.grist.org/article/women-carry-more-than-their-fair-share-of-the-worlds-water; Kassia Binkowski, »Clean Water for a Thirsty World: Cynthia Koenig, Founder of Wello«,
The Good Trade, 2019, www.thegoodtrade.com/features/interview-series-cynthia-koenig-wello; Mary Howard, »An Idea That Holds Water«, Trinity Reporter, Frühjahr 2017, www.commons.trincoll.edu/reporter-spring2017/features/anidea-that-holds-water; »Cynthia Koenig, Wello Water«, *Asia Society*, 23. April 2014, www.asiasociety.org/texas/events/cynthia-koenig-wello-water.

Zu urbaner Landwirtschaft siehe Christopher D. Gore, »How African Cities Lead: Urban Policy Innovation and Agriculture in Kampala and Nairobi«, *World Development* 108 (2018): S. 169–180; Ravindra Krishnamurthy, »Vertical Farming: Feeding the Cities of the Future?«, Permaculture News, 29. Oktober 2015, www.permaculturenews.org/2015/10/29/vertical-farming-feeding-the-cities-of-the-future; Breana Noble, »Indoor Farms Give Vacant Detroit Buildings New Life«, *Detroit News*, 15. August 2016; »Nigerian Entrepreneur: ›We're Farming in a Shipping Container‹«, BBC, 2. Februar 2018, www.bbc.com/news/av/business-42919553.

Zur Neubelebung von Bilbao siehe Herbert Muschamp, »The Miracle in Bilbao«, *New York Times Magazine*, 7. September 1997; Ibon Areso, »Bilbao's Strategic Evolution«, *Mas Context* 30 (2017), www.mascontext.com/issues/30-31-bilbao/bilbaos-strategicevolutionthe-metamorphosis-of-the-industrial-city; »The Internationalization of Spanish Companies: Ferrovial, the Rise of a Multinational«, MIT, 28. Februar 2008, www.techtv.mit.edu/videos/16339-the-internationalizationof-spanish-companies-ferrovial-the-rise-of-a-multinational (der Kommentar Rafael del Pinos beginnt bei 5'09" des Videos).

Zur Wiederbelebung Pittsburghs und anderer Städte in den USA siehe Eillie Anzilotti, »American Cities Are Reviving – But Leaving the Poor Behind«, *Fast Company*,

5. Juli 2018; David Rotman, »From Rust Belt to Robot Belt«, *MIT Technology Review*, 18. Juni 2018; Allan Mallach, *The Divided City: Poverty and Prosperity in Urban America* (Washington, DC: Island Press, 2018). Das Zitat aus Richard Floridas *The New Urban Crisis* (New York: Basic Books, 2017) findet sich auf S. 4.

Zu Chattanooga siehe David Eichenthal und Tracy Windeknecht, »Chattanooga, Tennessee«, Metropolitan Policy Program, Brookings Institution, 2008, www.brookings.edu/wp-content/uploads/2016/06/200809_Chattanooga.pdf; Jason Koebler, »The City That Was Saved by the Internet«, *Vice*, 27. Oktober 2016, www.vice.com/en_us/article/ezpk77/chattanooga-gigabit-fibernetwork; Bento J. Lobo, »The Realized Value of Fiber Infrastructure in Hamilton Country, Tennessee«, Department of Finance, University of Tennessee, Chattanooga, 18. Juni 2015, www.ftpcontent2.worldnow.com/wrcb/pdf/091515EPBFiberStudy.pdf; Daniel T. Lewis, »A History of the Chattanooga Choo-Choo Terminal«, www.chasewaterstuff.wordpress.com/2011/12/28/some-early-lines-a-history-of-the-chattanooga-choo-choo-terminal-station-trolley-by-daniel-towers-lewis.

Zur Kultur pulsierender Städte und den Fertigkeiten ihrer Bewohner siehe Saskia Sassen, *The Global City* (Princeton, NJ: Princeton University Press, 2001); Richard Florida, »Bohemia and Economic Geography«, *Journal of Economic Geography* 2 (2002): S. 55–71; Richard Florida, »America's Leading Creative Class Cities in 2015«, Citylab, 20. April 2015, www.citylab.com/life/2015/04/americas-leading-creative-class-cities-in-2015/390852; Richard Florida, »A New Typology of Global Cities«, Citylab, 4. Oktober 2016, www.citylab.com/life/2016/10/the-seven-types-of-global-citiesbrookings/502994; David J. Deming, »The Growing Importance of Social Skills in the Labor Market«. NBER Working Paper Nr. 21473, Juni 2017, www.nber.org/papers/w21473; World Values Survey, www.worldvaluessurvey.org/WVSContents.jsp?CMSID=Findings.

Kapitel 6: Mehr Handys als Toiletten

Zur Toilette siehe »A Brief History of the Flush Toilet«, British Association of Urological Surgeons, www.baus.org.uk/museum/164/the_flush_toilet; Nate Barksdale, »Who Invented the Flush Toilet?«, History Channel, zuletzt aktualisiert am 22. August 2018, www.history.com/news/who-invented-the-flush-toilet; Lina Zeldovich, »Reinventing the Toilet«, *Mosaic*, 19. Juni 2017, www.mosaicscience.com/story/poo-toilet-waste-energy-madagascar-loowatt-future; Phoebe Parke, »More Africans Have Access to Cell Phone Service than Piped Water«, CNN, 19. Januar 2016, www.cnn.com/2016/01/19/africa/africa-afrobarometer-infrastructure-report/index.html; Universität der Vereinten Nationen, »Greater Access to Cell Phones than Toilets in India: UN«, Pressemitteilung vom 14. April 2010, www.unu.edu/media-relations/releases/greater-access-to-cell-phones-than-toilets-in-india.html; Pramit Bhattacharya, »88 % of Households in India Have a Mobile Phone«, LiveMint, 5. Dezember 2016, www.livemint.com/Politics/kZ7j1NQf5614UvO6WURXfO/88-of-households-in-India-have-a-mobile-phone.html.

Zur Geschichte der Armbanduhr: Alexis McCrossen, *Marking Modern Times:*

A History of Clocks, Watches, and Other Timekeepers in American Life (Chicago: University of Chicago Press, 2013); Michael L. Tushman und Daniel Radov, »Rebirth of the Swiss Watch Industry, 1980–1992 (A)«, Harvard Business School Case 400–087, Juni 2000.

Schumpeters Zitat über Unternehmertum und Disruption findet sich in *Capitalism, Socialism, and Democracy* (New York: Harper & Brothers, 1942), S. 83.

Zu KI siehe Laura Geggel, »Elon Musk Says ›Humans Are Underrated‹«, LiveScience, 17. April 2018, www.livescience.com/62331-elon-musk-humans-underrated.html; William Fifield, »Pablo Picasso: A Composite Interview«, *Paris Review* 32 (Sommer-Herbst 1964).

Zu Technologie, Robotik und Arbeitsplätzen siehe Association for Advancing Automation, »Record Number of Robots Shipped in North America in 2018«, 28. Februar 2019, www.a3automate.org/record-number-of-robots-shipped-in-north-america-in-2018; Executive Office of the President, »Artificial Intelligence, Automation, and the Economy«, Dezember 2016, www.obamawhitehouse.archives.gov/sites/whitehouse.gov/files/documents/Artificial-Intelligence-Automation-Economy.PDF; Maximiliano Dvorkin, »Jobs Involving Routine Tasks Aren't Growing«, Federal Reserve Bank of St. Louis, 4. Januar 2016, www.stlouisfed.org/on-the-economy/2016/january/jobs-involving-routine-tasks-arent-growing; Michael J. Hicks und Srikant Devaraj, »Myth and Reality of Manufacturing in America«, Center for Business and Economic Research, Ball State University, 2017; Mark Muro, »Manufacturing Jobs Aren't Coming Back«. *MIT Technology Review*, 18. November 2016; »Automation and Anxiety«, *Economist*, 23. Juni 2016, www.economist.com/special-report/2016/06/23/automation-and-anxiety; Eliza Strickland, »Autonomous Robot Surgeon Bests Humans in World First«, IEEE Spectrum, 4. Mai 2016, www.spectrum.ieee.org/the-human-os/robotics/medical-robots/autonomous-robot-surgeon-bests-human-surgeons-in-world-first; Laura Sydell, »Sometimes We FeelMore Comfortable Talking to a Robot«, NPR, 24. Februar 2018, www.npr.org/sections/alltechconsidered/2018/02/24/583682556/sometimes-we-feel-more-comfortable-talking-to-a-robot; Eyal Press, »The Wounds of a Drone Warrior«, *New York Times*, 13. Juni 2018; E. Awad u. a., »The Moral Machine Experiment«, *Nature* 563 (November 2018): S. 59–64; Mauro F. Guillén und Srikar Reddy, »We Know Ethics Should Inform AI. But Which Ethics?«, World Economic Forum, 26. Juli 2018, www.weforum.org/agenda/2018/07/we-know-ethics-should-inform-ai-but-which-ethics-robotics.

Zum 3D-Druck siehe Tim Moore, »This Startup Is Building Houses with the World's Biggest Freeform 3D Printer«, Hypepotamus, 9. April 2019, www.hypepotamus.com/companies/branch-technology; Dave Flessner, »3D Printer to Move into Branch Technology's Riverside Drive Warehouse«, *Times Free Press*, 8. Juli 2018, www.timesfreepress.com/news/business/aroundregion/story/2018/jul/08/branch-technology-expands-beyond-incubator3d/474370; Davide Sher, »Branch Technologies' C-FAB 3D Process Can Build Better Walls … on Mars«, 3D Printing Media Network, 26. Februar 2018, www.3dprintingmedia.network/branch-technologies-c-fab-3dprocess-can-takeus-mars/.

Zu den Prognosen über das Internet der Dinge siehe Michelle Manafy, »Exploring the Internet of Things in 5 Charts«, Digital Content Next, 13. Oktober 2015, www.digitalcontentnext.org/blog/2015/10/13/exploring-theinternet-of-things-in-5-charts.

Zu Virtual Reality siehe Daniel Freeman and Jason Freeman, »How Virtual Reality Could Transform Mental Health Treatment«, *Psychology Today*, 13. Mai 2016, www.psychologytoday.com/us/blog/know-your-mind/201605/how-virtual-reality-could-transform-mental-health-treatment; S. M. Jung and W. H. Choi, »Effects of Virtual Reality Intervention on Upper Limb Motor Function and Activity of Daily Living in Patients with Lesions in Different Regions of the Brain«, *Journal of Physical Therapy Science* 29, Nr. 12 (Dezember 2017): S. 2103–2106; Juanita Leatham, »How VR Is Helping Children with Autism Navigate the World Around Them«, VR Fitness Insider, 22. Juni 2018, www.vrfitnessinsider.com/how-vr-is-helping-children-with-autism-navigate-the-world-around-them.

Zu den verschiedenen Nanotechnologien siehe »The Price of Fast Fashion« (editorial), *Nature Climate Change* 8, Nr. 1 (2018); Jelena Bozic, »Nano Insulation Materials for Energy Efficient Buildings«, *Contemporary Materials* 6, Nr. 2 (2015): S. 149–159; Amy Yates, »Potential Breakthrough in Cancer-Fighting-Nanomedicine«, National Foundation for Cancer Research, 19. Juni 2018, www.nfcr.org/blog/potential-breakthrough-cancer-fightingnanomedicine; »MIT Programmable Material Adapts to Temperature Just Like Human Skin«, Design Boom, 13. Februar 2017, www.designboom.com/technology/mit-programmable-material-adapts-to-tempterature-02-13-2017; Michael Alba, »The Promise and Peril of Programmable Matter«, Engineering.com, 24. Mai 2017, www.engineering.com/DesignerEdge/DesignerEdgeArticles/ArticleID/14967/ThePromise-and-Peril-of-Programmable-Matter.aspx.

Zu gedrucktem Buch versus E-Books siehe Edward Tenner, »Why People Stick with Outdated Technology«, *Scientific American*, 24. November 2015; Craig Mod, »Digital Books Stagnate in Closed, Dull Systems, While Printed Books Are Shareable, Lovely and Enduring. What Comes Next?«, *Aeon*, 1. Oktober 2015, www.aeon.co/essays/stagnant-and-dull-can-digital-books-ever-replace-print; Gregory Bufithis, »Books vs. E-Books«, 4. Juli 2016, www.gregorybufithis.com/2016/07/04/books-vs-e-books-letsnot-lose-sight-of-the-main-goal-diverse-reading-and-increased-literacy; Ferris Jabr, »The Reading Brain in the Digital Age: The Science of Paper Versus Screens«, *Scientific American*, 11. April 2013; Pew Research Center, »Book Reading 2016«, www.pewinternet.org/2016/09/01/book-reading-2016. Das Video mit dem einjährigen Mädchen, »A Magazine Is an iPad That Does Not Work«, wurde am 6. Oktober 2011 von UserExperienceWOrks auf Youtube veröffentlicht, www.youtube.com/watch?v=aXV-yaFmQNk. Die statistischen Daten stammen von Amy Watson, »Book Formats in the U.S.«, Statista, 11. Januar 2019, www.statista.com/topics/3938/book-formats-in-the-us.

Zu E-Book-Plattformen und Bildung siehe »Revolutionising eBook Access in South African Schools«, Montegray Capital, Februar 2015, www.montegray.com/our-e-learning-solution-revolutionisesebook-access-in-south-african-schools; »Worldreader«, Center for Education Innovations, www.educationinnovations.org/p/worldreader.

Zu struktureller Trägheit und Leapfrogging siehe Michael Hannan, »Structural Inertia and Organizational Change«, *American Sociological Review* 49, Nr. 2 (1984): S. 149–164; Konferenz der Vereinten Nationen für Handel und Entwicklung, Technology and Innovation Report 2018 (Genf: UN, 2018), www.unctad.org/en/PublicationsLibrary/tir2018_en.pdf.

Daten zum Online-Weinverkauf siehe Euromonitor. Speziell zum Vereinigten Königreich vgl. Julia Bower, »The Evolution of the UK Wine Market: From Niche to Mass-Market Appeal«, *beverages*, November 2018, www.mdpi.com/2306-5710/4/4/87/pdf.

Zum Schwungrad siehe Ben Harder, »Reinventing the (Fly)Wheel«. *Washington Post*, 18. April 2011.

Kapitel 7: Imagine No Possessions

Der Auszug aus »Imagine« mit freundlicher Genehmigung von © Lenono Music with courtesy of Budde Music. Music & Lyrics: John Lennon, Yoko Ono.

Zur Gig-Economy siehe Eileen Appelbaum, Arne Kalleberg und Hye Jin Rho, »Nonstandard Work Arrangements and Older Americans, 2005–2017«, Economic Policy Institute, 28. Februar 2019, www.epi.org/publication/nonstandard-work-arrangements-and-older-americans2005-2017; »Run, TaskRabbit, Run: July 2030«, *Economist*, 7. Juli 2018; Niam Yaraghi and Shamika Ravi, »The Current and Future State of the Sharing Economy«, Brookings Institution, *Impact Series* Nr. 032 017, März 2017; PwC, »The Sharing Economy«, 2015, www.pwc.fr/fr/assets/files/pdf/2015/05/pwc_etude_sharing_economy.pdf; Brad Stone, *The Upstarts: How Uber, Airbnb, and the Killer Companies of the New Silicon Valley Are Changing the World* (New York: Little, Brown, 2017), Kindle-Ausgabe, S. 32; Shirin Ghaffary, »The Experience Economy Will be a ›Massive Business‹, According to Airbnb CEO Brian Chesky«, *Vox*, 30. Mai 2018, www.recode.net/2018/5/30/17385910/airbnb-ceo-brian-chesky-code-conferenceinterview; Kari Paul, »Millennials Are Trying to Redefine What It Means to Be an American Tourist Abroad«, MarketWatch, 5. Oktober 2017, www.marketwatch.com/story/what-we-can-all-learn-from-millennials-about-travel-2017-10-04.

Die Zitate von Yuval Noah Harari stammen aus »Were We Happier in the Stone Age?«, *Guardian*, 5. September 2014.

Zu den politischen und sozialen Aspekten von Eigentum siehe Andrew G. Walder, »Transitions from State Socialism: A Property Rights Perspective«, in *The Sociology of Economic Life*, Hrsg. Mark Granovetter und Richard Swedberg (Boulder, CO: Westview, 2011), S. 510; Nathan Heller, »Is the Gig Economy Working?«, *New Yorker*, 15. Mai 2017.

Zu WhatsApp siehe Jillian D'Onfro, »Facebook Bought WhatsApp One Year Ago Today. Here Are 11 Quotes from Its Billionaire Cofounders«, *Business Insider*, 19. Februar 2015, www.businessinsider.in/Facebook-bought-WhatsApp-one-yearago-today-Here-are-11-quotes-from-its-billionaire-cofounders/articleshow/46303241.cms. Das Zitat von Zuckerberg stammt aus Jillian D'Onfro, »11 Mark Zuckerberg Quotes That Show How He Built the Company That Took Over the World«, *Business Insider*, 1. Januar

2014, www.businessinsider.com/best-mark-zuckerberg-quotes-201312?. Zum Ranking und Standort der sogenannten Unicorns siehe CB Insights, »The Global Unicorn Club«, www.cbinsights.com/research-unicorn-companies.

Zur Kultur des Teilens siehe Rachel Botsman, *What's Mine Is Yours: The Rise of Collaborative Consumption* (New York: HarperCollins, 2010); Caren Maio, »Forget the American Dream: For Millennials, Renting is the American Choice«, Inman, 30. August 2016, www.inman.com/2016/08/30/forget-the-american-dream-for-millennials-renting-is-the-american-choice; Enel, »Millennials: Generation (Car) Sharing«, 29. August 2018, www.enel.com/stories/a/2018/08/millennials-sharing-economy; Blake Morgan, »NOwnership, No Problem«, *Forbes*, 2. Januar 2019; Anjli Raval, »What Millennial Homes Will Look Like in the Future«, *Financial Times*, 30. Juli 2018; Bernard Marr, »The Sharing Economy – What It Is, Examples, And How Big Data, Platforms and Algorithms Fuel It«, *Forbes*, 21. Oktober 2016; »Uberize«, Collins Dictionary, www.collinsdictionary.com/us/dictionary/english/uberize; Executive Office of the President, »Artificial Intelligence, Automation, and the Economy«, Dezember 2016, www.obamawhitehouse.archives.gov/sites/whitehouse.gov/files/documents/Artificial-Intelligence-Automation-Economy.PDF; Nielsen, »Global Survey of Share Communities«, 2014, www.nielsen.com/apac/en/press-releases/2014/global-consumers-embrace-the-share-economy.

Zur Sharing Economy und der Tragik der Allmende siehe Tad Borek, »Uber Exemplifies the Tragedy of the Commons«, *Financial Times*, 6. Dezember 2017; Arwa Mahdawi, »How to Monetise Your Home«, *Guardian*, 28. Oktober 2018; Garrett Hardin, »The Tragedy of the Commons«, *Science* 162, Nr. 3859 (13. Dezember 1968): S. 1243–1248; Peter Cohen u. a., »Using Big Data to Estimate Consumer Surplus: The Case of Uber«, NBER Working Paper Nr. 22627, 2016, www.nber.org/papers/w22627; David Sloan Wilson, »The Tragedy of the Commons: How Elinor Ostrom Solved One of Life's Greatest Dilemmas«, Evonomics, 29. Oktober 2016, www.evonomics.com/tragedy-of-the-commons-elinor-ostrom.

Das Zitat von Adam Smith findet sich in *Wealth of Nations*, Chapter II (1776), www.gutenberg.org/files/3300/3300-h/3300-h.htm.

Zu Uber siehe Andy Kessler, »Travis Kalanick: The Transportation Trustbuster«, *Wall Street Journal*, 25. Januar 2013; Marcus Wohlsen, »Uber's Brilliant Strategy to Make Itself Too Big to Ban«, *Wired*, 8. Juli 2014; Sheelah Kolhatkar, »At Uber, a New CEO Shifts Gears«, *New Yorker*, 30. März 2018; Sam Knight, »How Uber Conquered London«, *Guardian*, 27. April 2016; Christopher N. Morrison u. a., »Ridesharing and Motor Vehicle Crashes in 4 US Cities: An Interrupted Time-Series Analysis«, *American Journal of Epidemiology* 187, Nr. 2 (2018): S. 224–232.

Zu Arbeitsplätzen in der Gig-Industrie siehe Matt Williams, »The Evolution of American Labor: A Defense of the Gig Economy«, Department of Anthropology, University of Notre Dame, April 2005, www.anthropology.nd.edu/assets/200504/williamsmatthew.pdf; Robert Reich, »The Share-the-Scraps Economy«, 2. Februar 2015, www.robertreich.org/post/109894095095; Lawrence F. Katz and Alan B. Krueger, »The Rise and Nature of Alternative Work Arrangements in the United States, 1995–2015«, www.krueger.princeton.edu/sites/default/files/akrueger/files/katz_

krueger_cws_-_march_29_20165.pdf; Guy Standing, *The Precariat: The New Dangerous Class* (London: Bloomsbury, 2011); Steven Hill, »Good Riddance, Gig Economy«, *Salon*, 27. März 2016; Samuel P. Fraiberger und Arun Sundararajan, »Peer-to-Peer Rental Markets in the Sharing Economy«, Heartland Institute, 6. Oktober 2015, www.heartland.org/publications-resources/publications/peer-to-peer-rentalmarkets-in-the-sharing-economy; Juliet B. Schor, »Does the Sharing Economy Increase Inequality Within the Eighty Percent?«, *Cambridge Journal of Regions, Economy, and Society* 10, Nr. 2 (Juli 2017): S. 263–297; Emma Plumb, »Author Insights: Diane Mulcahy on the Gig Economy«, 1 Million for Work Flexibility, 2. Februar 2017, www.workflexibility.org/diane-mulcahy-gig-economy. Die Zitate von Beschäftigten in der Gig-Economy findet man in Schors Artikel.

Zu Sharing und Klassensystem siehe Julian Brave NoiseCat, »The Western Idea of Private Property Is Flawed. Indigenous People Have It Right«, *Guardian*, 27. März 2017; Jacob S. Hacker, *The Great Risk Shift* (New York: Oxford University Press, 2019). Die Zitate von Fishback findet man in Hill, »Good Riddance, Gig Economy«.

Zum Einsatz von Social Media im politischen Wahlkampf siehe Lynda Lee Kaid, »Changing and Staying the Same: Communication in Campaign 2008«, *Journalism Studies* 10 (2009): S. 417–423; Derrick L. Cogburn, »From Networked Nominee to Networked Nation: Examining the Impact of Web 2.0 and Social Media on Political Participation and Civic Engagement in the 2008 Obama Campaign«, *Journal of Political Marketing* 10 (2011): S. 189–213.

Zu den umweltrelevanten Aspekten der Sharing Economy siehe »Sharing Is Caring«, *Scientific American* (10. Oktober 2013); »How Green is the Sharing Economy?«, Knowledge@Wharton, 11. Dezember 2015, www.knowledge.wharton.upenn.edu/article/how-green-is-the-sharing-economy; Laura Bliss, »The Ride-Hailing Effect: More Cars, More Trips, More Miles«, Citylab, 12. Oktober 2017, www.citylab.com/transportation/2017/10/the-ride-hailing-effect-more-cars-more-trips-more-miles/542592; Benjamin Snyder, »Exclusive: Airbnb Says It's Saving our World with Each Rented Room«, *Fortune*, 31. Juli 2014; Andrew Simon, »Using Airbnb Is Greener than Staying in Hotels«, Grist, 31. Juli 2014, www.grist.org/business-technology/using-airbnb-is-greener-than-staying-inhotels; Martin J. Smith, »Don't Toss That Lettuce – Share It«, Stanford Graduate School of Business, 23. Oktober 2017, www.gsb.stanford.edu/insights/dont-toss-lettuce-share-it; »The *Real* Sustainable Fashion Movement«, Rent the Runway, www.renttherunway.com/sustainable-fashion?action_type=footer_link.

Kapitel 8: Mehr Währungen als Länder

Der Abschnitt über Geld und Währungen gründet auf Walter Bagehot, *Lombard Street: A description of the money market* (London: Henry S. King, 1873); »The Invention of Money«, *New Yorker*, 5.–12. August 2019; Dante Bayona, »The Fed and the ›Salvador Dalí Effect‹«, Mises Institute, 19. August 2014, www.mises.org/library/fed-and-salvador-dali-effect; Barry Eichengreen, »Number One Country, Number one Currency?«, *World Economy* 36, Nr. 4 (2013): S. 363–374; Milton Friedman, *Inflation:*

Causes and Consequences (New York: Asia Publishing House, 1963), S. 39; Milton Friedman, *There is No Such Thing as a Free Lunch* (Chicago: Open Court, 1975); Deroy Murdock, »The Friedmans, Up Close: An Interview with Rose and Milton Friedman«, *National Review*, 11. Mai 2001.

Zur Vorrangstellung des Dollars in der Weltwirtschaft siehe Emine Boz, Gina Gopinath und Mikkel Plagborg-Moller, »Global Trade and the Dollar«, 31. März 2018, www.scholar.harvard.edu/files/gopinath/files/global_trade_dollar_20180331.pdf; Gita Gopinath, »Dollar Dominance in Trade«, Exim Bank of India, 21. Dezember 2017, www.eximbankindia.in/blog/blog-content.aspx?BlogID=9&BlogTitle=Dollar%20Dominance%20in%20Trade:%20Facts%20and%20Implications.

Die Rothschilds werden diskutiert in Michael A. Hirchubel, *Vile Acts of Evil: Banking in America* (CreateSpace Independent Publishing, 2009), 1:28.

Zum Bitcoin siehe Satoshi Nakamoto, »Bitcoin: Ein elektronisches Peer-to-Peer-Bezahlsystem« (2008), www.bitcoin.de/bitcoin.pdf; Brian Armstrong, »What Is Coinbase's Strategy?«, *Medium*, 6. Juni 2017, www.medium.com/@barmstrong/what-is-coinbases-strategy1c5413f6e09d; Evelyn Chang und Kayla Tausche, »Jamie Dimon Says If You're ›Stupid‹ Enough to Buy Bitcoin, You'll Pay the Price One Day«, CNBC, 13. Oktober 2017, www.cnbc.com/2017/10/13/jamie-dimon-says-people-who-buy-bitcoin-are-stupid.html; Ryan Browne, »Roubini Doubles Down on Criticisms of Crypto«, CNBC, 12. Oktober 2018, www.cnbc.com/2018/10/12/dr-doom-economist-nouriel-roubini-calls-crypto-stinking-cesspool.html.

Zur Blockchain siehe Europäisches Parlament, *Wie die Blockchain-Technology unser Leben verändern könnte* (Straßburg: Europäisches Parlament, 2017); Mike Orcutt, »Hate Lawyers? Can't Afford One? Blockchain Smart Contracts Are Here to Help«, *MIT Technology Review*, 11. Januar 2019; Michael Del Castillo, »Relax Lawyers, Nick Szabo Says Smart Contracts Won't Kill Jobs«, CoinDesk, zuletzt aktualisiert am 11. August 2017, www.coindesk.com/nick-szabo-lawyers-jobs-safe-in-smart-contract-era; Jacob Pramuk, »Trump to Slap 25 % Tariffs on Up to $50 Billion of Chinese Goods; China Retaliates«, CNBC, 15. Juni 2018, www.cnbc.com/2018/06/15/trump-administration-to-slap-a-25-percent-tariff-on-50-billion-of-chinese-goods-threatens-more.html; Andrew Rossow, »How Can We Make Intellectual Property Rights ›Smarter‹ with the Blockchain?«, *Forbes*, 24. Juli 2018; Birgit Clark, »Blockchain and IP Law: A Match Made in Crypto Heaven«, *WIPO Magazine*, Februar 2018, www.wipo.int/wipo_magazine/en/2018/01/article_0005.html; Nick Ismail, »What Is Blockchain's Role in the Future of Intellectual Property?«, *Information Age*, 12. Juli 2018; Der oberste wissenschaftliche Berater der britischen Regierung, *Distributed Ledger Technology: Beyond Block Chain* (London: Government Office for Science, 2016); Nathan Heller, »Estonia, the Digital Republic«, *New Yorker*, 18.–25. Dezember 2017; Matt Reynolds, »Welcome to E-stonia«, *Wired*, 26. Oktober 2016; Weltbank, »eGhana Additional Financing«, www.projects.worldbank.org/P093610/eghana; Esther Nderitu Imbamba und Nancy Kimile, »A Review of Status of e-Government Implementation in Kenya«, *Regional Journal of Information and Knowledge* 2, Nr. 2 (2017): S. 14–28; Sissi Cao, »Blockchain Could Improve Gun Control – But Lawmakers Hate the Idea«, *Observer*, 22. Februar 2018; »Blockchain Could Be Key to Cracking

Gun Debate«, ScienceBlog, 12. Mai 2018, www.scienceblog.com/500871/blockchain-could-be-keyto-cracking-gun-debate; Thomas F. Heston, »A Blockchain Solution to Gun Control«, PeerJ.com, 13. November 2017, www.peerj.com/preprints/3407.pdf; Matt Egan, »30 % of Bank Jobs Are Under Threat«, CNN Money, 4. April 2016, www.money.cnn.com/2016/04/04/investing/bank-jobs-dying-automation-citigroup/index.html; Mike Orcutt, »The World Bank Is a Verified Blockchain Booster«, *MIT Technology Review*, 13. September 2018; Mike Orcutt, »The World Bank Is Betting Big on Blockchain-Based Bonds«, *MIT Technology Review*, 10. August 2018; Elizabeth Woyke, »How Blockchain Can Bring Financial Services to the Poor«, *MIT Technology Review*, 18. April 2017, www.technologyreview.com/s/604144/how-blockchain-can-lift-up-the-worlds-poor; Weltbank, »Somalia Economic Update: Rapid Growth in Mobile Money«, Pressemitteilung, 13. September 2018, www.worldbank.org/en/news/press-release/2018/09/13/somalia-economic-update-rapid-growth-in-mobile-money; »Endangered Species Protection Finds Blockchain and Bitcoin Love«, Bitcoin Warrior, 22. Februar 2018, www.bitcoinwarrior.net/2018/02/endangered-species-protection-finds-blockchain-and-bitcoin-love; Moe Levin, »Top Five Blockchain Projects That Will Save the Environment«, *Medium*, 26. März 2018, www.medium.com/@kingsland/top-five-blockchain-projects-that-will-save-theenvironment-28a2d4366eco; Kate Harrison, »Blockchain Mai Be the Key to a Sustainable Energy Future«, *Forbes*, 14. Februar 2018; Lisa Walker, »This New Carbon Currency Could Make US More Climate Friendly«, Weltwirtschaftsforum, 19. September 2017, www.weforum.org/agenda/2017/09/carbon-currency-blockchain-poseidon-ecosphere; Nicola Jones, »How to Stop Data Centres from Gobbling Up the World's Electricity«, *Nature*, 12. September 2018; Sean Stein Smith, »Tackling Blockchain in the Accounting Profession«, *Accounting Today*, 13. März 2018.

Die Zitate von Jamie Dimon und Amy Webb finden sich in Egan, »30 % of Bank Jobs Are Under Threat«.

Schluss: Laterale Tipps und Tricks, um 2030 zu überleben

Das Zitat über Trends und Rückenwind stammt aus Bezos' jährlichem Brief an die Amazon-Aktionäre von 1997, www.sec.gov/Archives/edgar/data/1018724/000119312517120198/d373368dex991.htm.

Der erste Schnappschuss eines schwarzen Lochs wurde unter anderem besprochen in Dennis Overbye, »Darkness Visible, Finally: Astronomers Capture First Ever Image of a Black Hole«, *New York Times*, 10. April 2019.

Das Faulkner-Zitat wird manchmal auch Christoph Kolumbus zugeschrieben: www.quotery.com/quotes/one-doesnt-discover-new-lands.

Die Chronik der Eroberung Mexikos stammt von Bernal Díaz del Castillo, *The True History of the Conquest of New Spain* (New York: Penguin, 1963), erstmals 1632 auf Spanisch veröffentlicht, www.archive.org/stream/tesisnoquepreseoogarcgoog/tesisnoquepreseoogarcgoog_djvu.txt. Zitate aus den Kapiteln LVIIL und XXII.

Der Abschnitt über Lego basiert auf David C. Robertson, *Brick by Brick: How LEGO Rewrote the Rules of Innovation and Conquered the Global Toy Industry* (New York:

Crown Business, 2013); Mary Blackiston, »How Lego Went from Nearly Bankrupt to the Most Powerful Brand in the World«, *Success Agency*, 27. Februar 2018, www.successagency.com/growth/2018/02/27/lego-bankrupt-powerful-brand; Lucy Handley, »How Marketing Built Lego into the World's Favorite Toy Brand«, CNBC, 27. April 2018, www.cnbc.com/2018/04/27/lego-marketing-strategy-made-it-world-favorite-toy-brand.html; Johnny Davis, »How Lego Clicked: The Super Brand That Reinvented Itself«, *Guardian*, 4. Juni 2017; Jeff Beer, »The Secret to Lego's Social Media Success Is in the Creative Power of Crowds«, *Fast Company*, 20. Juni 2017; Jonathan Ringen, »How Lego Became the Apple of Toys«, *Fast Company*, 1. August 2015; David Kindy, »How Lego Patents Helped Build a Toy Empire, Brick by Brick«, *Smithsonian Magazine*, 7. Februar 2019.

Steinbecks Vergleich von Ideen mit Kaninchen stammt aus einem Interview des Jahres 1947: www.smallbusiness.com/monday-morning-motivation/john-steinbeck-quote-ideas-are-like-rabbits.

Zu Steve Jobs siehe Malcolm Gladwell, »The Tweaker«, *New Yorker*, 14. November 2011.

Zum eskalierenden Commitment siehe Barry M. Staw, »The Escalation of Commitment: An Update and Appraisal«, in *Organizational Decision Making*, Hrsg. Zur Shapira (New York: Cambridge University Press, 1997), S. 191–215. Das Zitat von Wellington findet man in *The Nineteenth Century: A Monthly Review*, volume XVII (London: Kegan Paul, Trench, 1885), S. 905.

Zum Denken in Optionen siehe Heidi Grant Halvorson, »Why Keeping Your Options Open Is a Really, Really Bad Idea«, *Fast Company*, 27. Mai 2011; Hugh Courtney, »Keeping Your Options Open«, *World Economic Affairs*, Winter 1999, www.mcgill.ca/economics/files/economics/keeping_your_options_open.pdf.

Zu »Wettkampfangst« siehe Nathan Davidson, »The 20 Greatest Sports Psychology Quotes of All Time«, Thriveworks, 8. August 2017, www.thriveworks.com/blog/greatest-sports-psychology-quotes-of-all-time; Simon M. Rice u. a., »Determinants of Anxiety in Elite Athletes: A Systematic Review and Meta-Analysis«, *British Journal of Sports Medicine* 53, Nr. 11 (2019): S. 722–730.

Zu Rapa Nui siehe Jared Diamond, *Kollaps* (Frankfurt a. M.: S. Fischer, 2006); Terry Hunt und Carl Lipo, *The Statues That Walked: Unraveling the Mystery of Easter Island* (Berkeley, CA: Counterpoint, 2012), Zitate auf S. 53, 92, 155, und 180; Paul Bahn und John Flenley, *Isla de Pascua, Isla de Tierra*, 4. Aufl. (Viña del Mar, Chile: Rapanui Press, 2018), Zitate auf S. 15, 204, 235 und 257; Nicholas Casey und Josh Haner, »Easter Island Is Eroding«, *New York Times*, 15. März 2018; Megan Gannon, »People of Easter Island Weren't Driven to Warfare and Cannibalism. They Actually Got Along«, LiveScience, 13. August 2018, www.livescience.com/amp/63321-easter-island-collapse-myth.html; David Bressan, »Climate, Overpopulation and Environment – The Rapa Nui Debate«, *Scientific American*, 31. Oktober 2011.

Zum Wiederaufleben alter Technikideen siehe Ron Miller und Alex Wilhelm, »With Tech, What's Old Is New Again«, *TechCrunch*, 6. April 2015, www.techcrunch.com/2015/04/06/with-tech-whats-old-is-newagain.

O'Neills Zitat ist der Titel des E-Books *It's a Great Game – The Pursuit of Happiness* (Amazon Digital Services, 2014).